TRANSCEND

The New Science of Self-Actualization

顛峰心態

需求層次理論的全新演繹，
掌握自我實現的致勝關鍵

史考特·巴瑞·考夫曼 Scott Barry Kaufman

張馨方 譯

各界讚譽

　　這本著作，將馬斯洛的五大需求層次重新詮釋，作者考夫曼透過帆船的意象，整合現代觀點，讓我們對於認識自己、設計理想生活更有方向，極力推薦給對自我成長、心理學有興趣的你。

　　　　　　　　　　　　——徐慧玲，聆韻企業管理顧問創辦人

　　史考特・巴瑞・考夫曼博士重新詮釋了馬斯洛的需求層級理論，用風帆來取代金字塔架構。寓意不只有趣也很貼切，堪稱經典，如果你對於理解人類需求或動機有感興趣，千萬不要錯過這本書。

　　　　　　　　　　　　——游舒帆 Gipi，商業思維學院院長

　　從行為科學研究去看待人本心理學的經典思想，對人性有更堅實的理解。再次沈浸其中，也能夠獲得不少人生的體悟。非常值得一看的經典之作。

　　　　　　　　　　　　——蔡宇哲，哇賽心理學創辦人兼總編輯

　　真是一部傑作！可說是馬斯洛 2.0。任何希望瞭解馬斯洛的自我超越概念的人都必須一讀。這本書既是自傳、論文，也是指南……讓人愛不釋手！

　　　　　　　　——安琪拉・達克沃斯（Angela Duckworth），賓州大學心

理學教授、非營利組織品格實驗室（Character Lab）總裁與創辦人、《紐約時報》暢銷作家、《恆毅力》（*Grit*）作者

　　這是我們都在等待的一本書，堪稱令人歎為觀止的新人性心理學。考夫曼將帶你瞭解如何活得精彩及如何造福他人。
　　——蘇珊・坎恩（Susan Cain），暢銷書《安靜，就是力量》（*Quiet*）作者

　　自我實現的概念與超越的價值——包含正義、美麗、意義與完整——提供了讓世界更美好的藍圖。這本精采絕倫的鉅作不僅掌握了馬斯洛研究的精髓，也為其灌注了靈感。這本書是心理學的一大進展。
　　——亞倫・貝克（Aaron T. Beck）博士，賓州大學精神病學名譽教授、認知療法之父、貝氏憂鬱量表開發者

　　身為人本心理學的先驅，馬斯洛經常為後人提及，但很少得到理解。史考特・巴瑞・考夫曼改變了這一點。他出色地根據馬斯洛本人的修訂重現典型金字塔的原貌，依照當代科學更新自我實現的概念。
　　——亞當・格蘭特（Adam Grant），《紐約時報》暢銷作家，《反叛，改變世界的力量》（*Originals*）與《給予》（*Give and Take*）作者、《工作生活》（*WorkLife*）podcast 主持人

　　考夫曼探討了亞伯拉罕・馬斯洛一生在人本心理學領域的心血結晶，並透過自身的見解與研究來擴展論述。本書開闢了一條

道路，讓我們邁向自我實現、達成我們有可能實現的目標。在這段過程中我們會發現，自我、他人與所有現實形成了連結。

——雪倫·薩爾茲堡（Sharon Salzberg），《慈愛：革命性的喜悅藝術》（*Lovingkindness*）與《靜心冥想的練習》（*Real Happiness*）作者

《顛峰心態》是一部內容豐富、寓意深刻且精采絕倫的著作，讀來令人心曠神怡。史考特·巴瑞·考夫曼是人本心理學新一代的領頭羊，可謂當代的亞伯拉罕·馬斯洛。本書透過現代心理學的研究更新馬斯洛的需求層次理論，將帶領讀者展開一段挖掘終極潛能的旅程。

——艾蜜莉·艾斯法哈尼·史密斯（Emily Esfahani Smith），《意義：邁向美好而深刻的人生》（*The Power of Meaning*）作者

精采之作，值回「書」價。以精闢論述重新描繪亞伯拉罕·馬斯洛的一生，為其理論賦予嶄新面貌。

——馬汀·塞利格曼（Martin Seligman），賓州大學正向心理學中心主任、《真實的快樂》（*Authentic Happiness*）與《希望迴路》（*The Hope Circuit*）作者

《顛峰心態》出色地透過現代角度演繹一個備受推崇的古典心理學模型，為理論創始人詠唱了一曲動人頌歌。

——馬克·曼森（Mark Manson），《紐約時報》暢銷作家，《管他的：愈在意愈不開心！停止被洗腦，活出瀟灑自在的快意人生》（*The Subtle Art of Not Giving a F*ck*）作者

　　學有專精是一個重大目標，但近年來，人們經歷了前所未有的意志消沉與空虛失落，於是自我超越成為一個重要性更甚以往的目標。史考特・巴瑞・考夫曼彙整累積超過七十五年的相關研究並強調，完全自我實現的唯一方法，其實是超越自我。個人讀過關於人類潛力最精彩的著作之一。

　　—— 羅伯・葛林（Robert Greene），《權力世界的叢林法則》（*The Laws of Human Nature*）作者

　　在這本野心勃勃的著作中，史考特・巴瑞・考夫曼不只挖掘了馬斯洛知名的需求層次中未詳盡論述的元素，還透過最新科學加以更新與延伸。《顛峰心態》可說是美好生活的指南針。

　　—— 大衛・艾波斯坦（David Epstein），《紐約時報》暢銷作家、《跨能致勝》（*Range*）作者

　　史考特・巴瑞・考夫曼是我最愛的思想家之一，他從心理學的角度精湛地探究如何成為一個更好的人。

　　—— 萊恩・霍利得（Ryan Holiday），《紐約時報》暢銷作家，《駕馭沉靜》（*Stillness Is the Key*）作者

　　既符合個人經驗又適合大眾，內容深入淺出，完全顛覆一般思維，《顛峰心態》帶我們從嶄新角度認識馬斯洛著名的自我實現模型，瞭解如何實現心之所嚮。

　　—— 蘿蕊・葛利布（Lori Gottlieb），《紐約時報》暢銷作家、《也許你該找人聊聊》（*Maybe You Should Talk to Someone*）作者

在這樣一個注重物質與自我陶醉的時代，考夫曼大膽闡明了我們心中最深層、最懸而未解的需求：連結、意義、愛、超越與自我實現。這是一本注定成為經典的曠世之作。

——艾瑪·賽佩拉（Emma Seppälä），史丹佛大學同理心和利他研究教育中心科學主任、《你快樂，所以你成功》（*The Happiness Track*）作者

上個世紀中期人本心理學苦苦思索的許多實質問題，如今成了現代心理學各流派的核心。現在正是時候重拾亞伯拉罕·馬斯洛——史上最偉大的人文主義學者之一——的理論，根據他離世後半世紀以來的資料重新闡述他的見解。藉由這本包羅萬象與引人入勝的著作，史考特·巴瑞·考夫曼完成了這項艱鉅的任務。

——史蒂芬·海斯（Steven C. Hayes），接受與承諾治療共同創始人、《解放的心靈》（*A Liberated Mind*）作者

在這本睿智、富有創意、令人驚歎與人文底蘊深厚的著作中，史考特·巴瑞·考夫曼向現代世界呈現了引人深思的需求層次理論，集人本心理學的洞察與先進科學發現於大成。

——保羅·布魯姆（Paul Bloom），耶魯大學布魯克斯與蘇珊娜·拉根心理學教授

史考特·巴瑞·考夫曼讓人本心理學的智慧結晶在新千年再度大綻光芒。他沒有將這個世界變成一個釘子，而是提出了可靠的證據與透徹的洞見。

——史蒂芬·平克（Steven Pinker），哈佛大學心理學教授、《紐

約時報》暢銷作家、《再啟蒙的年代》（*Enlightenment Now*）作者

史考特・巴瑞・考夫曼將馬斯洛的智慧結合現代研究，讓我們對美好生活的認識更上一層樓。馬斯洛要是地下有知，一定備感欣慰！

——塔爾・班－沙哈爾（Tal Ben-Shahar），幸福研究學院共同創辦人

市面上不乏講述幸福的著作，卻很少有書討論該如何過好生活——這不是固定不變的存在狀態，而是一種鼓勵創意、挑戰與意義的持續性過程。《顛峰心態》正是這樣的作品，富有原創性、以現代研究為據，而且非常實用。

——蕭恩・卡羅爾（Sean Carroll），《深藏的東西：量子世界與時空的出現》（*Something Deeply Hidden*: *Quantum Worlds and the Emergence of Spacetime*）作者

考夫曼透過廣泛的資料來源，將馬斯洛與人本心理學從邊緣拉到主流心理學研究的中心。科學基礎紮實，內容淺顯易懂，指引我們在精神與哲學方面更上一層樓

——科爾克・施奈德（Kirk Schneider），《敬畏的靈性》（*The Spirituality of Awe*）作者

假使馬斯洛有機會一讀《顛峰心態》，肯定會開心大笑，甚至激動大喊「終於有人懂我了！」過去我們在布蘭迪斯（Brandeis）舉行研討會時，他總說很少人理解他的研究，讓他很挫折。史考

特・巴瑞・考夫曼不只展現出對馬斯洛論點的少見且深刻的理解，更是五十年來第一位讓大家深入認識需求層次核心理念的學者。這本書值得每個喜愛思考的人一讀再讀。

——阿里・科波洛（L. Ari Kopolow），喬治華盛頓大學精神病學臨床副教授與馬利蘭郊區精神病學會榮譽會長，師從亞伯拉罕・馬斯洛

最包羅萬象的著作之一，論述心理學的自我實現指引。讀了這本書之後，我學會用嶄新的精闢角度看待自身行為背後的動機。希望其他讀者也能跟我一樣深獲啟發。

——陶德・卡珊登（Todd B. Kashdan），喬治梅森大學心理學教授、《允許自己不快樂》（*The Upside of Your Dark Side*）作者

本書匯集了多個領域的智慧及生活的途徑與原則，引領我們面對這個時代最艱難的挑戰——從更好、更全面與更有助於創造美好世界的全新觀點看待自我。這是一本意義重大且及時的作品。

——達赫・凱爾特納（Dacher Keltner），加州大學柏克萊分校心理學教授

目次

前言　013

序言　新的需求階層　023

第一部　安全感　041

序言　042

第一章　安全　047

第二章　連結　077

第三章　自尊　099

第二部　成長　129

序言　130

第四章　探索　139

第五章　愛　169

第六章　目的　203

第三部　健康的超越　245

序言　246

第七章　高峰經驗　249

第八章　Z 理論：邁向更高層次的人性　277

追求更深刻的存有境界　307

後記　再述「不可思議的可能性與深不可測的奧祕」　311

鳴謝　315

附錄 I：成為全人的七個原則　319

附錄 II：成長挑戰　341

附注　375

代名詞用法聲明

　　寫作本書的期間，我徵詢了一些人的看法，考慮是否調整通篇引文中的性別指涉。我起初的想法是，本書旨在講述共同的人性，因此開創理論的那些人本心理學家所使用的性別語言似乎有違這個目標。不過再三思考後，我決定讓所有引文維持原狀。一個原因是，我希望保有原始文本的完整性，不想魯莽地以出人意表的方式改變它們原本的寓意。而且，我認為隱藏或粉飾過往的性別歧視對於未來超越性別歧視的作為沒有幫助。話雖如此，我相信，性別化論述的引用純粹反映「man」一字在當時的脈絡與意義，而大家都知道，這指的是全人類。除了引文之外，考量這個世代在實現平等方面取得的進步，我有責任盡量使用更加兼容的語言。實際上，我希望每個人讀完本書後，都能得到歸屬感、發揮無條件的正向關懷與體認共同的人性。

前言

　　一九七〇年六月八日，加州門洛公園（Menlo Park）一個溫暖的夏日，亞伯拉罕・馬斯洛（Abraham Maslow）振筆疾書地寫著筆記。他的腦袋裡全是關於更高層次人性的理論與想法，其中包含過去幾年來他一直在發展的 Z 理論（Theory Z）。他的妻子柏莎（Bertha）懶洋洋地坐在家中泳池旁的躺椅上。馬斯洛瞥了手錶一眼，不情願地意識到是時候該做日常運動了。醫生規定他必須從事輕度運動以重建心臟功能。自從一九六七年十二月心臟病發作以來，他時常覺得胸口疼痛，而這不斷提醒他死期將至。他取消了所有談話活動，甚至婉拒以榮譽會長的身分到美國心理學會（American Psychological Association）發表演說的邀約。

　　多數人對馬斯洛提出的「需求層次理論」（hierarchy of needs）並不陌生，其中的自我實現被描繪成金字塔的頂端。你也許曾在心理學入門課程學過這項理論，或者在社群媒體上看過對應的金字塔圖像。

　　如心理學教科書的典型敘述，這項理論主張人類受到「層層遞進」的需求所推動。我們必須先在一定的程度上滿足基本需求（生理健康、安全、歸屬感與自尊），才能達到完全的自我實現，成為只有自己能夠成為的樣子。

　　一些現代作家將馬斯洛的自我實現概念解讀成個人主義與自私。[1] 然而，如果深入研究馬斯洛已發表與未發表的論文，便會

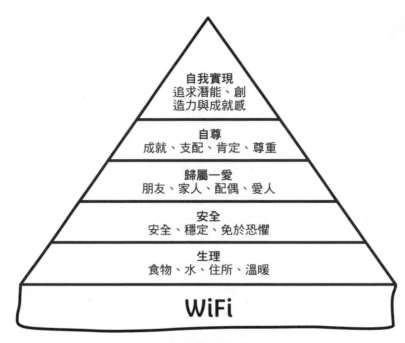

這是我胡謅的

發現絕非如此。馬斯洛在一九六六年撰寫的未發表論文〈對自我實現理論的批判〉（Critique of Self-Actualization Theory）中表示：「我必須聲明，只追求自我實現是不夠的。如果將個人的救贖與個人的利益分開來看，是無法真正理解它們的意義的……個人必須考量他人的利益，還有自己的利益……顯然，心理學若純粹只看內在、奉行個人主義而完全不顧他人與社會條件，並不恰當。」[2]到了晚年，馬斯洛越來越相信，健全的自我實現其實是通往超越的**橋梁**。在他眼中，許多達成自我實現的人士時常經歷超越的時刻，在那當下，他們的意識超越了自我，而其中許多人受到了更高層次的價值所激勵。同時，馬斯洛觀察到，這些人深刻地意識到自

我是什麼，以及希望對世界做出什麼貢獻。

　　這個發現讓馬斯洛面臨一個極大的矛盾：眾多達成自我實現的人們是怎麼認同與實現自己的潛力，同時又能如此**無私**？在一九六一年的一篇論文中，馬斯洛指出，自我實現似乎是一個「過渡的目標、一項成長的儀式，是往自我超越邁進的一步。彷彿它的功能就是抹除自己本身」。[3]

　　馬斯洛認為，透過發展強烈的自我意識與滿足基本需求以努力達成自我實現，是這條道路上至關重要的一步。如他在一九六二年出版的著作《邁向存在心理學》（*Toward a Psychology of Being*）中所述：「自我實現……有違常理地提高了自我超越、自我意識與自私的可能性。」[4]馬斯洛觀察發現，自我實現讓個體**更容易**融入更大的群體。從他的演說、未發表論文與私人日記明顯可知，他在過世前的那幾年裡致力鑽研這項超越的悖論。

　　一九六七年九月十四日，馬斯洛在舊金山一神教會（San Francisco Unitarian Church）發表了一場主題為「實現更高層次的人性」[5]的生動演講。與會的觀眾透露，他走上禮堂最前方的講台時，看起來非常虛弱。不過，他一開口，立刻帶動了全場的氣氛。「我們可以越來越明顯看到，哲學的革命正在展開。」他在一開始說道，「一個包羅萬象的系統正快速發展，就像果樹的每一個枝幹逐漸開花結果。每一個科學與人類從事的領域都受到影響。」

　　馬斯洛提出「人文主義革命」的概念，說明人本主義學正開始探索「真正的人類經驗、需求、目標與價值觀」的奧祕。其中包含人們「更高層次的需求」，這屬於人類本質的一部分，涵蓋了愛、友誼、尊嚴、自尊、個體性與成就感的需求。他停頓了一會兒，接著大膽地假設：

　　然而，如果這些需求都獲得滿足，情況就會有所不同……充分發展（且極其幸運）的人類在最佳狀態下運作，傾向受到超越自我的價值觀所激勵。他們不再像過去那樣自私。所謂的美麗，不存在於一個人的外表，正義或秩序也是如此。這些欲望難以被歸類為如同渴望食物的自私。實現正義或伸張正義所帶給我的滿足感沒有流於表面，也不存在我的血液裡，而是平均充斥於我的外在與內在：因此，這超越了自我的地理限制。[6]

　　馬斯洛迫切地探究這個想法。然而，這場演講僅僅過了幾個月後，他冠心病發作，而他之前在演講時顯得身體虛弱正是這個原因。他度過了難關，但他說，他突然覺得這項研究沒那麼急迫了。他感到困惑，因為這似乎牴觸了他一開始提出的理論，也就是實際的生存是人類最重要的需求。在一九七〇年三月二十八日的日記裡，他寫下：

　　只因為我開始意識到自己即將離開人世，我就能感知、接納與享受無我世界的永恆與難能可貴，這並不尋常。這樣的「心神領會」實在令人費解。[7]

　　對於死亡的意識，非但沒有讓馬斯洛退回到最底層的生存需求，反而**提升**了他個人的超越經驗。他注意到自己的價值觀出現重大變化：「在階級中力爭上游、跟別人競爭與追求榮譽，無疑成為了愚蠢的事情。當然，我對於基本需求與重要目標的價值觀也有了改變。我認為，假使人可以死而復活，也許就有更多人能重新思考人生的意義。」[8]

在他去世前幾個月的最後一場大型公開研討會上，馬斯洛闡述：「我們總是飽受恐懼死亡的陰霾所苦。如果你能夠超越對死亡的恐懼（這是有可能的），如果我向你保證，你將帶著尊嚴死去，在安詳、平和與泰然中告別人世……你此刻的人生就會有所改變，未來的人生也將改變。每一個時刻都會改變。我認為，這種自我的超越可以透過學習來達成。」[9]

在人生的最後一段日子裡，馬斯洛嘗試透過一系列的練習來超越自我與時常進入「B 境界」──即「全然存在」（pure Being）的境界。他也致力於發展有關人性與社會的全面心理學與哲學。一九六七年十二月二十六日，就在他因為心臟病發於醫院去世的前夕，他在日記中寫道：

> 我開始擔心這些日記。我在想該如何處理它們好呢？現在我不想寫我應該寫、這個世界所需要、以及我有義務寫的東西。我不介意我還沒寫完就離開人世，但我就是提不起勁來做這件事。所以我想將自己的想法收藏在這些日記中的備忘錄裡，等之後對的人出現時，就能理解我的論點，還有為什麼**必須**闡述這些思想。[10]

一九七〇年六月八日，在門洛帕克的那個晴朗日子裡，馬斯洛放下了筆記本，無精打采地起身做每天都得做的運動。他不想讓工作中斷，哪怕只是一下下。他開始慢跑，而就在妻子柏莎察覺他看起來不太自然、正想開口關心的同時，馬斯洛猝然倒地。[11] 柏莎急忙跑過去時，他已經斷氣，享壽六十二歲，留下許多未竟之作。

關於本書

就我看來，在世人徹底理解馬斯洛的豐富思想之前，他的理論注定將一再被重新探索。

——歐文・亞隆（Irvin D. Yalom），《存在主義心理治療》（*Existential Psychology*，一九八○年出版）

講述馬斯洛需求階層理論的典型教科書嚴重誤解了他在後期建構的理論……是時候該重寫了。

——馬克・科爾托—里維拉（Mark E. Kolto-Rivera），〈重新認識後期版本的馬斯洛需求階層理論〉（*Rediscovering the Later Version of Maslow's Hierarchy of Needs*，二○○六年發表）

我挖掘馬斯洛的後期研究時，包含一系列未發表的論文、日記、個人書信與演講，立刻對他的想法與洞察力產生強烈的共鳴，深切崇拜與仰慕他的一生與貢獻。

在聽完馬斯洛的一場演講後，我甚至將他視為朋友。某天晚上，我坐在床上聽一九六九年他在伊莎蘭學院（Esalen Institute）發表的一系列公開演說的錄音檔時，對他回覆一名觀眾提問的答案感到震驚。觀眾問，「你認為『友誼』的定義是什麼？」[12]馬斯洛回說，他認為朋友是真正能「滿足需求」、而他也想滿足對方需求的人。他接著表示，愛人之間的友誼在於彼此的需求合而為一，意思就是，伴侶的需求變成了你的需求。

但真正令我驚訝的是他接下來所說的話：「進入更高的需求層次……會有其他事情出現，而那可能會讓我變得非常友善，將亞

伯拉罕・林肯（Abraham Lincoln）、蘇格拉底（Socrates）……史賓諾莎（Baruch Spinoza）等人都當作朋友，我非常仰慕與尊敬史賓諾莎……在另一個層次上，這相當於深愛、欽慕或尊敬另一個人的存在……你可以說我深愛威廉・詹姆斯（William James），而我確實如此。我非常仰慕威廉・詹姆斯。有時我談論他的語氣充滿了深情，以致別人會問我『你認識他嗎？』〔我回答〕『是啊。』〔台下的觀眾一片笑聲。〕『〔想也知道〕我不可能認識他。』」

　　我作為心理學家的職業生涯、以及我個人的生活方式，都深受馬斯洛及三〇至六〇年代晚期人文主義思想家的觀點所影響，其中包含阿爾弗雷德・阿德勒（Alfred Adler）、夏洛特・布勒（Charlotte Bühler）、維克多・法蘭克（Viktor Frankl）、埃里希・佛洛姆（Erich Fromm）、凱倫・荷妮（Karen Horney）、羅洛・梅（Rollo May）與卡爾・羅傑斯（Carl Rogers）。他們對於人類關注的基本需求——安全、承諾、愛、成長、意義、真誠、自由、責任、正義、勇氣、創意與靈性——的集體智慧，到了今日依然重要。如今，我們的時代變得日益兩極化，人們自私自利，一味追求個人主義的權力。[13]

　　人本主義心理學觸動了我的內心深處，與我的信念互相呼應：為了幫助人們充分發揮潛力，我們必須考量全人。二十年來，我研究各式各樣的心智，[14]不論是那些飽受自閉症、失讀症、過動症或廣泛性焦慮症導致的學習差異所苦，卻仍擁有出眾的才能、熱情與創意的人；具有正常社會興趣與兒童般的玩性、但也特別擅長某個領域的天才；有特殊官能障礙（如講話困難）卻天賦異稟（繪畫、彈琴等技能高超）的奇人；在學校感到孤立與不自在、卻大幅超前同齡者學習進度的越級生；或是受強烈自我關

注所阻礙、卻渴望實現多方自我面向的極度自戀者。[15]

　　我在職業生涯中越來越明顯察覺到，我們越受他人影響而為自身潛力設限，就越無法認知每個獨特個體及其成就自我實現與超越的所有潛力。我經由自己的研究體認到，每個人在創造力、人道主義與精神上都有不凡的可能性，但往往過於專注狹隘的自我而偏離了發展的軌道。因此，我們無法充分發揮潛力。我們花太多時間尋求**外在**的肯定，而不是發展**內在**的強大力量，也很少花時間採取最有利成長與整合的方式，來滿足內心深處的需求。

　　實際上，今日有許多人汲汲營營地追求「超越」，卻沒有先以健全的方式整合其他方面的需求，因而損害了自己的潛能。這包含了那些以為打坐靜修或上瑜珈課就能走出創傷與消除不安全感的人們、濫用影響力的靈修大師，以及為了達到超越而尋求不健康的管道（如暴力極端主義、邪教與幫派）的脆弱心靈。

　　這種現象也見於現代世界的眾多歧異。儘管人們渴望成為集體政治或宗教意識型態的一部分，但這些渴望的實踐往往建立在對「他人」的厭惡與仇視之上，而不是促進人性的驕傲與堅定承諾。實際上，我們的生活存在著許多虛假的超越，而它們仰賴的基礎「搖搖欲墜」。[16]

　　我之所以寫作本書，是希望透過各領域的最新科學發現，包含正向心理學、社會心理學、進化心理學、臨床心理學、發展心理學、人格心理學、組織心理學、社會學、控制論與神經科學，為人本主義心理學的睿智、深刻且以人為出發點的洞察注入一股新的活力。如果希望更完整地瞭解人類的潛能，就必須統整各式各樣的觀點，因為假如過度注重單一看法，便有可能對人性產生錯誤或扭曲的觀念。如馬斯洛所言，「如果你手上只有錘子，很容

易就會將任何東西都看作是釘子」。[17]

　　在書中，我將試著具體闡述馬斯洛強調的最高層次的人性，揭露其後期著作所蘊含的奧祕，並統整人本心理學時代的所有理論、以及此後有關更高層次人性的豐富科學發現，其中也包含我本身對於智慧、創意、人格與幸福的研究。本書將不斷強調人類有潛力追求真相、美、連結、探索、愛、流動、創造力、目的、感恩、敬畏與其他深植於複雜人性的超越性經驗。我也將幫助你覺察與省思自己最**渴望獲得滿足**的需求，以在人生中做出具體改變，往日常生活的完整與超越邁進。

　　雖然本書旨在論述人類的可能性，但我由衷相信，成長與超越的最佳途徑，並非忽視人類無可避免的苦難，而是**整合所有內在力量**。如果希望做到這一點，就必須以敏銳的意識洞察內心，感受人類存在的多采多姿。這種觀點十分符合馬斯洛提倡的「存在心理學」概念，其統整了學界對於人類需求的充分理解，既超越「一般精神病理學」，也「將所有研究發現囊括於一個更廣泛而全面的架構中，同時涵蓋了生病與健康的心理，以及具有缺陷的個體與努力實現存在的個體」。[18]

　　在混亂與分裂的現代世界中，許多人都欲求不滿，將金錢、權力、成就甚至快樂視為人性的顛峰。然而，追求更高的社會地位、賺取龐大的財富，甚至經歷了短暫的快樂後，我們依然感到極度不滿，渴望與他人及破碎的自我建立更深層的連結。社會心理學家與人文主義哲學家埃里希・佛洛姆說的非常正確，在這個世界上有「存在的藝術」。[19]但是，如今還出現了「存在的**科學**」。

　　本書將根據最新的科學研究來調整馬斯洛的需求階層理

論，並提供實用的架構來幫助各位瞭解自己的行為模式，以及目前的生活方式如何阻礙了成長與超越。這麼做的目的在於，幫助你勇敢且誠實地面對目標，好讓你成為自己真正希望成為的人。你將從本書得到可在生活中實行的見解，也可在附錄中找到更多實用的練習與想法。如果你希望獲得更多的動力，可上 selfactualizationtests.com 網站進行線上測驗，深入洞察你的人格模式，以成為最好的自己。

　　透過本書，我希望引導你突破以往的思考框架，瞭解自己與全人類還有哪些可能性。你會發現，自我實現只是這段旅程的一部分，而一路上我都將伴你前行。

序言　新的需求階層

　　如今有一個關於人類的病痛與健康的全新概念正在興起，這項心理學令人振奮不已，而且充滿了美好的可能性。

　　——亞伯拉罕·馬斯洛，《邁向存在心理學》（一九六二年）

　　透過對自我實現者的研究，馬斯洛發現，達到人性顛峰的人們通常具有多數人畢生追求的特質；他們往往樂於幫助他人、富有創造力、思想開放、真誠可靠、心胸寬大、獨立自主且勇往直前。然而，馬斯洛並不是指每個人都**必須**如此。他相信，如果社會創造出可滿足個人基本需求的環境（包含直言不諱、發展獨特的能力與熱情，以及享有社會公平正義的自由），人們自然能發展出與**至高人性**相似的特質。

　　馬斯洛將教師、治療師與家長的角色視為園藝家，他們的任務是「讓人們**以獨特的方式**健康成長與發揮效能」。[1] 對他而言，這意指「我們努力讓玫瑰花美麗盛開，而不是嘗試將玫瑰變成百合……想做到這一點，我們必須樂見那些與自己截然不同的個人達到自我實現。這甚至意味著，我們應該在最大程度上尊重與承認，每個人都是神聖且獨一無二的」。

　　馬斯洛熱中研究「存在心理學」的必要性，這個領域透過系統性的方式來探究目的，即**終極經驗**（如驚嘆、歡笑與情感）、**終極價值**（如美、真相與正義）、**終極認知**（如感知現實與新奇

體驗的出色能力）、**終極目標**（如最終的考量或目的），還有**以人為本**，而不是達到目的的手段（即馬斯洛所稱的「存在的愛」〔Being-Love，或簡稱 B-Love〕）。馬斯洛提倡存在心理學（他有時也稱之為「正向心理學」或「正統心理學」），[2] 是為了回應一種更注重「捨得，而不是擁有」、「努力奮鬥，而不是實現目標」、「擁抱挫折，而不是得到滿足」、「追求喜悅，而不是獲得喜悅」與「試圖前進，而不是抵達終點」的心理學。[3]

馬斯洛在這條路上並不孤單。一九三〇年到一九七〇年間，一群志同道合的思想家崛起，其中包括阿爾弗雷德・阿德勒、詹姆斯・布根塔爾（James Bugental）、夏洛特・布勒、亞瑟・康布斯（Arthur Combs）、維克多・弗蘭克、埃里希・佛洛姆、尤金・簡德林（Eugene Gendlin）、凱倫・荷妮、西尼・朱拉德（Sidney Jourard）、吉姆・克利（Jim Klee）、R.D. 連恩（R. D. Laing）、羅洛・梅、克拉克・穆斯塔卡斯（Clark Moustakas）、卡爾・羅傑斯、唐納・斯里格（Donald Snygg）與安東尼・蘇提奇（Anthony Sutich），他們全都認知到當時的實驗心理學、行為主義與佛洛伊德精神分析學派的限制。他們認為，這些學科並沒有公平地對待所有個體；它們沒有顧及人類發展創造力、靈性與人道主義的龐大潛能。他們自稱第三勢力（Third Force），試圖整合對於傳統觀點的洞察，同時探索「完整體現人性的意義是什麼，以及那種意義如何讓自我實現或充滿活力的生命展現光彩」。[4]

最終，第三勢力的心理學家被稱為「人本心理學家」，而馬斯洛與安東尼・蘇提奇在一九六一年創辦《人文心理學期刊》（*The Journal of Humanistic Psychology*）之時，這個領域正式成立。今日，有一群精神治療學家與研究人員在人本心理學的傳統中工

作（其中許多人自稱為「存在人文主義」心理治療師），[5] 並始終強調人文議題，包含真實性、意識、具有同理心的社會行動、最有利成長的社會與生態環境、靈性、自我超越、整合、完整，以及接受人類存在所固有的掙扎與矛盾。[6] 在人本心理學的架構中，健康的人格會不斷尋求自由、責任、自覺、意義、承諾、個人成長、成熟、整合與改變，而不是一味追求地位、成就甚至快樂。[7]

　　九〇年代晚期，心理學家馬汀·塞利格曼（Martin Seligman）推動正向心理學的發展，以便對幸福與「賦予生命價值」[8] 的事物進行更縝密的研究。如今，人本心理學家與正向心理學家都渴望瞭解與培養健康的動機與生活方式。[9][10] 過去四十年來，下列十三種幸福來源持續受到嚴謹的研究，而你可以透過自己的方式來實現每一種幸福：[11]

幸福的來源

- 更多正面情緒（在日常生活中感受正面的心情與情緒的頻率更高、程度更強烈，例如滿足、歡笑與喜悅）
- 更少負面情緒（在日常生活中感受負面的心情與情緒的頻率更低、程度更輕微，例如傷心、焦慮、恐懼與憤怒）
- 生命的滿足（對整體生命的正面主觀評價）
- 活力（對生理健康與精力的正面主觀認知）
- 環境控制（將環境塑造成能夠滿足自己的需求與欲望；掌控自己的人生；不被日常生活的要求與責任壓垮的能力）

- 正向的關係（感受他人的愛、支持與重視；擁有溫暖且可靠的人際關係；以愛與寬容對待他人）
- 自我接納（以正面態度看待自己；自我價值感；喜愛與尊重自我）
- 掌握（完成困難任務的成就感；達成自我重大目標的效能感）
- 自主（獨立自主，能夠在人生中自由做出選擇與抵抗社會壓力）
- 個人成長（不斷尋發展與進步，而不是追求固定不變的狀態）
- 生命的參與（全心全意與充滿熱情地投入日常活動與生活）
- 生命的目的與意義（相信自己的人生是重要、寶貴且值得的；清楚自己努力的方向與意義；與超越自我的事物建立連結）
- 超然的經驗（在日常生活中感受到敬畏、心流、啟發與感激的經驗）

　　注意，許多這些幸福來源超越了人們對於快樂的刻板印象。成為全人，指的是活出完整的存在，而非不斷追求快樂。感到快樂未必就是活得幸福；這其中也包含持續在生命中融入更多意義、參與成長——即人本心理學關注的重點。

　　在這個部分，我將介紹二十一世紀的全新人類需求層次理論，這個模型與人本心理學的精神相符，但也建立在關於人格、自我實現、人性發展與福祉的最新科學發現之上。我相信，這個

新的需求層次模型可作為心理學領域的實用組織架構，也能有效指引你踏上健康、成長與超越的自我旅程。

　　但是，首先我們必須先糾正關於馬斯洛需求層次理論的一些常見誤解。

人生不是一場電玩遊戲

　　馬斯洛的需求理論通常被視為一層接一層的進展，彷彿一旦我們滿足了一連串的需求，就會永遠滿足於現狀。這彷彿將人生當成電玩遊戲，我們過了一關（譬如安全），天上就會傳來一個聲音說，「恭喜，現在你解鎖歸屬感了！」然後就永遠不會回到上一關。這種看法完全誤解了馬斯洛的理論及其所有研究的精神。雖然很少有人這麼認為，但馬斯洛其實是一位發展心理學家。[12]

　　馬斯洛強調，我們隨時都處於成為的狀態，而人的「內在核心」純粹由「潛力」構成，而不是「終極的實現」，這些可能性「脆弱、微妙又棘手，非常容易遭學習、文化期待、恐懼與非難等所吞沒」，並且容易為人所遺忘、忽視、空置、輕視、未表達或抑制。[13]馬斯洛清楚表明，人性的發展是漸進的發展，成長「並非一蹴可幾」，而往往是前進兩步、又後退一步的過程。[14]

　　人們鮮少談論的一個面向是，馬斯洛的需求層次劃分了不同的心理狀態，也就是看待世界與看待他人的各種方式。他主張，每一項需求遭到剝奪時，會連結到本身獨特的世界觀、人生態度與未來展望：

　　　人類有機體受到特定需求所支配時，會呈現的另一個特質

是，對於未來的整體人生觀也往往隨之改變。對於長期處於飢餓狀態的人類而言，烏托邦只不過是一個食物豐足的地方。他們大多認為，如果餘生都衣食無虞，就能得到絕對的幸福，再也不缺任何東西。生命的意義就是吃，其他都不重要。自由、愛、合群、尊重與人生觀等，都是沒有價值的廢物，因為它們無法填飽肚子。這種人僅僅是為了吃而活在世上。[15]

雖然馬斯洛經常以這種極端情況為例，但他也接著指出，多數人的「所有基本需求有一部分得到了滿足，同時也有一部分未獲滿足」。[16] 他堅信，「任何行為往往都同時取決於數個或**所有**基本需求，而非其中一個」，我們每個人在任何時候都有可能回到特定的心理狀態，端視需求是否遭到剝奪。[17]

另一個大家經常誤解的概念是，這些需求各自獨立或是毫無關聯。同樣的，從馬斯洛理論的**實際**陳述是無法推衍出這個概念的：「〔人類的需求〕依照整合式階層所排列，而不是二分式，也就是說，它們層層相疊……這表示個人永遠有可能退回到下一層的需求，而在此情況下，我們**不可**將這種逆行的過程純粹視為病理或病態的行為，而是應該認知到，這對有機體的完整性是絕對必要的，而且是『高層需求』存在與運作的先決條件。」[18]

英國人本心理治療學家約翰·羅文（John Rowan）以俄羅斯娃娃來比喻馬斯洛的整合式階層概念：每一個娃娃都包覆了體型更小的娃娃，但同時也超越了它們。[19] 舉例來說，我們努力達成最頂層的目標時，對於安全、情感或自尊的需求並未消失；相反地，這些需求**融入了**頂層目標。個人達到完全的整合時，所有的基本需求不只得到滿足，也互相合作，推動個人實現終極的目標

與價值。

　　這種概念的另一個意涵是，如果你沒有先透過健康的方式整合不安全感與遭到剝奪的需求就急著成長，攀上頂峰的可能性便會減少。一週花個幾分鐘利用手機應用程式進行冥想，或者每天早晨做下犬式瑜珈，並不會如魔法般地帶給你深刻的自我價值感及與他人的情感。一如先前所述，馬斯洛認為成長通常是前進兩步又後退一步的過程，[20]我們會不斷回到基本需求以汲取力量、從困難中學習，並努力讓全人達到更好的整合。

　　針對馬斯洛理論的現代論述往往遺漏了整合式階層這個關鍵概念，而聚焦於階梯式的金字塔——**馬斯洛在已發表研究中，從未實際利用金字塔來演示需求層次**。[21、22]陶德‧布理吉曼（Todd Bridgman）與同事們深入探究金字塔圖解的由來，得出的結論是，「馬斯洛金字塔」其實是六〇年代一位管理顧問發明的。從那時起，這個概念迅速席捲新興的組織行為學領域。布理吉曼等人發現，這個金字塔概念呼應「〔戰後〕美國普遍流行的個人主義、國家主義和資本主義的意識型態，並讓官僚政治（即層層相疊的三角形結構）的管理主義有了發展的正當理由」。[23]

　　遺憾的是，這個金字塔圖解不斷出現在管理學教科書裡，使馬斯洛博大精深的智慧結晶淪為拙劣模仿的對象，並違背了馬斯洛的自我實現概念——這實際上指的是，個人發揮創意潛能以達到人性的顛峰。[24]布理吉曼與同事指出，「假使根據需求層次來啟發管理學及其與創造力的關係，以及共同利益的追求，會比設計一個簡化的五階式單向金字塔更能彰顯馬斯洛理論的價值」。[25]

　　最後，還有一項常見的誤解，那就是馬斯洛的理論不允許跨文化的變動或個體的差異。然而，馬斯洛承認，不只基本需求

會在人的一生中不斷更迭，滿足基本需求的順序也會出現重大的文化與個體差異。[26] 例如，一些缺乏安全與健康的重要資源的社會（如在飽受戰亂所苦的社會，人們經常活在真實的危險與恐懼中），肯定會比其他社會更注重基本的生存需求。但即便如此，這樣的社會仍然可以帶給人們一定程度的群體意識、尊重與發展技能和才華的機會。如顧問蘇珊‧福勒（Susan Fowler）所言：「『自我實現』的地方無所不在。」[27] 若要讓每個人都有自我實現與超越的機會，就**必須**解決世界各地真實存在的結構不平等，但這不表示人們必須先滿足與安全有關的需求，才能努力獲取更大的成就感。不同需求的滿足可以同時並行。

即使**屬於**同一個社會，人們的需求也會因為不同的性格與環境經驗的結合，而有不同的優先順序。舉例來說，有些人一向把注意力放在與別人建立深厚的關係，有些人則持續尋求別人的讚美與尊敬以獲得前進的動力。即便就個人而言，我們在成長的同時，重視的需求也可能會跟著改變。再次強調，重點是改變與成長。

儘管馬斯洛的需求層次的排序會在不同的文化、個體甚至個人的一生中有所變動，但有一個核心面向在現代科學的檢視下**始終**不變。現在我們就來看看那是什麼。

匱乏 vs. 成長

雖然多數人把重點放在需求的三角階層上，但馬斯洛實際上強調的是這個階層的另一個特點。他主張，所有需求都可以歸為兩大類別，而若想成為全人，就必須整合這些需求：匱乏與成長。

匱乏的需求——馬斯洛稱之為「D-needs」——出自於滿足感的缺乏，不論是缺乏食物、安全、情感、歸屬或自尊。「匱乏境界」（D-realm）的存在影響了我們的所有感知並扭曲了現實，它會要求個體的全人：「餵我！愛我！尊重我！」[28] 這些需求越缺乏滿足，我們就越容易扭曲現實以符合自己的期待，並利用他人來滿足自己最急迫的需求。在匱乏境界中，我們也越容易利用各種防衛機制來逃避免這種不足。某種意義上，這些防衛機制可謂「具有智慧」，能夠幫助我們避免當下無法承受的痛苦。

然而馬斯洛認為，成長需求（如自我實現與超越）所具有的智慧與匱乏需求頗為不同。論及「防衛智慧」與「成長智慧」之間的差別，馬斯洛主張，存在的存有境界（B-realm，或簡稱存有境界）就如同以清晰的鏡片取代模糊的鏡片。如此一來，我們不會受恐懼、焦慮、懷疑與不斷對現實提出要求的需求所支配，而是更能夠接受與善待自我和他人。成長智慧讓我們更清楚地認知現實，去探索「什麼樣的選擇將能引領我達到更好的整合與完整？」而不是「我要如何保護自己才能得到安全感？」[29]

從進化的角度來看，安全與安全感、以及感受短暫愉悅的欲望，比成為全人的欲望更吸引我們注意，是非常合理的現象。如身為記者與作家的羅伯特・萊特（Robert Wright）在《令人神往的靜坐開悟》（*Why Buddhism Is True*）中所述，「人的大腦經過天擇演化，是來誤導、甚至奴役我們的」。[30] 我們的基因只「在乎」繁衍後代，不管這會讓全人的發展付出多少代價。即使這會限縮我們的世界觀，導致我們對與現實脫鉤的世界反應過度，那也無妨。

然而，這種狹隘的世界觀可能會阻礙我們更全面地瞭解世界

與自我。儘管成長的路上會面臨許多挑戰，但馬斯洛仍然認為每個人都有能力達到自我實現，即使大多數的人都花太多時間注意自己的不足，而未能成就自我。馬斯洛對於安全與成長辯證本質的強調，與當前人格心理學、控制論與人工智慧領域的研究及理論化驚人地一致。學界普遍認為，整個系統（不論是人類、哺乳類或機器）若想達到理想的運作狀態，便必須能夠在分心與干擾的情況下持續追求目標的穩定性，以及具有適應與探索環境的彈性。[31]

現在我們瞭解安全與成長是成為全人（包括健康的超越）的兩個必備條件後，是時候來尋找一個**嶄新**的意象了。

嶄新的意象

在六〇年代問世的金字塔圖像講述了馬斯洛根本沒說過的故事；這是一個關於成就，關於突破一關又一關、直到你「贏了」人生這場比賽的故事。但是，這絕非人本心理學家強調的自我實現精神。人的處境不是一場競賽，而是一種經驗。人生不是攀登頂峰的一條路徑，而是在廣闊海洋中遊歷的一段旅程，當中有著各種尋求意義與探索的嶄新機會，但也充滿了危險與不確定性。在起伏不定的浪濤中，笨重的金字塔毫無用處。我們需要的是更有用的東西。我們需要一艘**帆船**。

人生的冒險旅程很少一帆風順。帆船能夠保護我們，不受跟我們同樣起伏不定的大海所侵襲。船身的每一片木板都發揮了抵禦海浪的作用。如果沒有它們，我們必將為了待在水面上而耗盡所有精力。儘管就算只有一片木板，也好過什麼都沒有，但是船

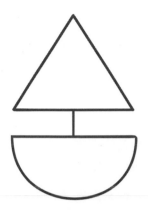

越大，就越能抵擋風浪。同樣地，在人生中，雖然安全是獲得安全感的必要基礎，但若能擁有與他人的深厚情感及得到尊重與彰顯自我的價值，你將能安然度過暴風雨。

　　然而，擁有一艘穩固的船並不足以在汪洋中前進。你還需要一片風帆。如果沒有它，船或許不會沉，但哪兒都去不了。船帆每往上升一節，就能捕捉更多風力，有助你探索與適應環境。

　　要注意的是，駕駛帆船並不像爬山或攀爬金字塔那樣。要讓帆船行駛，你必須**展開**風帆，就如同你擁有了足夠的安全感，然後放下防衛心。這是一個持續的動態過程，上一分鐘你敞開心胸，下一分鐘便感受到威脅，將自己封閉起來以做好防禦準備。然而，你越能持續對這個世界保持開放心胸，就能走得越遠，從周遭的人們與機會身上得到的助益也會越多。幸運的話，甚至還能經歷高峰體驗的狂喜時刻——以帆船來比喻，就是乘風而行。在這種時刻，你不只暫時拋下了不安全感，也有了大幅成長，只是在海上行駛，就能激起浪潮，幫助其他帆船前行。如此一來，

這艘帆船不僅是一個頂峰，而是一個完整的**媒介**，幫助我們探索這個世界與周遭的人們，同時有所成長與超越自我。

展開風帆

只是，帆船象徵的哪些要素最終可促使這個媒介超越自我？組成帆船的需求分別是安全、連結與自尊。這三項需求作為一個完整的動態系統，任何一個面向嚴重受挫，都對其他面向影響深遠。在一帆風順的情況下，不同安全感的需求會共同導向上一層的安全感與穩定性，但在強勁的逆風下，它們會造成深刻的不安全感與不穩定，使我們因為專注於保衛自身安全而停滯不前。不幸的是，有太多人在生命中受到不安全感的阻礙而徘徊不前，錯過了世界上有待他們探索的無窮美麗，以及達成自我實現、進而超越自我的可能性。我們錯失了浪頭，只能望洋興嘆。

至於風帆呢？風帆象徵**成長**。雖然自我實現的核心是成長，但對於「自我實現」一詞，有一個的合理批評是，這種說法將各種特質與動機混雜在一起，全部歸為同一類。[32]馬斯洛認知到這一點，而在後期的著作中，他偏好使用「人性的充分發展」來指稱自己真正闡述的意涵。

為了闡釋這一點，我將自我實現——進而還有成長——分為三種具體需求，而這些需求得到了當代科學研究的有力支持：探索、愛與目的。我相信這三種需求掌握了馬斯洛將自我實現概念化的本質。而且，我認為這些需求不可概括為安全需求或混為一談（雖然它們可以相輔相成）。這三種需求合力幫助我們發展成全人。在有利的情況下，這三種需求若是得到滿足，便有助於個體

邁向健康、完整與超越。在不利的條件下，個體會變得只在乎人身安危與安全感，忽視成長的可能性。

　　成長的基礎是**探索**的精神，即作為所有成長需求根本的基礎生理驅動力。探索是尋求與理解新奇、挑戰性與未知事件的欲望。[33] 安全主要關乎防衛與保護，而探索主要受到好奇心、挖掘、開放、擴展、理解，以及成長與發展的全新機會的創造所驅使。構成成長的其他需求——愛與目的——可以建立在探索的基礎需求之上，以達到更高層次的內在整合，並且對世界做出有意義的貢獻。

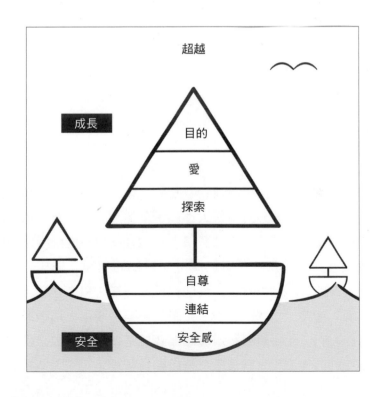

　　我認為探索的驅動力是自我實現背後的核心動機，不能簡化為其他任何一種需求，包括經過演化而來、尋求親和、地位、教養與適配的動力。儘管我同意演化生理學家道格拉斯·肯里克（Douglas Kenrick）及其同事的主張，即需求層次有可能建立在演化之上，但我相信探索需求應該要在演化的過程中占有一席之地。[34]

　　最後，新需求層次的頂端是**超越的需求**，這凌駕於個人成長（甚至還有健康與幸福）之上，可促成個人的內在及個人與外在達到最高層次的統一與和諧。超越以安全與成長為基石，從這個角度出發，我們可以透過接納、智慧及建立與其他人性的連結，更深入地洞察自我的全人。

我們都會茫然迷失[35]

> 生命來自肉體的生存；但美好的人生來自我們在乎的事物。
> ——羅洛·梅，《愛與意志》（*Love & Will*，一九六九年出版）

　　我在本書提出的新需求層次以人為本。沒錯，我們在物種上屬於猿類，但我們是對於個人本體、創造力表現、意義與目的有著無窮好奇心的猿類。人類發展出其他動物無可匹敵的成長動能。我們在目標的長遠性與選擇優先目標的彈性上是獨一無二的，因此自我實現的方式也比其他物種來得多。只要想想人類創造的藝術、音樂、科學、發明、文學、舞蹈、商業與運動形式有多麼五花八門，便不難理解這一點。我們不斷培養能力來創造精緻且多元的各種文化，而文化之所以如此精細，正是因為我們對

於目標的追求有著獨特的彈性。

　　人類在這方面與眾不同的事實，意味著並不是每一個能帶來滿足感的目標都與演化適存度直接相關。以滾球遊戲（Skee-Ball）為例，雖然贏得冠軍的目標與地位、自尊和掌握（mastery）的演化欲望有某種程度的關聯，但如果將這項目標**完全**概括於人性需求層次的其他需求內，便會失去了這個遊戲的根本**人性**。如人格神經科學家柯林・德揚（Colin DeYoung）所言：

　　　　說到世界滾球冠軍，就不免會意識到，這個比賽除了一般的演化限制外，還牽涉了其他因素。猴子不會是滾球比賽的冠軍。在這項比賽中，你可以自由選擇各種目標與制定新的目標。我們當然可以將這些目標對應到某些演化動機，但你不能單就個人演化而來的各種適應能力去判斷人類可能會有哪些行為。我們必須讓人們從極其廣泛的可行目標與追求中自由選擇，甚至讓他們可以自由創造新的目標。[36]

　　當然，人類確實有許多驅策力與其他動物相同，而全面瞭解演化心理機制是一個非常值得追求的目標。[37]然而，我們必須知道，沒有任何一種生物跟人類一樣面臨嚴重的生存危機。在《健全的社會》（*The Sane Society*）一書中，埃里希・佛洛姆主張，人類的處境牽涉了物種的共同本質與其他生物之間的根本衝突，以及人類發展出的獨有的自覺、理性與想像力。他指出，「如此一來，人類存在的問題在自然界裡是獨一無二的；人類一如以往地脫離自然界，但又屬於其中；人有一部分是神聖的，一部分具有獸性；既擁有無限的可能性，但又受到限制」。[38]

　　以帆船作比喻，**每個人朝自己的方向前進之際，都在廣闊的未知大海中航行**。人類的存在伴隨著有時讓人難以接受與理解的情況，但值得欣慰的是，大家共生共存，都必須面對同樣的存在困境。一名病患曾對存在心理治療師歐文・亞隆說：「雖然獨自一人在船上很孤單，但每次看到周遭其他船隻的燈光閃爍，心裡便覺得寬慰。」[39] 以下是亞隆主張所有人類都必須妥協的四個「存在的既定事實」：

1. 死亡：希望繼續生存及自我實現，與無可避免的凋零之間的固有矛盾。
2. 自由：一邊面臨宇宙中看似隨機發生的事件，一邊背負伴隨選擇命運的自由而來的沉重責任。
3. 孤立：一方面希望與其他人類建立深刻的關係並成為更大整體的一部分，另一方面又始終無法完全這麼做，總是獨自地存在於世界上。
4. 無意義：陷入一個往往看似毫無內在意義的中立宇宙，卻又渴望在我們生活在這個星球上短暫得不可思議的時間裡，找尋個人存在的目的。[40]

　　因此，新的需求層次理論不僅關於人類的本質，歸根究柢也關乎人類的存在。挖掘人類經由進化而產生的傾向與本能，是一件非常重要的事，而這正是本書的宗旨。不過，我最感興趣的是，人類的生命何以對**真正生活在當中**的個體具有價值與意義。本書不只探討某些部分的人類演化遺產，也論述人要如何**超越**自我──透過獨特方式面對存在的既定事實的同時，達到比自我更

強大的境界。

美好的人生

　　我不接受任何絕對的生活公式。沒有任何預設的規則可以預見生活將發生的每一件事。我們過生活的同時，會成長，信念也會跟著改變。它們必須改變。因此我認為，我們應該與這種不斷發現的過程共生共存。我們應該以高度的生存意識迎接這樣的探險。我們應該將自我的完整存在押注在探索與體驗的意願上。

　　——馬丁・布伯（Martin Buber），引述自奧伯利・霍茲（Aubrey Hodes），《從私密的角度看馬丁・布伯》（*Martin Buber: An Intimate Portrait*，一九七一年出版）

　　「沒有人可以替你建造橋梁，讓你跨越只有你能跨越的生命之河。你也許會遇到無數的路徑與橋梁，還有樂意帶你前行的半神；但若是依賴祂們，你就得犧牲自己作為代價。世上有一條路，除了你之外沒有任何人能走。你問，那條路通往哪裡？不要問，走就對了！」……這是……痛苦而危險的探索，你挖掘自我，克服艱困的障礙，直搗存在的深層意義。

　　——弗里德里希・尼采（Friedrich Nietzsche），《教育家叔本華》（*Schopenhauer as Educator*，一八七四年出版）

　　我在本書呈現的美好人生願景與近年來普遍所提倡的並不相同。這種人生的主要動力不是金錢、權力、社會地位，也不是幸福。我闡述的美好人生深植於人本心理學的核心原則與對人類需

求的務實理解，其目的是藉由健康的方式表達自身需求，進而探索與展現最適合**你**的自我。

　　美好的人生不是終極目標，而是一種生活方式。就如卡爾‧羅傑斯所說，「美好的人生是一個**過程**，不是一種存在的狀態。這是一種方向，不是一個目的地」。[41] 在此過程中，你不會總是擁有幸福、滿足與極樂，有時甚至還會感到痛苦與心痛。羅傑斯強調，這種生活不適合「怯懦」的人，因為你需要不斷擴大舒適圈，一天比一天更加認識自己的潛力，並且「全心投入生命的長河」。[42] 你勇敢揚帆出航，讓風引領你前行，同樣地，你也需要付出巨大勇氣，才能成為最好的自己。[43]

　　然而，如果你堅持到底，必能創造豐富人生，讓「充實」、「令人興奮」、「值得」、「具有挑戰」、「富有創造力」、「意義非凡」、「充滿熱情」、「令人讚嘆」等形容詞成為你生活的最佳寫照。我相信人類與生俱來就有成長的能力。不論你現階段的個性或處境為何，我相信本書必能幫助你朝著你真正希望的方向，經由獨一無二的方式成長，向宇宙證明你確實存在過，而且曾經帶給他人助益。

　　讓我們展開這段成就自我的旅程吧！

第一部

安全感

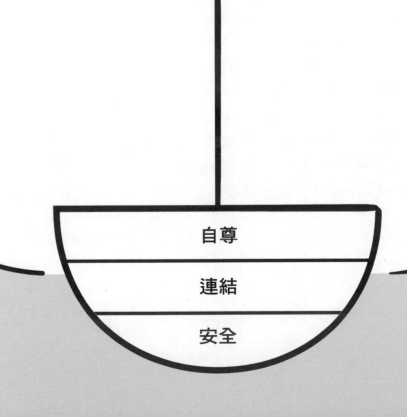

序言

　　一九二七年，十九歲的紐約市立學院（City College of New York）學生亞伯拉罕·馬斯洛選修了名為〈文明的哲學〉（Philosophy of Civilization）的一門課。後來，他發現課程內容太過艱深，因此退選。然而，他的人生從此改變，為日後的發展播下了一顆重要的種子。年少的馬斯洛經歷了發展心理學家霍華·加德納（Howard Gardner）所謂的「明朗化經驗」──這是一種令人難忘的戲劇性時刻，讓我們受到刺激與有所頓悟。[1]

　　三十五年後回想這段經歷，馬斯洛在未公開的筆記中寫道：「事後證明，那是我一生中最重要的教育經驗之一，因為它讓我認識了孫末楠（William Graham Sumner）的《民俗學》（Folkways），改變了我的人生。但是，正如教授在開學第一堂課所警告我們的，『如果你認真讀了這本書，就回不去了。你再也不會像以前那樣天真。』」[2]

　　《民俗學》啟發了馬斯洛，讓他學會欣賞文化對於行為的影響。但是，這也使他體認到人類需求的強烈驅策力。由於環境突發狀況的模式隨社會而異，因此不同的社會會發展出不同的風俗民情來滿足相同的根本需求。如孫末楠所說：

　　每一個時刻都會帶來必須立刻被滿足的需求。需求是最初的經驗，後面緊跟著努力滿足它的魯莽努力……方法是不斷試驗與失敗，進而一再造成痛苦、失去與失望。儘管如此，這是一種接觸原始經驗與進行汰選的方式，是人類最早期的努力。需求就是推動力。[3]

馬斯洛一讀到這段話，立刻對人類學產生了濃厚興趣。隔年，他轉學到威斯康辛大學（University of Wisconsin），如飢似渴地拜讀人類學領域開創性人物的著作，包含瑪格莉特·米德（Margaret Mead）、布羅尼斯拉夫·馬林諾斯基（Bronisław Malinowski）、露絲·潘乃德（Ruth Benedict）與拉爾夫·林頓（Ralph Linton，也是他的妻子柏莎的老師）。他在一九三五年搬到了紐約市，旁聽露絲·潘乃德、拉爾夫·林頓、亞歷山大·萊瑟（Alexander Lesser）與喬治·埃爾佐格（George Herzog）主講的許多人類學課程與研討會。實際上，他更與露絲·潘乃德建立了深厚友誼，十分仰慕她的智慧、才華與和善。馬斯洛也加入了美國人類學協會（American Anthropological Association），多次在會議上發表演說。[4]

一九三八年，在馬斯洛踏入心理學職涯之初，露絲·潘乃德協助他取得補助金，讓他可以（跟盧西恩·漢克斯〔Lucien Hanks〕與珍·理查森〔Jane Richardson〕）花一整個夏天的時間，在加拿大亞伯達省（Alberta）西克西卡（Siksika）保留區進行北部黑腳族印第安人（Northern Blackfoot Indians）的人類學研究。[5]馬斯洛深深愛上了黑腳印第安人的生活方式，據黑腳族長者馬丁（Martin Heavy Head）表示，馬斯洛深受他的來訪所啟發，對他敬佩得「五體投地」。[6]讓馬斯洛印象特別深刻的是，黑腳族社會普遍少見犯罪、暴力、嫉妒與貪婪的事件，而且族人擁有高度的情緒安全感、堅定而充滿關愛的育兒做法、群體向心力、平等主義與寬厚胸懷。事實上，馬斯洛認為，黑腳族之所以能在他的情緒安全感測試中獲得高分，正是因為他們的社會結構與群體精神。

據馬斯洛傳記的作者艾德華・霍夫曼（Edward Hoffman）表示，馬斯洛觀察到，黑腳族認為「累積房產與財物等財富並不重要，因為在部落裡，**捐贈財物**的行為會為個人帶來真正的名聲地位與安全感」。[7] 相反地，馬斯洛對鄰近地區那些歐裔美國人的殘忍作為感到震驚：「保留區的那些印第安人是好人；我越認識村裡的白人——他們是我人生中遇過最惡劣的一群討厭鬼與混蛋——就越覺得兩者差太多了。」[8] 顯然，馬斯洛從這次的探訪中對第一民族（First Nations，譯注：加拿大境內民族的通稱）的觀點得到了一定程度的瞭解，包括群體意識、感恩及回饋後代的重要性。[9、10]

同時，這段旅程也深刻影響了馬斯洛對於人性本質的思考。[11]他帶著對文化相對主義的堅定信仰踏上這段旅程，結果對黑腳族印第安人彼此的緊密連結大感驚訝。[12] 結束田野調查的幾週後，他在總結報告中寫道：

在我看來，每個來到社會上的人類並不是將被社會塑造的一團泥土，而是受社會所彎曲、抑制或建立的架構。我會這麼認為，是因為我蒐集到的資料顯示，這些印第安人的第一身分是人類，第二才是黑腳族，另外，我在部落中發現族人的個性類型幾乎跟我們的社會一樣，但分布曲線頗為不同……現在，我正在苦惱該將其視為「根本」人格結構，還是「自然」人格結構。[13]

在同年十二月撰寫的未公開筆記中，馬斯洛表示：「我提出的根本或自然人格……的概念是，人類從出生以來，都具有安全感與良好的自尊，就如同黑腳族、黑猩猩、嬰兒或具有安全感的成

人。進入社會後，這種自然人格會受到扭曲、形塑、壓抑……」[14]

　　孫末楠在書中強調，我們不應將文化風俗評為普遍「好」或「壞」，而應根據適應價值——即有效滿足驅動性需求的程度——來理解它們。同樣地，馬斯洛相信人性本善，但生活帶來的壓力與挫折改變了這樣的本質。[15]在一九三八年另一篇未公開筆記中，馬斯洛寫道：「人們其實都有一副好心腸。若想證明這一點，唯一需要的是找出促成他們表面行為的動機，不過那些行為可能是齷齪、卑鄙或邪惡的。一旦我們瞭解了這些動機，就不會怨恨隨之而來的行為了。」[16]這項主張可說徹底背離了當時的精神分析觀點，闡明人們骨子裡其實有一堆壞念頭，不是為了保護自己，就是跟性有關！

　　在同一篇筆記中，他接著探究人為什麼會變得如此殘忍。結論是，這是因為「不安全感的循環——一切都從這裡開始……人會做出混帳行為，是因為受到了實際上與期望中的傷害，憤而展開反擊，就跟動物在無路可退時的舉動一樣。事實上，如果基本願望——也就是對於愛與安全的需求——得到了滿足，人都是善良的。只要有了愛與安全感，人的內在感受與外在行為就會充滿愛與安全感」。延續這樣的思維，馬斯洛主張，每一件「齷齪、卑鄙或邪惡」的事，都是基本的安全、愛與自尊需求未獲滿足的過度代價。

　　許多秉持各種觀點的當代研究均支持馬斯洛所謂「不安全感的循環」所導致的行為表現。而**恐懼**正是這個循環的常見核心。倘若這個循環中的任何一種需求遭到剝奪，某種恐懼便會充斥其中，不論是以何種形式。

　　如果你懷有許多恐懼，或許意味著你太執著於保衛船隻的安

全，如此可能會使船隻在廣闊大海中窒礙難行。本書的第一部分旨在幫助你抑制自己的不安全感，好讓你能盡可能站穩腳步，專注於生命中最能賦予你意義、成長與創造力的事物。

　　首先，我們來談談構成安全感最基本的需求：安全。

第一章

安全

　　在這個社會上，一般的小孩及大人（比較不明顯），普遍偏好一個安全、有秩序、可預測、法治健全與組織分明的世界，他們可以依靠這個世界，而在這樣的環境裡，不會有突如其來、棘手、混亂或其他危險的事情發生，不管遇到什麼情況，都有強大的父母或守護者擋在前面，防止他們受到傷害。

　　——亞伯拉罕·馬斯洛，《動機與人格》（*Motivation and Personality*，一九五四年出版）

　　整體上，雖然世界在許多方面都有顯著的進步，像是人們變得更長壽、更健康、更自由且更和平，[1]但在二十一世紀的頭二十五年裡，各地仍有許多人覺得這個世界難以預料又混亂，而對多數人而言，混亂入侵了他們的個人環境。單就美國而言，約一千萬人口擁有全職工作，但生活水準仍低於官方公布的貧窮線。儘

管最頂端那 1% 的人口的收入大幅增加,但對許多美國人而言,居住與健康照護等基本的生活需求正瀕臨危機。實際上,有超過三千三百萬名美國人沒有健康保險,而有半數的美國人甚至沒有四百元美金的緊急預備金。[2]

　　如作家露絲・惠普曼(Ruth Whippman)指出,我們創造了一種關於健康與幸福的社會敘事,而這徹底翻轉了馬斯洛的需求層次,以自我實現來取代這些基本需求,而不是在安全的穩固基礎上尋求自我實現。在〈金字塔倒塌時,我們人在哪裡?我們在上瑜珈課。〉(Where Were We While the Pyramid Was Collapsing? At a Yoga Class)一文中,惠普曼寫道:「我們將注意力放在馬斯洛金字塔的頂端,這麼做顯然犧牲了底層的需求。」[3]

　　雖然馬斯洛從未實際利用金字塔來呈現自己的理論(見〈序言:新的需求階層〉),但他不斷強調,人必須先滿足最基礎的需求,才有機會發揮所有潛能。馬斯洛本身在勞動階級的俄羅斯猶太移民家庭長大,是家裡的長子,小時候飽受反閃族的霸凌,而這樣的經歷促使他終生致力於社會變革的事業。六〇年代上過他的課的一位學生注意到,馬斯洛極力提倡學校調降供膳費用,藉此減少貧窮兒童健康成長與發展的阻礙。[4]

　　現代科學表明,不可預測的事物會對我們設想與創造的生活造成深遠後果。安全的需求,以及隨之而來對於環境的穩定、必然、可預測、連貫、連續與信任需求,是實現其他需求的基礎。安全需求,與理解經驗的掙扎及控制意外情況的動機緊密相關。一個人若有了安全的堡壘,就能承擔風險與探索新的想法與生活方式,同時也能有機會成為自己真正想成為的樣子。如果沒有安全基礎,就會過度依賴他人的保護、愛、情感與尊重,進而危害

自己的成長、發展與生命意義。

安全需求也關乎特定形式的生命意義。心理學家劃分了三種不同的意義形式：連貫性（coherence）、目的性（purpose）與重要性（mattering）。[5] 目的性指的是瞭解以未來為導向與具有價值的生命目標；重要性則是個人認知自己的存在與行為在這個世界上具有多大的意義、重要性與價值。

連貫性的需求則是與安全需求最相關的意義形式。我此刻所處的環境有沒有意義？我的人生中存在任何可預測性與可理解性嗎？一個人必須先擁有連貫性，才有機會追尋更遠大的目標，或者透過各種方式讓自己在這個世界上舉足輕重。[6] 如意義研究學者法蘭克・馬泰拉（Frank Martela）與麥可・斯蒂格（Michael Steger）所述，「自我價值必須有所繫泊，如果我們無法理解生命，便很難找到能為生命賦予價值的事物」。[7]

如欲尋求連貫性，有幾種可行的方法。例如，研究人員發現，連貫性與虔誠信仰、靈性及從創傷中成長（如戰勝癌症病魔）的能力有關。[8] 然而，也有一些毀滅性的途徑，倘若採取這種方式，那麼重拾安全感的需求便有可能導致激進與對立。人生中有太多混亂與不可預測的事物，而這會讓我們陷入心理學家所謂的「心理熵」（psychological entropy）。[9]

心理熵

人的大腦是預測的機器。[10] 我們不斷處理接收到的資訊，評估它們在多大程度上符合期望。在基因藍圖的指示——但非全權操控——之下，大腦會引導我們的行為、思想與情感達成目標，

以滿足基本的需求。注意,這裡指的「目標」範圍十分廣泛,從安全目標(如獲得食物、歸屬感、地位與配偶),到與「目的」相關的目標(如成為世界級運動員或幫助開發中國家的窮人)都是。如先前所述,人類有別於其他物種,在目標的選擇方面擁有極大的彈性。

熵最初用於物理系統的運作,是衡量混亂的一種尺度。然而,適用於熱力學系統的熵原理(如自我組織),也可套用於所有資訊處理系統,包含大腦、神經系統與人類的心理過程。[11] 所有生物有機體(包括人類)能存活至今,正是因為他們能有效管理內在的熵。[12]

在心理熵的狀態下,我們會經歷焦慮與苦惱等負面感受。身體的壓力系統會啟動,釋放一連串荷爾蒙(包含皮質醇)在體內循環,為身體做好採取行動的準備。[13] 此外,與警戒、情緒、記憶和學習有關的腦部特定區域會活化,控制細胞發炎與存活的基因也會開始作用。[14]

可以肯定的是,我們的生活中始終存在一定程度的心理熵:我們永遠無法完全掌握環境,而我們自以為可預料的事情也會不斷變動。某種程度的壓力與不可預測性是健康且正常的。如英國哲學家艾倫・沃茲(Alan Watts)所說,「想在本質上瞬息萬變的宇宙中得到絕對的安全感,是矛盾的一件事」。[15] 又如數學家約翰・艾倫・保羅斯(John Allen Paulos)所言,「在這世界上,唯一確定的是不確定,而知道如何與不安全感共處,是唯一的安全感」。[16]

那些高度神經質、具有封閉需求/自我封閉與強迫症的人**特別**討厭不確定性。神經質是一種人格特質,特徵是負面情緒、焦

慮、恐懼與沉思的模式。當高度神經質的人接觸到未知的回饋而非負面回饋，神經系統會發出過度劇烈的情緒反應。[17]心理學家雅各·赫什（Jacob Hirsh）與麥可·因斯利特（Michael Inzlicht）指出，具有高度神經質傾向的人「寧願選擇已知的苦難，而不願迎接未知的冒險」。神經質對精神健康的影響極其深遠，一些學者甚至指出，神經質是所有形式的精神病理學共同的核心！[18]

有些人察覺到一絲威脅就緊張得要命，而大多數的人面對未知時則多少會感到不安。每個人或多或少都有一些恐懼，譬如害怕未來，害怕遭到拒絕，害怕失去控制、失去情感的連結或失去名聲。[19]降低、設法解決甚至接受未知的能力，是每個人發展全人的必備條件。這不只對健康與幸福至關重要，也關乎生存。

長期的恐懼與焦慮可能會嚴重危害學習、行為與健康。[20]不斷暴露在歧視、暴力、忽略或虐待的環境，也會造成終生的後果，改變發育中的大腦裡對壓力特別敏感的區域的神經連結。

儘管大腦的許多變化具有適應性（會因應威脅的偵測而做出調整），但它們也會讓整個有機體付出代價。實際上，我們的基因並不「在乎」我們的快樂或甚至是心理健康；假如它們會說話，我們就會知道它們的目標只有繁衍後代。如果這意味著必須犧牲較高層次的目標（譬如決心）才能達成生物目的，那也只能這樣。舉例來說，縱使你渴望傾全力譜寫一首交響曲或解開複雜的數學證明式，但在心理熵過多的情況下，系統依然無法全力以赴（意即投入所有精力）。

在不同層面的生物功能上，人體會不斷調整對環境刺激的反應以盡量減少意外的發生──也就是熵與不可預期的經驗。如果內在產生太多的熵，我們會被迫發展替代策略以盡可能減少熵並

滿足基本需求。隨著時間過去,如果這些策略都不管用,系統便會適應不良,最終不斷退化。

這不僅深刻影響我們的生理機制,也對我們的心理寓意深遠。大腦的運作耗費我們不少體力,因而能維持一定程度的可預設性與連貫性,以決定哪些行動將驅使我們更接近目標。我們在生活中察覺到越多的不穩定性,消耗的資源與感受的壓力就越多。當內在的失序過於嚴重,我們便可能會採取危害他人——更別說是完整自我——的策略。我們對於可能性的感知會萎縮,並受到極其狹隘的情緒、想法與行為所支配,因而減損了達成目標的潛力。舉個例子,如果你前一天因為模稜兩可的抽血檢查結果而徹夜難眠,隔天便會難以譜出扣人心弦的交響曲。

研究明確顯示,人類的心理過程與生理運作緊密相關。基於這個原因,我認為可以這裡的論述可以結合馬斯洛主張的生理與安全需求。當安全需求嚴重受挫,人們會利用特定的方法來恢復平衡(或體內平衡)。透過這種角度檢視人類的舉動,我們可以客觀看待適應不良的行為,同時深入瞭解其他同類。

任何人在任何時間都可能受安全需求所控制,並透過可預期的方式依照人性的基本原則採取行動。當安全需求受到阻礙,我們就會失去對他人的信任,開始疑神疑鬼。我們很可能為了找回安全感而走上毀滅一途,像是涉入幫派與組織犯罪。如馬斯洛所言,「擁有安全感的人與時時刻刻都像個間諜般提心吊膽的人,在個性上是有差異的」。[21]

首先,我們來看一個跟大家都有關的例子:飢餓。

感到飢餓

如果我們大多時候都吃不飽或渴得要命、持續受到時刻逼近的災難所威脅，或者遭到每個人所厭惡，我們就不應該有創造音樂、發明數學系統、裝飾家居或講究衣著的渴望……顯而易見地，如果要讓崇高理想變得晦暗無光，或者想從偏頗的角度看待人類的能力與本質，那麼讓有機體長期處於極度飢渴的狀態，就會是個好方法。

——亞伯拉罕·馬斯洛，《動機與人格》（一九五四年出版）

「餓怒」（hangry，由 hungry 與 angry 組合而成）這個詞彙十分可愛，通常以開玩笑的方式來表達。然而，對於世界各地經常無食可吃的數十億人口而言，真正的飢餓可不是件好笑的事。

人類與非人類生物如果挨餓，會遭受嚴重後果。穩定食物來源的欠缺會導致食物方面的不安全感，而這往往會引起一些特定的負面行為，如容易衝動與暴躁、易怒與具有侵略性、焦慮程度加劇，以及傾向吸食迷幻藥。[22] 有驚人且大量的證據指出食物的不確定性會招致這類行為；一些是讓昆蟲、鳥類與哺乳類（包含人類）進行斷食的實驗，另外也有一些觀察速效減肥與被迫接受「治療性」飢餓的人有何行為變化、或是針對臨床飲食障礙患者所做的研究。

這類行為源自於極度的挨餓，而不是既有的人格差異。在一項古典研究中，研究人員觀察到在治療性飢餓的過程中，病患一開始會聽從指令、心情愉悅而且態度樂觀，但隨著實驗的進行，他們變得越來越衝動與憤怒，甚至出現肢體暴力。[23] 例如，「一名

男子在實驗結束後尋求心理治療,因為他開車上路時脾氣變得非常暴躁,他擔心會控制不住自己的情緒而撞死其他駕駛」。[24]

飢餓讓人更有動力透過工作或金錢來換取食物,但也會讓人比較沒有動機去付出同樣的代價以獲得其他非食物性報酬。[25] 我們不該將這些行為與飢餓之間的關聯當作系統失效,而是視為一種適應行為,一種由其他策略組成的反應,目的是確保食物的源頭、獲取與安全,甚至不惜犧牲其他的目標。[26]

如果一直無法透過其他策略來達到目標,焦慮與躁動最後會導致抑鬱與萎靡。這點非常重要:造成這類行為的原因是食物長期存在不確定性,而非徹底遭到剝奪。這種狀態會引發極為大量的心理熵,最終使個體產生無助感,其他系統也會跟著衰敗。英國心理學家丹尼爾·內特爾(Daniel Nettle)主張,一些常見於經濟弱勢者的行為(如衝動、侵犯與焦慮)起因於經常性的飢餓,而不是既有的社會階級差異。[27]

最驚人的是,許多出自於飢餓的行為會在重新獲得食物時大幅逆轉。[28] 我們一直都在挨餓,直到有食物可吃為止,而不愁吃喝的時候,我們會忘了飢餓的感覺,直到再次陷入那樣的狀態才又想起。

我們已經說明大家都有共鳴的一個例子,現在就用下一個例子來談談更複雜、屬於心理層面的不安全感——依附。

安全依附的需求

> 面對人生,我們最好以安全堡壘為起點,大膽展開一系列的探險。
> ——約翰·鮑比(John Bowlby)

　　人類嬰兒在誕生之初是全然無助的生物，完全仰賴照護者滿足基本的生理需求。嬰兒會透過照護者的回應性與可靠性，發展出需求可獲得滿足的安全感，同時也對照顧者產生情感依附，而這種連結可營造出安全的堡壘與天堂，供不斷發育的嬰兒延續生命、展開好奇心與探索周遭環境。

　　英國心理學家約翰・鮑比整合了佛洛伊德的理論與新興的動物行為學（從演化角度研究動物行為）、控制論、控制系統理論及發展心理學，主張「依附行為系統」的存在隨億萬年的人類史演化而來，旨在促使照顧者增加與脆弱的嬰兒、孩童或成人之間的親密度。[29] 據鮑比指出，尋求親密的行為可以減輕恐懼與焦慮感，而且會在嬰兒感覺害怕或脆弱時受到激發。

　　論述這個系統時，鮑比引用了控制理論的許多核心原則，而這些原則都建立在「如果……就……」的邏輯之上。其實，我們天生具有許多潛意識的驅動力，它們以「如果……就……」的方式深植於我們的系統，如同我們稍後將提到的，這種洞察力使我們有意識地凌駕於系統之上，控制自己下意識的習慣。然而，我們在幼時尚未發展出在認知功能上踩刹車以中止依附行為系統的運作。

　　鮑比認為，依附系統會經歷一連串「如果……就……」的問題，其中第一個是「照顧者有在旁邊關心我、回應我嗎？」[30] 如果孩子得到肯定的答案，便會感覺到愛、安全、自信，而且更願意探索、玩耍及與別人互動。如果孩子得到否定的答案，就會感到焦慮，更容易表現出意圖與照顧者拉近距離的各種行為，包含提高警覺與透過聲音表達痛苦（即哭泣）。鮑比從理論上說明，這種行為會一直持續到孩子與依附對象建立起令人安心的親密感為

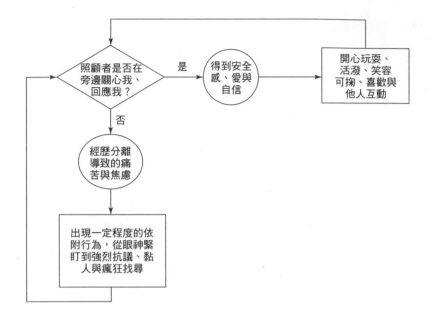

止。假如依附對象沒有回應，孩子就會退縮、不再嘗試與對方接觸，正如長期與親人分離或失去親人會有的那種表現。

依附系統靈敏地掌握了我們在壓力下的反應，持續記錄我們從依附對象身上獲得親密感與撫慰的經驗，不管是與父母、最後擴展到與朋友和伴侶的關係都是如此。鮑比認為，我們從照顧者的實際陪伴中發展出他人與自我的心理表徵，或稱「內在運作模式」，因而得以根據過往的經驗預測他人的行為。透過與不同依附對象的互動經驗，我們不斷摸索他人回應自我需求的可及性與敏銳度的模式，並認知到自我是善良且值得愛與支持的。這些內在運作模式影響了我們對於一般人際關係所抱持的期待與看法。

美裔加拿大發展心理學家瑪莉・安斯沃思（Mary Ainsworth）

利用實驗測試鮑比的論點是否正確，結果發現，嬰兒一如預料地表現出某種獨特的「依附模式」。[31] 在自創的「特殊情況程序」中，她將一名九到十二個月大的嬰兒帶到實驗室，等他熟悉環境後，便請家長離開並讓他獨自與一名陌生人共處一室，之後再請家長回來。

實驗證明，鮑比的預測是對的：陌生人的出現引發了嬰兒的焦慮感，驅使他們向父母尋求安全感。當父母留孩子單獨與陌生人相處，孩子顯得特別痛苦，像是無法專心玩耍或嚎啕大哭。媽媽回來時，大多數的孩子（約 62％）會尋求媽媽的安撫，試圖與熟悉的照顧者重新建立安心的親密感。

多數的嬰兒都會呈現這樣的情況。安斯沃思注意到，一些嬰兒（約 15％）對分離感到非常痛苦，當照顧者回來後，他們會靠近照顧者，但是拒絕接觸，譬如身體蜷縮成一團不理人、焦躁地動來動去，或者做出其他舉動來表示自己**不喜歡**被拋下。[32] 安斯沃思認為這是一種不安全的依附形式。孩子在失去保護後，無法控制自己與恢復情緒平衡。她將這種模式稱為「焦慮抗拒型依附」。

安斯沃思在另外 25％ 的嬰兒身上觀察到另一種不安全依附形式，並將此稱為「逃避型依附」。這些嬰兒顯然對於與照顧者分離感到痛苦，但當媽媽回來時，他們會表現得像是不需要她的安撫、接觸或支持一樣，彷彿在說：「隨便，反正我不需要你。」

安斯沃思對於嬰兒依附的開創性發現也延伸到了成人關係的研究。[33] 以下是在成人身上發現的四種主要依附類型：

——我可以輕易與別人建立情感連結。我能夠自在地依
賴別人與作為別人的依賴。我不擔心獨自一人或別
人不接納我。（**安全型依附**）

——我對親近別人感到不安。我渴望擁有親密的人際關
係，但我很難完全信任別人或依賴別人。我擔心如
果與別人太過親近，自己會受到傷害。（**恐懼型或恐
懼逃避型依附**）

——我渴望與別人擁有完全親密的情感，但我經常發現
別人不願意像我希望地那樣靠近我。我對於沒有親
密的人際關係感到不安，但有時我會擔心，別人並
不像我重視他們那樣地重視我。（**癡迷型依附**）

——我不介意沒有親密的情感關係。對我而言，獨立自
足的感覺很重要，而我通常不依賴別人，或者拒絕
讓別人依賴我。（**抗拒型依附**）

　　以上任何一個類型有沒有引起你的深刻共鳴？如果有，很
好！表示你已經展開自我覺察的過程，如此將能為你的人際關係
帶來助益。然而，多數人**不**完全符合單一類型，或者認為自己屬
於不只一個類型。結果發現，這種依附模式的分類法可能太過簡
化且缺乏彈性。克里斯・弗雷利（R. Chris Fraley）與同事發現，
人與人之間的差異其實是一種連續性的變化，並非固定屬於某種
類型。[34] 每個人分別位於每一個依附類型面向的**某一處**，從**不在
乎自我**到**極度自我**都有，而多數人介於兩者之間。

　　這四種成人依附類型（安全、恐懼、焦慮與抗拒）呈現兩
個面向的組合：焦慮與逃避。**焦慮依附**的面向反映出個體擔心遭

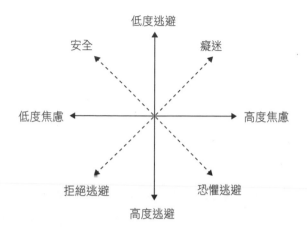

到拒絕與捨棄，實際的成因為不確定自己有需求時他人是否會回應。**逃避依附**的面向則與安全感較無關聯，而是關係到個體面對壓力時如何調節情緒——將他人視為安全堡壘，還是抗拒與遠離他人。

研究顯示，這兩個面向彼此關聯薄弱，因此個體有可能在兩個面向都得到高分。這進而意味著，「安全型依附」並非獨立的類型，而是低度焦慮與低度逃避的組合。* 現代研究指出，**沒有一個人完全屬於安全依附型**（你有遇過這樣的人嗎？）；**我們在人際關係中面臨壓力時，多少都有焦慮與逃避的傾向。**

儘管如此，你在焦慮與逃避依附面向中的定位仍具有重要意涵。在這些面向得分較低的人，一般會透過較有建設性的方式處理與調整自己的情緒、想法與行為，在人際關係中擁有較高的滿意度、更擅於調節心理活動、擁有更健康的自尊，甚至表現有更

---

* 其他組合：「恐懼逃避依附」結合了高度焦慮與高度逃避的傾向；「焦慮依附」結合高度焦慮與低度逃避的傾向；「抗拒依附」結合低度焦慮與高度逃避的傾向。

強烈的利他傾向、捨己主義、同理心，而且比那些在依附關係中沒有安全感的人更能適應不同社交群體的人們。[35] 顯然，安全依附不只為更正面的人際關係奠定基礎，也有助於個體在許多其他方面的成長。

另一方面，依附關係中的不安全感 —— 尤其是焦慮依附——與憂鬱、焦慮、孤單、神經質、衝動、人格障礙、完美主義、強迫傾向、藥物濫用、創傷後壓力症候群與懷疑自己無法克服壓力和挑戰的整體傾向有所關聯。[36] 就生理健康而言，也有人認為，缺乏安全感的依附關係與心血管疾病、發炎、免疫系統運作不良及神經內分泌導致的壓力反應有關。[37] 既然安全型依附關乎這麼多生活方面，我們就來看看，那些在依附關係中擁有較多安全感的人如何與這個世界互動。

選擇依附關係

如何能在依附關係中得到安全感？在一項開創性研究中，南茜・柯林斯（Nancy Collins）請受試者描述他們在各種情境下會有哪些感受與行為，這些情境專為基本的依附主題所設計，包括在需要情感支持時能否得到滿足，以及將伴侶視為安全堡壘等等。[38] 相較於安全依附型的成人，屬於焦慮型依附的受試者的處事態度比較消極，面對某些情況時也比較容易出現情緒上的糾結，譬如在「想跟伴侶親暱互動但得不到回應」與「伴侶希望能自己獨處一晚」的情況下，更容易與對方發生衝突。

亞曼達・維卡里（Amanda Vicary）與克里斯・弗雷利根據這些研究設計出一項巧妙實驗，請受試者想像自己處於一段關係

中，並「自由選擇經歷」來模擬關係的發展。[39] 在依附關係中缺乏安全感的成人，傾向做出會破壞關係的選擇（如與前任伴侶共進午餐而不告訴現任伴侶，以及讓伴侶吃醋），而這些選擇直接影響了他們對於關係的滿意度。你也可以試試：

> 這天晚上，你待在男友家。男友接到一通電話，然後走到另一個房間講電話。過了二十分鐘，他掛掉電話後，說是前女友打來問候他。你知道他們分手後依然是朋友，偶爾會通電話。男友問你會不會介意他跟前女友分手後仍會聯絡。
>
> 你會怎麼回答？
> (a)「不會啊，我很高興你依然跟前女友保持聯絡。」
> (b)「有一點，我擔心你們對彼此還有感覺。」
>
> 接著，你的伴侶聊起他的前女友，而你開始有點吃醋。上個星期，你曾有過好感的一個男生約你出去，但你沒跟男友說，因為你覺得這沒什麼大不了，也沒有把這件事放在心上。當男友提到他的前女友時，你突然想起這件事，琢磨著如果告訴他，他會不會吃醋。
>
> 你會怎麼做？
> (a) 不希望他吃醋，所以絕口不提。
> (b) 若無其事地聊到這件事，想讓他心裡不是滋味。
>
> 過了一個星期，男友來你家。你們剛從外面回到家，玩得很開心，這時你們談起彼此的關係。男友說，

他覺得兩個人之間的問題越來越嚴重，需要好好談一談。

　　你會怎麼說？

(a)「好主意。」你認為如果兩人想法一致，有助於改善這段感情。

(b)「也許我們應該暫時分開一陣子。」你認為他對這段感情有遲疑，應該搶在他之前提分手。

　　注意：在這些情境中，屬於安全型依附的人比較有可能選擇 a。

　　雖然如此，在依附關係中缺乏安全感的人也不是**無藥可救**。儘管他們在這些故事的一開始做了毀滅性的選擇，但隨著時間的洗練，他們會越來越進步（不過，改進的速度沒有安全型依附的個人來得快）。重要的是，當他們遇到能夠給予溫暖、在乎他們需求的伴侶，就能做出許多有益關係的選擇。安全型依附的受試者也是如此。

　　的確，不安全依附型的個人在交往關係中所做出的決定，往往會導致他／她最恐懼、甚至期待的負面後果。但是，這些發現也顯示，伴侶的敏銳度至關重要。一種名為伴侶情緒取向療法（Emotionally Focused Therapy for Couples，EFT）的婚姻治療形式，或許可以培養親密關係中的安全依附連結，來促進整體的關係滿意度。[40] 在過程中，交往的雙方學習將這段關係視為避風港、安全堡壘與面對壓力和困境時的韌性來源。

　　這項療法鼓勵夫妻表達對依附關係的深層恐懼與需求，瞭解是什麼導致他們在婚姻關係中採取有害的回應模式。向敏銳、關

第一章　安全　063

懷的伴侶表達對依附關係的顧慮與需求，互相討論解決方法，可以為雙方帶來極大的的幫助，進而促進親密度與關係滿意度。

屬於高度逃避型與焦慮型的人雖然有棘手的弱點，但這些特質只會在**特定**的壓力情況下才會出現。傑佛瑞・辛普森（Jeffry Simpson）與史蒂芬・羅德茲（W. Steven Rholes）指出，高度逃避者在某些壓力狀況下才會發作，例如感受到自己必須給予或接受他人支持、與他人在情感上更加親密或分享深層的個人情緒。[41] 同樣地，高度焦慮型的個人在交往關係的穩定或品質受到威脅時才會有這樣的表現。[42]

這些對特定交往關係的觸發因素所產生的反應，在狹義上是適應或「明智」的舉動，但是，對依附危機產生的防衛反應，最終會毀了這段關係與個體的全人。幸好，辛普森與羅德茲發現，即使面臨觸發性事件，屬於不安全依附型的個人仍有能力遠離不安全的運作模式，尤其是在伴侶能敏銳察覺他們在依附關係中的特定需求與顧慮的情況下。[43]

有太多時候，成人的依附模式被視為固定不變，而且會因父母漠視的教養方式而永久定型。然而，關於依附類型的持續性的全面研究顯示，童年時期與成年後的依附模式之間並沒有多少持續性。運作模式會隨著時間因應新的經驗或事件而改變。[44] 在實驗中，即便是起初一個簡單的干預行為，譬如向受試者傳送簡訊以增加他們的安全感，也能有效降低他們的焦慮程度！[45]

當然，對童年時期需求的敏銳與回應很重要。若能訓練為人父母者關心孩子的需求，便能促進孩子在依附關係中的安全感。[46] 至於反應特別強烈的某些兒童，適度的教養敏銳度可以幫助他們建立高度的好奇心與探索意願，而不是恐懼與焦慮。[47]

　　面對無法妥善完成的任務、或者在父母的強迫下做出超乎能力範圍的重要家庭決策時（譬如滿足父母的需求），兒童的整體性與統合特別容易受到威脅。然而，關心孩子的需求不代表**溺愛**孩子。來自維也納的精神病學家阿爾弗雷德・阿德勒認為，溺愛可能會嚴重損害孩子的社交與情緒發展。[48] 馬斯洛受阿德勒的啟發而寫下：「兒童需要堅強、可靠、有決斷力、尊重自我且自主的父母，否則會受到驚嚇。孩子們需要一個正義、公平、井然有序與可以預料的世界。唯有堅強的父母才具備這些重要特質。」[49]

　　我們可以這樣想：童年時期與依附對象的互動會成為個人建構往後經驗的基礎。[50] 如果一個人的內在運作模式傳達出別人都不能相信、自己不討人喜歡的訊息，就會在不知不覺中影響其童年生活及長大後與他人的互動。但是，早期的依附模式並非命運的安排。就如依附關係權威克里斯・弗雷利告訴我的：

　　發展有如建築的過程，先是打好地基，然後架設鷹架、開始建立結構。發展的運作方式是先奠定基礎，而從這時起，基礎會對個體造成限制，但無法決定建築物最後蓋得多高——你往上攀爬鷹架與繼續建造架構，就是在不斷發展。[51]

　　我們現階段的依附模式受從小到大的所有人際關係與社交互動所影響。童年時期的經驗未必會造成永久影響，因為個體的回應方式會隨時間逐漸改善。運作模式也會隨個人的成長、以及伴侶的敏銳度與可及性而進化與改變。儘管交往關係的特定變化有可能觸發長久以來的反應策略，但我們並不會受那些模式所奴役。伴侶雙方越能意識到舊有模式的影響並敏銳察覺彼此的需

求，交往關係就越有可能順利發展。

　　不安全的依附關係無疑對個人理解成長的方式非常重要，但更加嚴重且持續時間更久的不安全形式又會帶來什麼影響？而當個體面臨不當的對待、虐待、暴力及其他具威脅性的情況又是如何？我們來一探究竟。

大腦的創傷

　　確保幼兒在安全、安心的環境下成長、學習與發展健康的大腦與身體，不只有益於兒童本身，也能為繁榮、公平與永續發展的社會奠定堅實基礎。

　　——納森・福克斯（Nathan Fox）與傑克・尚恩柯夫（Jack Shonkoff），〈持續的恐懼與焦慮如何影響兒童的學習、行為與健康〉（How Persistent Fear and Anxiety Can Affect Young Children's Learning, Behavior and Health，二〇一一年發表）

　　雖然早期童年的回應經驗有助於建立安全、穩固的基礎，以供未來的探索及充實社交互動與親密關係，但近期研究顯示，並非所有不安全的環境都會造成相同的長期影響。多數的教養方式不會對孩子長大後的人格留下難以抹滅的印記。[52] 然而，個體在早期遭遇的某些嚴酷的壓力因素仍具有持久、長期的影響。

　　與普遍的認知相反，鮑比的理論不僅可套用在無助的嬰兒身上，實際上更以更廣泛的人性理論為基礎。鮑比的依附關係理論源自於本身接觸成長環境弱勢的青少年的經驗。其中一些孩子受到領養，一些則從小到處搬家；一些人失去了父母親，還有一些

是罪犯。[53]不過，鮑比在他們身上注意到一個共通點：多數的青少年都為了與他人建立情感連結而傷透腦筋。

今日美國有近半數的貧窮兒童生活在暴力環境下，全球各地有超過一億三千萬名兒童曾目睹父母家暴，另外有兩億多名兒童深受某種形式的性暴力所殘害。[54]數百萬個孩子每天遭受情緒虐待，例如父母刻意讓他們對於滿足自身情緒需求感到罪惡、羞愧或恐懼，或者玷辱或摧毀孩子珍視的事物。

忽視跟虐待一樣會造成深刻的傷害，像是不斷漠視孩子的挫折與社交需求，期望孩子獨自面對不安全或者超出他們發展能力所及的情況，或者未能滿足孩子在食物、乾淨衣物、住所與牙齒及其他醫療照護等方面的基本需求。

照顧者與不穩定環境的外來對待，會透過各種機制根植於幼兒發育中的大腦。根據預知適應性反應（predictive-adaptive-response，PAR）理論，早期童年的困境可「預示」個人發展的情況，而幼時曾受苦的個體因應預期環境而發展行為策略，是一種適應作用。[55]認知神經科學研究顯示，大腦會根據先前的經驗預測未來，並依此重新調整神經迴路。[56]瞭解大腦如何自我調整以應對預期的創傷，是研究那些童年時期持續面臨焦慮、恐懼與不可預測性的人，在認知、情緒調節與社交互動方面受到哪些持久性影響的關鍵。

雖然沒有完全喪失復原的潛力，但大腦保留了未來進行調整的可能性，這意味著其在神經運作上有一定的彈性——早期生活的壓力源確實會**侷限**日後的發展。這些壓力源會啟動基因，終結關鍵的發展時期。[57]馬丁・泰歇爾（Martin Teicher）與同事解釋，「大腦發育的方向由基因決定，但樣貌是根據經驗塑造而來」。

對童年時期的壓力源特別敏感的腦部區域包含海馬迴（hippocampus），其牽涉記憶與想像的形成與恢復；杏仁核（amygdala），負責警覺與偵測情緒重要性；前扣帶迴皮質（anterior cingulate cortex），負責偵測錯誤、控制衝動與分配心理資源；胼胝體（corpus callosum），負責連結大腦的左右半球；前額葉皮質（prefrontal cortex），尤其是內側與眼窩前額葉皮質，則主掌長期決策、情況的評估與情緒的自我調節。[58] 大腦每一個區域對壓力反應最強烈的時期都不同。

童年時期遭遇的逆境會改變大腦面對虐待與忽視的具體方式。[59] 其中，作為大腦過濾外來資訊的第一道關卡的感覺系統與路徑，會先產生變化。例如，父母的言語虐待會改變孩子大腦中的聽覺皮層和語言路徑；家暴的情景會改變大腦中與視覺相關的區域及牽涉恐懼與緊張情緒的區域；性虐待則會影響代表生殖器與負責辨認臉孔的區域；至於暴露在情緒虐待下的個體，其大腦中與自覺和自我評價的區域會出現變化。

除此之外，就受虐兒童來說，大腦杏仁核對於具有威脅性的臉孔所產生的反應會比較強烈，與威脅的意識感知及記憶喚醒有關的神經路徑強度則會減弱。由整體模式可知，個體遭受虐待時，大腦會自我修正，切斷對虐待經驗的意識感知，同時學著迴避未來可能造成類似威脅的情況。這有點類似一些精神病學家所說的「分裂」（splitting）。

當然，這種適應行為未必會使個體渴望社交、擁有健康的社交生活，甚至有益於幸福。為了「解決在無法預料與殘酷的世界上遇到的適應問題」，個體可能會發展出自私、好強與侵略性的特質。[60] 但是，個體因應虐待而產生的適應行為，也未必就是精神

疾病。馬丁‧泰歇爾開始研究虐待與忽視的神經病學時，期待能辨別具有復原力的大腦與遭受不當對待的大腦之間的明確差異。然而，結果令他大感意外。儘管許多經歷過長期虐待與忽視的個案在大腦構造上類似精神病患，但他們通常不需要接受任何精神病理診斷。

事實上，與不當對待有關的腦部變化在臨床、神經生物學與基因上的特徵與精神病理學極為不同。[61]一個有趣的可能原因是，許多大腦因應不當對待而產生適應作用的人都能從創傷中迅速復原，並能運用其他心理與環境資源（如堅持不懈、社交支持或群體資源），在面對壓力時保持韌性。

遺憾的是，並非所有在殘酷且無法預料的環境中受到不當對待的兒童，都有額外的資源可幫助他們面對壓力——這個事實對於童年逆境的長期後果寓意深遠。一般而言，如果人們長期遭遇恐懼與焦慮，大腦中的杏仁核與海馬迴會共同將恐懼的感受連結到引發恐懼反應的情境。在兒童或成人身上，如此導致的「恐懼制約」可能會影響終生。

肢體虐待會致使孩子傾向害怕施虐者與虐待發生的情境。隨著時間的累積，情境的線索變得越來越常見，而任何與原始的虐待情境有些許類似的對象和地點，都可能會引起孩子的恐懼反應。[62]這些過程會自動展開，不在個體的意識範圍內；換言之，具有反思能力的心智並未參與其中，甚至不會察覺。因此，如果一個人在童年時期認為世界是一個危險的地方，那麼這樣的感知便會影響到他／她之後在威脅性較小的情況下所進行的社交互動。

這種恐懼反應不會隨時間過去而自動消失。大腦的運作機制顯示，恐懼學習是一種迥異於恐懼忘卻（fear unlearning）的過

程。兒童發展心理學家納森‧福克斯與傑克‧尚恩柯夫表示,「恐懼不會隨時間逐漸淡去;個體必須積極遺忘恐懼」。[63] 雖然恐懼可以在一個人的早期生命中習得,而且會受事件的發生頻率與情緒強度所影響,但唯有等到前額葉皮質的特定區域發展到一定程度後,才有足夠的能力去調節杏仁核及其他與獎賞預期有關的皮質下腦部區域。[64]

習得性無助(learned helplessness)的概念則牽涉一種相關的現象。在六〇年代晚期開始的多項古典研究中,心理學家史蒂芬‧邁爾(Steven Maier)與馬汀‧塞利格曼發現,反覆電擊小狗一定的次數後,即使最終給牠們機會逃跑,牠們還是會停止掙扎。[65] 牠們徹底放棄,顯然認為自己不管怎麼做都逃不了。研究人員將這種挫敗狀態稱為「習得性無助」,並認為這是導致憂鬱症的主要原因。

他們發表開創性研究以來的五十年裡陸陸續續出現了一些證據(在老鼠與人類等其他動物身上也得到了印證),而在近期回顧這些結果的一篇綜述中,邁爾與塞利格曼指出,他們其實**徹底反轉**了這些結果。[66] 最新研究顯示,動物在實驗中表現的被動性與無能感,其實是牠們的預設回應,是一種因應長期的困境而自動產生、未經學習的反應。必須經過後天習得的是**希望**——知道自己可以控制與駕馭環境中的不可預測性。擁有希望的能力仰賴內側前額葉皮質的發展,而這個區域直到成人初期才會完全成熟。

希望的缺乏是許多與嚴酷且無法預料的情況——尤其是極度貧困——相關的行為的真正起因。感到絕望與彷彿沒有未來的年輕人,通常比其他人容易出現更多暴力與侵犯行為、藥物濫用及濫交的問題,即使這麼做讓他們更難擺脫貧窮。[67]

　　那些因為貧窮而經常處於嚴酷且無法預料的環境下的人，傾向把最急迫的需求擺在第一位，進而犧牲了更長遠的需求。他們往往別無選擇：身處不可預測的困境通常會導致各種健康與安全的災難，包括污染、噪音、鉛暴露、二手菸、暴力犯罪與危險住宅。財富與影響力的欠缺會限制未來的結果，導致個體轉而將基本需求——生存與繁衍——擺在優先地位。[68]

　　對於嚴酷環境與不可預測性的感知，會嚴重影響有關健康的決定，例如吸菸。在一系列精心設計的研究中，吉利安・派伯（Gillian Pepper）與丹尼爾・內特爾（Daniel Nettle）試驗性地改變了受試者對死亡風險所感知的可控制性。他們發現，光是讓人們以為所處環境中的死亡率超出自己所能控制的範圍，就會導致他們選擇不健康的食物作為獎賞（巧克力），而不是相對健康的食物（水果）。[69]

　　環境的可靠性反映出安全感建立於信任之上。在另一項研究中，內特爾與同事們將一群志願受試的英國學生送到一個犯罪率相當高的貧窮社區。[70] 這些學生逐戶進行問卷調查。（會有一輛貨車在附近待命，以接應任何時候想退出的受試者。）不到四十五分鐘，在這處貧窮社區走動的受試者們的妄想程度大幅增加，社會信任度則急遽下降，接近當地居民的平均數值（在這兩方面的分數都相對來得高）。

　　如果只是短時間「待在那裡」就有如此大的影響，那麼想像一下，日復一日生活在嚴酷與無法預料的環境中會造成多麼嚴重的後果。研究人員指出，「這表示個體與人口之間的社交態度差異，可能比我們先前以為的還要容易隨環境而變動」。[71] 這一點值得強調。我們不該將「窮人」視為人類的一個階級，而是該認清

共同的人性，承認每個人**在極為類似的情況下**很可能會**採取極為類似的方式**。[72]

我們往往低估了那些極度貧窮與不穩定地區居民的敵意有所扭轉的可能性。在一項驚人的自然實驗中，研究人員對一群具有普遍代表性的貧困兒童進行長達八年的追蹤（其中有四分之一為印第安人），[73] 評估他們在侵犯行為方面的變化。研究進行到一半時，印第安保留區開了一間賭場，而當地的男女老幼開始有一定比例的權利金可領。

脫離貧困的影響顯而易見。那些領到權利金的人的精神症狀大幅減少，「到了第四年，脫離貧窮的兒童的精神症狀程度等同於那些從未經歷貧窮的兒童」。[74] 至於那些從未經歷貧窮的人們，精神症狀則無太多變化。關鍵是，脫離貧窮的狀態，對於侵犯與敵視等行為症狀的影響最為強烈。

雖然早期嚴峻與不可預測的生活經驗的確會對人的大腦與行為造成持久性的影響，但這項研究顯示，我們在成年後依然有能力回應眼前的環境，而長久下來，人們就能將早期的困境轉變為成長的契機（見第四章）。馬斯洛發現，健康的成長與發展不僅牽涉基本需求的滿足，也與忍受剝奪並從中成長的能力有關。[75]

儘管如此，每個孩子都有權利隨成長而發展出對環境的控制能力，以及為自己與群體中的其他人帶來真正的希望。若想提高社會地位與擴展人生的可能性，其中一個重要的途徑就是教育。不論孩子的家庭或成長環境如何，教育都有可能為弱勢族群帶來安全感、可預測性與希望。

希望來自對智力的睿智洞察

處於極端環境下的孩子具有發展的潛力。心理學家布魯斯・埃利斯（Bruce Ellis）與同事主張，安全需求嚴重不足的個人會將在環境中需要的技能與能力擺在優先位置，即使這些技能可能會讓他們在學業成就標準化測驗比較難有良好的表現。[76]

根據智力研究學者羅伯特・史登堡（Robert Sternberg）的成功智力理論（Theory of Successful Intelligence），他強調從個人的成長脈絡來檢視其智力的重要性。[77] 那些有助於學業表現的執行功能技能（如注意力與衝動控制），未必是個人在生態脈絡中生存所需的技能。史登堡指出：

成功的智力是個人選擇並順利達成生活目標的能力，這發生在個體所處的文化環境之中⋯⋯不同的是，個體在各種生態脈絡中遭遇的問題的本質⋯⋯舉個例子，一個孩子白天專注於解開代數問題，另一個孩子煩惱如何在上學途中躲避毒販，另一個想辦法把魚冰起來好讓家人晚餐有東西可吃。這些心理過程都是相似或雷同的，差別在於它們所激發出的知識與技能類型。[78]

不幸的是，許多針對弱勢青年的研究都依照「缺陷模型」（Deficit Model）進行，將他們視為破碎且需要修復的個體。然而，這種方式忽略了他們具有的豐富智力。如埃利斯與同事所發現的，「這種方式忽視了個體會試圖運用發展出的獨特力量與能力，來回應高壓環境」。[79] 他們進一步指出，弱勢的兒童與青年其實「擁有天賦異稟的認知能力」，得以在嚴峻且不可預測的環境中生存。

　　近期針對鳥類、齧齒類與人類的動物研究顯示，極度艱困且不可預測的環境實際上可增進個體的注意力、感知、學習、記憶與解決問題的能力，而這些技能在如此惡劣的條件下都具有生態上的意義，[80] 諸如更能察覺憤怒或恐懼的情緒，比較容易想起負面、情緒強烈或充滿壓力的事件，更有能力在內隱、主觀經驗的層面上學習新事物，或是更能夠自由轉換注意力。注意力的轉換有助於在艱困環境中的個體快速吸收外來的新資訊。

　　其他研究則顯示，社經地位低下的個人在涉及脈絡性資訊的社會認知任務上具有優勢，例如能夠解讀他人的情感狀態。[81] 一項研究發現，在共情準確性的標準測試中，中學教育程度的大學員工表現優於大學學歷的同僚，能夠正確判讀出各種臉部表情所表達的情緒。[82] 埃利斯與同事指出，「個體的共情準確性越高，就越能預測行為與應對外部的社會力量，並能增進生活的掌握度」。

　　由於這種技能可提高個體在不安全、不友善的環境中生存的機率，因此埃利斯等人認為，教育工作者應該與他們**合作**，而不是**排斥**他們。他們主張，學校應該設計可幫助「壓力適應」的孩子發揮專長的課程、演說與教學方法。這種課程或許能整合與更貼近這些孩子們在惡劣且不可預測的環境中所面臨的問題的觀念及問題解決技能，並鼓勵他們打開心房、利用電腦獨自或與他人合作進行專題學習。舉例來說，許多被認為患有注意力不足過動症的孩子也許更能適應變化無常的環境，並在這種環境下有最好的表現。實際上，近期研究發現，患有注意力不足過動症的孩子擁有豐富的創造力。[83]

　　同時，教育工作者必須支持他們學習與攀爬教育階級的潛能，因為這是通往個人控制與機會的真正途徑。幫助壓力適應兒

童發展能力的方式還包括，讓他們知道不必在街頭生存技巧與學業知識之間二選一。如果弱勢的都市青年在學校被視為失敗者、而且面臨巨大的挑戰，就會被迫發展其他策略以獲得成功。教育心理學家貝斯・哈特（Beth Hatt）表示：

> 這是他們重新塑造智力與尋找自主感的獨特方式，在體制化的智力世界裡，絕大多數的學校都不允許學生同時擁有生活上與書本上的智慧。一旦這麼做，就必須重新定義什麼是「好」學生、什麼是正當的知識，以及擴展學校裡除了成績以外的成功定義。[84]

許多在嚴酷與無法預料的環境下成長的個人，從小便被灌輸自己不擅長學業的觀念。因此，他們開始逃避學校，作為對環境的適應反應。這正是為什麼安全需求嚴重不足的人需要一個**真正**的理由來保有希望。

名為「可能性發展」的新興教育領域致力於幫助青少年展望擁有美好未來的可能性。在教育心理學家麥可・納庫拉（Michael Nakkula）的帶領下，可能性發展領域以各種自主面向為目標，包含學習態度和參與投入等，以及鼓勵學生說出「真實心聲」，讓他們體認到自己的選擇對渴望擁有的未來具有真正的影響力。[85]

跟所有學生一樣，那些生活在殘酷與混亂環境中的個體也需要提醒自己，他們之所以能成功，很大程度上是因為自己有努力投入意義重大的活動。[86] 學校必須為他們在課程、主修科目、領導機會與公民參與方面提供廣泛的選擇，其中甚至也包括離開學校的選項，如果這是最有利於他們發展的方式（即使不是完全放

棄學業，至少也讓他們能夠選擇休學一段期間）。

　　對於輸在起跑點（生活環境極度不安全）的學生而言，通往高學業成就的道路十分坎坷與另類。如麥可‧納庫拉指出，輾轉獲得學業成就的學生──「透過異於常人的努力而獲得優異成績的學生」──所呈現的面貌，會與典型「在學業上一帆風順」的學生截然不同。

　　有幾種方式可以幫助「經歷異於常人的資優生」。學界關注的重點在於未來可能成就的自我。在一項研究中，應要求寫信給未來的自己的受試者比較無法認同假設性的非法行為。[87] 在同一群研究人員進行的另一項研究中，那些透過虛擬實境技術與虛擬的未來自我互動的受試者，在後續的測驗情境中比較不會投機取巧。

　　另一項研究請中學生舉出自己最重要的價值，並說明為何希望在學期中追求優異成績；此外也減少他們的矯正課程堂數並增加進階數學的堂數。[88] 結果發現，這麼做對那些往往被認為學習效果最差的學生產生了特別強烈的影響。

　　還有一項研究要求內城區一群八年級學生想像未來的自己、列出在實現自我的路上可能會遭遇的阻礙，並描述將透過哪些方式來克服障礙。[89] 結果，這群學生留級的比例減少了六成，在學業表現上更加積極、標準化測驗的分數與升上九年級後的課業成績都有所進步，缺勤與行為不檢的發生率下降，在抑鬱評估中的得分也降低了。這些影響在之後兩年的追蹤期間依舊持續，而且經證明是學生改變了對未來自我的看法所直接造成的結果。

　　當然，生命中還有其他比得到好成績更重要的事情，而許多「經歷異於常人的資優生」都擁有無窮的創造力與創新思想，因為他們看待世界的角度有別於他人。如組織心理學家亞當‧格蘭

特（Adam Grant）所述,「如果希望擁有一帆風順的人生,你需要堅持不懈;若想打造影響力非凡的事業,你必須具備原創性」。思考法則（thinkLaw）是一個教育促進組織,專門幫助教育工作者運用探究式教學策略來消弭巨大的思考隔閡,並確保他們對不同種族、居住地區或家境的學生一視同仁。[90] 其創辦人柯林·席爾（Colin Seale）本身來自布魯克林,他因為父親長期監禁的關係,由母親一手扶養長大。席爾滿懷熱情地相信今日的問題人物有可能成為明日的創新人才,並呼籲大家「想像一下,如果我們不把一天到晚惹麻煩的學生當作『壞』學生,而是挖掘他們的領導潛力,並擔負起儘管困難卻勢在必行的責任來幫助他們發揮潛能,這個世界會是什麼樣子……」[91]

對於那些安全需求未獲滿足的人而言,在當下環境重新獲得生命凝聚感與希望,具有無可衡量的價值。然而,安全只是穩固成長基礎的一部分。若想展開風帆全速前進,我們的生命裡必須擁有歸屬感與愛。接著我們就來探討這些面向。

第二章

連結

　　一九三○年秋天，二十四歲的哈利・哈洛（Harry Harlow）踏進威斯康辛大學麥迪遜分校，這是他擔任助理教授的第一天。他試圖在偌大的校園裡辨認方向時，不斷被人誤以為是迷路的大一新鮮人。他終於找到辦公室後，發現有一位學生坐在桌前。「你好，請問你知道哈洛教授人在哪兒嗎？」只比新來的教授小三歲的亞伯拉罕・馬斯洛問道。哈利・哈洛盯著眼前自己的第一位博士生一會兒，然後回答：「我知道。」[1]

　　馬斯洛不僅是哈洛的學生，後來也成為他的研究助理與好友。他們毫不掩飾對彼此的欣賞與重視。馬斯洛敬佩哈洛的智慧，稱他是一個「非常聰明的人……我會到他家，跟他一起吃晚餐。我們天南地北地聊天，有時也討論研究」。哈洛也曾慈愛地回憶道：「亞伯從未忘記他對猴子的虧欠，或者應該說是牠們對他的虧欠。」[2]

與哈洛的交流啟發了馬斯洛對靈長類心理學做出重大貢獻。馬斯洛以猴子為對象進行「無聊透頂的延遲反應」實驗時，很快便對牠們產生了感情。「其實，我是對牠們著了迷。」他後來說，「我開始喜歡上這些猴子，而我不可能對實驗用的老鼠這樣。」[3]之後，針對食物偏好的研究引領他辨別「飢餓」與「食慾」之間的差異，並影響了他對於權力與尊重需求的思維。與哈洛的深情互動、以及對哈洛開創性研究的觀察，無疑也為馬斯洛對於情感需求的理念帶來深遠的影響。

在一九五八年以會長身分為美國心理學會致詞時，哈洛如此告誡同行：「心理學家不僅漠視愛或情感的起源與發展，似乎也全然不知它的存在，尤其是編寫教科書的那些學者。」在心理學發展史的大半時間裡，沒有人發現愛與情感是適合科學研究的一個主題。至於實際研究這個主題的學者，切入的角度不是無關痛癢，就是過於學術，因此模糊了它的本質。行為學家約翰·華森（John Watson）描述，愛是「一種內在的情緒，當性感帶的皮膚受到刺激，就會被喚起」。佛洛伊德則認為溫柔只不過是「目標受到抑制的性行為」。對他而言，愛是一種妥協，是我們得到了真正想要的東西——性*——之後會面臨的副作用。

哈洛對於母愛情感剝奪的興趣，哈洛著手進行聞名後世的恆河猴實驗。他將年幼的猴子關在籠裡，並放入兩隻假的母猴。一隻由鐵絲網紮成，上頭附有奶瓶；一隻由絨布做成，看起來柔軟又溫暖，但無法提供奶水。

幼猴的反應十分出人意料。每當牠們感覺焦慮時，都會靠在

---

*雖然對某些人而言無疑是如此！

絨布母猴胸前磨蹭，這麼做不只安撫了牠們的情緒，也讓牠們變得更勇敢。在一組研究中，哈洛將一隻眼睛會發出閃光、有著尖銳牙齒的金屬機器人放進籠子。結果，那些幼猴從絨布母猴身上得到慰藉後，竟然有勇氣上前對抗那隻可怕的機器人！

這項研究發現影響力甚大，而且凸顯了肢體接觸與安心對個體社會發展的重要性。哈洛的進一步研究（包括數千個謹慎控制條件的實驗）也同樣啟示了反覆缺乏情感對個體造成的影響。他發現，儘管幼猴實際上不需要真正的母親照顧也能存活（只要有食物可吃），但牠們長大後卻缺乏基本的社交技能，譬如無法跟其他同類和諧共處等。到了成年後，在求偶與交配方面也遭遇困難。在這些猴子之中，母猴顯得不怎麼關心子女，很少觸摸牠們或安撫牠們的情緒，而且往往具有虐待傾向，會毆打及咬傷幼猴。

哈洛的研究表明，連結對個體的正常發展至關重要。馬斯洛則主張，歸屬感與愛是牠們理應獲得滿足的基本需求，不能與安全需求或性需求混為一談。這項研究為連結重要性的科學調查奠定了基礎。經過六十年，如今有大量研究證實，歸屬感與親密不只是個體與物種生存的必備條件，更是全人完整發展的關鍵。

如果生理與安全需求都得到一定程度的滿足，個體就會產生對愛、情感與歸屬感的需求，而先前描述的整個循環將圍繞這個新的中心不斷往復……個體的這種渴望會比得到世界上任何東西的欲望都還要強烈，而且甚至會忘記，過去自己食不果腹時，嘲諷愛是不真實、不必要或不重要的……如今，他將感到寂寞、排斥、拒絕、沒有朋友和無所歸依的深刻痛苦。

——亞伯拉罕‧馬斯洛，《動機與人格》

山姆（Sam）極度需要歸屬感。走在路上時，他總對每個擦身而過的人微笑。如果他們沒有回應，尤其如果他們流露出嘲笑的眼神，他就會認為是自己有問題，一整天都覺得自己沒用。他在大學裡參加了許多社團，即使有些社團他一點興趣也沒有。不過，他不斷尋求歸屬感，即使有時所屬的社團或參加的活動牴觸了他心中的真理或重視的事情。直到後來，他終於經歷了一段意義深長、互相扶持的關係，這才意識到這些年來自己真正所渴望的，不是許多泛泛之交，而是少數幾個知己。在這種深厚的感情中，他感覺完整的自我受到重視（而不只是特定群體欣賞的那些面向），而且也能發自內心地關注他人的完整。

連結需求——形成與維持至少幾段正向、穩定且親密的人際關係——是影響全人的根本需求，滲透我們所有的情緒、想法與行為。雖然每個人的需求程度不一，但連結是一種不可簡化、無可否認的人性需求。連結需求實際上包含了兩個次需求，一是得到歸屬感、受人喜歡與接受的需求，二是獲得親密感、相互交流與建立關係的需求。

儘管心理學的文獻經常將這兩種次需求視為同一件事，但我認為應該分別加以梳理，因為它們具有不同的重大意義，對健康與成長影響甚鉅。

歸屬需求

一個人得到歸屬感時，會覺得受到接納與賞識，而當歸屬感遭到剝奪，便會感到被拒絕與漠視。這些情緒源自於高度演化而來的「社會保護系統」，這在人類進化的過程中明顯具有重要的生

存與繁殖功能。[4] 歷史上，小型部落成員之間的緊密關係往往為個體帶來更豐富的資源、資訊與合作以利克服壓力和威脅。由於人類是極度社會性的動物，因此獲得基本程度的接納、避免徹底遭到排斥，對於個體在幾乎所有社交情況中──從社會影響力、社會支持、群體成員、與人結識、友誼到戀愛關係都是──獲得社會獎賞（social rewards），是非常重要的需求。[5]

　　進化賦予我們極為敏感的社會保護系統有其道理，它能持續追蹤歸屬感、偵測接納需求受到的威脅，並（透過極其痛苦的情緒）示警威脅的程度及我們遭到拒絕與排斥的可能性。如果我們察覺自己將遭到拒絕，因而產生受傷、嫉妒與難過等負面情緒並且更加關注這個問題，也是再正常不過的反應。[6]

　　研究顯示，伴隨歸屬感低落的感知而來的社會痛苦，與生理疼痛之間的差別不易分辨，而這會對個體的運作造成嚴重後果。「對於社會性物種來說，遭到排擠會讓個體落入危險的處境。」社會心理學家約翰‧卡喬波（John Cacioppo）*[7] 宣稱，「大腦會進入自我保護狀態，造成大量的負面影響」，其中包含讓大腦在半夜仍然高度警戒外在威脅的「微喚醒」、「社會迴避」與憂鬱症、各種自戀形式（下一章將詳述）、自殺與大規模槍擊（這兩種現象與日俱增）等災難性影響。[8] 在美國，自殺率從一九九九年以來增加了 25％，其中十五到二十四歲的比例自二〇〇七年以來穩定上升。[9] 在二〇一六年，大規模槍擊事件與其死亡人數比過去二十

---

* 令人遺憾地，他在我寫作本書時離開了人世，享年六十六歲。出自 Roberts, S. (2018)，〈研究寂寞影響的學者約翰‧卡喬波享年六十六歲〉（John Cacioppo, who studied effects of loneliness, is dead at 66.），《紐約時報》。參見 https://www.nytimes.com/2018/03/26/obituaries/john-cacioppo-who-studied-effects-of-loneliness-is-dead-at-66.html

三年的總和還多。或許是人們的歸屬與接納感日益受挫，進而導致自殺率與大規模槍擊案的數量逐年成長。

　　個體在環境中察覺到不穩定與危險逐漸加劇時，社會保護系統很可能會啟動並發揮作用，這時，歸屬需求會比在相對安全時來得重要。例如，在這種情況下，個體對於特定群體的認同感會增加，通常甚至會排斥其他群體。

　　這個現象在「羅伯斯山洞」（Robbers Cave）研究中顯而易見，研究人員刻意讓一個夏令營面臨威脅，結果使當中的男孩們更加依附所屬的團體。[10] 類似的行為也可見於恐怖組織，成員彼此間的關係在有外來威脅（或已察覺的威脅）的情況下會變得更加緊密。[11] 資源不足也可作為歸屬感的強大動力：一項研究利用擲硬幣來決定哪一個團體可獲獎，結果，在獲獎與未獲獎的團體中，成員之間的凝聚力都變得更加強烈。[12]

　　群體凝聚力非常難以改變，即便是在群體成員的身分其實並無意義的情況下。近期一項研究隨機將幼兒分配到他們不熟悉的團體，然後提供團體的相關資訊。在一個條件下，研究人員根據兒童的內在性格進行分組，在另一個條件下，他們進行隨機分組。[13]

　　研究人員發現，即使在隨機分組的情況下，受試的五到八歲兒童所發展出的內團體偏誤仍跟其他依照性格分組的兒童一樣強烈！唯有當他們採取極端方法，像是擲硬幣來幫助這些孩子瞭解隨機性的概念，以及將這些兒童調換到不同的團體，來凸顯分組是隨意進行、不具意義而且不考量每個人的個性時，才觀察到內團體偏誤出現一定程度的下降。即使在這些極端安排後，研究人員**依然**發現，兩個條件下的兒童認同所屬的內團體的可能性是一

樣的。結論顯而易見：**對於所屬群體的衝動深植於人的內心，而且從兒童時期就開始發展。**

然而，不論社會條件為何，人們的歸屬需求互相迥異，而這就如同本書提到的其他每一種需求，都源自於個體的許多基因與個人經驗的複雜關係。[14] 如前一章所述，除了基因的影響之外，早期童年缺乏安全感的依附關係也會影響有關逃避和偵測威脅的大腦區域的發展，導致個體極度需要歸屬感。因此，一些人始終過不了歸屬這關。你可以根據對下列敘述的認同程度，來評估自己有多麼需要歸屬感：[15]

- 我盡量不做會讓別人迴避或拒絕我的事情。
- 我需要知道我在需要幫助時有人可以求助。
- 我希望別人接納我。
- 我不喜歡獨自一人。
- 如果別人的計畫裡沒有我，我會感到心煩。
- 當我感覺別人拒絕接納我，我會很受傷。
- 我非常需要歸屬感。

如同所有其他需求，歸屬感的主要的衡量標準在於，你需要歸屬感的程度與這種需求在日常生活中的滿足程度之間的差距。研究顯示，高度寂寞的人歸屬需求**未獲滿足**的程度也最高。個人的歸屬需求與私人關係滿意度的差距越大，寂寞感就越強烈，對日常生活的滿意度也越低。[16]

這項研究發現適用於獨居或是與人同居的情況。光是與人同居，並不一定就能滿足連結需求。預測寂寞程度的關鍵是交往關

係的品質，而非交往關係的數量或甚至親密度。我們來進一步檢視連結的另一個要素。

親密感需求

雖然社會保護系統的主要目標是避免個體遭到拒絕，但親密感系統更在乎與摯愛建立連結、照顧與保護對方、減少對方的痛苦，以及支持對方的成長、幸福與發展。以下列舉一些敘述，供你估量自己對親密感的需求程度。[17]

親密感需求
- 我與某人擁有一段緊密、親密的關係。
- 我喜歡全心全意投入一段關係。
- 我希望在關係中與對方分享所有喜怒哀樂。
- 我討厭與真正在乎的人分開。
- 我的想法經常圍繞我深愛的人們打轉。
- 有時我覺得自己與另一個人共同擁有深厚的感情與完整的一致性。
- 我坦誠地對待我愛的人。

安全依附雖然是建立連結的重要基礎，但無法確保親密感。親密的本質是**優質的連結**。那什麼是優質的連結呢？珍・達頓（Jane Dutton）與艾蜜莉・希菲（Emily Heaphy）將優質的連結定義為「兩個人的接觸牽涉相互意識與社交互動時，存在彼此之間的一種動態、活化的組織」。[18] 優質的連結可以讓雙方感到

生氣勃勃。相反地，品質不良的連結會讓雙方無精打采、意志消沉。一位企業經理表示，「有害的連結就像黑洞，會吸走體制內所有的光芒，而不給予任何報償」。[19]

　　所有品質良好的連結都有一些共通的特質。第一，它們都包含卡爾‧羅傑斯所謂的「無條件正向關注」。[20] 在關係中的每個人都感覺自己被看見與受到關注，而且能夠自由表達各種經驗與想法。據心理學家蘭斯‧桑迪蘭茲（Lance Sandelands）指出，優質的連結可創造一種「活生生的存在，一種純粹存在的狀態，在單一的生命有機體中，令人感到孤立的憂慮、空虛和欲望全都消失了」。[21]

　　優質的連結也包含了**相互性**，意思就是雙方都投入並參與其中。正向關注是短暫接納另一個人的全人的一種感覺，相互性則「捕捉了連結中潛在活動的感受……源自於相互的脆弱與回應」。[22] 這種相互性的感受通常能使人心情愉悅與積極主動，如達頓與希菲所發現，它會創造「廣大的情緒空間，帶來行動與創造力的可能性」。[23] 讓個體有機會達到自我揭露、情緒親密、信任與開放的優質連結，而且經過證明，不論對誰而言，都可增進生活的滿意度。[24]

　　最後，優質的連結可培養出社會心理學家莎拉‧阿爾戈（Sara Algoe）所指的「正向人際歷程」，即「驅使我們不斷接觸某個朋友或深愛的人的正面因素」。[25] 其中包含一同玩樂、大笑、為對方付出、一起慶祝好消息、欣賞對方的美德及表達感激。

　　我們不該低估優質人際關係對健康與成長的重要性。有學者對前 10% 最快樂的大學生進行研究，觀察到他們都具有一個顯著特點：**擁有高度滿足的社交生活**。[26] 優質的連結會影響各個不同的生活領域，有如「漲潮」般提高其他幸福來源的影響力，譬如

良好的生理健康、自尊、樂觀態度、建設性的處世方式及對環境
的控制感。[27]

優質連結的生物機制

現代人大腦的生物機制反映出，這項根本需求經過進化後所
遺留的影響。當我們擁有與另一個人合拍的優質連結（不論是坦
誠自己的弱點、議論共同敵人的八卦，或是一起開心大笑），我們
的「平靜與連結」系統就會復甦。在這個系統中，一系列的生物
反應會聯合起來，強化個體與他人的深層連結。[28]

在產生「正向性共鳴」——如心理學家芭芭拉・弗雷德里克
森（Barbara Fredrickson）所稱——的這種時刻，人的大腦真正與
另一個人的大腦同步，而這種現象有時稱為「神經耦合」。交往中
的伴侶比較能夠預測對方的思路與感受相同的情緒，有時甚至能
在生理上感受對方的疼痛。[29]據弗雷德里克森指出，這種「連結
的微時刻」是「極小的引擎」，卻可以在你的生活中引起正向的漩
渦，幫助你成長與成為更好的自己。[30]

大腦的鴉片系統是鞏固連結的關鍵元素。鴉片系統其實是
「愉悅系統」，而不是專門針對社會連結，社會連結只是恰巧為我們
大部分的生活帶來的最重要與最戲劇性的愉悅經驗。[31]在社會連結
緊密的情況下，鴉片系統會抑制 HPA 軸（譯注：Hypothalamus-
pituatary-adrenal，大腦中的下視丘、腦下垂體及腎上腺連成的軸
線，簡稱 HPA 軸）的活動，減緩身體對壓力的反應。該系統也會
讓個體在失去社會連結時，產生失落與悲傷的感覺。[32]有鑑於鴉
片系統與連結系統的密切關聯，一群傑出的神經科學家認為，穩

固的社會連結「在某種根本的神經化學意義上，跟吸食鴉片成癮沒有兩樣」。[33]

連結系統的另一個關鍵元素是催產素（neuropeptide oxytocin）。催產素由下視丘分泌，兼具荷爾蒙與神經傳導物質的功能。[34] 有證據顯示，催產素可提高信任與合作的意願，同時讓個體更有能力辨別信任的線索與他人的善意。[35、36] 這種物質也屬於平靜與連結系統的一部分；它會降低杏仁核特定區域對威脅的敏感度，並減輕痛苦與恐懼的感受。[37]

雖然一些研究人員將催產素稱為「愛情荷爾蒙」甚至「擁抱荷爾蒙」，但近期有越來越多研究顯示，催產素對社交行為的影響很大程度取決於環境。[38] 這種激素會增加個體對內團體的偏好，讓你願意為了促進團體的福祉、一致、信任與合作，而承受代價昂貴的風險（包括說謊）。[39] 但是，如果個體不信任或不認識一個人，或者對方所屬的外團體在看法和價值觀上與個體的內團體相左，那麼催產素對信任的影響力就會減弱。[40] 如果內團體與外團體具有相似的看法和價值觀，催產素似乎就不會造成明顯的內團體偏誤。[41]

因此，即使催產素確實可強化個體與他人的連結、並在平靜與連結系統中發揮關鍵作用，但它顯然並非「通用的愛情荷爾蒙」。這麼說來，將催產素看作是「內團體的愛情荷爾蒙」會比較正確。[42] 基於這個原因，在本書整合的新需求層次論述中，我清楚區分了連結的需求，與在連結感以外、無條件愛人的需求（參見第五章）。

連結系統還有另一個重要元素——第十對腦神經（tenth cranial nerve），又稱迷走神經（vagus nerve）。迷走神經始於頭骨

深處的腦幹，連接大腦與心臟和肺臟等許多器官，可舒緩緊張的情緒、驅使個體與他人進行眼神接觸及協調臉部表情。迷走神經的張力（vagal tone）可經由量測得出準確的數據；其與生理、心理和社交彈性及抗壓能力有關。具有較高迷走神經張力的人，在日常生活中與他人的連結較為緊密，而這樣的連結會轉而增強迷走神經的張力，促使「內在情緒的正向發展」。[43]

連結（以及缺乏連結）顯然對我們的大腦與生理機能影響甚大，對心理與生理健康寓意深遠。事實上，它們還可能攸關性命。

寂寞會致命

近期一項調查指出，有40%的成年人感到寂寞，其中約有四千兩百六十萬名四十五歲以上的成人長期處於寂寞的情緒狀態。[44]社會心理學家約翰・卡喬波在著作《寂寞感：人性與社會連結的需求》（*Loneliness: Human Nature and the Need for Social Connection*）中表示，「社交孤立對健康造成的影響堪比高血壓、缺乏運動、肥胖或抽菸」。[45]

寂寞正嚴重威脅著大眾的健康。[46]研究顯示，社交孤立會損害免疫系統與增加發炎的機會，這些過程會導致各種健康問題，包含心臟病與糖尿病。[47]約克大學（University of York）進行的一項研究發現，比起社交網絡強大的對照組，感到孤立或寂寞的人罹患冠狀動脈心臟病與中風的機率分別高出 29% 與 32%。[48]

寂寞不只讓我們生病，**實際上還會致命**。[49]一項研究發現，寂寞感、社交孤立或獨居所增加的死亡風險分別是 26%、29% 與 32%。[50]自認為寂寞及客觀上與他人疏離的那些人，死亡風險最高。

寂寞造成的死亡風險與中風不相上下，更比肥胖症高出一倍，而老年人與缺乏適度社交互動的人，早死的機率是一般人的兩倍。[51]

沒有任何人能在寂寞的狀態下免受可怕的後果，也沒有其他基本人性需求的滿足可以取代深層的連結，這種連結不是金錢、名聲、權力、知名度，也不是獲得歸屬與接納，即使我們經常尋求這些途徑，誤以為它們將能滿足我們的連結需求。里歐‧布勞迪（Leo Braudy）在自己對人類追名逐利的歷史的廣泛評論中表示，對名聲的渴望通常源自「獲得他人接納的幻想」，人們以為只要出名，在往後的人生中就能受到別人的喜愛、接納與歡迎。[52]

儘管如此，許多功成名就的傑出人士都可以證明，這樣的幻想往往不切實際，即使真的實現了，名聲依然無法滿足龐大的欲望。雖然愛與權力似乎存在於截然不同的生活方式，但在《社評雜誌》（Commentary）於一九六二年刊出的知名論文〈愛與權力〉（Love and Power）中，政治科學家漢斯‧摩根索（Hans Morgenthau）主張，這兩者其實有一個共同的動機，那就是努力逃避寂寞。他表示，權力與愛有相同的目標，但採取的策略截然不同：「愛是透過自發的相互性來促成結合，權力則透過單方面的強迫來達成一致。」

但摩根索指出，權力完全無法取代親密感：「愛至少可以比擬親密感，而且在稍縱即逝的瞬間達到親密，但權力只能帶來幻覺。」同樣的道理也適用於對名聲的追求。摩根索認為，為了讓自我達到完整而追求權力，往往會無可避免地使一個人渴求**更多**權力。如此一來，我們發現很諷刺的一點是，最具權勢的人通常是最寂寞的人。摩根索表示，這多少解釋了，為什麼那些極度渴望權力的人（如史達林與希特勒等）需要不斷要求人民尊稱自己

為「我們敬愛的領導人」。

　　寂寞也是名人自殺的部分原因。卡喬波表示,「百萬富翁或億萬富翁往往都是寂寞的。很多運動員往往也會感到寂寞。很多人都希望跟他們交朋友,但換作是你,如果大家都希望跟你交朋友,你會怎麼想?從另一個角度來解讀,你會認為,別人希望與你成為朋友,是為了從你身上得到物質或社交方面的好處」。[53]

　　以廣受歡迎的同性戀小說家史蒂芬・佛萊(Stephen Fry)為例,他曾在採訪完一名倡議同性戀一律處死的烏干達政治人物後試圖自殺。[54] 不久後,佛萊「焦慮不安地試圖找出自己失去了什麼。我感覺自己的所有本質彷彿都消失了,所有作為我的一切都不見了。我隱約覺得,生命走到了終點」。

　　吞下大量安眠藥與狂灌伏特加後,他昏迷在旅館房間裡,最後是電視製作人與旅館員工破門而入救了他一命。[55] 後來他在自己的網站上寫道:「如此富有、知名且成功的一個人,怎麼會得到憂鬱症?」

　　我居然會感到寂寞?我每天都收到各種宴會的邀請函。我人應該要在溫布頓球場的皇家包廂裡看球賽才對,而且還有一些朋友認真且大方地約我今年夏天跟他們一起到南法、義大利、西西里島、南非、英屬哥倫比亞與美國度假。我到百老匯展開《第十二個晚上》(Twelfth Night)的巡迴演出之前,有兩個月的時間可以寫作新書。

　　回過頭再讀上述的最後一句話,我是想著還有兩個月的時間,還是覺得只剩下兩個月?如果我在接受治療,但其實沒有真的罹患憂鬱症,那我他媽有什麼權利可以感到寂寞、不快樂或孤

獨？我沒有這種權利。同樣地，我也沒有權利不去面對那些感覺。感受不是一個人有沒有權利去擁有的東西。

到頭來，寂寞是我人生中最可怕也最矛盾的問題。

這個社會到底出了什麼問題，以致寂寞如此猖獗？ 一個原因是，人們覺得承認自己寂寞是一件丟臉的事，也不敢公開認識新朋友與結交知己。但是，除此之外還有許多因素。「我們所做的事與社會連結的需求背道而馳，之後再來困惑，為什麼覺得自己與別人之間缺乏情感上的聯繫。」史丹佛大學（Stanford University）同理心和利他研究教育中心（Center for Compassion and Altruism Research and Education）科學主任艾瑪・賽佩拉（Emma Seppälä）接著表示：[56]

我們將生活擺在第一位的行為及我們優先考慮的事情，往往牴觸了最重要的歸屬需求。不論是物質享受或喜悅、經濟條件的進步或社會地位的提升，我們完全搞錯重點。我們並未意識到最重要的幸福來源是連結，無論來自家庭、宗教或社會群體，或來自某種超越自我的事物。我們徹底迷失了方向，因此才有這麼多人感到迷惘、焦慮、憂鬱且寂寞。[57]

我們先從金錢談起。

一切都是錢

雖然我們想滿足最基本的安全需求、甚至獲得成長與發展的

機會，都需要具備一定程度的經濟能力（見第一章），但金錢並不保證能以健康的方式滿足其他人性需求。這點在世界各地清楚可見：儘管經濟條件日益改善，但那些財務無虞的人們普遍都感到焦慮、寂寞與社交孤立。

　　然而，許多貧窮國家找到了增進人民的社會歸屬感的方法。就連針對印度加爾各答貧民窟的多項研究都顯示，當地居民的生活滿意度平均而言比美國人還高（儘管不如印度的富豪那樣高）！[58] 此外，有許多選擇「環境友善」或「自願簡樸」的生活方式的人雖然收入微薄，卻非常滿意這樣的生活。[59]

　　事實上，研究指出，財富若超過一定程度，甚至可能**危害**成長與幸福。一個原因是，人有了更多金錢，通常也會有更多的物質欲望，而長期下來，物質至上的生活態度會降低幸福感。[60] 我們可以很快地適應擁有更多金錢的報酬感（通常稱為「快樂水車」），因此會覺得錢財再怎麼多，似乎永遠都不夠。一群研究人員表示，「先是衝動購物，興奮感逐漸消退，然後又渴望獲得新東西……這種循環……會逐漸導向唯物主義，讓人感覺越來越不快樂」。[61]

　　更多的金錢也讓我們擁有更多的選擇，研究指出，更多的選擇不只可能造成巨大的壓力（所謂的「選擇悖論」），還會讓那些一年收入超過十萬美金的人比一年收入低於兩萬美金的人花更多時間在不愉快的活動上（如採買日用品與通勤），花更少時間從事休閒活動。[62]

　　優渥的生活條件，通常也讓人比較無法平等看待陌生人與發揮同理心。[63] 一年收入超過十萬美金的家庭所捐給慈善機構的金錢，比一年收入低於兩萬五千美金的家庭捐得還少。[64] 甚至有研究發現，參加完上流社交活動後捐錢做善事的可能性，比抱持出

身低社會階級的心情而捐錢的可能性來得低。

對金錢的**重視**也一樣會降低生活滿意度。調查指出，那些將金錢視為幸福來源的人對生活的滿意度比一般人來得低，而人們在拼命追求財富、名聲或美貌的同時，也會感到比較不快樂。[65]有實驗發現，當一個人在做喜愛的事情（如品嘗一塊巧克力），即便只是讓他注意到小額的金錢，也會減少那項活動帶給他／她的愉悅感。[66]

這個實驗傳達的訊息非常明確：收入超過某種程度（足以讓你獲得安全感）時，如何花錢會變得比擁有多少錢來得重要。[67]買**東西**與買**時間**這兩件事有一個關鍵的差異。[68]一項大型研究發現，即使在收入受到限制的情況下，花錢請別人做你不想做的事情，例如煮飯與清潔等等，依然可以提高你的生活滿意度。

另一項關鍵差異在於花錢購買**物質**與**成長**。如果將金錢用於培養個人成長（譬如行善、與家人和同事度假放鬆，或選擇住在方便建立群體或精進技能或從事興趣的地方），會比把錢花在物質享受上更能增進生活滿意度與幸福感。[69]事實上，研究顯示，誘使人們考慮花更多時間從事有意義的社會連結，可以增進幸福感，相較之下，引導人們將注意力放在金錢上就沒有這種效果。[70]連結究竟值多少錢？一項研究得到的結論是，擁有三五好友的價值比一台全新的法拉利還高。[71]

關於用錢買得到的成長，大家經常忽略的一種形式是治療。研究顯示，精神治療對於滿足一個人獲得賞識的需求具有極高的成本效益；其在提高生活滿意度這方面的效益比，單純賺取更多收入要高出至少三十二倍。[72]

有鑑於這項研究，猶太拉比海曼·薩哈特（Hyman

Schachtel）說的話確實有些道理：「快樂不是擁有你想要的東西，而是珍惜你所擁有的事物。」

社群媒體

酸民會把你攻擊得體無完膚，如果你不夠堅強，那些尖刻評論就會撕裂你的靈魂……他們會說……「你得衝高按讚數。」但我的疑問是，何不試著對自己按讚呢？要做到這一點，其實是件不容易的事。

——網路紅人布列塔尼・弗蘭（Brittany Furlan），《美利堅網紅帝國》（*The American Meme*，二〇一八年上映）

經常有人說，過度使用社群媒體是現代人感到寂寞的另一個原因。今日，不計其數的社群媒體管道都在誘使人們尋求連結，包含 Facebook、Twitter、Instagram、Tumblr 與 Snapchat。比起歷史上的任何時候，現代人有更多方式受到大眾歡迎，即使只持續片刻。

可以肯定的是，對某些人來說，社群媒體是與他人聯繫感情的唯一方式，而這麼做很有可能可以滿足連結的需求。對身心障礙者而言，社群媒體尤其重要。患有自閉症的青少年艾薩卡・帕克（Asaka Park）透露，「社群媒體〔為身心障礙人士〕提供了在原本遙不可及的世界裡擁有社交生活與融入群體的管道」。[73] 將社群媒體和網路妥善地與其他生活面向結合，是我們做得到的事情，而如此一來，便有助於建立長久的友誼。[74]

約會網站的運用也能有助於交往關係的成長：一項研究指

出，在那些根據有意義的篩選標準進行配對的約會網站上認識彼此的夫妻，對於交往關係的滿意度，比其他約會網站的使用者來得高，離婚率也比較低。[75] 儘管如此，這並不是多數人使用社群媒體的方式。不管是引導使用者以貌取人的交友軟體 Tinder，或是促使人們認識更多「朋友」的 Facebook，都妨礙了任何連結的深化。

想想現代人面臨的這種矛盾：**社群媒體增加了認識交往對象的可能性，卻也同時讓人更容易避免建立有意義的關係**。這有一部分是因為，這種媒介誘使人們追求大眾的認同，勝過個別人際關係的經營，這種強大、根植於進化天性的吸引力正驅使我們離自我的全人越來越遠。近期一項追蹤社群媒體使用習慣達數週的研究發現，Facebook 會降低幸福感與生活滿意度。[76] 然而，在網路上與他人直接進行互動（而不只是「按讚」與瀏覽頁面），並不會造成這種負面結果。「我們違背了人類的本能，越來越不花時間聚會交流感情。」艾瑪・賽佩拉指出，「我們的行為嚴重反常，也背離了我們真正渴求的連結」。[77]

現代人把優質的連結看得比歸屬感與接納還重要的這種文化，也許能帶給我們一些教訓。

連結的藍色淨土

在鼓勵面對面互動的文化中，人們通常對生活滿意度極高且長壽。身為作家與探險家的丹・布特納（Dan Buettner）調查了世界各地的族群，其中包含位於愛琴海的希臘伊卡利亞島（Ikaria）的居民。在當地，活到百歲以上是稀鬆平常的事情。[78] 那麼，他

們長壽的祕訣是什麼？

　　健康飲食與適度運動無疑是原因之一。但除此之外，還有其他因素相互作用，共同促成了更長壽與健康的生活。當地居民表示，他們不怎麼在乎金錢。島上少數幾位醫生之一的伊利亞斯・雷里阿帝斯（Ilias Leriadis）博士說：「遇到宗教與文化節日時，人們會大方花錢購買美食和醇酒，與大家一起分享，有多的錢就捐給窮人。在這個地方，人們注重的不是『自己』，而是『大家』。」

　　社會結構尤其重要。居民們不太使用社群媒體，而是偏好頻繁的面對面互動與社會支持。「即使你具有反社會傾向，也永遠不會孤單一人。」布特納寫道：「鄰居們會熱情邀請你一起參加村裡舉行的慶典，一同享用美味的羊肉。」日文「IKIGAI」（早上起床的意義）的觀念在這裡俯拾即是。「這樣的精神促使百歲人瑞每天早晨活力充沛地起床，離開家裡舒適的搖椅，開班教人踢空手道、擔任村落的精神導師，或者教導下一代學習舊時傳統。」[79]

　　伊卡利島的老年人備受尊崇，而且持續參與群體活動；他們生活在數代同堂的大家庭，而且活到超過百歲！一名已屆一百零一歲的伊卡利居民說：「我們忘了自己會死。」賽佩拉表示，相較之下，美國人則是「將老人隔絕在外」。[80] 布特納的研究顯示，美國人除了一年花三百億美金買維他命與營養補充品、七百億節食減肥及兩百億加入健康俱樂部之外，或許也應該多花一點錢經營優質的人際關係。

　　伊卡利島居民之所以長壽，原因顯而易見：社會連結不只反映一個人的社交網絡有多廣泛、多受大家歡迎或擁有多少人脈。當我們與生命中重要的人建立安全、穩定與親密的關係，對於連

結的需求最有可能得到滿足。當我們在人際關係中得到安全感與滿足，就更有可能發展穩定的自我價值與掌握感。然而，如果連結需求嚴重受挫，我們便會比以往更加需要歸屬感，也會更在乎地位與受人歡迎的程度。[81]

有鑑於人類是高度社會性的物種，我們對於連結的需求不只關乎親密感與人際關係，也深刻影響著自尊。因此，我們現在就來看看帆船基底的最後一塊木板，也就是健康、堅定的自尊需求，以讓人生的旅程更加順利。

第三章

自尊

　　一九三二至一九三三年間，馬斯洛在威斯康辛大學的同事金波・楊（Kimball Young）的推薦下，拜讀佛洛伊德寫作的《夢的解析》（*The Interpretation of Dreams*）。結果，馬斯洛立刻對精神分析著了迷，並發現書中描述的情境就是他的個人經驗。[1]很快地，這本書引領他認識阿爾弗雷德・阿德勒的著作。這位學者首創個體心理學（Individual Psychology），看待人性的觀點與佛洛伊德頗為不同。

　　儘管身為精神分析學派的創始人之一，但阿德勒最終開闢了另一條路，主張「攻擊本能」的重要性，而這與佛洛伊德強調的原欲與自我保護的本能大相逕庭。*阿德勒也提出「社會

---

* 雖然佛洛伊德起初對攻擊本能的概念不屑一顧，但他在之後出版的《文明與其不滿》（*Civilization and Its Discontents*）中，卻提到了「毀滅本能」（destructive instinct），並表示，「我再也無法理解，我們怎麼能忽視非情欲的攻擊性與破壞性普遍存在的事實，而且忽視這對我們解讀人生所具有的重要性。」

感」（gemeinschaftsgefuhl）——或稱「社會興趣」——的概念，認為這是攻擊本能以外的一個根本的人性驅動力。他指出，人類是社會性動物，天生渴望連結與群體，而且希望對世界發揮正面影響力。

馬斯洛逐漸受阿德勒的理論所吸引，其中一個原因是，阿德勒關注平等、相互尊重與公民價值。這些重點完全切中了馬斯洛長久以來希望促進世界和平的野心，尤其在那個年代。毫無疑問，阿德勒的人文哲學是啟發馬斯洛最終提出人本主義心理學的重要因素。

然而，馬斯洛也對阿德勒探討權力驅動力及其毀滅可能性的論述很感興趣。根據尼采提出的「權力意志」（will to power），阿德勒主張人類天生會「追求權力」，他在一些著作中將這種概念稱為「追求完美」、「追求優越」、「追求神性」及「追求人格的提升」。對他而言，過度追求權力與對他人的支配、再加上社會興趣的低落，可能會導致邪惡，而他察覺，這種現象逐漸見於當代的世界，尤其是德國納粹。

受到阿德勒的啟發，而且渴望深入研究權力的驅動力以及這跟佛洛伊德提出的原欲概念之間的關聯，馬斯洛向當時的博士論文指導教授哈洛請益，希望透過實驗測試佛洛伊德與阿德勒看似互斥的觀點。哈洛沒有意見，只提出了一點要求：他指導的任何研究如需進行實驗，對象必須是動物，而不能是人類。於是，馬斯洛針對猴子展開關於性與支配的精密研究，而這個主題在當時可謂首開先例。

馬斯洛的其中一項發現是，看似出於性慾的行為，往往反映了每隻猴子在支配階層中的地位權力。馬斯洛更觀察到，受性慾

驅使的「示威舉動」與受支配驅使的「示威舉動」差異甚大，他
強調，「性行為——而不是霸凌或打鬥——往往被當作侵略性武
器，而這種行為的力量其實與武器不相上下」。[2]

　　馬斯洛也發現，大多數具有支配權的猴子未必是公猴。早
期觀察到母猴占有優勢地位，以及偶然接觸阿德勒的「男性反
抗」（masculine protest）概念（女性反抗傳統的婦女角色），無疑
都影響了馬斯洛後期對於人類——尤其是女性——的支配與性行
為的性學研究。如馬斯洛在一九四二年發表的一篇論文中所述：

　　實際上，所有關於性愛技巧的書籍都犯了一個愚蠢的錯誤，
那就是假設所有女性對於愛都有類似的需求。於是我們看到，這
些書傳授一體適用的性愛技巧，彷彿所有女性都是一樣的……更
荒謬的是，它們秉持的態度就好像性行為只不過是技巧問題，單
純是一種生理行為，而不是出自情感、牽涉心理層面的舉動。[3]

　　這些觀念在當時非常激進，以致在六〇年代初期，女性主義
作家與女權運動人士貝蒂・傅瑞丹（Betty Friedan）引述馬斯洛的
性學研究，來佐證自己提出的女性主義心理學，而這種角度有別
於佛洛伊德的精神分析。[4] 傅瑞丹也援引馬斯洛主張的需求滿足
重要性，針砭美國社會規勸女性放棄追求人性的成長與潛力的文
化。

　　到了一九三五年，馬斯洛完成了針對猴子的性與支配的博士
研究，準備在美國心理學會的年會上發表研究結果。他很開心自
己的研究獲傳奇人物艾德華・桑代克（Edward Thorndike）主持
的研究專題座談會選為主題之一。碰巧的是（剛好馬斯洛很擔心

自己畢業後找不到工作），桑代克對年紀輕輕的馬斯洛及其研究感
到印象深刻，因而邀請他到紐約市哥倫比亞大學擔任自己的博士
後研究員。馬斯洛欣然接受了這份工作。⁵

　　同年，二十七歲的馬斯洛踏上了紐約市這塊土地，剛好
那年阿德勒眼看歐洲情勢危急，也決定遷居於此。馬斯洛非常
希望與阿德勒分享博士研究的成果與針對他提出的權力概念所
得到的實驗發現，於是參加了阿德勒每週五在格拉梅西公園酒
店（Gramercy Park Hotel）的套房裡舉辦的開放交流會。令他意
外的是，與會的只有另外少數幾個人，讓他有機會與阿德勒深談。

　　阿德勒很高興馬斯洛的研究驗證了自己的理論，經常邀他
共進晚餐，如此過了十八個月，他們培養了深厚的友誼與師生關
係。不過，期間也發生了幾次不太愉快的經驗。一天晚上，馬斯
洛與阿德勒在格拉梅西公園酒店用餐，馬斯洛隨口提了一個問
題，話中似乎意指阿德勒曾是佛洛伊德的門徒。結果，阿德勒勃
然大怒，當場與馬斯洛吵了起來。⁶ 阿德勒堅稱從未追隨佛洛伊
德，表示自己一直都是獨立的醫生與學者。他以近乎大喊的聲量
鄭重表明，這是佛洛伊德在他們分道揚鑣後捏造的「漫天大謊」。
馬斯洛很驚訝阿德勒因此暴怒，對於自己冒犯了畢生崇拜的學術
偶像感到羞愧不已。⁷

　　他們最後一次見面是在一九三七年初，地點是阿德勒的旅館
套房。結束了講課與熱烈的團體討論後，阿德勒把馬斯洛拉到角
落，熱切地盯著他問，「如何？你支持還是反對我的觀點？」馬
斯洛感到失望又沮喪，此後再也沒參加過阿德勒的交流會。那年
五月，阿德勒在蘇格蘭巡迴演講的期間心臟病發而逝世；馬斯洛
想起兩人最後一次的互動時覺得十分遺憾，惋惜這段富有啟發性

的情誼沒能和平收場。[8]

　　撇開那幾次不愉快的經驗不談，阿德勒顯然對馬斯洛的研究造成深遠的影響，而他的理論也持續影響馬斯洛對於自尊需求的思維。一九三七年，即阿德勒過世的那一年，馬斯洛發表了有關人類「優越感」的第一項研究，不久後他將這個詞彙改為「自尊」。在馬斯洛題為〈優越感、行為與地位〉（Dominance-Feeling, Behavior, and Status）的論文中，明顯可見阿德勒論點的影子。[9]馬斯洛主張，我們必須區別優越感與支配行為。「優越感」包含自信、高度自我尊重與自我評價，相信自己能夠控制他人，感覺自己能掌握事物，感受到他人確實、也應該讚賞與尊重自己，認為自己具有一般能力，不容易感到害羞、膽怯、不自在或困窘，以及具有驕傲感。

　　另一方面，「支配行為」未必符合個人的真實感受，而且往往是一種過度代償。馬斯洛明確辨別「代償支配」與健康或「自然」的支配（類似現代心理學家所謂的自信）之間的差異。他指出，人在缺乏安全感與自信時，通常會表現出支配行為。他也表示，這些都是因為欠缺優越感而過度代償的例子。他在注釋中說明，在這種情況下，這樣的行為不是支配，而是跋扈，個體會「對他人表現出敵意，任性妄為、粗魯無禮、自私自利、好挑釁與蠻橫霸道等」。

　　馬斯洛接著表明，這種過度代償的行為「在旁人看來往往是緊張不安的表現。個體顯得反應過於激烈、說話聲音也過大。某些情況下，這些行為甚至顯得有點粗俗，有時讓人覺得是為了反抗而反抗或是自卑逞強，而不是具有自信……代償行為的表現形式也包含明顯的勢利，以及自大、冷漠與疏離的態度」。[10]

　　馬斯洛的觀察與阿德勒對於過度代償的論述具有明顯的相似之處，後者在著作中提到，人們會將自我的挑戰與不足轉化為成長與力量。幼時飽受軟骨病所苦的阿德勒深知自我肯定或自卑的影響力有多大，因此主張，若想成功調適生活，就必須克服這些感受，或引導它們朝健全的方向發展。阿德勒認為，要克服支配權力的誘惑，最好的方法之一就是培養社會興趣。在後期的著作中，他指明了追求權力與追求掌握及克服障礙之間的不同。他主張，這兩種追求都能夠滿足我們「對於完美的渴望」，但比起透過權力控制他人，掌握的動力與克服個人挑戰的關聯更大。

　　在一九五四年出版的《動機與人格》，馬斯洛進一步闡述各種自尊需求的差異，並提出更廣泛的人性需求框架。他呼應自己在一九三七年發表的研究表示，堅定的自尊關乎真正的力量和努力建立的信心，脆弱的自尊則與權力的驅動力有關。自尊脆弱的人「沒有興趣幫助弱勢者，而是只在乎如何控制與傷害他們」。[11]

　　在本章，我將帶各位透過現代科學的角度來瞭解，透過健康的方式整合自尊需求，具有哪些重要性。一些方式有益於這種根本需求的調節與表達，也有一些方式會危害自尊需求的整合，因而阻礙全人的成長與發展。

健全的自尊

　　社會上所有人（除了少數病理案例）都需要或渴望穩定、基礎穩固、（通常）高度的自我評價、自我尊重或自尊，還有他人的尊重。

　　——亞伯拉罕‧馬斯洛，《人類動機理論》（*A Theory of Human Motivation*，一九四三年出版）

人活在世上最重要的態度是對自我的觀感。對自身行為的效能具有基本的自我價值感與信心，便擁有成長的根本基礎。自尊是與生活滿意度最相關的因素之一（雖然關聯的程度視文化而定），而低落的自尊是造成抑鬱的主要風險因素之一。[12]

馬斯洛與卡爾・羅傑斯等人本心理學家，因為啟蒙了美國的自尊運動而受到譴責。這場運動在八〇和九〇年代達到高峰，提倡專注於良好的自我感受是所有人生問題的答案。[13] 然而，如果我們深入研究心理學文獻便會發現，問題的癥結點不是自尊，而是在於對自尊的**追求**。[14]

最新的研究顯示，健全的自尊是擁有真實成就與親密人際關係、以及體認自己正往全人發展的結果。心理學家理查・萊恩（Richard Ryan）與科爾克・布朗（Kirk Brown）指出，如果個人過於注重自尊的提升，便意味著他／她在自我調整與追求幸福的路上徹底走錯了方向。[15] 傑夫・格林伯格（Jeff Greenberg）與同事表示，「如果一個人難以維持自尊，而且太過於在意這一點，便會產生各種心理健康問題」。[16] 實際上，當你過度注重自尊而忽視其他需求，就表示你的自尊開始變得不健康——極度缺乏安全感、自我評價容易受到影響，而且非常需要他人的肯定。

那麼，何謂健全的自尊？現代研究指明了兩個不同面向：自我價值與掌握。[17] 請看看下列敘述，衡量自己具備這兩個自尊要素的程度：[18]

自我價值
- 我喜歡自己。
- 我是一個有價值的人。

- 我可以自在地做自己。
- 我擁有堅定的自我價值感。
- 我相當尊重自己。

掌握
- 我做事效能很高。
- 我總是能夠達成嘗試去做的事情。
- 我在許多方面表現出色。
- 我經常達成目標。
- 我能夠克服生命中的挑戰。

不論你具備的程度有多少，總是有成長的空間。接著我們來進一步探討健全自尊的這兩個面向。

自我價值

自我價值意指你對整體自我的評價：在這個世界上，**你是一個具有社會價值的好人嗎？** 自我價值感是成就自我所需的健全基礎。[19]

馬斯洛在一些著作中指出了自尊需求與尊重需求的差別。[20]然而，現代研究顯示，他人的評價通常與我們的自尊有關。不論你喜歡與否，我們是社會性動物，而我們對自我的評判通常也包含了他人的看法。社會心理學家馬克・利里（Mark Leary）的研究表明，自我價值感與社會價值——或至少是自己認知的社會價值（有時我們的認知並不正確）——之間有緊密關聯。[21]

利里與同事卡翠娜・鍾曼─塞雷諾（Katrina Jongman-Sereno）

及凱特‧迪貝爾斯（Kate Diebels）區分了人活在世上擁有的兩種社會價值形式：**關係性社會價值**（我們在多大程度上認為自己與他人的關係對於自我具有價值與意義）與**工具性社會價值**（他人在多大程度上認為我們握有對集體利益有幫助的資源及／或個人特色）。[22] 擁有高度自我價值感的人通常喜愛自我，而且認為自己具有高度的關係性價值。

這正是自我價值感與歸屬需求如此緊密相關的原因。重視歸屬需求的社會保護系統試圖在我們實際遭到拒絕**之前**，就調整我們的行為以避免傷害。[23] 研究指出，個體遭到適度拒絕（或至少察覺到適度拒絕）時所產生的焦慮與痛苦，跟遭到強烈拒絕時一樣強烈——這讓個體明確意識到必須修正自身行為。相反地，個體得到適度接納時，自尊提升的程度也與得到高度接納時不相上下。這項研究發現顯示，在古早小型狩獵採集社會的人際互動中，個體若徹底遭人排斥，後果不堪設想。在現代，即使社交排斥很少造成災難性後果，但這種心理機制有部分依然遺留在人們的思想裡。

自我價值往往會受他人的讚美與接納所影響，而不論個體的自我價值感有多堅定，這種傾向永遠不會完全消失。研究人員羅敏‧塔法羅迪（Romin Tafarodi）與威廉‧斯旺二世（William B. Swann Jr.）指出，「在發展過程中，我們不可能無視於我們感興趣的那些人對我們的道德批評。人類身為社會性動物，是無法抑制自己不去窺視他人看法的，儘管我們或許不會相信自己的所見所聞」。[24] 雖然如此，一個人的自我價值感越堅定，別人就越無法動搖他或她對自我的看法。[25]

掌握

　　自尊的第二個面向 —— 掌握 —— 涉及你對整體自主感的評價。**你是可以運用意志來實現目標的意向性存在（intentional being）嗎？**[26]塔法羅迪與斯旺指出，「人性的發展主要在於需要知道『自己是誰』與『自己可以做什麼』」。[27]作為放諸四海皆準的衡量依據，掌握涵蓋了我們生活的許多面向。當然，你在某些方面的嫻熟度與專業知識會優於其他人，但健全的自尊不只是喜歡自己，也在於整體上認為自己是具有能力的人類。[28]

　　你在生活中所有的成功與失敗，都會影響你在多大程度上自認是有能力達成生活目標的意向存在。你越能順利朝目標邁進，就會越有自信，而這兩者往往有助於形成堅定的掌握感。反之亦然，你在生活中越難達成目標，就越容易產生不安全感與無能感。由於人類是高度社會性的物種，因此掌握的面向通常也與社會價值有關，但是，這與工具性社會價值的連結，經常大於關係性社會價值。擁有高度掌握感的人由於能夠幫助他人，因此大多具備可帶來較高社會地位的特質，而這些未必是受到朋友、家人或社群所重視的特質。

　　雖然自我價值的健全意識與掌握密切相關，而人們通常也會同時發展這兩種自尊形式，但它們仍有可能各行其道。你也許會自認是在世界上恣意而為的主宰者，有能力實現任何目標，但是並沒有打從心裡喜歡或尊重自己。相反地，你也有可能喜歡自己，卻不認為自己能夠有效實現目標。塔法羅迪將這類情況稱為「矛盾的自尊」，並表示兩者的差距會深刻影響我們如何解讀與記憶他人給予的社會回饋。[29]

　　既然我們點出了健全自尊的兩個主要元素，現在是時候來釐清經常受人誤解的一個觀念：**擁有高度自尊並不等於自戀**。不幸的是，人們始終抱持這種刻板印象，因而貶低了自尊作為重要人性需求的價值。

自尊 vs. 自戀

　　有太多時候，心理學家與媒體都將健全的自尊與自戀混為一談。相對於許多人的認知，自戀與自尊的發展途徑與對人生造成的結果截然不同。[30] 擁有高度自尊的人相信自己具有價值與能力，並努力尋求親密、有意義的人際關係，但他們不一定認為自己比別人**優越**。

　　人的自戀傾向與健全的自尊大約從七歲開始發展。在這個年紀，個體會經常與他人比較，而且會以「我是輸家」、「我是有用的人」和「我很特別」等言詞來評論自己。年幼的個體會開始以自己對於別人看法的認知來看待自我。[31] 然而，在個體的成長過程中，自戀與高度自尊的發展有如兩面鏡子**互相映照**：自尊一般在青春期最為低落，之後會隨個體成長而逐漸增強；自戀傾向則通常在青春期達到高峰，之後隨年齡漸長而逐漸減弱。[32]

　　自尊與自戀的發展也受到不同教養方式的影響。自戀傾向通常與父母的**過度評價**有極大關係：教出極度自戀的小孩的家長，往往會過度稱讚小孩的知識、高估他們的智商、誇大孩子的表現，甚至會幫孩子取一個與眾不同的獨特名字 *[33]。相較之下，高度自尊則與父母給予的溫暖密切相關。教出展現高度自尊的小孩的家長往往以愛與肯定對待孩子。他們會讓孩子感覺受到重視。

顯而易見，社會真正關注的重點不應該是如何培養健全的自尊，因為許多其他方式也能幫助孩子意識到自己是有價值、受尊重且擁有效能的人類。相反地，我們更應該在意的是，個體是透過有益、還是有害的方式來表達自尊需求。接著，我們就來看看兩種不利於自尊調節的表達方式。

自戀傾向的兩種面向

極度缺乏安全感的人有許多種表現……他們可能會逃避人群與畏縮膽怯……或者懷有敵意、激進好鬥與行為卑鄙。

——亞伯拉罕・馬斯洛，《動機與人格》

現代學者將有害自尊調節的表達方式分為兩種：浮誇型自戀與脆弱型自戀。說到典型的自戀狂，多數人會想到浮誇型自戀者的表現，包括自以為是、愛吹噓、聒噪，而且總是渴望受到關注。然而，心理學家也指出了另一種較為隱性的自戀——脆弱型自戀。這種人對別人的輕視相當敏感，而且對自己浮誇的欲望感到極度羞愧，以致非常討厭成為目光焦點。[34]

這兩種自戀的面向有一系列的共通點，包含特權感／自命不凡、剝削的欲望與誇張的幻想。事實上，具有脆弱型自戀特質的人，反而會不切實際地幻想自己比別人優越。[35]儘管如此，這兩種

---

* 有趣的是，誇張地讚美（如「你畫得真是美麗得不可思議！」）自尊低落的孩子通常會造成反效果，使孩子減少尋求挑戰的機會，並且逃避有助於成長的重要學習經驗。見 Brummelman, E., Thomaes, S., de Castro, B. O., Overbeek, G., & Bushman, B. J. (2014). "That's not just beautiful—that's incredibly beautiful!"：The adverse impact of inflated praise on children with low self-esteem. *Psychological Science*, 25(3), 728735。

自戀形式的敵意來源並不相同。

那些具有高度浮誇型自戀傾向的人，通常會因為與提高社會地位和支配（工具性社會價值）的渴望有關的原因，而對他人懷有敵意。他們的特權感與自認獨特且優越、因此理應享有更多資源與更好待遇的信念有關。相較之下，那些具有高度脆弱型自戀傾向的人，則會仇視與懷疑有關自己與他人的負面看法，而這種反應往往根植於童年時期的創傷。他們對於特權感的執著，似乎與自己值得特別受到關注的信念更有關聯，而他們會如此認為，是因為自尊脆弱，而非擁有優越特質。

雖然近年來有許多關於「自戀狂」的討論，但我認為，**每個人都有某種程度的自戀傾向**。畢竟，這是人的天性。佛洛伊德、安妮・萊許（Annie Reich）、海因茲・科胡特（Heinz Kohut）與奧托・肯恩伯格（Otto Kernberg）等精神分析學家將這種自戀現象視為「自我的心神貫注」（或對自我過度投資），但他們認為，強烈的自我關注未必是件壞事。

海因茲・科胡特相信，如果引導病態自戀者將既有的自戀傾向朝幽默、創意、同理心與智慧的方向發展，會比試圖將自戀傾向從人格架構中抹除的方式來得有效。[36][37]他稱這種療法作「有益身心健康的轉化」。[38]秉持同樣的精神，我將深入挖掘「自戀」標籤背後的祕密，來瞭解透過有益身心健康的方式轉化自戀傾向，可以如何幫助我們成為更有安全感、更完整的人。

脆弱型自戀

瑪莉現年三十六歲，雙親在她十四歲時離異。之後，她大多時間都與母親同住。然而，由於母親吸毒成癮、性情不定，經常

虐待她，因此瑪莉一肩扛起照顧年幼弟弟的責任，經常忽略了自己的需求。如今，她對自己與未來的生涯感到茫然無措，去看心理醫生時，表現出了各種看似矛盾的特質，她自大且過度關注自我，卻也一直認為自己有所不足並感到羞恥與脆弱。瑪莉會誇大自己的重要性，認為自己應該享有特權與權利。她期待獲得特殊待遇，幻想擁有無止盡的成功、權力、美貌、才華與卓越成就，但她也承認，不曉得無時無刻都在思考自己的本質是好還是壞。她似乎無法、或者不願意去理解或回應別人真正的需求或感受，除非對方的需求或感受與自己相同，或者這麼做可以增加自我肯定。此外，她感到不快樂、憂鬱、沮喪，在生活中難以得到樂趣或滿足。人際方面，她不斷尋求別人的肯定，會因為一點點的批評而心煩意亂、信心全失，而且總在注意別人有沒有表現出拒絕或排斥她的跡象。同時，她也很愛批評他人、容易生氣、具有敵意、對立或叛逆的傾向。她經常懷有怨恨，而且容易與上級長官或長輩起衝突。她常常嫉妒別人，覺得自己遭到誤解、苛待或迫害，而且時常感到無助與無能。[39]

　　脆弱型自戀的個性顯現了矛盾的特質，而如果一個人的自我價值感不斷變動、脆弱與不穩定，這些特性往往會同時存在。[40]我們會發現，其實低落的自尊並不存在。在自尊問卷調查中，很少人在社會價值項目的得分是**零**。自尊程度低的人在此項目得到的分數通常落在中段，這顯示他們其實是自尊**不穩定**。[41]

　　針對脆弱型自戀的研究指出，個體若極度不確定自己身為人類的價值，往往會感到羞恥與反應性憤怒、逃避任何會觸發這種情緒的情況、誇張地幻想或不斷尋求他人的認可與尊敬（包括

覺得自己應該受到他人的關注，總是因為自己不受賞識而心生怨恨）、隱藏自己的需求與弱點、過度需要幫助他人以肯定自我，以及懷疑與譏諷他人真正的用意。所有這些特質通常會同時出現。請閱讀以下敘述，誠實地評估你在日常生活中的脆弱型自戀程度：[42]

脆弱型自戀量表

- 我時常覺得需要別人的讚美才能肯定自己。
- 我意識到自己失敗時會覺得很丟臉。
- 別人忽視我的需求時，我會感到焦慮與難為情。
- 我時常隱藏自己的需求，擔心別人會認為我貪心與依賴。
- 我遭到別人批評時會感到憤怒。
- 如果別人沒有發現我的好，我會感到憤怒。
- 我喜歡受到朋友的依賴，因為這會讓我覺得自己很重要。
- 有時我會避免與人接觸，因為我擔心他們會令我失望。
- 有時我會避免與人接觸，因為我擔心他們看不到我的付出。
- 我經常幻想自己的成就受到賞識。
- 如果別人對我好，我會認為他們有求於我。

雖然這些敘述呈現的是「脆弱型自戀」的特質，但如果仔細研究，便會發現這些特性只是個體回應他人的不同方式，整體而言，這些策略其實可以巧妙地保護他們不受拒絕所傷害。如之前所述，人類演化出十分強大的社會保護系統，可追蹤在日常生活中得到歸屬與接納的程度。如果察覺到他人的拒絕或排斥時，我們會感到痛苦，而社會保護系統便會進入高度警戒模式來保護我們。

　　不幸的是，我們的「內在社會尺規」可能會失準。[43]早期的創傷經驗會使我們以錯誤的方式看待自己的社會價值與能力，而依據這種極度錯誤的信念行事，可能會招來我們最恐懼的結果。令人遺憾地，脆弱型自戀一向與過往的創傷經驗有關，包含情緒、言語、肢體與性方面的虐待。[44、45]

　　可以肯定的是，基因的影響也在脆弱型自戀的發展中占了極大部分。脆弱型自戀的發展過程錯綜複雜，生物性弱點（如情緒高度敏感、衝動的對立等）會因為家庭與學校因素（如錯誤的教養行為或遭同儕霸凌等）而放大。雖然基因會影響個體對特定環境觸發事件的敏感程度，但父母的虐待及其他環境情況也有關係。[46]

　　有鑑於童年時期受到的情緒虐待隱晦難察，甚至當事人本身可能也不懂什麼是虐待，因此情緒虐待是誘發脆弱型自戀傾向的一個關鍵因素。[47]父母對孩子的情緒虐待包含控制欲強烈、喜好干預或漠不關心，或者父母本身極度自我崇拜，以致孩子對於表達自己的需求或遠大的夢想（這是很正常的童年經驗）感到罪惡或羞愧。在我與同事布蘭登・威斯（Brandon Weiss）、約書亞・米勒（Joshua Miller）與基斯・坎貝爾（W. Keith Campbell）共同進行的多項研究中，我們發現這種敘述與脆弱型自戀息息相關：「小時候，家人經常要我犧牲自己的需求來滿足他們的需求。」*

---

* 負面的童年經歷與權力感之間的有趣關聯，或許可以解釋為何神經質與敵對行為在脆弱型自戀中有所關聯。研究顯示，個體若遭到排斥或覺得不被社會所接受，可能會產生特權感，一些簡易實驗也得到相同的結果，其中有研究人員刻意讓受試者感覺受到傷害，結果這提高了他們做出自私行為的可能性。見 Poon, K-T., Chen, Z., & DeWall, C. N. (2013). Feeling entitled to more: Ostracism increases dishonest behavior. *Personality and Social Psychology Bulletin*, 39(9), 1227–1239; Zitek, E. M., Jordan, A. H., Monin, B., & Leach, F. R. (2010). Victim entitlement to behave selfishly. *Journal of Personality and Social Psychology,* 98(2), 245–255.

　　脆弱型自戀的特質，或許有助於緩解個人因為遭到拒絕與童年受到虐待所致的自我價值感低落與羞恥的巨大痛苦，並可盡量減少類似虐待再次發生的機會，但這種傾向也與一系列的信仰、應對策略與依附類型有關，進而妨礙到個體的健康、成長與整合。我們透過研究發現，脆弱型自戀與生活滿意度、自主感、真實性、掌握感、個人成長、正向社會關係、目的感和自我接受度的低落，以及不信任自己的想法與感受、還有極度缺乏自我意識，都具有關聯。[48、49]

　　我們還觀察到，脆弱型自戀與冒牌者症候群（imposter syndrome）密切相關。具有強烈脆弱型自戀傾向的人特別容易有「我時常覺得自己像個騙了」、以及「有時我會害怕別人發現真正的我」之類的感覺。這樣的人其實不覺得自己在欺騙別人，而是他們利用一種「自我呈現策略」來避免遭到拒絕的痛苦。他們調整了自己對別人的期望，這麼一來，如果自己真的失敗，也不會感到那麼羞愧。[50]

　　我們也發現，這種人很難控制自己的衝動與採取有建設性的行動。他們經常訴諸的防衛機制包含了抱持幼稚與不切實際的幻想、推卸責任、表達需求時展現被動攻擊傾向、羞於主張自己的需求、身體出現症狀、避免與可以提供幫助的人接觸、壓抑情緒、受傷或有壓力時憤怒以對，還有做出衝動行為，例如透過大吃來發洩情緒與重新獲得控制感等等。對於一個脆弱的小孩而言，感到極度痛苦與恐懼時會有這些反應很正常，但是就成人而言，這會阻礙全人的成長。

從脆弱到成長

脆弱型自戀不必是成長的絆腳石。不論我們在多大程度上具有這些特質，都可以掌控自己的人生，開始建立協調與穩定的自我意識。克服自尊嚴重不穩定的一個關鍵方法是，擺脫對完美呈現自我的執著。針對相關文獻的一項後設分析指出，脆弱型自戀與過度在意自己在別人眼中是否完美、以及認為別人希望看到完美的自己非常有關。[51]

學習不過於在乎別人對你的看法、勇於嘗試（即使這麼做會讓你灰頭土臉），還有實際測試每個人是否都如此要求你的完美，都有助於建立穩定的自尊。那些確實測試自我信念的人往往驚訝地發現，別人其實能欣然接受他們的不完美。事實上，他們大多體認到，向別人展現自己的弱點與真實，可以強化社會連結。沒有一個人是完美的，因此我們通常會跟那些顯露出共同人性（包括承認人性的不完美）的人來往，而不是那些看似完美的人。

為了推動自我成長，脆弱型自戀者可以採取的另一步是，真正瞭解社會保護系統的作用。這個系統的目的是偵測個體在接納與歸屬感方面所受到的所有威脅，**不管青紅皂白**。它會過度反應，必要時還會凌駕於個體之上。你在乎**每個人**對你的看法，還是只在乎**特定幾個人**的看法？其實，你只需要重視那些真正尊重你、而你也尊重的人的真誠意見就好。

認知行為心理治療（Cognitive-Behavioral Therapy，CBT）、辯證行為心理治療（Dialectical Behavioral Therapy，DBT）與接受與承諾治療（（acceptance and commitment therapy，ACT），都有助於我們調整遭人拒絕與羞辱的強烈感受，以及持續盤旋在腦海中不理性的負面想法。[52]你可以「重新訓練大腦」。[53]接受與承諾

治療創始人史蒂芬·海斯（Steven Hayes）表示，這項療法可促成的重大結果是，「讓人有意識地活在當下，為了有價值的目的而改變或堅持自身行為」。[54]

我與同事們發現，脆弱型自戀者總把「我不敢面對自己的感覺」及「我的想法和感覺使我無法順從自己的心意過生活」之類的話掛在嘴邊。[55]這顯示他們傾向逃避那些可以帶來生命中最大的幸福與成長的事物。如果你實際嘗試面對心中的恐懼，便會知道，現實往往沒有你想得那麼糟。事實上，一旦你接納自我與擁抱生活，很多時候都會得到正面的結果。由於人們傾向以自己期望受到的待遇來對待他人，因此只要你改變對世界的看法，別人通常也會改變對待你的方式。

除此之外，擁有夢想與野心並不是什麼羞恥的事。脆弱型自戀者容易害怕與逃避成長，因為他們根本不覺得自己值得；相反地，他們編織不切實際的幻想，並將幻想一輩子藏在心裡。這種心態非但不必要，還會造成不良後果，要知道，宣示自己的野心其實有益身心健康。

馬斯洛熱中於探討抑制健康的野心如何阻礙自我實現，以及人們為何通常都害怕成長。他在一九六六年一篇未發表的論文中指出，在社會上，我們「有如變色龍般披上謙卑虛心的外衣」。[56]

馬斯洛主張，為了避免遭到社會的懲罰，人們「變得謙虛、迎合他人、妥協甚至忍受虐待。簡而言之，由於害怕因為優越而受到懲罰，她假裝低人一等，並拋棄發展人性的可能。為了人身安危與安全感著想，她刻意削弱與阻礙自我的發展……換言之，她避開適合自己的天性與可以發揮所長的機會。她在逃避自己的命運」。[57]馬斯洛將此稱為「約拿情結」（Jonah Complex）──歷

史學家法蘭克・曼努爾（Frank Manuel）所描述的一種現象。其典故出自關於約拿的聖經故事，他因為恐懼而試圖逃避上帝的預言，卻無處可躲。最後，他接受命運，恪盡天職。

讓我再說得清楚一點：你也許沒有發光發亮的特權，但**你有發光發亮的權利**，因為你是一個有價值的人。改變對自我價值的褊狹敘事、透過健康的方式表達需求、克服對於恐懼的心魔，並且為自己的行為負責，這些行動將能強化與鞏固脆弱的自我。最諷刺的是，你越不在意自己的價值與能力、而且視其為理所當然，就越能持續接受自己與生俱來的價值。

在本節的最後，我想引述布芮妮・布朗（Brené Brown）說的話，她研究羞恥、脆弱與歸屬感已有多年：

停止到處尋找無處可歸的證明，你永遠都能找到歸屬，因為你已經將這件事當作自己的使命；停止在人們的臉上搜尋你不夠完美的證據，你永遠都能讓自己變得更好，因為你已經將這件事變成自己的目標。真正的歸屬感與自我價值不是商品；我們不會與這個世界商討其價值。真正的自我活在我們心中。我們召喚勇氣，是為了保護奔放的心靈不受到估量，尤其是我們自己的評斷。沒有人比你更屬於你自己。[58]

浮誇型自戀

吉姆是一名五十八歲的男人，目前與家人分居，在當地一間雜貨店擔任經理，卻夢想有一天能有非凡的成就，像是成為極具影響力、社會地位崇高與備受愛戴的領袖。小時候，他只要表現好，父母就大力稱讚，不斷對他和親友們說，吉姆注定前途無

量。吉姆善於看穿別人的心思，個性外向、充滿活力，在社交場合中如魚得水，能言善道，幽默風趣。然而，他也過於自大。他似乎以為自己擁有特權並期望受到特別待遇，認為自己不適用傳統的行為準則。他渴望成為眾人的目光焦點，總是誇張與戲劇性地表達情緒，彷彿把別人當作觀眾，盡情展現自己的重要性、才華與優點。他似乎認為自己應該只跟地位崇高或「特別」的人士來往。此外，吉姆也對自己要求嚴苛；他設下不切實際的高標準，而且無法忍受自己的不完美。他也會以不切實際的高標準來要求他人，總是將自己遇到的困難怪罪於他人，如果察覺到自己的成就與完美受到一絲絲威脅，就會勃然大怒。吉姆也經常嫉妒別人、與別人比較，有時顯得輕蔑、自大與傲慢，而且十分缺乏同理心。[59]

這個案例展現了典型的「浮誇型自戀」傾向，當我們對自主性與尊重的需求變得強烈時，我們便會不計代價地保護浮誇的自我形象。當然，單純擁有強烈的野心與自信，並不等於**過度自信**。以健康的方式調節自尊時，我們必須評估自尊需求從什麼時候開始大到與現實脫鉤或危害他人。

雖然浮誇型自戀反映了一系列明顯會阻礙個人成長的應對行為（如沮喪與畏縮），但這種傾向實際上混雜了各種特質，如自信、領導魄力與對他人的影響力等健康特質，有助於達成目標、對社會做出貢獻，甚至可促成生活滿意度；另一方面，也涵蓋了長期而言會妨礙個人成長與實現生活目標的特質。你可以根據下列敘述來衡量自己的浮誇型自戀程度：[60]

浮誇型自戀量表

- 我喜歡當派對上最受歡迎的人。
- 大多時候我都掌控全局。
- 人們批評我的時候,我置之不理。
- 我經常幻想自己功成名就。
- 我渴望成大事。
- 我相當擅長控制別人。
- 我願意為了達成目標而利用別人。
- 我值得受到特殊待遇。
- 我不在乎別人的需求。
- 別人說我太臭屁,但我說的話句句屬實。
- 為了享受「快感」,我什麼都願意嘗試。

如這些敘述所示,具有高度浮誇型自戀傾向的人十分渴望獲得工具性社會價值,以及往往隨之而來的社會地位與大眾讚賞。同時,這種人大多也不怎麼在乎自己的關係性社會價值或別人對自己的看法。事實上,浮誇型自戀者經常沉迷於社會地位的追求,因而降低了自己在他人眼中的關係性社會價值,雖然他們自認比他人優越,但未必積極尋求全人的發展。

他們滿腦子都想著怎麼贏過別人,只會從輸贏的角度去看待別人。如此必然導致的結果是,浮誇型自戀者往往十分重視那些在所屬社會中被視為「特別」或能夠帶來高社會地位的特質,一點也不在乎有助於合作與得到他人歡迎的隱性特質。在當代的美式文化中,社會地位的指標往往是金錢、權力、智慧及成功的顯性標誌(獎賞、排名、登上雜誌封面)。如果你只是當個「好」

人，通常無法讓自己的照片出現在紐約時代廣場。

然而，共有型自戀（communal narcissism）確實存在。共有型自戀是浮誇型自戀的特殊表現，具有這種傾向的人過度自信，認為自己是別人的**救星**，而且相信**只有自己**能為全世界帶來和平與正義，但實際上，他們根本不像自己宣稱的那樣有能力實現集體野心，而且往往因此造成許多破壞。*[61]

雖然我們的研究顯示，脆弱型自戀者明顯在各方面適應不良，但浮誇型自戀的防衛機制更像是許多特質的大雜燴，至少，在傷害自我這方面是如此。事實上我們發現，浮誇型自戀與較高的生活滿意度有關。然而，個體會因此付出代價——失去與自我的連結。

我們發現，浮誇型自戀者有嚴重的冒牌者症候群、自我意識薄弱、自我疏離、容易受到外在影響，而且呈現高度經驗性迴避（experiential avoidance，譯注：為了避免過往負面經驗再發生而採取措施以改變事件的頻率、型態及發生的背景，可能導致與自身價值觀或目標不一致的行動）的傾向。擁有高度自尊的人則表現相反，顯示自尊能幫助個體在更大程度上與自我連結。

這並不令人意外。兩種自戀形式都牽涉了特定自我形象的保衛。脆弱型自戀者會採取激烈手段來避免遭到拒絕，表現出不值得愛與歸屬的行為。浮誇型自戀者則強烈捍衛優越的自我形象。這兩種策略有時可以幫助你達到自我成長的目標，但會對別人造成傷害，並有損你達成最重視的目標與渴望的能力。

---

* 共有傾向的浮誇型自戀者在共產社會（如中國）是否比在美國更常見，是一個開放且有趣的研究問題。畢竟，自尊需求是人的根本性需求，無論如何都會透過某種方式表現出來。

　　我們也發現，儘管浮誇型自戀者會做出許多投射行為，但他們傾向將憤怒與沮喪的情緒**向外**投射，被人激怒時容易做出反應性與主動性攻擊。例如，具有高度浮誇型自戀傾向的人強烈支持「我以自己輕視別人的能力為榮」的說法。[62]此外，這種人也總是抱持否定的心理，譬如他們會說，「人們說我總是忽略負面事實，彷彿它們不存在一樣」。

　　此外，浮誇型自戀人格與非黑即白的觀念有關，常見的說詞如「在我看來，人只有好與壞的分別」，他們也會從極端的角度看待自己，自認無所畏懼。舉個例子，我們發現浮誇型自戀與「我就像超人，什麼危險都不怕」之類的態度強烈相關。

　　在浮誇型自戀者身上，這些過度膨脹的自我認知與強烈的完美主義傾向有關。[63]一項後設分析指出，浮誇型自戀者比一般人更有可能人提出嚴苛的完美主義要求，永遠不滿意所感知到的缺陷。[64]這樣的傾向也與完美主義的自我提升及達到完美的幻想息息相關。然而，這種人往往不在乎自己的不完美會招致的代價（很可能是因為，他們認為這種缺陷並不存在）。[65]

　　值得注意的是，脆弱型自戀有別於此。脆弱型自戀者比較在乎他人的認可，而且會逃避不完美所造成的後果；浮誇型自戀者則需要不斷尋求讚美，以隨時維持優越的形象。[66]

　　再次強調，如果你認為有必要持續保有優越感，可以尋求其他有效的方式。有時候，這些策略確實可以幫助你建立超人般的無畏意識！[67]但倘若你真的開始**自以為是**超人，而且在各種情況下都以這種態度行事，問題便會產生。這個問題不在於擁有自尊，而是對自尊**上了癮**。

對自尊上癮

雖然每個人在任何時候的浮誇型自戀程度各不相同，但我們必須知道，權力會腐蝕人心；這是人與生俱來的欲望。每個人在某種程度上都享受權力與備受他人尊敬的感覺。對高度自尊的上癮似乎與浮誇型自戀特別相關，而這種沉迷就跟其他成癮症一樣（常見的類型如古柯鹼或賭博），會導致破壞性的極端行為。[68]

自尊的成癮達到某種高峰時，特別有礙成長：我與同事伊曼努爾・堯克（Emanuel Jauk）發現，在最極端的情況下，浮誇型自戀與脆弱型自戀傾向、敵意、負面影響與憂鬱症的惡化有關，與自信和社會潛能等適應性因素的關係較小。[69] 這意味著，浮誇型自戀傾向發展到一定程度後，通常會加快自認比別人優越感與自我價值感極度低落的交互循環。

這或許也可以解釋，為什麼自戀傾向經常反覆出現，而且越來越頻繁，尤其是在臨床上（這種症狀會惡化到需要尋求專業協助），或甚至同時出現脆弱型自戀與浮誇型自戀的行為。[70]

在運作良好的情況下，浮誇型自戀者可以提高自己的社會地位，享受驕傲與興奮的快感。然而，如同大多數的藥物，對自尊的成癮終究會達到耐受性的上限，而優越感會漸漸無法滿足個體的需求。當快感逐漸消退，浮誇型自戀者需要更高的榮耀（即更多的「劑量」），因此到處尋求更多的讚賞與認同，對象甚至包含他們其實不屑一顧的人士與職業（譬如不關心政治卻競選公職）。

儘管如此，這種自大的傾向就跟任何藥物一樣並不持久（真相終究會戰勝幻覺），而那些浮誇型自戀傾向極度強烈的人，通常都落得退縮、羞恥或抑鬱的下場；不切實際的自我評價會遭受挫敗，因此他們感到極度脆弱。但是，等到深切的失望與自我價值

低落的感覺消退時，他們又會開始渴望浮誇自尊帶來的愉悅感、接受他人的讚美與正面回饋，於是整個循環再度展開。

　　從成癮的角度看待自戀傾向，可以幫助我們瞭解那些「自戀狂」如此令人著迷的原因，那就是，浮誇型自戀者瘋狂追求我們內心深處對自尊與權力的追求。[71] 如社會心理學家洛伊‧鮑邁斯特（Roy Baumeister）與凱瑟琳‧沃斯（Kathleen Vohs）所述：

　　人通常會被那些實現了他們渴望，卻未實際尋求（不是苦無機會，就是受限於內心）的成就的人們所吸引。性、名聲、金錢、權力與暴力始終是令人著迷的事物，因為人們想看到別人沉溺於他們內心擁有、卻未能徹底滿足的衝動。另一個例子是自負。[72]

　　事實是，任何人只要擁有足夠權力（尤其是原本沒有權勢的人），都可能對自尊「上癮」，渴望別人給予更多自尊的肯定，以增強自尊帶來的快感。這正是為什麼我們必須認知，一開始讓人獲得權力的利他傾向在權力充足——或者已經歷過愉悅感——的情況下，可能會逐漸衰退。心理學家達赫‧凱爾特納（Dacher Keltner）將這種現象稱為「權力悖論」——權力的經驗往往會摧毀我們獲得權力的技能。[73]

　　過度追求權力的天性不只影響個人，還是群體中許多自戀傾向的來源。近年來，心理學家透過科學實驗研究「集體自戀」——一種防衛形式的內群體正能量。[74] 具有高度集體自戀傾向的人認為，所屬的內群體理應享有特殊待遇與獲得認可。如同個人的自戀傾向，集體自戀源自於個人在控制與自尊需求上遭受的挫折，並試圖彌補這種不安全感。[75]

相反地，一直以來，自尊都與健康的內群體正能量有關，個人擁有健全的自尊，就比較有可能熱愛所屬的內群體與外群體。[76]最終，這傳達了一個鼓舞人心的訊息：如同擁有健全的自尊，個體也能以健康的方式熱愛內群體，而在這種情況下，個體會自傲於身為群體的一員，也會為群體的成就感到驕傲，而不會經常對群體之間的威脅與敵意產生激烈反應。[77]

總而言之，我認為我們不應忽視權力的誘惑，或者假裝這種傾向並非人人都有的本性。然而，追求權力未必會導致毀滅。幾乎所有人類都努力精通與掌握某個方面，還有對世界做出貢獻，但就如阿德勒所言，我們也渴求社會利益。我們的內心渴望達成**這兩件事**。因此，問題依然存在：**我們該如何透過最真實、健康且有益成長的方式，來滿足自尊需求？**

健康的自傲

對我而言，〔充分運作的〕個體有意識地、接受自我地往存在邁進，這是他在內心與實際層面存在的過程……他沒有基於不安全感或過度的防衛心而試圖成為超出本質的目標，他沒有懷抱著愧疚感或自卑感而貶低自己。他越來越懂得聆聽來自生理與情緒深處的聲音，越來越願意以更精準與更深入的方式成為最真實的自我。

——卡爾‧羅傑斯，《成為一個人：一個治療者對心理治療的觀點》（*On Becoming a Person: A Therapist's View of Psychotherapy*，一九五四年出版）

　　好消息是，我們不必自戀地展現自我，也能滿足自尊需求。培養健全自尊的方法，不是像脆弱型自戀者那樣隱藏或抑制自我，或者像浮誇型自戀者那樣過度自我膨脹。擁有健全自尊的關鍵是，建立真實的人際關係、技能與能力，對自己的成就擁有健康的驕傲。

　　雖然人們往往將自傲視為「最致命的罪惡」，但潔西卡・翠西（Jessica Tracy）與同事進行的現代研究指出，某些形式的驕傲有可能是人類生命中不可思議的生產力。事實上，驕傲可以是你達成個人目標與對世界產生正面影響的巨大動力。問題在於如何獲得這種力量。翠西的研究顯示，傲慢的自傲（源自於自戀、自誇與犧牲他人的敵意）與健康的自傲（以健全的自尊與真正的成就為基礎）之間具有極大差別。*[78]

　　擁有健康自傲的人大多友善、喜好社交、親切、平靜、具有韌性、富有創意與受人歡迎。雖然這兩種形式的驕傲都關係到社會地位的提升，但除此之外，健康的自傲也與個人受到他人真誠的尊重、讚賞與喜愛有關。[79] 顯然，我們不必在高社會地位與受人讚賞及喜愛這兩件事之間二選一；這**兩者**是有可能兼顧的。

　　近期一項研究印證了這一點。[80] 我與同事瑞伯・瑞貝爾（Reb Rebele）讓受試者看一張清單，上頭列出了一些會影響生活品質的事物，之後請他們指明，要擁有每一種事物到多少程度才會對生活感到滿足。我們發現，生活動機可分為三大類。第一類我稱之為**地位驅動的生活，**由個體追求社會地位、金錢、權勢、高效、成就、對世界的影響與創造力的動力所構成。第二類是**安全**

---

* 潔西卡・翠西與同事將健康的自傲稱為「真實的驕傲」。有鑑於「真實性」的模糊定義，我傾向使用「健康」一詞（儘管這個詞當然也存在模糊性）。

感驅動的生活，主要包含安全感、幸福與親密人際關係的需求。第三類是**成長驅動的生活**，包含追求高效、成就、創造力及希望發揮影響力的動機，另外也涵蓋了尋求意義、成長、親密人際關係及對世界做出正面貢獻的渴望。我們發現，自我實現與成長驅動的生活最有關聯，與地位驅動的生活則毫無關係。

值得注意的是，對世界做出正面貢獻的渴望，與追求意義和成長的動力互有關聯。這與人本心理學家經常討論的概念一致，即成長與人道考量通常會自然地共同發展。此外，我們還發現，希望影響世界與為世界帶來貢獻的這兩種渴望並不同。

這些發現完美吻合了凱爾特納對於權力的定義，他認為，權力是改變他人的狀態以改變世界的力量。[81] 根據這項對權力的廣泛定義，我們知道有許多方式可以「改變世界」、進而擁有權力。想讓世界變得更美好，主要是受到對成長——培養自我與他人的進步——的渴望所驅使，而不是對金錢、地位與權力的追求。

因此，倘若你人生的主要目標是擁有權勢、金錢與地位，那也很好，但你現在也許可以放下這本書。我會建議你效仿那些具有強烈浮誇型自戀傾向的人所採取的方式。他們似乎總有辦法超越與支配他人而不惜犧牲他人的利益。

如果你人生的主要目標是擁有安全、安心與快樂的生活，那你或許也可以放下這本書，因為安全感的章節中所提供的見解，應該已足以幫助你建立更紮實與安全的生活基礎。

然而，如果你希望以獨特的方式達到自我實現，甚至是自我超越，受到追求成長、探索、目的和創造力的渴望及對全人類的愛所驅動，請繼續看下去，因為前方的路還長。

第二部

成長

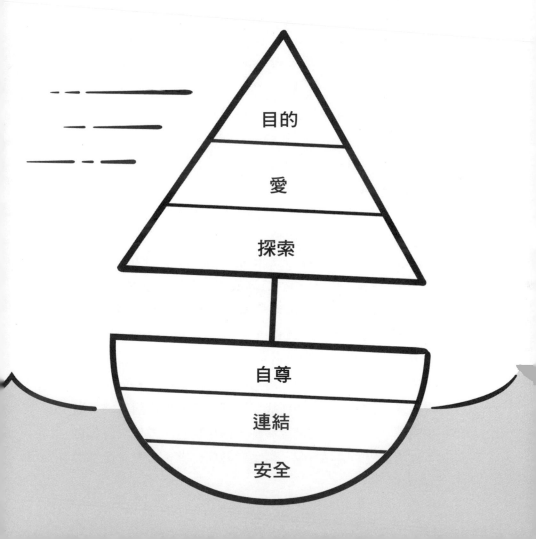

序言

一九三五年八月，馬斯洛與妻子柏莎在紐約市落腳，世界變得跟他念研究所時大不相同。隨著法西斯主義在德國、義大利、日本與西班牙崛起，馬斯洛察覺人性受到威脅，感到十分沮喪。[1] 在哥倫比亞大學擔任艾德華・桑代克的博士後研究助理時，他繼續從事關於性與支配的研究。然而，他的研究範圍漸漸擴大，並朝人道主義的方向發展。

馬斯洛定居紐約市之際，一股前所未見的文化復興風潮正在展開，有部分是因為大批精神分析學家從歐洲移居來此。如馬斯洛所述，紐約是「精神宇宙的中心⋯⋯自雅典之後就再也沒出現過這種地方了，直到現在」。[2] 在將近十年的期間裡（一九三五至一九四五年），馬斯洛向當代一些最具影響力的心理學家與人類學者請益，還與其中許多人結為好友。

這些人士包括紐約最知名的精神分析學家與作家：阿爾弗雷德・阿德勒、埃里希・佛洛姆、凱倫・荷妮、貝拉・米特爾曼（Bela Mittelmann）、埃米爾・歐柏霍札爾（Emil Oberholzer）、亞伯拉罕・卡爾迪納（Abram Kardiner）、大衛・利維（David Levy）、格斯塔派（Gestalt）心理學家麥克斯・威特海默（Max Wertheimer）、科特・科夫卡（Kurt Koffka）、神經精神病學家科特・戈德斯坦（Kurt Goldstein）及哥倫比亞大學（Columbia University）知名人類學家露絲・潘乃德與瑪格莉特・米德。

儘管這些良師益友都對他造成了影響，但馬斯洛對露絲・潘乃德與麥克斯・威特海默特別感興趣。據他描述，他研究自我實現是為了瞭解他們的論點，向「備受愛戴與仰慕、特質非比尋常

的二位人士」學習。[3]他十分敬佩這兩人，但也非常好奇他們何以如此迥異於其他學者。他針對他們兩位的人格特質做了海量的筆記。在「一個靈光乍現的時刻」，他領悟到，他們的人格模式可概括為一類，而這表示，他發現了一個人格類型。「那真是一個美妙的驚喜。」他如此說道。[4]

從一九四一年馬斯洛與精神分析學家貝拉・米特曼（Bela Mittelmann）合著的變態心理學（abnormal psychology）教科書中所提出的自我實現理論可窺知一二。[5]這絕非一般的變態心理學教科書。馬斯洛與米特曼在序言即聲明，他們關注的是從個人「整體人格」的角度及根本需求、人生目標與「解決生活問題的嘗試」的背景，去理解變態的行為。[6]他們主張，個體許多明顯「衝突」的欲望，通常反映的都是同一個目標，不論是幸福、安逸、愛或自尊。唯一的問題是，哪一條才是實現這些目標的最佳途徑。「麻煩的是，有許多道路都可以通往這些終極目標。」[7]

這本教科書的另一個奇特之處是，它有一整章都在談論「常態人格」。儘管馬斯洛與米特曼承認常態與變態人格之間沒有明確的界線，並強調常態往往與特定的文化、次文化、地位、年齡、性別與人格類型有關，但他們仍指明了十二種「常態表現」。其中許多表現都類似馬斯洛在數年前提出的自我實現人格特質，包含擁有充分的安全感與穩定的自尊、有自知之明、能夠接受愛、感情與支持、自發且自然地展現人格、能夠有效接觸現實，以及具有充分整合與一致的人格特質。

兩位作者在該章的某一節表明，他們描述的未必是「理想的」人格（因為理想人格的概念牽涉了價值觀），而是「特定對象所投射的理想」。儘管如此，他們寫道：「但願科學的發展最終能接

管整個價值觀議題的研究……我們有理由相信，這個過程終將延伸開展，將大多數、甚至所有的價值觀都納入科學的範疇，但在一切成真之前，我們必須暫時將有關理想人格的任何討論擱置一旁。」[8]

大約在這本變態心理學教科書出版的同時，馬斯洛的研究變得遠比以往更具野心、全面與急迫，這有一部分是因為，他遇到的許多傑出知識分子都熱切關注社會的變遷與世界的進步，而這樣的擔憂令他感同身受。

美國加入二戰不久後的某天下午，馬斯洛經歷了一個讓他徹底改觀的時刻，就如他在臨終前接受《今日心理學》（*Psychology Today*）採訪時所說：「珍珠港事件發生不久後，有天我開車回家，遇到一個陣仗稀稀落落的遊行隊伍……我看著看著，眼淚就掉了下來。我覺得，不管是希特勒、納粹、史達林或共產主義分子，我們都不瞭解他們任何一個人。我想，倘若我們可以理解彼此，世界就會進步。我想像有那麼一天，人們可以心平氣和地坐下來談論人性與憎恨、戰爭與和平，還有人類之間的友愛。我這把年紀沒法從軍了。那一刻我明白，我必須利用餘生去探索可以實現和平的心理學。那一刻改變了我的人生。」[9]

馬斯洛覺得自己身為心理學家，也許可以「拯救世界與……防止可怕的戰爭及駭人的憎恨與偏見」，於是著手建構整合式人類動機理論。我們可以清楚看到，他的理論如何將他在當時造成的所有影響結合在一起。[10]

對馬斯洛的動機理論一個特別重大的影響是科特・戈德斯坦的著作，這位學者被已故的神經病學家奧利佛・薩克斯（Oliver Sacks）譽為「神經病學與精神病學史上最重要、最受世人遺忘的

人物之一」。[11]戈德斯坦於一九三五年聲望如日中天時自德國移居美國，失去了他過去五十年在歐洲所建立的一切，包含他創辦的學院。基於治療創傷性腦部損傷的年輕士兵的經驗，他主張，神經病學領域需要一套嶄新的「全面方式」並將「整個有機體」納入考量，以瞭解如何幫助病患恢復健康。

在一九三四年出版的鉅作《有機體》（*The Organism*）中，戈德斯坦觀察到精神病患內心有一股「自我保存的驅動力」，渴望「透過最佳方式發揮自己保有的能力……有機體可說受到盡可能實現個人能力——也就是其在世界上的『本質』——的傾向所控制」。戈德斯坦認為，這種追求「自我保存」與「自我實現」的獨特動力「被視為基本的生活法則」。他跟馬斯洛一樣也受到格斯塔派（Gestalt）心理學家及其觀念的影響，認為單純研究某些部分（如特殊腦部缺陷），將無法瞭解有機體的完整性。

一九四三年，馬斯洛集結了這些看似互異的思想，在流傳後世的〈人類動機的理論〉（Theory of Human Motivation）一文中闡述「自我實現」的概念。探討完人類對人身安全、安全感、歸屬、感情與尊重的基本需求後，馬斯洛接著提到更高層次需求的存在，而這就跟基本需求一樣不可或缺：

即使所有這些〔基本〕需求都得到滿足，不久後往往又會出現不滿與焦躁，除非個體正在做的事情符合他的個人特質。音樂家必須譜曲、畫家必須作畫、詩人必須寫詩，最終才能與自我和平共處。個體可以成為什麼樣子，就必須達成那樣的目標。他／她必須忠於本性。這種需求稱為自我實現……這是個人成就自我的欲望，即實現自我潛能的傾向。這種傾向可說是成為越來越貼

近獨特的自我、達成自己有能力達成的目標的渴望。[12]

馬斯洛在一九四三年發表論文後，體認到必須進一步展開社會研究。[13]一九四四年五月十九日，他為篇幅共二十一章的巨著草擬了序言，以期藉此綜述人性。[14]到了六月，他完成了自己為這本野心勃勃的著作所寫的詳盡大綱，但最後決定暫緩出版，改採更加系統性的方式對自我實現人士進行調查。

馬斯洛請布魯克林學院（Brooklyn College）的學生描述他們周遭「自我實現程度最高」的人是什麼樣子，自己也私下觀察朋友、同事與親戚們的特質。然而，他坦承自己採取的方法不夠具有系統性。因此在一九四五年五月六日，他開始撰寫「好人筆記本」（Good Human Being [GHB] Notebook），統整自己所有的研究發現。[15]他在開章中寫道：

經過多年的煩擾，我決定深入鑽研「好人筆記本」，透過更正式、更嚴謹的方法來進行研究。不過，這麼做非常困難，問題百出。照目前看來，我試著盡可能接受有些難題無法克服的事實，然後繼續前進。[16]

馬斯洛的自我實現研究是他對於「良善」人類特質的探索。他相信人性本善，而他的著作試圖研究在他眼中最完整體現人性的那些人士，以系統性地證明這一點。如他多年後在一段訪談中提及，「我想證明人類有能力超越戰爭、偏見與仇恨。我想讓科學將所有人——我所發現最好的人類——都納入範疇」。[17]

馬斯洛之所以持續從事自我實現的研究，一部分是因為，他

堅信在那些達成自我實現的人身上，「我們發現了與眾不同的動機、情緒、價值、思考與感知系統」。在一九四六年一月中寫作的一篇筆記中，他指出：

> 似乎沒有實質原因說明為什麼大家不該這麼做〔自我實現〕。顯然，每個人打從出生起都有實現自我的潛力，但多數人都捨棄了這些能力……我認為，自我實現的人並不是比別人多了某些長處的普通人，而是保有完整自我的普通人。[18]

雖然馬斯洛的筆記無疑為他最終列出的部分全人特質播下了種子，但是從好人筆記本，到一九五〇年的〈自我實現：心理健康的研究〉（Self-Actualization: A Study of Psychological Health）已出版論文，他的研究有了大幅躍進。[19] 馬斯洛在一九四五到一九四九年間斷斷續續更新了筆記，但在一九四六年後，他因為健康問題（後來確診為心臟病）而幾乎中斷了寫作。探究他在那些年裡思考了什麼，才得以在研究上得到顯著進展，是一件非常有趣的事情。理查・勞瑞（Richard Lowry）指出，「一般認為，馬斯洛一路走來對自己的研究做了許多調整、修飾與設定」。

馬斯洛在論文中提到，他研究了親近的熟人與朋友及檢視三千名大學生後，只找到一個「立即可行的對象與十幾、二十個未來或許可行的對象」，他還研究了公眾與歷史人物的特質。其中兩位「明確」達成了自我實現的歷史人物為亞伯拉罕・林肯（「晚年時期」）與湯瑪斯・傑佛遜（Thomas Jefferson）。另外有七位「很可能已達成自我實現的公眾與歷史人物」，包含阿爾伯特・愛因斯坦（Albert Einstein）、伊蓮娜・羅斯福（Eleanor Roosevelt）、

珍・亞當斯（Jane Addams）、威廉・詹姆斯、阿爾伯特・史懷哲（Albert Schweitzer）、阿道斯・赫胥黎（Aldous Huxley）與巴魯赫・斯賓諾莎（Baruch Spinoza）。

　　然而，馬斯洛承認，他提出的自我實現特質清單並非出自系統性的研究，而是根據少數來源、綜合「普世或整體印象」所得到的結果。[20] 他很清楚自己採取的方法有所侷限，於是公開了這份清單，以期作為後續研究的基礎。

自我實現者具有哪些特質

　　如今，距離馬斯洛發表自我實現的特質已過了約七十年，但他的研究仍有許多想法有待驗證。我很好奇，如果經過充分測試，他提出的這些特質究竟會有多少項成立，因此我將這些特質轉化為量表，並對各式各樣的人進行正式調查。經過幾次的來回量測，我發現有十項特質通過了嚴謹的科學驗證，而且彼此緊密相關（也就是說，在其中一項特質得到高分的人，在其他特質中得到的分數通常也不低）。如欲進行自我實現測試，請上 selfactualizationtests.com。

自我實現的特質
- **尋求真相**（如「我一向試圖真正瞭解別人與其本性。」）
- **接受**（如「我接受自己所有的怪癖與欲望，而不會感到羞恥或愧疚。」）
- **目的**（如「我覺得自己有責任與義務在生命中完成特定任務。」）

- **真實性**（如「即使受到了污辱，我仍能保有自尊與完整性。」）
- **時刻抱持感恩的心**（如「我總能以嶄新與天真的角度欣賞生活中的小確幸，感受那些令我敬畏、喜悅、驚奇甚至狂喜的時刻，無論這些經驗在別人眼中多麼不足為奇。」）
- **顛峰經驗**（如「我經常感覺嶄新的視野與可能性在自己與他人的面前開展。」）
- **人道主義**（如「我發自內心渴望幫助全人類。」）
- **良好的道德直覺**（如「假使自己做了錯事，我能立刻醒悟。」）
- **創意精神**（如「我對所做的每一件事都能發揮創意。」）
- **平靜**（如「我總能以優雅、包容與沉穩的態度看待無可避免的人生起伏。」）

　　令人驚訝的是，在將近七十年前馬斯洛提出的自我實現特質之中，竟然有這麼多項特質到了現代依然是如此可靠且準確的評估標準。雖然如此，馬斯洛在一件重要的事情上犯了大錯：自我實現的特質根本不如他想的那樣罕見。我發現自我實現沒有性別、種族或族群之分，跟年齡也毫無關聯（至少對十八歲以上的人而言是如此，因為我將研究對象設定為超過十八歲的成人）。有鑑於馬斯洛認為很少有大學生展現出自我實現的特質，這樣的結果十分有趣。

　　這些特質重要嗎？它們聽起來很美好，但在今日競爭激烈的殘酷世界裡，自我實現**真的**還有意義嗎？事實證明，自我實現的特質頗為重要。正如馬斯洛預料，對於具有高度自我實現傾向

的人而言,人性的成長、探索與愛所帶來的動力,遠大於基本需求的滿足。自我實現的傾向與各種幸福指標有關,包含更高的生活滿意度、好奇心、自我接納、正向的人際關係、對於環境的掌控、個人成長、自主性與生活目的。自我實現也能增進一個人的工作表現、工作滿意度,以及藝術、科學、商業到運動等各領域的才華、技能與創造力。

　　自我實現的特質在概念上可分為四個類別,而這也是後續章節將詳述的主題:探索、愛、目的與超越。前三個類別可共同推動成長。探索是成長最底部的基礎,也是其他成長需求的依憑。因此,我們邁向成長的旅程自然由此開始。

第四章

探索

　　許願時，我不會祈求財富或權力，而是希望能熱切地感受自己的潛力、擁有年輕且熾熱的眼光去看見可能性。愉悅感會令人失望，但可能性永遠不會。美酒是如此閃耀、芳醇與令人陶醉，而可能性也是如此！

　　——索倫・齊克果（Søren Kierkegaard），《追尋自由的真諦》（*Either/Or*，一八四三年出版）

　　探索需求——尋求與理解新奇、富有挑戰性且未知的資訊與經驗的渴望[1]——是一種不可簡化的根本需求。關於存在的一個核心問題是，設法控制不確定性與減少生活中不斷增加的熵與混亂。馬斯洛指出，雖然不確定性可能會導致極度的焦慮，但未知也有令人喜悅的地方。[2]事實上，人往往必須離開熟悉的安全感（至少在一定的程度上）才能成長。**成長是需要付出勇氣的。**

對馬斯洛而言，幫助人們邁向成長的關鍵是讓成長的選擇變得更吸引人與減少其威脅性，並且讓安全的選擇變得比較不吸引人與增加其代價，如此一來，個人便會感到不受威脅、自由與自發，能夠「勇敢選擇未知」。[3]

卸下那些讓你在一生中感覺受到保護的防備，可能會面臨令你難以置信的龐大壓力。但長遠而言，我們只有在至少朝成長的方向前進時才會成長。馬斯洛認為，人如果內心得到解放，經常會做出明智的選擇，往健康與有益成長的方向邁進。[4]在他看來，這是存在心理學與成為過程心理學（psychology of becoming）調和的方式。只要做自己並卸下武裝，你就能前進與成長。

這樣的過程在幼兒身上尤其明顯。嬰兒與幼兒天生會探索、好奇、著迷與玩耍，對首次接觸的世界感到奇妙。然而，他們也會害怕，對未知感到極度恐懼。以游泳為例，幼兒在下水前會試試水溫，根據父母或周遭其他人的眼神來判斷是否安全。孩子如果安全感過剩，會覺得無聊並尋找「更高層次」的探索樂趣。過多的安全感會使孩子難以獲得學習與成長的真正機會。

針對「直升機教養」（helicopter parenting，即過度保護與干涉孩子生活的教養方式）的問題，蕾諾兒·史坎納奇（Lenore Skenazy）發起了「放養孩子」（Free-Range Kids）運動，鼓勵家長承擔適度的風險，讓孩子學習獨立。史坎納奇也與丹尼爾·舒曼（Daniel Shuchman）、彼得·格雷（Peter Gray）與強納森·海德特（Jonathan Haidt）共同成立了非營利組織「讓他們長大」（Let Grow），目的是對抗「過度保護的文化」，讓我們的後代與社會能與時並進。[5]

探索不是兒童的專利，但探索與玩樂的精神令人遺憾地往往

在成年後逐漸消退。儘管如此，那些主動尋求與面對未知的人，比其他人更有機會從未知中挖掘樂趣及學習發展成為全人。馬斯洛預示了這一點，他曾寫下：「健康的對象普遍不會受到未知事物的威脅與恐懼……他們接受未知、與未知共處，甚至通常更受到未知所吸引。」你可以根據下列由陶德・卡珊登（Todd Kashdan）與同事所編寫的敘述，來衡量自己目前的探索需求程度：[6]

探索量表

- 我將挑戰視為成長與學習的機會。
- 我總是尋求新的經驗，挑戰對自我與世界的看法。
- 我會想辦法迫使自己進行深度思考。
- 我喜歡接觸新奇的事物。
- 我熱愛學習新知。

探索不只有益成長，也有助於減緩我們心中最深層的焦慮與恐懼。馬斯洛表示，消除焦慮的方法之一，是讓最深層的恐懼變得「熟悉、可預測、可解決、可控制，也就是說，讓它們變得不可怕且無害……去認識它們、瞭解它們」。[7]這麼一來，知識的累積不僅能幫助我們成長，也能「有效減輕焦慮感」。

實際上，陶德・卡珊登與同事發現，探索需求與「壓力耐受度」呈現正相關，所謂壓力耐受度，指的是在多大程度上接受自己天生會對新鮮、不可預期、複雜、神祕與隱晦的事件感到焦慮。壓力耐受度與他們量測的每一個幸福面向都具有最強烈關聯，包括生活意義、掌控需求的滿足、自主性與關聯性，以及日常生活中出現的各種正面情緒。

探索的推動力

在混亂中成長的潛力深植於我們的 DNA。我們不只演化出調節防衛與破壞性衝動的能力（為了變得更安全），也發展出理解未知的能力。探索讓我們得以憑藉既有的知識與經驗來整合新奇或出乎預料的事件，這是成長的必經過程。[8]

探索動力一般由多巴胺驅動。[9]我們經常替多巴胺貼上「讓人感覺良好的分子」的標籤，但這完全錯誤地描繪了這種神經傳導物質的特性。多巴胺的主要功能是激起我們**想要**得到事物的**欲望**，而未必讓我們喜歡得到的事物。我們面對得到獎勵的可能性時，會有大量的多巴胺在腦中流竄，但這個現象未必代表我們得到獎勵後會喜歡、甚至享受它。多巴胺是生活中一股巨大的驅策力，激發我們探索的動機並促進認知與行為過程，讓我們能夠從未知中汲取最大的喜悅。[10]

如果多巴胺的功能不全是令人感覺愉悅，那為什麼大家始終有這種迷思呢？我認為，這是因為有太多針對多巴胺的研究都將焦點放在它驅使人類探索更主要的「欲求」獎勵，譬如巧克力、社會關注、社會地位、性伴侶、賭博或古柯鹼等毒品。然而，近年來有研究指出，多巴胺在大腦中的其他路徑與**資訊**的獎勵價值緊密相關。[11]

具有高度探索傾向的人不只有動力從事探索行為，也往往能從發現新知與在經驗中汲取意義與成長的可能性得到活力。如馬斯洛所稱，就成為全人而言，這些「認知需求」就跟其他人性需求一樣重要。

在本章的後續部分，我將簡略提及探索的五種次需求，其中

包含了探索的行為與認知形式：（1）社會探索（2）尋求冒險（3）
創傷後成長（4）經驗開放性（5）智力。我希望本章可以喚醒你
的探索精神，啟發你擁抱未知帶來的喜悅。

社會探索

　　人類是社會性動物，而擁有社交生活是獲得健康與幸福的
必備條件。然而，源自於不安全感和剝奪（如極度需要歸屬與依
附）的社會參與形式，與受到探索和成長所推動的社會參與之
間，存在明顯差異。在一系列啟示性的研究中，吉納薇芙・拉維
涅（Geneviève L. Lavigne）與同事指出有關歸屬需求的兩個明確
取向，一是成長取向，由好奇心、打從心裡想瞭解他人的興趣與
瞭解自己的渴望所驅動；二是減少不足取向，受到需要為人接納
與填補深度空虛感的過度欲望所驅使。[12]

　　歸屬的成長取向與各種以成長為導向的結果有關，包含更高
程度的安全依附、過往的正向社會互動、韌性、對重要人際關係
的承諾，以及關係中的自我揭露。相較之下，減少不足的取向則
與各種妨礙成長的結果有關，包括更高程度的社會焦慮、社會比
較、焦慮依附類型、獲得關注的需求與寂寞感。

　　成長取向的社會參與可稱為「社會探索」（social exploration），
即瞭解他人與投入新奇社會經歷的動力。社會探索的第一個面向是
社交好奇（social curiosity），牽涉到瞭解他人如何感覺、思考與處
事的一般興趣。[13] 以下五種敘述由陶德・卡珊登與同事編寫，你
可以根據這些敘述來衡量自己目前的社交好奇程度：[14]

社交好奇量表

- 我喜歡瞭解別人的習慣。
- 我喜歡瞭解別人處事方式的成因。
- 別人談話時，我喜歡湊過去聽。
- 與別人相處時，我喜歡聆聽他們的對話。
- 人們發生爭執時，我想知道發生了什麼事。

　　社交好奇之所以可促進成長，有數個原因。其中一個是，學習有關他人及其行為的新知，讓我們有機會從他們的錯誤中學習，以及更加意識到生活中的機會，而不需要親身經歷各種試驗與錯誤。瞭解他人也能幫助我們有效地適應社會環境及促進人際關係。畢竟，認識他人的過程格外複雜，不只需要瞭解他們的外在行為，還得理解他們的內在想法、感受與經驗。[15] 難怪一直以來，獲得社會資訊的動力對人類物種的生存至關重要。

　　在社交方面具有好奇心的人，比一般人更能有效利用社會性資訊，因為他們更留意社會環境，懂得透過各種線索來推敲他人的人格特質。[16] 研究顯示，這種人其實更能準確判斷初次認識的人的個性，即使雙方只有短暫的互動，[17] 尤其是外向性與經驗開放性這兩種在短時間接觸內表現最明顯的人格特質。儘管如此，花時間投入深厚人際關係的社交好奇者最有可能蒐集到豐富的社會資訊，因為研究顯示，那些傾向比他人更用心經營親近人際關係的人，隨著時間的累積，能夠比一般人更準確判斷人格特質。[18]

　　雖然說到社交好奇，一般人都會想到八卦／說長道短的傾向，但這兩者是不同的驅動力。[19] 社交好奇心與八卦的傾向牽涉了社交談話、認識他人與建立關係的興趣。然而，八卦的傾向大

多受到尋求娛樂的欲望所驅使，而社交好奇則受到學習與探索關於他人的新資訊所驅使。此外，社交好奇與個體對一般的知識與資訊、以及更高程度的經驗開放性有關，八卦傾向則否。

儘管如此，作為文化學習的兩種迥異主要驅動力，社交好奇與八卦傾向有可能共同演化而來。洛伊·鮑邁斯特指出，人類隨著演化而開始加入與歸屬於特定的文化社會，而這樣的社會讓個體得以互相分享知識並仰賴知識，而不是完全依賴自身的學習經驗。社交好奇與八卦傾向對於資訊的蒐集與傳遞不可或缺，而這些資訊包含哪些文化規範與行為受到獎勵、哪些受到懲罰，以及誰值得信任與誰不值得信任。大多數的流言都跟他人的不幸遭遇有關，這也許說明了，為什麼有 96％流言蜚語會引起負面反應，而相關調查的受訪者表示，在他們聽到的傳言之中，有大約三分之二讓他們學到了寶貴的人生教訓。[20]

因此，我們有可能演化出了對周遭人們的興趣，以及傳遞資訊的興趣與樂趣。當然，人們獲得與傳遞的資訊不一定正確，而大家也不會不加批評與不帶偏見地直接傳遞資訊。群體中的成員總是喜歡互相確認看法與觀點，而在探尋真相之前，輿論與主流群體的世界觀往往會先確立。那些在文化中表達異議的人之所以遭到忽視甚至壓制，並不必然是因為那個看法不正確，而是因為它無助於共同心理現實的建立。為了對抗這種偏見與建立一個擁有共同且正確的現實的社會，群體中必須有各式各樣對現實自有一套解讀的各種成員，互相辯論與交流所持的觀點。[21]

社會探索的另一個重要形式為主動參與新奇的社會與實質環境的驅動力。這包括了結交新朋友、參與從未接觸過的討論、自願加入新的組織，甚至是加入新成立的舞蹈俱樂部。[22] 多多接觸

新奇的社交環境、認識更多不同的人與看法,便能獲得大量的學
習機會。[23]

　　綜觀來說,社交好奇與參與新奇社會經驗的驅動力構成了社
會探索的需求,對人類這樣的社會性物種而言,這是成長與學習
的一種重要探索形式。

尋求冒險

　　艾力克斯・霍諾德(Alex Honnold)自詡為「職業探索攀
岩家」。有時被別人稱為艾力克斯・「沒在怕」・霍諾德的他,
過去十二年來徒手攀登了美國一些最陡峭的懸崖(即攀岩的全
程不使用任何繩索、繫繩或防護裝備),而在二〇一七年六月三
日,霍諾德終於達成他的終生夢想——徒手攀登優勝美地國家公
園(Yosemite National Park)裡高近三千呎(近九百一十五公尺)
的「酋長岩」(El Capitan)。他花了三小時又五十六分鐘獨自攀上
頂峰,沒有任何外力協助。

　　為什麼他要這麼做?是什麼驅使他這麼做?是腎上腺素噴發
的關係嗎?上電視節目《60分鐘》(*60 Minutes*)受訪時,他表示
正好相反:「我的腎上腺素根本沒有噴發。如果我有,就表示情況
一發不可收拾了,因為這整個過程應該要是緩慢、受到控制的,
我在攀岩時心情是輕鬆愉快的。」[24]他從事這項挑戰似乎是為了**探
索**。他在另一個專訪中解釋:「我的目的可能再複雜一點,我想嘗
試別人沒有做過的事,挑戰自己的極限,試探自己的能耐。在某
種意義上,這股動力可說是好奇心,是探險家都有的精神,我想
看看前方究竟有什麼東西。」[25]

霍諾德花了整整一年的時間審慎規劃酋長岩的挑戰行程，想像與擬定攀登細節、熟記「編排的步伐」與克服內心的天人交戰。相較於短暫又極具風險的攀岩過程，事前的準備時間顯得漫長無比。霍諾德透露，雖然如此，他衡量風險的方式就跟其他任何人一樣，而且謹慎決定這麼做是否值得。「你得睜大雙眼去選擇自己願意承受的風險。」他表示，「我在想，那些討厭冒險的人在選擇的時候，是否也跟我一樣帶有意圖。有多少人選擇以最符合自己的價值觀與最能為自己帶來滿足的方式過生活？」[26]

驅使霍諾德及其他類似的探險家挑戰自我極限的動力，不是對於安全感的需求，例如安全、連結或自尊需求。霍諾德背後的驅動力似乎更在於學習與成長、以及渴望宰制新奇且複雜的挑戰。多數攀岩者看到酋長岩都會心生畏卻。然而，霍諾德能夠做好廣泛的準備並設想每一個可能的結果，來控制自己的恐懼。

雖然霍諾德天生喜愛探險（尋求探險的傾向與調節多巴胺的基因有關）[27]，但他當然不是生來就無所畏懼。他指出，他剛開始從事徒手攀岩時，面臨龐大的恐懼。但是，經過一定的成長經驗，他訓練自己不要害怕。如他在一場訪談中所述，「舒適圈就像一個小氣泡般地環繞著我，每次我都將它往不同的方向推進，讓它變得越來越大，最後，那些看似絕對不可能的目標就落到了可及的範圍內」。[28] 看來，霍諾德培養出極高的壓力耐受度，好讓自己越來越有能力探索未知，不受心中的恐懼與焦慮所阻礙。

如此的壓力耐受度似乎不只影響了他的攀登事業。研究人員讓他接受核磁共振檢查，並讓他觀看大約兩百張快速連續播放的影像，其中包括臉部血肉模糊的屍體及廁所糞便滿溢的照片。大多數的人應該都會覺得這些影像非常噁心，而且觀看時大腦中負

責解讀情緒的杏仁核往往會出現反應。但是，霍諾德在過程中的腦部活動幾乎沒有任何變化。研究人員推論，這是他多年來訓練自己控制恐懼與未知所致，而雖然他天生的傾向無疑占了很大一部分的原因，但控制恐懼是每個人都能學會的一項技能。[29]

科學家將「尋求探險」定義為願意冒上生理、社會與財務安全的風險，來獲得多元、新奇、刺激、強烈和具有挑戰性的感受與經驗。探險的尋求屬於「尋求感覺」的人格特質的一部分，其中包括投入新鮮感官經驗（如吸食迷幻藥）的動力、容易感到無聊的個性與極度衝動的傾向。[30] 儘管探險的尋求與其他形式的感覺尋求有所不同，但它們的共通點似乎是，對於獎賞的可能性極為敏感，以及大腦的報償迴路過度活躍，尤其是伏隔核（nucleus accumbens）。[31] 以下敘述由陶德‧卡珊登與同事編寫，你可以據此衡量自己目前的探索冒險程度：[32]

探索冒險量表
- 嘗試新事物的焦慮讓我感到興奮與充滿精力。
- 冒險令我感到興奮。
- 空閒時，我想做一些刺激的事情。
- 隨意探索比有計畫的探險更吸引我。
- 我比較喜歡跟不按牌理出牌的朋友相處。

有各式各樣的活動與職業可以滿足探險者渴望刺激、新奇、挑戰與危險的需求。[33] 其中許多為親社會或中立的活動，例如擁有

特殊的音樂與藝術偏好、積極追求創造力,或者從事極限運動、爬山、公民參與、志工、消防、領導工作、政治參與和從軍。[34]

探險的尋求也與適應不良的結果有關,例如危險性行為、敵意、精神病、邊緣性人格障礙(borderline personality disorder)、危險駕駛行為、賭博與藥物濫用。

反社會的探險者與親社會、追求美感或社會性的探險者有何不同?這時就必須考慮到全人了。與激進且危險的結果有關的探險尋求,會受到其他源自不安全感的特徵所影響,譬如情緒化、衝動、行為失控、設想不周、冷酷無情、自我陶醉與懷有敵意。

這也是為什麼我們不可以單憑自己的看法去斷定一個人的特質,以及為什麼成為全人的這條路牽涉了安全感與成長。帶有強烈不安全感的探索會導致反社會行為,但缺乏探索的安全感也會使個體感到挫折與無趣。近期一項針對幼兒的研究發現,雖然自我控制不佳的高度探索是外化行為(指向外部環境的適應不良行為)的成因,但反之亦然。換句話說,自我控制良好的低度探索也會導致外化行為。[35]安全感與探索之間若失去平衡,任一方的程度過高或過低,都會造成破壞性的結果。

研究人員開始探究尋求探險的潛在益處。陶德・卡珊登與同事們發現,自認富有冒險精神的人大多比較感到幸福,也認為及時行樂是幸福生活的主要元素。然而,尋求探險不全然是享樂,也關係到渴望個人成長與幫助他人,以及減少封閉自我與逃避可怕經驗的需求。

羅素・拉佛特(Russell Ravert)與同事以一群人數眾多的大學生為對象,調查探險在他們心目中的地位。[36]他們主張,探索

在一個人從青春期到成人的過渡期中扮演重要角色,而尋求新奇經驗與充分發揮潛力及展現其他幸福特質尤其相關。這些大學生在尋求新奇經驗的測試中做出的陳述例如,「我希望有朝一日可以成為發現新島嶼的第一批探險家之一」,以及「如果可以免費拜訪另一個星球或月球,我會是第一個報名的人」。

相較之下,尋求劇烈經驗則與低落的幸福感低落及頻繁的冒險行為有關。在尋求劇烈經驗的測試中,大學生所做的陳述如「我喜歡站在高處的邊緣俯瞰下方」。這正是霍諾德這種徒手攀岩者所追求的報償感——不一定是當下腎上腺素飆升的感覺,而是探索行為的本身。*

另一項近期研究發現,探險的尋求可以增進創傷受害者的韌性(正面情緒與生活滿意度提高)。[37] 這項關聯的一部分成因是有效的應對。富有探險精神的人比一般人更有可能採取問題焦點因應(problem-focused coping)策略,並且因此相信生活中的壓力因素是可以解決的。這種人面對壓力時會試圖改變其來源,方法包括解決問題、尋求資訊或社會支援,以及徹底脫離壓力情況。[38] 典型上與此相反的是情緒焦點因應(emotion-focused coping)策略,個體會試圖減少與壓力相關的負面感受,採取的方法如轉移注意力、壓抑、吸毒與酗酒。

具有高度冒險傾向的人比較有可能採取問題焦點因應策略,因為他們會積極正視出乎預期與困難的問題與尋求可能的解決方法,而不是一味逃避問題。事實上,這項研究有一個更重要的發現:**遭遇創傷時,我們未必是受害者;我們可以從創**

---

* 我還懷疑,在自戀、精神錯亂與馬基雅維利主義這「三種暗黑人格」(Dark Triad)得分較高的那些人,從劇烈經驗的尋求中獲得的動力,比新奇經驗帶來的學習與成長還要多。

傷中成長。

創傷後的成長

能夠妥善解決暴力或危害生命的事件的那些人，往往被視為英雄。無論出於多麼正當的理由，這種做法通常會加深一種錯誤的觀念，就是只有少數「情緒強度出眾」的人才具有韌性。

——喬治‧博南諾（George Bonanno），〈失去、創傷與人類的韌性〉（Loss, Trauma, and Human Resilience，二〇〇四年發表）

某種程度上，痛苦在找到意義的那一刻起，便不再是痛苦。
——維克多‧弗蘭克，《活出意義來》（*Man's Search for Meaning*，一九四六年出版）

在二〇〇四年的開創性論文中，臨床心理學家喬治‧博南諾從廣泛角度闡述壓力回應的概念，在學界掀起了不小的波瀾。[39] 他將韌性定義為人在面臨極度危險或創傷性的事件時，維持相對穩定、健康的心理與生理功能運作的能力。博南諾回顧大量研究發現，韌性其實是許多人都具備的特質，它與精神病理的缺乏並不相同，而且還可經由許多出乎意料的方式訓練而成。美國約有61％的男性與51％的女性表示自己在人生中至少經歷過一次創傷，有鑑於此，人類其實具有極大的韌性。[40]

事實上，許多經歷創傷（例如罹患慢性病或不治之症、失去摯愛或遭受性侵）的人不只展現強大的韌性，還在走出傷痛後過得更好。研究顯示，大多數的創傷倖存者並未發展出創傷後壓力

症候群的病癥，其中甚至有許多人從經驗中得到成長。[41] 理查‧泰代斯基（Richard Tedeschi）與勞倫斯‧卡洪（Lawrence Calhoun）發明了「創傷後成長」一詞來解釋這種現象，將其定義為人在克服極度艱難的生活環境後所產生的正向心理變化。[42] 根據研究，源自逆境的成長領域可分為以下七種：

- 更加感謝生命
- 更加感謝與增進親密的人際關係
- 具有更多的同理心與利他傾向
- 找到新的可能性或人生目標
- 在更大程度上認知與善用個人的長處
- 增進靈性的發展
- 富有創造力的成長

可以肯定的是，多數在創傷後成長的人都寧願自己**不曾**經歷過創傷，而相較於正面的生活經驗，創傷很少能促成這些成長領域的進步。[43] 儘管如此，其中的多數人往往在試圖理解深不可測的事件之後，對自己突如其來的進步感到訝異。[44] 成長與痛苦時常並存。[45]

猶太拉比哈洛德‧庫什納（Harold Kushner）回想痛失愛子的經歷時，貼切地描述了這種感受：

因為亞倫的出生與死亡，我成為一個更加敏感的人、更盡職的牧師、更有同情心的諮詢顧問，如果不是這個原因，我不會如此。假使可以讓我的兒子起死回生，我願意放棄一切。假如我可以選擇，我會放棄自己因為過去的經驗而在精神上獲得的成長與

洞察……但我別無選擇。[46]

無庸置疑，創傷會撼動我們的世界，迫使我們從另一個角度看待所珍視的目標與夢想。泰代斯基與卡洪以地震作比喻：我們傾向仰賴一套特定的信仰與假設，來看待世界的良善與可控制性，而創傷事件往往會粉碎我們的世界觀，破除我們習以為常的感知，讓我們必須重建自我與內在。

但我們擁有的選擇是什麼？澳洲精神病學家維克多·弗蘭克說：「當我們無法再改變情況時，我們就會面臨改變自我的挑戰。」近年來，心理學家開始研究將危機視為轉機的心理過程，並逐漸瞭解到，這種「心理受到震撼」後的重建，其實是成長的必要條件。正是因為自我的基礎結構受到了撼動，我們才能占據最有利的位置，去追尋生命中的全新機會。

同樣地，波蘭精神病學家卡齊米日·東布羅夫斯基（Kazimierz Dabrowski）主張，「正向人格裂解」（positive disintegration）有助於成長。東布羅夫斯基研究了一些心理高度發展的實驗對象後得出結論，健康的人格發展往往需要人格結構的分裂，進而引起暫時的心理壓力、自我懷疑、焦慮與沮喪。然而他認為，這個過程可以引導個體深入檢視自己的潛力，最終促進人格發展。[47]

使我們得以將危機視為轉機的一個關鍵因素是，我們在多大程度上探索自己對於當下事件的想法與感受。**認知探索**（Cognitive exploration）──可定義為好奇各種資訊與傾向進行複雜與彈性的資訊處理──讓我們對令人困惑的情況感到好奇，使我們更有可能在看似難以理解的事物中找到意義。[48] 不可否認地，其中有許多可促成創傷後成長的過程，會牴觸我們逃避

極度難受的情緒與想法的天性。儘管如此，唯有卸下天生的防衛機制並勇敢面對眼前的難題、將一切視為成長的養分，我們才能開始接受生命中無可避免的矛盾，從更細微的角度看待現實。

經歷創傷後，不論是生重病或失去摯愛，我們自然會難過、反覆想著所發生的事情，一再出現負面的想法與感受。反芻思考（rumination）通常表示，你開始努力理解眼前的事件並積極推倒舊有的信念與找到新的意義與認同。雖然反芻思考起初往往是自動產生、造成侵擾與不斷重複的，但隨著時間過去，這種思維會變得越來越井然有序、受到控制與沉穩謹慎。[49] 這種轉化過程無疑會帶來巨大的痛苦，但在你反芻思考的同時，也會建立起強大的社會支持系統並找到其他的表達管道，這麼做對成長助益良多，讓我們得以挖掘內心深處從未意識到的力量與同理心。[50]

難過、悲傷、憤怒與焦慮等情緒，也是人在面對創傷時的常見反應。[51] 經驗性迴避——逃避害怕的想法、感受與知覺——非但無助於抑制或「自我調節」這些情緒，反而讓事情變得更糟，使我們認為這個世界並不安全，變得更難以追求有價值的長期目標。[52] 透過經驗性迴避，我們封閉了探索能力，因而錯失許多能帶來正向經驗與意義的機會。接受與承諾治療將此作為核心主題，旨在增進人們的「心理彈性」。[53] 如此一來，我們便能抱持探索與開放的態度，在面對創傷時依循自己的價值觀採取更好的應對方式。

陶德·卡珊登與珍妮佛·凱恩（Jennifer Kane）以大學生為對象進行了一項研究，評估經驗性迴避在創傷後成長中發揮的作用。[54] 在這群學生之中，最常見的創傷事件包括親人或摯友驟逝、車禍、目睹家暴與精力天災。卡珊登與凱恩發現，這些研究對象

在創傷中承受的壓力越大，之後的成長幅度就越大，但這個結果只限於呈現低度經驗性迴避的那些人。經歷過比其他人更大的壓力、而且幾乎不依賴經驗性迴避的人，在人生中得到成長與意義的程度傲視其他的研究對象。至於那些採取經驗性迴避的大學生則呈現相反的結果，他們承受更大的壓力，但經歷創傷後所得到的成長與人生意義的程度卻不如其他人。這項研究印證了日益增加的文獻結果，顯示焦慮程度低伴隨經驗性迴避程度低（即具有高度心理彈性），讓生活品質有所增長，[55] 也指出人在創傷事件後會領悟更多的人生意義。

人生意義的領悟十分有利於創造力的展現。不利因素與創造力之間的關係久為人知，但如今科學界開始探索其中的奧祕。臨床心理學家瑪莉・佛吉爾德（Marie Forgeard）請研究對象舉出生命中最沉重的經驗並指出哪一件事對他們的影響最大。[56] 這些人舉出的負面事件包含了天災、疾病、意外與攻擊。

佛吉爾德發現，認知處理的形式對於創傷後的成長至關重要。侵擾式的反芻思考會導致各方面成長的衰退，謹慎的反芻思考則可增進創傷後成長的五個領域。其中兩個領域──人際關係的正向變化與生命可能性的感知──與個體在更大程度上意識到創造性成長有關。

在《藝術家的創意密碼──化疾病為創造力的故事》（*When Walls Become Doorways: Creativity and the Transforming Illness*）中，托比・昭斯納（Tobi Zausner）闡述了自己對那些深受生理殘疾所苦的傑出畫家所做的生平分析。[57] 她得到的結論是，患病的苦痛導致這些畫家打破過往的習慣、引發生活的失衡，並迫使他們透過其他方式來追求創造性目標，因而為其藝術創作帶來了全

新的可能性。[58] 總括而言，這項研究與畫家們的生平軼事證實，從事藝術治療或表達性寫作可為當事人在創傷後的重建過程帶來極大的幫助。研究證明，每天選定一個會引發內心強烈情緒的主題進行十五至二十分鐘的書寫，有助於個人從壓力經驗中獲得意義，並且更適當地表達正、反面情緒。

探索心中所有想法和感受的意願與渴望，不只對創傷後成長具有重要性，也關係到生命的許多其他面向，包含創新與創造力。接著我們來深入瞭解認知探索及其迷人的表徵，首先是所有人本心理學最核心的概念之一：經驗開放性（Openness to experience）。

經驗開放性

我發現〔充分運作〕的人處於心流之中，他們不斷前進，而不是靜止於某種狀態。在此情況下，流動性的變化是關鍵。我發現這種人能夠敞開心胸擁抱所有經驗──敏銳地感受周遭環境、交往的人們，尤其是從自己身上挖掘到的感受、反應與意義。他們對於自身的某些經驗的恐懼會不斷消退，因此能有越來越多的生命體會……這樣的人具有創造力。

──卡爾・羅傑斯，〈成為一個充分運作的人〉（Toward Becoming a Fully Functioning Person，一九六二年發表）

創造力源自非理性……科學與教育太過抽象、口語和學究，無法容納太多自然、具體與美感經驗，尤其是內在的主觀經驗。

──亞伯拉罕・馬斯洛，《邁向存在心理學》

　　「經驗開放性」的概念在人本心理學創始者的思想中扮演主要角色。對卡爾・羅傑斯與亞伯拉罕・馬斯洛而言，自我實現的顛峰是創造力，而驅動創造力的關鍵因素之一是經驗開放性。卡爾・羅傑斯將經驗開放性定義為「與心理防衛相反」。[59] 羅傑斯認為經驗開放性在概念上是一種認知處理模式，這表示個體對所有的個人經驗抱持開放態度，接收互斥的資訊而不封閉自我，可以忍受模稜兩可的情況，能夠認清現實而不會強迫套用預先認定的範疇。[60]

　　八〇年代，人格心理學家開始利用系統性方法研究人格的基礎面向時，發現人們在某幾種特質上互異，後來便將這些特質標記為「經驗開放性」。屬於經驗開放性的一系列特質——包含想像力、美感與求知欲——都是主要的人性特徵，可定義與增進人類的發展。

　　過去十年來，我與同事致力於挖掘這個廣泛的人格領域背後特定的動機、認知與神經生物過程，理出了一個明確的階層。[61]

　　階層的頂端是**認知探索**的一般動力。[62]具有高度認知探索傾向的人不僅渴望、也有能力透過知覺、感覺、想像與推理來從認知的角度探索世界。認知探索始終與創造力的高低有關，包含創意性思考、創造性成就、創造性職業、創造性興趣與較籠統的創造

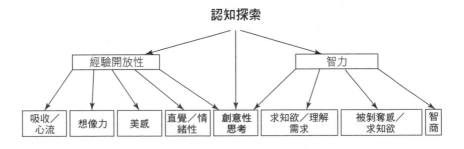

性人格。

實際上，這種人在日常生活中比其他人花更多時間從事創造性的活動，傾向實地進行創造，而不只是觀察所處的環境。[63]研究發現，在認知探索量表中得到高分的人其實比一般人更有可能在日常生活中從事創造性活動。[64] 對他們而言，創造力是一種存在方式，發散自他們的內心並透過自發的行為所展現。

仔細檢視認知探索階層，我們可以看到認知探索由兩個各自獨立卻相關的特點組成：經驗開放性與智力。經驗開放性反映的是透過想像力、感知與藝術去探索美學、有效與知覺資訊的動力，智力則反映了主要藉由推理去探索抽象與口語知識的動力。你可以根據以下敘述來評估自身的經驗開放性：[65]

經驗開放性量表

吸收／心流

- 有時我覺得感受到的經驗非常真實。
- 有時我在自然或藝術的世界裡不可自拔，彷彿意識狀態有那麼一刻改變了。
- 我經常忘記時間過了多久與自己身在何處。
- 我時常分不清自我與正在創作的事物——我與我所書寫／彈奏／描繪的事物融為一體。
- 我經常覺得自己與正在創作的事物「密不可分」，形成一種超乎尋常的情感連結。

想像力

- 我喜歡生動地想像事物。

- 我喜歡閱讀能夠帶來畫面的文字。
- 我可以清楚想像或記憶某個十分美麗的雕像或自然物體（無生命）。
- 我對電影或小說中的人物感同身受。
- 我傾向利用影像、比喻或創意性比擬來描述事物。

美感

- 我有許多藝術方面的興趣。
- 我對藝術、音樂與／或文學深感著迷。
- 有一些詩作或畫作對我意義重大。
- 我能在事物中發現別人沒注意到的美麗之處。
- 旅遊或開車外出時，我會欣賞沿途的景色。

直覺／情緒性

- 我喜歡憑直覺印象行事。
- 我通常可以看穿人們內心的感受。
- 我喜歡做中學，而不是先找出方法再動手做。
- 經歷強烈的情緒經驗後，感受會在我心中揮之不去。
- 比起總是保持情緒冷靜，我寧可有時沮喪、有時快樂。

在大腦中，經驗開放性與「預設模式網絡」（我習慣稱之為「想像力網絡」）有關。[66]這種與大腦區域網絡有所連結的過程，反映出人類獨有的自省、認同、想像力與創造意義的能力。以下列出近年來學界認為與這個網絡相關的一些認知過程：做白日夢，心理模擬，回憶過去，思考未來，發想點子，爵士樂手、饒舌歌

手與詩人的即興創作與心流，理解故事，描述強烈與感動的審美經驗，受到他人的美德所鼓舞，以及反思自我與他人的心理和情緒狀態。[67]

研究指出，這一整套與預設網絡相關的過程，對於同情心、同理心，還有理解自我、從經驗中領悟意義及構築線性自我意識的能力至關重要。顯然，與預設網絡及經驗開放性有關的認知過程，形塑了人類經驗的核心。

其他針對經驗開放性的研究也證實了人本心理學家長久以來的論點，即一個人若具有經驗開放性，就不會將預先認定的概念範疇強加在這個世界。嚴格說來，經驗開放性一向與「潛在抑制」（latent inhibition）有關，這是一種人類與其他動物都具備的前意識（preconscious）、以生理為基礎的防衛機制，與大腦中的多巴胺分泌有關。[68] 潛在抑制可幫助我們在接收到刺激時自動判別這是否關乎當前的目標。可以想見，這是一項極為重要的機制，就如索倫・齊克果說的，可以防止我們「沉溺於可能性之中」。

重點來了：經驗開放性高的人通常潛在抑制的程度**較低**，因此他們的直接經驗不會受過去的經驗所影響。較低的潛在抑制與經驗開放性及創造力皆有關聯。[69] 在研究中發現經驗開放性與創造性經驗有重大關聯的巴納比・尼爾森（Barnaby Nelson）與大衛・羅林斯（David Rawlings）表示：

正是這種嶄新的體認及相關的探索與發現感使個體沉浸於創造的過程，這會引發經驗品質的改變，強化或加深經驗的感知。[70]

　　這段敘述非常類似馬斯洛提出的「經常對生活有新的感受」的概念，他認為這是自我實現的一個主要特徵。馬斯洛指出，一個人如果經常對生活有新的體認，便能擁有「豐富的主觀經驗」。與此相反的則是「經驗的倦怠」，這通常是因為「個體將豐富的感知歸類或貼上標籤，或者認為經驗不再能帶來益處、具有威脅性或涉及自尊」[71]——例如，你會自動忽略美麗的日落或朋友的好意，因為它們已成了家常便飯。

　　不論是深刻投入創造性經驗，或是產生新奇點子與奇特聯想，低度的潛在抑制都是必要條件。畢竟，你要怎麼知道乍看之下不相關的想法真的無關？許多偉大、最具影響力的想法似乎都不太相干（至少起初是如此）。如艾德加·愛倫坡（Edgar Allan Poe）所述，「經驗及真正的哲學將證明，有不計其數的真相都出自看似毫不相干的事物」。[72] 儘管如此，如果你總在不相關的事物中尋求連結，終究會迷失方向。

聰明才智：找到上岸的路

> 只有那些對自身理智不夠有信心的人，才會害怕陷入「瘋狂」。
> ——亞伯拉罕·馬斯洛，《邁向存在心理學》

> 〔知識與理解讓〕人變得更加強大、明智、有內涵、堅強、進化與成熟。〔它們象徵著〕人類潛力的實現，造就人類可能性所預示的命運。
> ——亞伯拉罕·馬斯洛，《邁向存在心理學》

經驗開放性是發揮創造性潛能所需的元素，智力則是你回到岸邊的必要條件。人類的智力有許多面向，其中最受到充分研究的面相包含智商、求知欲與問題解決能力。所有智力面向在真相的探尋與現實的監控上扮演重要角色，而且與「執行注意力的大腦網絡」的運作有關。[73]這個大腦網絡有助我們專注在最急迫的任務上，阻絕會分散注意力的外部事物，抑制看似不相關的資訊，在必要時彈性轉換注意力，謹慎規劃未來的行動，以及整合工作記憶中各種資訊來源。以下標準可供你衡量部分的智力特徵（你可以尋求合格的教育心理醫者評估自己的智商）：

智力量表

求知欲／理解需求[74]

- 我對許多事物都感到好奇。
- 我喜歡挑戰自己的智力。
- 我會主動與人討論思維與哲學問題。
- 我會尋求深度思考的機會。
- 我不喜歡不瞭解原因就得到答案的感覺。

對剝奪的敏感度／知情需求[75]

- 我會因為思考如何解決困難的概念問題而徹夜未眠。
- 我可以花好幾個小時思考問題，因為得不到答案會讓我心神不寧。
- 我會因為無法解決問題而感到沮喪，因此我會更努力想辦法解決。
- 我會堅持不懈地克服我認為必須解決的問題。

• 我會因為沒有得到所需的資訊而感到挫折。

即使智商、求知欲與對剝奪的敏感度彼此緊密相關,而且極度仰賴執行注意力的大腦網絡的運作,但智力的各種表現形式也都存在極大差異。舉例來說,求知欲(理解需求)與對剝奪的敏感度(知情需求)關聯並不大,而與求知欲相比,對剝奪的敏感度與個體的幸福感及面對未知狀況的能力比較無關。[76]

這點出了一個有趣的問題:理解需求的層次是否「高於」知情需求?換句話說,人在缺乏資訊的情況下,是否更常產生知情需求?馬斯洛在將近七十年前提出了這個有趣的可能性,他表示,「這些渴望〔知情與理解〕被納入討論範圍後,會形成一個小型階層,在當中,知情的渴望凌駕理解的渴望」。[77]然而研究顯示,求知欲的層次實際上高於知情需求。

智力領域中另一個重大差異存在智商與求知欲之間。我透過博士研究發現智商與求知欲僅有些微關聯:有許多智商奇高的人求知欲低落,也有許多求知欲旺盛的人在智商方面並不出眾。[78]長期研究發現,即使智商可有效預示學業成就,但撇開智商不說,如果個體的求知欲驚人,也很有可能在學業上獲得成功。[79]以真正的創造性成就而言,求知欲比智商更能準確預示發明與科學探索的創造性成就。[80]因此,儘管智商、求知欲和知情需求往往共同發展,但它們也可能出現重大歧異。

經驗開放性與智力開放性之間的關聯不大,因此一個人有可能經驗開放性高,但是智力並不突出,反之亦然。經驗開放性與藝術方面的成就(尤其是視覺藝術、音樂、創意寫作與劇場/電影創作)密切相關,智力則與科學方面的成就(尤其是發明與科學探索)較有關聯。[81]儘管如此,經驗開放性與智力都對創造性思考助益良多,

而自我實現的人能夠超越這兩種存在方式看似矛盾的本質。

創造力的悖論

> 通往創造力的道路與精神病院近在咫尺，常常有人繞道而行，或者最後進了那裡。
>
> ——厄內斯特·貝克（Ernest Becker）

> 我與瘋子只有一個地方不同，那就是我沒有瘋。
>
> ——薩爾瓦多·達利（Salvador Dalí）

看似對立的兩個過程——一個是高度的沉迷、天馬行空的想像與鬆散的知覺選篩；一個是慎重的反思、評估與嚴謹的知覺選篩——怎麼會都與創造力有密切關聯？原因何在？

如同大部分與自我實現有關的事物，這不過是一個**顯而易見**的矛盾。創造力一般意指創造新奇又有意義的想法或產物，而新奇與意義這兩個面向都對創造力至關重要。哲學家伊曼努爾·康德曾說：「想法有可能是愚蠢、不知所云的。」[82] 我們在創造力的定義中加入了意義，藉以區分具有創意的想法和行為與古怪或不尋常的想法和行為。[83] 然而，意義的涵蓋範圍甚廣，從實際的發明與革新的商業模式，喚起強烈情緒的美學經驗，到啟發性的真知灼見都是。

由於創造力的必要條件是新奇與意義，因此它仰賴想法或產物的生成，及有待探索、發展或表達的想法的汰選。一個人有越多新的點子、而且越能夠牽起意想不到的連結，就越有可能發明

嶄新的事物；如果越能有效地選擇與發展特定想法，就越有可能為某些想法賦予意義。諾貝爾化學獎得主萊納斯・寶林（Linus Pauling）表示，「想要有好點子，就得先有一大堆的想法，然後淘汰不好的想法」。若想做到這一點，通常必須能夠在看似矛盾的不同思維模式之間彈性轉換。

這正是我們研究具創造力的大腦時所得到的發現。從二〇一四到二〇一七年，我在想像力學會（Imagination Institute，網站為 imagination-institute.org）擔任科學主任時與馬汀・塞利格曼舉行一系列的想像力座談會，邀請了一些想像力豐富且多產的人士參與，領域從心理學、物理學、教育、領導、未來主義、工程、喜劇到靈修都有。此外，我們資助了十六項研究計畫，致力幫助社會各階層深入瞭解想像力的衡量與發展。

從想像力座談會可明顯觀察到的一點是，**創造力豐富、達成自我實現的個人極為人性化**。儘管他們達到高度的自我實現，但顯然仍受許多人都有的存在問題所苦。雖然如此，他們對自己的工作充滿熱情，而且在解決所屬領域的問題時，依賴直覺與想像力來做決定的次數並不少於運用理性與謹慎推論的頻率。這種現象不只出現在喜劇演員身上，也見於物理學家。

我們資助的神經科學研究也印證了這項觀察。其中一位接受贊助的學者為羅傑・比提（Roger Beaty），創造性思考的認知神經科學領域的先驅之一。比提與同事設計了一套創意大腦的地

---

* 創意想法的品質由一群評鑑者利用五分量表所評定，衡量標準有三個：奇特度（創意想法的少見程度）、離異度（創意想法距離顯而易見的想法的程度）與巧妙度（創意想法令人感到具有洞察力、諷刺、幽默、適當的程度）。注意，這個創造力品質的衡量標準與創造性行為和成就的測量呈現高度正相關。

圖，藉此得以驚人地準確預測創意想法的品質。*[84]

這套創意大腦地圖包含了先前所述在多數人的大腦中具有相反功能的兩個網絡：預設網絡（有關心理刺激、換位思考、美學經驗、意義創造與自我構築）與執行注意力網絡（有關專注、工作記憶與抑制可能會令人分心的資訊）。比提與同事發現，這兩個網絡與警覺網路（salience network）之間溝通頻繁。警覺網路的功能類似潛在抑制，會在個體的意識啟動之前，判斷預設網絡生成的資訊是否與當前任務相關，然後將相關的資訊傳送到執行注意力網絡，供個體在有意識的狀態下反思。

在另一項於美國與中國進行的研究中，比堤與同事發現，儘管研究對象在接受測試時就只是坐在腦部掃描機裡，但那些具有高度認知探索傾向的受試者的警覺網絡卻呈現極高的連通性，[85]彷彿這些受試者已隨時準備好啟動這三個大腦網絡的任何一個。換句話說，他們的**整體**自我處於隨時待命的狀態。*

我認為這些發現豐富了我們對於人類智慧的見解，並拓展我們對於自身認知能力的認識。我相信，許多「智力潛能」的測驗（如智力測驗）都遺漏了一些反映基本人性經驗的核心認知面向，譬如個人的目標、夢想與抱負。[86]這正是為什麼我很不願意只憑單一時間點進行的單一測驗的結果，來預判一個人最後能在多大程度上達成自我實現——即使這是我自己的自我實現測試！我在自己的研究中一再見證，人在全心投入對自己具有意義的活動時展現的智慧有多強大，而所謂的意義，是指這些活動符合個人獨特的潛能，並且讓我們的理性思考與豐富經驗得以派上用場。

---

* 這顯示，有好的認知彈性的大腦，也會是神經系統靈活的大腦！

在一九七九年出版的《心理學與人性的困境》（*Psychology and the Human Dilemma*）中，人本心理治療師羅洛・梅指出，我們可以憑藉完整的自我進行思考，而自我覺察也具有智力的一面，但這不是它的**全部**：

舉例來說，當你對愛、某種形式的熱情、一場搏鬥或一個理想做出了承諾，如果你想成功，就應該在許多不同的層面與自我形成連結。沒錯，你的承諾具有意識的覺察；但你也感受到自我的潛意識、甚至是無意識的力量。這種自我連結在於自我選擇的捨棄；這指的是以整體的自我採取行動，即「我全心投入其中」。[87]

以上就是創造力看似矛盾的原因。富有創造力的自我實現者能夠超越一般非黑即白的觀念，兼具理性的智力與心靈的智慧。他們能夠將自我完全投入工作，在看似衝突的存在模式——理性與非理性、情感與邏輯、深思熟慮與直覺判斷、豐富想像與抽象空泛——之間彈性切換，而不預先評判這些過程值不值得。富有創造力的自我實現者是真正的認知探索者。

第五章

愛

我們必須瞭解愛；我們必須能夠教導愛、創造愛、預測愛，否則世界就會陷入敵意與懷疑之中。

——亞伯拉罕・馬斯洛，《動機與人格》

關於人類的存在，愛是唯一明智且令人滿意的答案。

——埃里希・佛洛姆，《愛的藝術》（*The Art of Loving*，一九五六年出版）

某一間廣告公司裡，競爭的氣氛無所不在。職員們經常開會討論如何提高業績與在同業中「獨占鰲頭」。然而，露易莎——一個暖暖內含光、出席所有會議的人——因為一個原因而與眾不同：大家都喜歡她。與路易莎相處時，你會感覺備受鼓舞。她似乎可以激發別人最好的一面，主要原因是她能夠欣賞別人的優

點。每個人都希望與露易莎在同一個團隊工作，不只因為她擁有豐富的愛，也因為她非常善解人意與可靠。露易莎大放光芒時，不會犧牲自己的需求，能夠在必要時照顧自己，並懂得透過**吸引人**的方式表達心聲。她在幾乎所有情況與討論中都能洞察人性，並盡可能欣賞不同看法的優點。

　　露易莎的存在方式在今日的社會遭到嚴重低估。許多人都專注於追求成就，因此通常會策略性地做出更多利他行為，以取得更大的個人成就。遺憾的是，這個社會嚴重貶低了**僅僅只是做自己**、就能為大家帶來喜悅與光明的那些人的存在價值。雖然他們的作為未必受到大眾的認同，但造成的影響無可衡量，而隨著時間的累積，這樣的力量甚至會超越獎勵與榮耀。當然，你不必像露易莎這樣才能實現自我，但我們可以從她身上學到許多在這個世界追求崇高之愛的價值，更深刻瞭解如何在生命中達到完整、統合與超越。

　　在《靈性進化》（*Spiritual Evolution*）中，精神病學家喬治・威朗特（George Vaillant）寫道：「成功的人性發展是一開始先吸納愛，接著與他人分享愛，最後是無私地給予愛。」[1] 人類不只需要歸屬感與連結，也需要感覺自己能為別人的生命帶來正面影響。有能力去愛那些我們並未直接接觸過的人，或者試圖與他們建立個人連結，是在更大程度上擁有健康、活力、意義與成長的主要方法，更不用說是獲得更多安全感了。[2] 猶太大屠殺倖存者、成功抵抗末期癌症病魔並開創自我超越（Personal Mastery）領域的克萊兒・努爾（Claire Nuer）指出，「創造愛、安全與接納的唯一方法，就是無私付出」。[3]

　　如此凸顯了一個矛盾：如果歸屬與連結實際上是安全感的需

求，那麼擁有優質人際關係的人應該擁有滿滿的愛，在這方面不再匱乏；也就是說，在獲得充分的愛之後，他們應該不會想再感受或表達任何愛意。然而據馬斯洛觀察，事實往往**相反**：「臨床研究顯示，相對健康（愛的需求得到滿足）的人雖然對愛的需求有所減少，但比較有能力給予愛。就此而言，他們擁有比較多的愛。」[4]

馬斯洛發現，學術研究與教科書論述愛這個主題時，經常聚焦於愛的匱乏：「如一般研究顯示，愛的需求……是一種**匱之需求**。這是一個必須填補的洞，需要愛的澆灌……在匱乏與滿足之間取得平衡，就能在病態與健康之間達到平衡。」[5]然而他表示，愛得到一定程度的滿足後，我們就越有能力奉獻愛。

馬斯洛明確指出「需要的愛」與「不需要的愛」並不相同，並將前者稱為「匱乏之愛」（Deficiency Love，D-Love）、後者為「存有之愛」（Being Love，B-Love，「深愛另一個人的存在」）。[6]如他所述，匱乏之愛可以得到滿足，但滿足的概念並不適用於存有之愛。那些懷抱「存有之愛」的人除了「穩定、少量可供維持的愛之外」，不需要接收他人的愛，「即使沒有這些愛，他們也能維持一段時間的正常生活」。[7]

「存有之愛」並非**需索無度**，而是令人讚賞，這種愛戀關係不追求滿足，通常會不斷**成長**，而非消失無蹤。因此，「存有之愛」通常是一種更令人享受的經驗，因為它在本質上具有價值（而不是作為實現其他目的的手段）。馬斯洛寫道：「存有之愛可以超越懷疑，是一種比匱乏之愛（屬於前者的人都曾經歷過這種愛）更豐富、『更高層次』、更有價值且主觀的經驗。」[8]

「存有之愛」的概念近似佛教冥想導師雪倫・薩爾茲

堡（Sharon Salzberg）所謂的「真實的愛」，她將此定義為每個人在日常生活中都具備的愛人天賦。[9]據她表示，愛是上天送給我們的禮物，每個人心中都有源源不絕的愛，任何時候都可從中汲取，以在生活中創造更多的愛。

同樣地，埃里希·佛洛姆在《愛的藝術》一書中主張，成熟的愛是一種主動而非被動的過程；這是一種態度，而不是感受。[10]將愛視為一種態度或待人取向的美妙之處在於，你不需要等到自己對別人產生「正向性共鳴」（positivity resonance），才能愛對方。[11]正因如此，我才認為有必要區分「存有之愛」與連結需求（見第二章）。隨著個人逐漸成長，而他人的需求也變得跟自我需求一樣重要，愛的概念會從「被愛」轉變為「愛人」，從原本仰賴他人的愛作為獎勵，蛻變成有能力愛整個世界的關愛取向。佛洛姆在書中寫道：「童稚的愛是『我給予愛，因為我得到別人的愛』，成熟的愛是『我得到別人的愛，因為我給予愛』；不成熟的愛是『我愛你，因為我需要你』，成熟的愛則是『我需要你，因為我愛你』。」[12]

存在主義心理治療師歐文·亞隆觀察到，作為「充足無虞的愛」，成熟的愛對個人的健康與成長影響深遠。在心理治療中，病患經常抱怨覺得寂寞，認為原因是「沒人愛」與「自己不惹人愛」。但亞隆指出，如果反過來從**無法愛人的能力**著手，往往能促成最有生產力的個人發展。他表示，「愛不是一段特定的經歷，而是一種態度。一個人無法獲得他人的愛，常常是因為沒有對他人付出愛」。[13]

在本章，我將回顧自己積極從科學角度研究存有之愛，以及愛人取向如何深刻影響健康、成長與健全真實性的過程。然而，在這段過程的一開始，我從反方向著手，所依據的假設是，只要

我們盡可能洞察人性的黑暗面，便可以尋得光明。

光明三人格 vs. 黑暗三人格

雖然發生了這一切，我依然相信人性本善。
——安妮・法蘭克（Anne Frank），《安妮的日記》（*The Diary of a Young Girl*，一九四七年出版）

地表上少一個人有差嗎？
——泰德・邦迪（Ted Bundy），引述自艾略特・萊頓（Elliott Leyton），《獵殺人類》（*Hunting Humans*，二〇〇三年出版）

　　為什麼擁有黑暗三人格的那些人如此有魅力？我問坐在辦公室的同事大衛・雅登（David Yaden）。[14]他一聽到這個問題立刻豎起了耳朵，請我將一些相關研究傳給他——這個舉動正證明了我的論點。我抱怨地說，**他們吸引了所有研究的目光！不是混蛋的人就沒有任何有趣之處嗎？**我回到自己的辦公室後，將一些研究透過電子郵件寄給了大衛與另一位同事伊莉莎白・海德（Elizabeth Hyde）。沒多久，大衛便回了信，但裡面只寫道，「光明人格？」現在換我的耳朵豎了起來。**有這種人格嗎？這個主題是否已經有人研究過？**

　　關於**黑暗**三人格的研究多不勝數。黑暗三人格在二〇〇二年首度由德爾羅伊・保胡斯（Delroy Paulhus）與凱文・威廉斯（Kevin Williams）發現，其包含了浮誇型自戀傾向（自認理應受到他人重視）、馬基維利主義（策略性地利用與欺騙他人）與精

神病態（冷酷無情、好嘲諷和行事衝動）。[15] 自最初研究以來，有數百篇論文都認為黑暗人格特質與社交厭惡所導致的各種結果有所關聯，包括強烈的侵略與暴力傾向，純粹滿足生理需求的性行為，對權力、金錢與社會地位的極度渴望，以及比一般人更容易犯下「七宗罪」。[16]

雖然近年來其他的「黑暗特質」（如悲觀傾向、惡意等）都被列入黑暗三人格，而且每一種黑暗特質都有多個面向與獨特性質（可參考第三章關於極度自戀的部分），但它們似乎都具有「黑暗核心」。[17] 研究顯示，這個黑暗核心包含了各種殘忍與欺騙／操縱。[18] 多項特質的結合，似乎是黑暗核心的關鍵。事實上，缺乏同理心與做出侵略行為之間只有**微弱**關聯。[19] 據奧瑞里歐・費古爾多（Aurelio Figueredo）與傑克・雅各布斯（W. Jake Jacobs）表示，黑暗三人格的黑暗核心最主要的特色是「帶有敵意的社交策略」，意即將他人視為可利用之物或必能打敗之對手。[20] 你可以根據下列敘述，評估自己目前在黑暗核心特質方面的程度：[21]

黑暗核心量表（仇視他人）

- 我能言善辯。
- 我願意為了達成目標而犧牲別人。
- 我理應享有特殊待遇。
- 我不會對別人的痛苦感到難過。
- 我不會浪費時間與地位低下的人相處。
- 我非常討厭遭人批評，遇到這種情況時，我無法控制自己的怒火。
- 別人對我好，我會懷疑他們有求於我。

- 我願意不惜一切追求「快感」。

世界上無疑存在懷有敵意的人，但那些始終以愛與善意對待他人的**平凡聖人**呢？我說的不是慷慨解囊而備受讚賞的人，我指的是**僅僅只是做自己**便大放光芒的那些人。這些人樂善好施不是為了達到特定目的，而是發自內心地無條件關懷別人，因為他們的本性就是如此，或者就像馬斯洛所說，「宛如玫瑰般散發芬芳」。[22]

這正是我們在尋找的答案。透過多次郵件往來與私下討論，我與大衛和伊莉莎白檢視了既有的黑暗人格實驗，集思廣益理出了與黑暗三人格的相對特質有關的元素。我們一開始整理出的元素有關原諒、信任、誠實、關懷、接納、欣賞他人優點，以及真心喜愛與他人建立連結，而不是利用他人來達成目的。換言之，這就是抱持**存有之愛**。

我們辨察了光明三人格的組成元素：康德主義（Kantianism）、人本主義與對人性的信念。康德主義與馬基維利主義互相對立，其概念出自哲學家伊曼努爾·康德（Immanuel Kant）提出的人性準則：「不論站在自己或他人的立場，你都應該將他人視為目的的一部分，絕對不要將他人當作實現目的的手段。」[23]

我們展開進一步實驗並與艾利·塚山（Eli Tsukayama）合作研究之後，發現以下敘述準確掌握了存有之愛與善待他人的精髓：[24]（你可以上 selfactualizationtests.com 找到自己在黑暗三人格與光明三人格之間所處的位置。）

康德主義
將他人視為目的而不
只是手段

光明三人格

人本主義
重視每個人的尊
嚴與價值

對人性的信念
相信人性本善

光明三人格量表（存在之愛與善待他人）

- 我不喜歡強迫別人順從我的心意。
- 我偏好誠實勝過魅力。
- 與人交談時，我很少盤算能從他們身上得到什麼。
- 我傾向真誠待人，即使這有可能危害我的名聲。
- 我一向尊重別人。
- 我一向仰慕別人。
- 我總是為別人的成就喝采。
- 我喜歡瞭解各行各業的生活。
- 我往往能看見別人的優點。
- 我認為大多數的人都是好人。
- 我很容易原諒傷害我的人。
- 我總是相信別人會公平對待我。

至今，我們已對年齡與性別各異的數千個對象做過光明三人

格量表（Light Triad Scale，LTS）的測試，而結果影響深遠。[25] 首先，我們發現，光明三人格不僅僅是黑暗三人格的反面。雖然這兩種人格互相對立，但這種關係並不強烈，顯示**每個人多少都具有一些光明三人格與黑暗三人格的特質**。在我看來，我們不應該將那些黑暗人格特質強烈的人們視為異類，其實，他們只是在更大程度上毫無保留地展現人人都有的潛在特質罷了。

有鑑於此，安妮·法蘭克說的沒錯。我們發現，一般人在日常的思想、行為與情緒模式中偏向光明三人格，而不是黑暗三人格。事實上，極端的惡意在受試者身上非常少見。（當然，只要少數幾個人懷有極端的惡意，就能對其他人造成巨大的傷害。）

我們也印證了馬斯洛的論點，即關愛傾向強烈的人實際上**需要**愛的可能性較小。根據調查，在光明三人格量表中得到高分的人，在成長環境中經歷的混亂與不可預測的狀況比其他人來得少，而且「感覺與在乎我的人們有所聯繫」、「感覺與其他人關係緊密」，以及「感覺與別人之間有強烈的親密感」。在此同時，他們也比較不會對人際關係有所不滿，在「我感到寂寞」、「我覺得自己並未充分受到重要的人的重視」與「我曾與別人意見不合或發生衝突」等項目中的得分並不高。

相較之下，在黑暗三人格量表中得到高分的人呈現相反的模式，他們在童年時期曾經歷較多不和諧與不可預測的情況，對人際關係與自我感到不滿的程度也比較高。由此知，待人處事上具有冷酷與控制傾向的人，尋求人際互動的動機有更多是來自於匱乏，而不是成長。

我們也發現，光明三人格與各種幸福和成長的衡量標準互有關聯。在本章接下來的部分，我不會一一闡述其中的關聯，而是

描述擁有存有之愛的人大致的形象。請注意，這是根據多種相關性的組合所描繪出的一種理想、崇高的形象。儘管如此，其中的關聯確實顯示了人性的可能性。

充滿存有之愛的人是什麼樣子

自我實現者沒有嚴重的匱乏需要補足，如今我們必須將他們視為尋求成長、成熟、發展的自由之人，換言之，他們的目標是滿足與實現最高層次的個體與人類物種的本質。這些人的行為源自成長，而且渾然天成。他們愛人，是因為本身充滿了愛，而他們的和善、誠實與自然等特質也是與生俱來……猶如玫瑰的迷人芬芳、貓咪的優雅步伐、孩童的純真稚氣。

——亞伯拉罕·馬斯洛，《動機與人格》

自我超越的價值觀

懷抱存有之愛的人具有強烈的全體關懷（承諾讓所有人獲得平等的機會、正義與保護），擁有極高的全體耐受度（接納與理解不同於自己的人，促進不同群體間的和諧與和平），**值得親密摯愛所信賴與依靠**，並且**以仁慈與關愛對待親近的朋友和家人**。[26] 充滿存有之愛的人最顯著的性格優勢是和善、愛、對生命的熱愛、感謝、想法、原諒、社會智力、理解、團隊合作、希望、公平、好奇心、判斷力、謙卑、喜愛學習、幽默與靈性。[27] 這種人也在一些自主性相關特質的測試項目中得到高分，例如膽識、勤奮、生產力、組織能力與責任感。

因此，充滿存有之愛的人讓我們看到，自主性與交融性這

兩種需求未必互相牴觸。在一九六六年出版的《人類存在的二元性》（*The Duality of Human Existence*）中，心理學家大衛‧巴坎（David Bakan）強調整合人類存在的兩種基本模式——自主性與交融性——的重要。[28] 據他表示，自主性包含自我保護、自我主張、分離與隔絕，交融性則牽涉了參與、接觸、開放、一致及「非契約合作」。巴坎認為，若想擁有理想的心理健康，必須先達到「仁慈與自利，也就是交融性與自主性合而為一」的狀態。

現代研究為這項主張提供了有力的支持。對於個體的社會功能、健康與幸福，自主性與交融性都具有獨特而正面的影響。[29] 生活自主性高的人比一般人獨立、有主見、不會亂發脾氣，承受較少的情緒壓力，焦慮依附的傾向較低，而且能夠融入更有益的社會網絡。[30] 此外，交融性高的人比一般人更能適應社交關係，不易在感情中遇到問題，面臨壓力時也比較容易獲得支持。這些人類存在的面向顯然可以和諧共生，引領個體達到更大程度的成長與完整。

這種人可以妥善整合這兩種人類存在模式。事實上，與他們的價值觀牴觸的唯一價值是自我增進的動機，也就是黑暗三人格的特質。充滿存有之愛的人也讓我們看到，對於所屬內群體的同理心（以仁慈與關懷對待親朋好友）不一定會與自我超越的價值觀格格不入。他們重視自己值得親朋好友信任及依靠的特質，同時也抱持開放心胸，接納各種不同的觀點與行業。他們能夠超越內群體的愛與無條件的愛之間非黑即白的謬論。

健康的同理心

懷抱存有之愛的人往往喜歡照顧別人，並認為應該幫助弱勢

者減輕痛苦。而且,他們是發自內心地想這麼做:他們傾向支持有益成長的助人動機,譬如「看到別人成長會讓我打從心裡覺得高興」、「我對別人伸出援手,主要是因為渴望獲得個人成長」,以及「我幫助別人,主要是想讓自己更勇於嘗試新事物」。這種人的成長環境也往往極為重視助人行為(但同時也重視個人需求)。

發展心理學家保羅‧布魯姆(Paul Bloom)指出,同理心具有潛在陷阱,會讓人傾向只幫助那些擁有與我們相同情緒經驗的人。[31]其實,人類史上有些駭人暴行都假借同理心的名義而起。[32]充滿存有之愛的人通常在全體關懷的驅使下擁有健康的同理心,而這樣的惻隱之心整合了認知與情感層面的同理心。

認知同理心反映個體覺察與理解他人感受的能力(即換位思考、「心智理論」〔theory-of-mind〕的能力);情感同理心則反映個體對他人的情緒經驗感同身受的能力。[33]有趣的是,許多屬於黑暗三人格特質的人擁有強烈的認知同理心,但缺乏情感同理心,他們會透過認知同理心來利用他人的弱點,而不是體恤對方的痛苦。[34]如果你想衡量自己在這兩個面向中處於哪個位置,請閱讀下列敘述,評估自己同意這些敘述的程度:[35]

認知—情感同理心量表

認知同理心

- 兩個人爭吵時,我可以理解雙方的看法。
- 我看得出一個人是否感到愧疚。
- 我可以從別人的表情與行為判斷對方是否感到羞愧。
- 別人如果不開心,我能在對方開口說話之前就察覺到。
- 別人感到失望時,我一眼就能看出來。

情感同理心

- 如果有朋友被排除在好玩的活動之外，我感到難過。
- 看見餓到骨瘦如柴的小孩時，我感到憂心忡忡。
- 看見寶寶嚎啕大哭，我會覺得難受。
- 如果看見男人毆打無法自衛的女人，我會感到憤怒。
- 看見一個人拿槍對著另一個手無寸鐵的人，我會驚嚇不已。

懷抱存有之愛的人大多具有強烈的情感同理心，而在病理的利他傾向——意即重視他人的需求勝過自己的需求，因而造成傷害——上並不明顯。[36] 他們能準確評估別人的**真實**需求，但並不會被同理心牽著鼻子走而導致有害的結果，或甚至傷害到自己與別人。他們之所以有這種能力，一部分是因為他們擁有認知同理心及健全的應對機制。

健全的應對機制

從事助人行業（如醫生、護士、教師、治療師或牧師）或具有強烈情感同理心的人會遇到的一個主要問題是「同理心倦怠」（又稱「同理心疲勞」或「慷慨倦怠」）。[37] 持續關愛他人，是一件會令人疲憊的事情。充滿愛的人具有健全的應對機制，可以對抗這種倦怠感並增進健康與成長。

在規模龐大、橫跨七十五年的哈佛大學研究中，喬治·威朗特發現了與成長、正面的心理健康、溫暖的人際關係及成功的生涯（即透過健康的方式適應生活）有關的五項成熟應對機制。[38]充滿存有之愛的人若感覺倦怠感即將襲來，通常會採取下列策略：

- **預期**：預期現實狀況或預防未來會令內心感到不安的事物。威朗特指出，「預期機制可讓人在事情發生前察覺狀況，進而減弱隨之而來的焦慮與沮喪」。[39] 例如：「不得不面對艱難處境時，我會試著想像可能的狀況並擬定因應計畫」與「如果我事先預料到自己將會覺得難過，便可以在事情真的發生時處理地更好」。[40]

- **抑制**：刻意不碰令人苦惱的問題、欲望、感受或經驗，等過了一段時間，再藉由比較成熟的方式消化與整合。威朗特發現，這項應對機制與成功的適應最為相關，但也最容易過度使用。他表示，抑制不代表徹底壓抑或否定：「抑制的行為至少可以改變局面，並讓個體接受現實狀況。如果妥善運用，抑制的機制就相當於精雕細琢的風帆。每一處限制都經過精心計算，以充分利用——而非阻擋——風力。」[41] 例如：「我能夠將問題阻絕在外，等到有時間再來解決」與「如果有些感受會干擾我正在做的事情，我能夠暫時將它們擱在一旁」。[42]

- **幽默**：幽默感有助於個人在解決問題時也能專注於需要完成的工作。成熟的應對（存在的幽默）並非自我貶低，也不是完全不管眼前的問題。威朗特將幽默描述為「人類最優雅的防衛手段之一……幽默感就像希望，是人類在面對生命中的苦難時最有效的解藥之一」。[43] 佛洛伊德也認為，「幽默可說是所有防衛過程的頂點」，以成熟度而言甚至高於機智。實際上，我發現幽默感與自我實現的特質具有正相關。[44] 除了預期與抑制之外，幽默讓個體的想法與情緒得以共同存在於意識之中。例如：「我相當能夠自嘲」與「我通常能夠苦中作樂」。[45]

- **昇華**：透過令人愉悅的遊戲、運動、興趣、浪漫與創意性表達來展現侵略性。例如：「我利用建設性與創造性活動來紓解焦慮

感,例如畫畫或木作」與「專注於手邊的任務,可幫助我遠離沮喪或焦慮感」。[46]

- **利他行為**:將心比心地慷慨助人,並從中得到樂趣。例如:「我從幫助他人的過程中得到滿足,如果不能這麼做,我會感到沮喪」及「面臨危機時,我會向處境相同的人求助」。[47]利他行為與投射的防衛機制不同,它回應的是他人的真實需求,而不是個人投射的需求。

充滿存有之愛的人所採取的健全應對機制,不只影響他們與別人的關係,也有益於他們與**自我**的關係。

健康的自愛

「現代文化普遍存在著自私的禁忌。」埃里希·佛洛姆在一九三九年的論文〈自私與自愛〉(Selfishness and Self-Love)如此寫道。[48]佛洛姆注意到,這種文化禁忌造成了不幸的後果,使人們愧疚於展現健康的自愛,甚至在經歷喜悅、健康與個人成長時感到羞愧。

然而,懷抱存有之愛的人超越了關心他人與關注自我的對立。世上無疑存在著自戀、不健康的自愛形式(見第三章),但**並非所有形式的自愛都不健康**。馬斯洛受佛洛姆的文章所啟發而寫道:「在實際找出真相之前,我們不得假定自私或無私的行為是好或壞。自私行為在某些時候是好的,某些時候則是壞的。無私行為也是如此。」[49]

馬斯洛主張必須分辨健康的自私與不健康的自私,前者根植於心理的富足與追求獨特、學習、成長和快樂的動機,後者則源

自心理的貧瘠、自戀傾向與貪婪。如佛洛姆所言,「貪婪是無底深淵,讓人窮盡努力仍無法滿足需求」。[50]

　　馬斯洛與佛洛姆都認為,健康的自私需要健康的自愛,即健康地尊重自我與自我的界限,並肯定自我的健康、成長、快樂、喜悅與自由的重要性。能夠發揮存有之愛的人擁有健康的界限、快樂及欣賞自我的能力,即使這麼做未必有益於他人。你可以根據下列敘述來評估自己目前的健康自私程度。(另外也可上 selfactualizationtests.com 參考健康自私量表。)

健康自私量表

- 我擁有健康的界限。
- 我非常懂得照顧自己。
- 我適度尊重自我,不讓別人占我便宜。
- 我在自己與別人的需求之間取得平衡。
- 我勇於主張自己的需求。
- 我能以健康的形式展現自私(如沉思、健康飲食、運動等)而不傷害別人。
- 我即使慷慨助人,但也知道何時該有所保留。
- 我允許自己欣賞自我,即使這未必會為別人帶來助益。
- 我能夠照顧好自己。
- 我重視自己的計畫勝過別人的需求。

　　我在研究中發現,健康的自私與光明三人格的特質及許多成長指標呈現正相關,包括健全的自尊、生活滿意度與發自內心以自己的工作為傲。儘管似乎有違常理,但我也注意到,在健康自

私量表中得到高分的人，比一般人更傾向關心他人，也具有比較多的成長取向動機去幫助他人（如「我幫助別人，主要是想讓自己更勇於嘗試新事物」、「我對別人伸出援手，主要是因為渴望獲得個人成長」、「我喜歡幫助別人，因為看到別人成長會讓我打從心裡覺得高興」）。[51]

健康的自私與脆弱型自戀、抑鬱、病態自私（「我為了追求己利而違反原則」）甚至是病態的利他行為呈負相關。顯而易見地，健康的自愛有別於病態的自愛、甚至是病態的自我犧牲。

高度自愛的個人也往往懂得放過自己。我們總是對自己過於嚴苛。佛洛姆指出，「人們是自身奴隸的主人；他們不受外在主人所奴役，而是聽從內在主人的命令」。[52]自我憐憫（self-compassion）經常是**將自我從內在解放出來**的重要途徑。

心理學家克莉絲汀‧聶夫（Kristin Neff）將自我憐憫定義為「依據共同人性經驗看待自身經歷，體認到苦難、失敗與不足都是人之常情，而所有人──包含自己──都值得自我憐憫」。[53]自我憐憫的重要性不僅在於將自己當作朋友一樣地對待，也在於以**優於別人**對待你的同理心來對待自己。

雖然自我憐憫的概念可見於古代的佛教文獻，但現代研究顯示，這與心理健康及情緒韌性、低度的焦慮、憂鬱和壓力、還有高度的幸福與樂觀有關。[54、55]以下六項敘述可供你概略評估目前的自我憐憫程度：[56]

自我憐憫量表

- 遇到痛苦時，我會試著客觀看待。
- 我嘗試將自己的失敗視為人之常情。

- 遇到困難時，我會給予自己所需的關心與溫柔。
- 因為某事而苦惱時，我會嘗試平衡情緒。
- 感覺到自己的不足時，我會提醒自己，多數人都有這種感受。
- 我試圖理解與耐心看待我不喜歡的自我人格面向。

結論不言而喻：那些傾向以愛與仁慈待人的人，內在通常也一樣耀眼。他們之所以能夠柔韌地散發愛的光芒，大部分的原因在於讓自我平靜的能力。

平靜的自我意識[57]

自我可以是我們最強大的資源，但也可能是我們最大的敵人。[58] 一方面，人類與生俱來的自我意識、自我反省與自我控制能力是達成目標的必備條件。另一方面，自我不斷渴望得到正面的評價，也會盡一切努力否定任何連帶的負面結果。一名研究人員表示，自我會產生「種類琳瑯滿目的自我防衛機制」。[59] 從正面角度看待自我的防衛策略，可統稱為「自我意識」。

不平靜的自我意識耗費大量時間將自我當作實體物品一樣地捍衛，然後不計代價主張自我，以致往往抑制了個體努力達到的目標。近年來，社會心理學家海蒂・威門特（Heidi Wayment）與同事展開了「平靜的自我意識」研究計畫，以佛教哲學與人本心理學的思想為基礎，輔以正向心理學的實證研究。[60] 從平靜的自我意識著手的研究方法聚焦於平衡自我與他人的利益，以及根據自覺、互賴認同（interdependent identity）與同理經驗，隨時間一步步推動自我與他人的成長。[61] 矛盾的是，結果發現，相較於完全

專注在自我增進上，讓自我意識得到平靜的做法更能有效促進幸福感、成長、健康、生產力與健全的自尊。[62]

　　充滿存有之愛的人，遠比其他人更能展現出以下平靜自我意識緊密相依的四個面向，而我們每個人都可以試著發展這些面向：

- **超脫的意識**。擁有平靜自我意識者毫無防衛地專注於當下。這種人能夠意識到情況的正、反兩面，並讓注意力脫離自我導向的評價角度。他們試圖盡可能地認清現實。要做到這點，需要以開放態度看待與接受在自我或他人身上所發現的特質，同時讓當下盡可能地自然開展——正念（mindfulness）的一項重要元素。這也牽涉到個體是否能夠反思先前出現的想法與感受、從更客觀的角度檢視它們，並做出有利成長的適當調整。
- **包容性認同**。擁有平靜自我意識的人可以公正地或從整體角度來理解自我與他人。他們理解其他觀點的方式，有助於自己認同他人的相似經驗、打破藩籬與更加了解共同的人性。如果你的認同具有包容性，便有可能表現出合群與同理心的特質，而不是只在乎自己。尤其是在衝突之中，當你的核心價值觀遭遇挑戰，你會有能力傾聽其他看法並向他人學習。即使到頭來你選擇堅持自己的觀點，依然會尊重對方。
- **換位思考**。省思其他的觀點後，平靜的自我意識會將注意力轉移到自我之外，進而加深同理心與憐憫之情。換位思考與包容性認同緊密交織，會互相觸發。例如，當你知道自己與別人有共通點，便容易更能理解別人的看法。
- **成長思維**。讓自我意識平靜下來，也能培養有助於個人成長的

心態。逐漸改變自我的嘗試可以提高親社會行為的可能性，因為這會促使個體質疑自己當下的行為所造成的長期影響，並將當下視為人生旅程的一部分，而非對自我與存在的威脅。

平靜的自我意識與沉默的自我意識是兩碼子事。壓抑自我意識到失去自我，對任何人都沒有好處。平靜的自我意識強調的是平衡**與**整體。威門特與同事指出，「調低自我意識的音量，聆聽別人及自我的聲音，這樣才能帶著更多的人性與同理心過生活」。[63]平靜自我意識的目標是減少對自我與他人的防備、從更整體的角度看待自我與他人，同時保有對自我的感知或自尊需求。我們可以建立真實的認同，包容他人，但又不會失去自我或感覺有必要展現優越感。平靜的自我意識代表健全的自尊，這意味著個體意識到自我的極限，每當自我意識受到威脅時，都無需採取防衛手段，卻又能堅定認知自我具有價值及掌握的能力。[64]

健康的本真

懷抱存有之愛的人忠於自我，不過是以健康的方式展現本性。我認為，區分不健康的本真（Deficiency-authenticity，D-authenticity）與健康的本真（B-authenticity）至關重要。亞當・格蘭特指出，「沒有人想聽到別人腦袋裡的所有想法」。[65]

實際上，健康的本真不是到處跟別人訴說你所有的感受與想法（這麼做會顯得很愚蠢），不是無時無刻談論自己與自己最偉大的成就（像個自戀狂一樣），不是不由自主地屈服於最邪惡的衝動（黑暗三人格），也不是像捍衛堡壘般地激烈保衛自身價值觀（如此只是頑固不知變通罷了）。上述都是一般人對健康的本真

常有的誤解。以帆船來比喻成長，組織心理學家艾米妮亞‧伊貝拉（Herminia Ibarra）指出，「當我們試圖**改變**遊戲規則時，食古不化的自我概念會成為阻礙我們前進的船錨」。[66]

相反地，健康的本真可以幫助你成為全人，而這牽涉了**理解、接受，以及對完整自我負起責任，將其作為通往個人成長與重要人際關係的途徑**。[67] 健康的本真是一段持續探索、有所自覺與承擔責任的過程，建立在不受安全、連結與自尊的需求所支配的穩固人格結構基礎之上。健康的本真源自探索與愛，讓你得以真正面對自我深處的未知，接受整體的自我，就像德國心理分析學者凱倫‧荷妮所說的，更加相信「充滿活力、獨一無二與專屬於個人的自我中心」。[68、69]

健康的本真的主要元素為有所自覺、忠於自我、維持完整性與擁有真實的人際關係。你可以根據下列敘述評估自己在健康的本真的核心面向中處於哪個位置：[70]

健康的本真量表

有所自覺

- 無論好壞，我都知道真正的自己是什麼樣子。
- 我非常清楚自己行為的動機。
- 我明白我為什麼相信我對自己做的事情。
- 我會積極試圖瞭解自我。
- 我清楚自己的動機與渴望。

忠於自我

（這些全是反向敘述，你越不同意，就表示你越忠於自我。）

- 我寧可保持良好的自我感覺，也不願客觀評估自己的極限與缺點。
- 我一向難以承認自己的過錯，因此我會試圖美化它們。
- 我會避免想起對任何不愉快的感受。
- 我傾向忽視邪惡的想法與感受。
- 如果有人指出或攻擊我的缺點，我會立刻將內心封閉起來，忘掉這一切。

維持完整性

- 我努力依照個人的價值觀行事，即使別人因此而批評我或拒絕我。
- 我大部分時候都忠於自我。
- 我願意忍受自己因為表達了真正的信念而招致的不良後果。
- 我的行為通常都展現了自己的價值觀。
- 我依照自己的價值觀與信念過生活。

擁有真誠的人際關係

- 我希望親近的人可以理解真實的我，而不是只看到我對外的形象。
- 整體而言，我認為親近的人必須瞭解真正的我。
- 我認為向親近的人表達我有多關心他們，是很重要的。
- 我希望親近的人能夠理解我的弱點。
- 我認為自己必須在親密關係中保持開放性與誠實。

就充滿存有之愛的人而言，健康的本真對於人際關係的滿意

度至關重要，包括伴侶關係與性經驗都是。換言之，擁有存有之愛的人比一般人更有可能經歷**完整的**愛情。

完整的愛

成熟的愛是在保有個人的完整性與個體性的前提下達成的融合……愛存在著矛盾，兩個人融為一體卻又各自獨立。

——埃里希・佛洛姆，《愛的藝術》

深刻又禁得起考驗的存有之愛造就了伴侶。愛帶來了自我形象、自我接納、值得被愛與得到尊重的感受，這些都讓個體得以成長。如果沒有這樣的愛，人類能否完整發展，實在令人存疑。

——亞伯拉罕・馬斯洛，《邁向存在心理學》

哲學家艾倫・狄波頓（Alain de Botton）曾說：「我們選擇與誰許下感情承諾，其實只是在決定最願意承受哪些苦難罷了。」[71] 這句話肯定有一絲真理。由於這個社會對於愛情的敘述與不切實際的期待，我們經常帶著注定導致失望與憎恨的觀念踏入戀愛關係。許多人相信真命天子或真命天女的存在，也期望伴侶就是自己的**一切**——期待他們能滿足我們貪得無厭的性衝動、帶來我們需要的歸屬感與減輕我們心中的絕望感。狄波頓說愛情不必完美，這話一點也沒錯。如果我們放過自己的不完美並包容伴侶的缺點，就能與共同的人性建立連結，增進自我與伴侶的成長。

不過，我們追求的，當然不只是決定在愛情中承受多少痛苦而已！我們追求的是更豐富、深刻、具有意義與無與倫比的愛

情。想打破這個未必正確的二分觀念，或許再也沒有比**自我實現的愛**更好的方法了，如此一來，達到自我實現的兩個人在保有強烈個體性的同時也能超越自我，成就更完整與超越一切的愛情。

　　根據心理學家亞瑟·艾倫（Arthur Aron）與伊蓮恩·艾倫（Elaine Aron）提出的愛的自我擴展理論，人類的本能是自我擴展，而愛情是滿足這項本能的方法之一，在這種關係之中，伴侶兩人將對方的自我與自己的自我合而為一。[72]在《動機與人格》的「自我實現者的愛」（Love in Self-Actualizing People）中，馬斯洛提到，「自我實現的愛情大致上會展現許多自我實現的特質」。[73]我將自我實現的愛情視為**完整的愛情**，這是一種歷久彌新的戀愛關係，持續相互共處於健康、成長與超越的狀態中。我們也許永遠無法得到完整的愛情，但每個人都可以努力**邁向**這個目標，讓伴侶關係越來越趨於完整。

　　完整的愛情有一個關鍵面向是，以健康的方式整合個體性與連結的需求。馬斯洛論及自我實現的愛情時表示，「自我實現者能夠維持一定程度的個體性、分離與自主，這乍看之下似乎與我所描述的那種認同與愛互斥」。[74]實際上，多數人都擔心，與別人太親近，就會失去個體性與自我意識，另外還有大量研究文獻論述「角色吞噬」的可能性，認為人在進入一段關係時，個人認同會逐漸變成以好情人為基礎，導致個體越來越脫離其他身分、目標與人生的優先事項（即「角色捨棄」〔role abandonment〕）。[75]

　　然而，完整的愛情可以超越這股恐懼。一個原因是，角色吞噬的情況最有可能出現在過度沉迷於感情的那些人身上。至於對感情保持適度熱情的人，他們與伴侶的關係會帶來自由的選擇性、建立良好的自我感受，而且與生活中的其他活動和諧共存，

因而展現出更大程度的個人成長，這種人也比較容易在戀愛關係以外維持友誼、興趣與活動。[76]

維持這種和諧交往關係的關鍵是，在一定程度上保有健康的自私行為，馬斯洛稱之為「高度的自我尊重」，也就是除非有很好的理由，否則不輕易犧牲自我。[77]馬斯洛指出，自我實現的戀人們「擁有強大的愛人能力，同時也十分尊重彼此」。[78]若想成為全人，就必須設下適當界限，在自己與他人的需求之間取得平衡。

但是，在完整的愛情中，要解決這種矛盾，最明確的方法或許是確認伴侶雙方都有興趣幫助對方**朝各自的方向**前進。如馬斯洛所言，雙方必須不**需要**對方：「他們可以非常親密，但又能在必要時分開而不會因此崩潰。他們並非互相依附，也沒有鉤子或錨繫住彼此……在令人癡狂的愛情中，這樣的人仍舊保有自我，也仍舊主宰自我，即使愛得濃烈，依然按照自己的標準過生活。」[79]

焦慮型依附的個人極度需要徹底與另一個人結合，而逃避型的個人則極需維持完整的個體性。這兩種傾向都無助於成就完整的愛情，因為想達到完整，就必須在愛情中保持**開放性**。自我實現的戀人不會緊抓著彼此或疏離對方，而是見證、欣賞與幫助對方成長。這麼做與保有自我意識沒有任何的衝突。

馬斯洛提出的存有之愛，帶有佛教裡無執概念的影子。乍看之下，無執的概念似乎牴觸了依附理論。然而，心理學家巴爾金德・沙赫德拉（Baljinder Sahdra）與菲利浦・薛佛（Phillip Shaver）指出，依附理論與佛教心理學均「強調愛人與被愛，盡可能減少焦慮的執著或逃避的疏離，以及避免抑制負面的心理經驗」。[80]

研究人員設計了一個量表，以評估個人在佛教概念中的無執

程度為何，其中包含的敘述如「我可以接受生活中有各種事件來來去去，不會緊抓著不放或一味排斥它們」、「當別人的表現超越了我，我能夠讚賞他們的成功」及「我享受愉悅的經驗，但不會渴望它們永遠持續」。[81]他們發現，無執者的焦慮與逃避型依附傾向比較低（無執的程度與焦慮依附的傾向呈現特別顯著的負相關）。

　　儘管佛教的無執概念與安全型依附並不相同（前者的意義更廣泛，而不僅限於個體對照顧者的安全依附），但兩者明顯相關。我們越認真經營交往關係、避免將先前的期望強加在這段關係上，就越能幫助伴侶獲得個人成長。如馬斯洛所述：

　　徹底的覺察——盡可能投入所有意識——意味著全心專注於經驗本身：全神貫注、將全部的自我投入其中，斷絕自己對當下外界所有干擾的注意力。這種狀態必然包含了對自我意識的無所覺察。正如一個人知道自己聽到了音樂，是因為自我覺察消失了（忘我地創作與閱讀也是如此），因此，完整的愛也在於忘卻自我。[82]

　　再次強調，暫時忘卻自我並不代表失去個體性。相反地，如馬斯洛所說：「人們常常將〔墜入愛河〕定義為兩個人的自我完全結合且失去個性，認為愛情讓雙方放棄了個體性，而不是加深個體性。但事實上，伴侶雙方的個體性有所提升，彼此的自我在某種意義上合而為一，但在另一種意義上依然獨立且堅定。我們必須將這兩個傾向——超越個體性與加深個體性——視為夥伴，而不是對立的敵人。進一步來說，超越自我意識的最佳方式，就是擁有堅定的認同。」[83]

　　自我實現的愛情的另一個核心面向是，無時無刻都帶著敬畏與驚嘆的眼光看待伴侶。[84]這麼一來，在感情中就沒有必須在安全感**或**探索之間二選一的問題了。說到愛情，我們通常認為熱情與刺激跟安全感與自在相互對立。其實對多數人而言，在愛情中，人的探索本能的確往往牴觸了穩定與安全感的需求。

　　在發人省思的著作《情欲徒刑》（*Mating in Captivity*）中，心理治療師艾斯特・沛瑞爾（Esther Perel）指出，「我們在伴侶身上尋求穩定、可依靠的船錨，但在此同時，我們也期待愛能帶來超越一切的體驗，讓我們在日常生活以外恣意遨遊。現代男女在交往時遇到的挑戰是，調和安全感和可預測性的需求及對於刺激、神祕和令人驚嘆的經驗的追求這兩者之間的矛盾」。[85]

　　雖然這是已知的兩難處境，常見於戀愛關係與**存在本身**，但馬斯洛主張，「在自我實現者身上，愛情的滿足與性的滿足都有助於維持交往關係」。自我實現的戀人們是如何維持彼此之間的刺激、神祕與變化莫測，同時又保有深厚的情感與親密？研究顯示，伴侶可以一起從事新奇、令人興奮且可帶來新知及嶄新體驗的自我擴展活動，來克服彼此關係的一成不變。[86]

　　為了深入洞察這種矛盾，我向知名的佛教冥想導師與《真實的愛》（*Real Love*）作者雪倫・薩爾茲堡請益，而她對我說：「戀愛關係明顯十分複雜，但從冥想的角度來看，注意力在當中扮演的簡單角色非常有趣。我們有多常忽略伴侶？你知道的，我們多少都會有點自滿，或者將一切視為理所當然。不是只有刺激才能帶來神祕。神祕感不只來自未知，有時也源自探索，像是我們深入瞭解彼此時，也能獲得神祕感。」[87]

　　我很喜歡這個答案，這讓我想起心理學文獻中想要與喜歡的

極大差異。[88]奧斯卡・威爾德（Oscar Wilde）曾寫下：「這個世界上只有兩種悲劇。一種是得不到你想要的，另一種是得到你想要的。」我們會渴望自己已經擁有的事物嗎？然而，艾斯特・沛瑞爾表示，這個問題正是癥結點的一部分。[89]我們太容易陷入這種錯覺，有了另一半之後，我們會將對方當成自己的財產，彷彿得到了一支新手機或一台全新的車子。以財物而言，我們往往會著迷於一項產品並想像擁有它的一切可能性，但在真的買下它後，那種關注和欲望便消失無蹤。

然而，這個推論無法套用在**人類**身上，因為人會不斷成長與發展。從我們將伴侶視為理所當然、認定可以永遠擁有對方的那一刻起，我們就停止了探索與欣賞對方完整人性的深度。感情的可持續性，只會受到伴侶雙方的想像力及是否承諾安全地探索與發展彼此的需求所限制。[90]若突破了這些限制，不僅有助於維持感情的熱度，也能增加性事帶來的愉悅感。

存有之性

就〔自我實現的〕人而言，性與愛可以更完美地相互融合，很多時候也確實是如此。

──亞伯拉罕・馬斯洛，《動機與人格》

在我寫作本書的期間，有些人問我性是不是一種需求。按照演化角度嚴格說來，性當然是一種需求，是生物將基因傳給下一代的主要機制。然而，正因為性是人類如此有力的繁衍途徑，性行為的動機有很多種。想也知道，演化機制肯定會盡可能驅使我

們發生性行為。

因此，性可以滿足**各式各樣**的心理需求。*勵志作家馬克‧曼森（Mark Manson）提出了深刻的見解，「性是人用以滿足心理需求的策略，其本身並不是需求」。[91]臨床心理學家辛蒂‧梅斯頓（Cindy Meston）與演化心理學家大衛‧布斯（David Buss）舉出了兩百三十七種人類發生性行為的**不同原因**，從單純宣洩壓力與增進愉悅感、提高權力與社會地位、強化自尊、獲得安全資源、實現報復、出於探索的動機而尋求多種經驗，到展現愛與承諾都是。[92]這些原因都可大致對應本書論及的每一種需求。

但問題是：**並非所有性動機都一樣有助於性滿足與全人的發展**。人類的性行為似乎自成一套階層，從最低階的匱乏之性（D-sex，用於暫時滿足個人基本需求），到最高階的存有之性（B-sex，為了獲得成長與深度滿足）。如先前所述，要判斷性行為屬於哪個階層，可以依據的一個重要變數是依附系統的運作。在感情中安全依附傾向強烈的人（焦慮與逃避型依附傾向極低），通常性生活滿意度最高。[93]

依附傾向的變化也可預示個人在性探索（sexploration）方面的自在程度。[94]金賽性學、性別和生殖研究學會（Kinsey Institute）社會心理學家艾曼達‧格賽爾曼（Amanda Gesselman）與艾美‧摩爾斯（Amy Moors）將性探索定義為「個人有效探索性的多元面向（如行為、認同）的能力，而這項能力會隨安全依附傾向的變動而定」。

為什麼依附傾向的變化與性滿意度及性探索如此相關？原因

---

* 馬斯洛認為性是「全然的生理需求」，但我不這麼認為。雖然生理上的愉悅是促成性行為發生的一個原因，但這只是其中之一。人類也注重心理層面。

在於性行為的**動機**。研究顯示,逃避型依附傾向強烈的人發生性行為的原因通常跟生活中的「匱乏境界」有關,例如為了逃避負面的關聯結果或提高個人在朋友間的地位與名聲(如向朋友們炫耀自己有過激烈性行為)。[95]反過來說,基於這些動機而尋求性行為、以及相對難以察覺伴侶在壓力下有哪些需求的傾向,都與性滿意度的低落有關。

具有高度焦慮型依附傾向的人往往也會因為不安全感而發生性行為,像是為了取悅伴侶與減輕在感情中沒有安全感所導致的不安。雖然這種人通常自認比較能意識到伴侶的需求,但其實他們對伴侶的真實需求的敏銳度較**低**、在感情中控制欲較強,也比較不會根據性能力來評價伴侶。反之,這些行為與性滿意度的低落也具有關聯。某個研究團隊指出:

> 這些〔焦慮型依附的〕個體通常難以察覺伴侶的實際需求與壓力線索,原因可能是他們過於關注自我為主的煩惱與內在的自我懷疑。長期下來,這會消耗內在資源,使他們無法專注與真誠地瞭解伴侶的情緒經驗與需求……而這或許解釋了為什麼他們比較不會利用性行為來評斷伴侶。[96]

依此而言,研究顯示,社會焦慮程度較高的人,在性經驗方面較不滿足;他們在性行為中得到的愉悅與親密感比沒有社會焦慮傾向的人來得低。[97]如果你只顧著評價自我或專注於關係中的不安全感,便無法盡情投入性愛時刻。

另一個影響性滿意度的重要變數是,個人能在多大程度上將性慾與自我認同及生活的其他面向結合在一起。性行為不限於單

一伴侶（如開放式婚姻），沒有伴侶也能進行。對健康與成長至關重要的是，個人最熱切渴望的性活動與另一個人互相協調融合，並與生活中的其他活動（性事與非性事）產生最低限度的衝突。

弗雷德里克・菲利浦（Frederick Phillippe）與同事進行的研究發現，較高程度的「**協調型性慾**」（harmonious sexual passion）——個人自由選擇最渴望的性活動，而且不與生活中其他活動相斥——與喚醒程度、和諧的激情、關係品質、心流、性滿意度的提升及焦慮和擾人的性想法的減少有關。[98]

相對而言，具有高度「**強迫型性慾**」（obsessive sexual passion）的人——個人的性慾活動經常失控，而且無法與生活中其他活動相融合——在性方面滿意度較低，而且比較容易產生侵入性的性想法、有固定伴侶時難以控制自己不去注意其他對象、性事與其他生活面向有所衝突、高估自己難以抗拒的性意圖，甚至在感情遭遇威脅時（如吃醋）出現暴力與攻擊行為。

最後，影響性滿意度與性探索的另一個因素是激情，或稱性愛。人類史上多次劃分的一個重要區別，介於性愛與性行為之間。雖然性交會受許多潛在需求所驅使，但性愛具有一個非常特殊的功能：**培養與展現深厚的愛意**。性行為與刺激和發洩有關，性愛則與想像力和可能性有關。如羅洛・梅在《愛與意志》所述，「性愛在前方指引我們，性行為則在後頭驅動我們」。[99]同樣地，馬斯洛也指出，自我實現的戀人之間的性行為可「作為成就更高層次人性的基礎」。[100]

由於性愛注重的是成長而不是結果，因此讓人更**享受**這樣的經驗。臨床心理學家安妮克・德布羅（Anik Debrot）與同事經由多項研究發現，情感解釋了性與幸福之間的關聯。[101]性交過程的

柔情時刻包含了「愛與安全感的時刻」及「伴侶表現出的溫柔或體貼」。這種時刻在性交過程中越常出現，個人的生活滿意度就越高，一整天下來的正向情緒也越多，而這個影響甚至能延續到**隔天**早晨。此外，從性交過程中汲取正向情緒，可防止關係轉淡，進而讓雙方對感情的滿意度隨時間而增長。依據馬斯洛認為交往關係必須達成「需求匯集」的概念，一方從性事中獲得越多正向情緒，**另一方**長久而言對關係的滿意度就越高。

　　在相關研究中，陶德・卡珊登與同事們發現，高度的性愉悅與親密不只可提升正向情緒，也能增進人生意義。[102]不論一個人的感情狀態為何，這些研究結果都成立。就跟結婚未必就代表不寂寞一樣，有交往對象也未必表示擁有絕佳的性愛。儘管如此，卡珊登與同事指出，與伴侶感情較為融洽且在取樣日的性事中擁有較高親密度的受試者，比較有可能在隔天感受到較多的正向情緒與人生意義。然而，反過來卻並非如此：若在前一天感受到較多的快樂與人生意義，並不會促使個人在隔天的性生活中得到愉悅或親密感。

　　研究資料明確顯示，不論一個人的性慾高低或與伴侶在性事方面達成怎樣的共識，愉悅的性都可以帶來極大的幸福感、意義與成長。個人在性關係中得到越多的時間、專注、想像、愛、安全感、關懷與信任，就有可能對性經驗感到滿意。羅洛・梅表示，「原始的性愛可以突破任何觀念與時間限制……隨著伴侶雙方在一段時間內共同經歷過衝突與成長，愛會逐漸加深」。[103]就跟生命一樣，成長往往也需要時間，而存有之愛與存在之性的灌注對個體的全人發展尤其重要。

愛就是你需要的一切？

存有之愛的科學指出，被愛是一股強大的力量，與健康的平衡、成長、同理心、應對、自愛、本真甚至令人滿意的性，都有所關聯。這指向了一個問題：愛就是你需要的一切？有趣的是，在我透過本書對所有需求進行的分析中，愛與成長的關聯最為密切。愛之於全人的發展再重要不過了。儘管如此，我們有充分理由相信，愛並不是人類需要的**一切**。

一方面，擁有存有之愛的人可能會因為比其他不幸的人優越而感到愧疚，因此失去了健康的自信與最遠大的抱負。雖然這樣的罪惡感源自於對他人的愛與關懷，但仍有可能阻礙充滿存有之愛的人達成自我實現。

同樣地，懷抱存有之愛的人也容易遭到懷有惡意的人所利用。這並不是因為他們處事效能低落（我們發現，他們大多的確比一般人更具生產力與更努力工作），而是因為具有強烈的邪惡三人格傾向的人可能會利用前者的同理心與認真，來達到增強自我的目標。

因此，我們必須試著以健康的方式整合自主性與人際方面的共存性，並意識到絕對自主（過度支配與控制他人）與絕對共存（過度投入他人的問題與痛苦），都會導致疾病、憤怒與感情問題。[104]

接著，我們將探討整合需求層次中的下一個需求。經由本書，我們在階層中一步步往全人與超越邁進，小心謹慎地堆疊一項又一項的需求。現在，有了安全、連結與健全自尊的紮實基礎，以及探索與愛帶來的動力，我們終於準備好努力達成更高的目標，造福自我**與**這個世界了。

第六章

目的

　　自我實現的人專注於身外的目標，無一例外。他們傾全力投入自己十分重視的事情——舊有意義上的天職或使命。他們回應命運的召喚，他們努力做好工作，也熱愛自己的工作，在他們身上，工作與樂趣無法兼得的概念並不存在。

　　——亞伯拉罕・馬斯洛，《實現更高層次的人性》（*The Farther Reaches of Human Nature*，一九七一年出版）

　　如果你不知道要航向哪個港口，即使有風也無濟於事。

　　——古羅馬哲學家塞內卡（Seneca）

　　那是一九五四年，布蘭戴斯大學（Brandeis University）這個學期的最後一個上課日。馬斯洛正教授一堂饒富興味的課，學生們聽得入神。他以溫柔而強烈的語氣鼓勵學生意識自我的整體

性，包括獨特的才能與龐大的潛力。他講述責任的重要性，並提到每個人終究得靠自己才能達成人生目標。學生們備受激勵，許多人「彷彿看見了教室裡的靈感精神」。[1]

　　一名年輕女性舉起手來。馬斯洛若有所思地看著她，示意她發言。「關於期末考，」她說，「您可以說一下大概的出題方向嗎？」教室裡每個人都轉頭看向她，表情充滿了驚訝與厭惡。這是馬斯洛第一次在課堂上勃然大怒。他面紅耳赤地厲聲回道：「你在此時此刻提出這種問題，我擔心，這學期你在這裡究竟學到了什麼。」[2]

　　自從一九五一年離開布魯克林學院並在布蘭戴斯創立心理學系以來，馬斯洛發現，他與學生不像過去那樣合拍。布魯克林學院的學生總是謹記他的諄諄教誨，他也一向欣賞學生的成就勝過其他教職員。然而，在布蘭戴斯大學，他感覺學生欠缺動力、野心與方向。馬斯洛傳記作者艾德華・霍夫曼表示，「他不只希望看到學生在學業上表現優異，也希望能在道德與智力上鼓舞他們，幫助他們在自我實現的道路上顯著成長」。[3]一些學生認為馬斯洛的作風專斷又高傲。

　　馬斯洛與布蘭戴斯大學教職員工的關係也很緊張。其中一個原因在於，心理學系有大部分職員都是受過嚴格實驗訓練的心理學家，而馬斯洛當時的研究以哲學與理論層面為主。除此之外，一九六二至一九六五年在布蘭戴斯大學擔任副教授的肯・費根鮑姆（Ken Feigenbaum）表示，馬斯洛待人溫暖友善，但對於別人的過錯直言不諱。[4]費根鮑姆也透露，馬斯洛擔心自己早逝而急欲在死前將畢生所學全傳授給後輩，這樣的做法經常讓學生得不到需要的幫助。在一九六一年一月二十二日的日記中，馬斯洛寫

道：「我做每一件事的主要動機是，我有好多話要跟全世界說，我要傳達『重要的訊息』，這是重點。任何阻礙我的事情都是『壞事』。我必須在自己離開人世前全說出來。」＊⁵

　　寫完這篇日記不久後，馬斯洛收到一個邀請，而這將能帶來他迫切渴望的自由。建立非線性系統的工程師與企業家安德魯‧凱（Andrew Kay）邀請馬斯洛前來觀測電子儀表製造廠的營運狀況，時間定在一九六二年的夏天，計畫是他一週視察工廠一次並與凱商討相關事宜。凱表示會支付優渥的顧問費，並向他承諾這份工作會很有趣。馬斯洛欣然接受提議，心想即使這份工作不順利，自己也能有時間琢磨存在心理學的論述及鑽研科學與宗教心理學領域，而不必承受教課、閱卷、行政工作或督促學生的壓力。

　　然而，馬斯洛對凱經營這間工廠的方式深感驚豔，他全心投入顧問工作，將自己的學術研究全拋諸腦後。凱大力借助馬斯洛在《動機與人格》提出的原則及彼得‧杜拉克（Peter Drucker）與道格拉斯‧麥格雷戈（Douglas McGregor）等管理專家影響深遠的著作，增進員工的幸福感與生產力。凱徹底改革了工廠的營運方式，讓每一位工人都對生產出來的成品引以為傲。馬斯洛注意到，工人們看起來比以前快樂，工作也更賣力了。

　　馬斯洛沉浸於擔任營運顧問與觀察工人和管理階層訓練的工作，決定將自己的心得記錄下來。這些想法錄成音檔後，再由幾位祕書繕打成稿。那年夏天，他讀遍了現有的管理學文獻，一開始是杜拉克寫的《管理實踐》（*The Practice of Management*），

＊ 好笑的是，之後他又在這篇日記加註：「我有點醉了。」可見他或許知道自己寫的這些話有多麼戲劇化！

之後是麥格雷戈所著的《企業的人性面》（*The Human Side of Enterprise*）。

馬斯洛對麥格雷戈提出的 X 理論與 Y 理論（Theory X and Theory Y）特別感興趣。根據麥格雷戈，認同 X 理論的管理者採行專制作風，認為員工生性懶惰，必須透過控制與外部獎勵來促使他們達成目標。相較之下，認同 Y 理論的管理者則採取合作、以信任為基礎的方式，相信員工具有自我激勵的潛能、享受在工作中擁有掌控權的感覺、會主動承擔責任，並能運用創意解決問題。

這是馬斯洛第一次接觸產業或管理方面的心理學，儘管杜拉克與麥格雷戈早就深受他提出的人性動機理論所影響。馬斯洛近距離觀察發現，工廠是極具潛力的實驗場所，可用於測試有關自我實現與改善世界的理論。這項工作經驗「讓我認識了從未接觸過的許多理論與研究，激發了我的思考與推論」。在此之前，馬斯洛一直認為教育是提升人類的最佳方法，但「直到最近我才明白，個人的工作生活也一樣重要，甚至比教育更重要……工業環境可作為研究心理動力學、更高層次的人性發展、以及人類理想生態的實驗室」。[6]

訪視期間結束時，馬斯洛將自己的心得編寫成冊，題為〈夏日筆記：工業與管理的社會心理學〉（Summer Notes on Social Psychology of Industry and Management），令他喜出望外的是，凱提議將此出版成書。一九六五年十月，《優心態管理筆記》（*Eupsychian Management: A Journal*）正式發行，幾乎一字不漏地完整收錄了他口述的內容。[7] 馬斯洛在序言中寫道：「我無意糾正錯誤、做任何推測、掩飾自己的偏見，或試圖在見解或學識

上超越一九六二年夏天的自己。」[8]

　　儘管不算暢銷，但這本書在管理學領域卻廣為人知。其中蘊含了豐富的嶄新見解，不僅點出管理政策與銷售人員需持開明態度、員工應該具有工作動機與健全自尊，也提及創造力、顧客忠誠度、開明的領導作風與社會改造的方法。*

　　書中的主要論述之一為馬斯洛深感著迷的「協力」（synergy）的概念。他第一次認識這個詞彙是透過人類學家露絲・潘乃德這位良師益友，並從她身上得到了展開自我實現研究的主要靈感（馬斯洛認為她在極大程度上實現了自我）。只有少數與潘乃德私交甚篤的人（如瑪格莉特・米德）知道她提出的協力概念，但馬斯洛顯然對此印象深刻，進而運用這個概念來促進職場中的管理效能與自我實現。[9]

　　潘乃德認為，整體上，協力文化是為了個人與社會的共同利益所建構與運作。[10]馬斯洛則將此概念套用在組織內，主張在一個開明或抱持「優心態」（eupsychian）的職場——有助於自我實現的環境——中，對個人發展有益的事物**也能**為公司帶來好處。「從事〔有助於自我實現的〕工作，自然就能超越自我。」[11]馬斯洛在錄製音檔時說：「個人從事〔有助於自我實現的〕工作時，也在尋找與滿足自我，同時也會達到無私的境界，而這是**真實**自我的終極表現。」

　　據馬斯洛表示，這破除了一般認為自私與無私互相對立的觀

---

* 其中一些想法不夠縝密或漫無邊際，一些則頗具爭議性，例如關於社會應該如何妥善處理一般對於天生才華出眾者或領導才能不凡的人（英文稱「aggridant」，即天生比其他人有優勢的人）的憎恨。儘管如此，書中提出的一些看法極具先見之明，譬如蘇聯最終將衰敗解體，以及科技的出現將使員工越來越需要從工作中獲得意義等預測。

念，因為人們在追求自私的滿足時，也**必然**幫助了別人。反之亦然，當他們幫助別人，也必然會得到獎勵與滿足，因為最令他們開心的是利用自己的財富與能力去造福文化中所有其他成員（正如他在一九三八年夏天造訪黑腳族印第安部落所看到的情況）。馬斯洛指出，在這種文化中，「有德的人不會吃虧」。[12]

馬斯洛表示，如此也打破了一般抱持的內在與外在二分法，因為個體的工作動機「經過內攝」，成為自我的一部分，以致「內在與外在世界融為一體」。[13] 馬斯洛主張，如此的協力作用最有可能在理想情況下發生，例如在麥格雷戈的 Y 理論之下，員工擁有高度的自主、合作、支持與信任。

在這本夏日筆記中，馬斯洛也表明自己鄙視那些認為自我實現只在於衝動、而不需要努力的「年輕人」。「他們似乎只想被動等待自我實現發生，拒絕付出任何努力。」[14] 他指出，「自我實現不是件容易的事……你必須回應外在日常世界的召喚，而不只是滿足內在的渴望」。[15]

馬斯洛尤其支持經典日本電影《生之慾》（*Ikiru*）所描繪的自我實現途徑：「盡心盡力地回應命運的召喚或善盡任何屬於你的『天職』。」[16] 對馬斯洛而言，在最大程度上自我實現的人追求的是天職而非快樂。雖然如此，他指出，快樂往往是自我實現的結果：「快樂是一種副現象、副產品，不是直接尋求就可以得到的東西，而是對美德的間接獎賞……就我所知，做好心目中重要之事的那些人，是世上唯一感到快樂的人們。」[17]

自馬斯洛在一九六二年夏天錄製音檔後的多年來，心理學界累積了大量的科學發現，而它們均顯示，目的是關鍵的人性需求，也是我們在生命中尋得意義與重要性的主要來源。

目的需求

意義的尋求是人生的主要力量……一些作家主張意義與價值觀「只不過是防衛機制、反向作用與昇華」。對我而言，我不願意只是為了「防衛機制」而活，也不願單純為了「反向作用」而死。然而，人可以為了自己的理想與價值觀而活，甚至是奉獻生命！

　　　　　　　　　　——維克多・弗蘭克，《活出意義來》

在我發起罷課之前，我無精打采、沒有朋友，也不跟任何人說話。我一個人待在家裡，食不下嚥。現在一切都過去了，因為我在一個有時在許多人看來膚淺又毫無意義的世界裡找到了意義。

——萬蕾塔・桑伯格（Greta Thunberg），患有自閉症的十七歲反氣候變遷倡導者[18]

在二○一○年發行的紀錄片《荷索之祕境夢遊》（*Cave of Forgotten Dreams*）中，製片人韋納・荷索（Werner Herzog）與拍攝團隊帶領觀眾展開一趟遊覽南法肖 岩洞（Chauvet Cave）的不凡旅程。取名自一九九四年發現它的其中一位探險家尚—馬利・肖維（Jean-Marie Chauvet），肖 岩洞裡繪有一些世界上保存最完好、可追溯至三萬兩千年前的史前壁畫。荷索表示，這個洞穴彷彿「記錄了時間凍結的一刻」。在裡頭的數百幅動物壁畫中（包括馬、長毛象和熊），可見一些赭紅色手印，讓人立刻聯想到先人為生活奮鬥的艱辛。即使早在三萬兩千年前，人類祖先就已知道要留下印記，讓後人知道他們的存在與重要性。

這種本能蘊含了獨特的人性。創造這些栩栩如生的優美壁畫或刻意留下手印的生物，不是熊獸（儘管牠們無意間留下了爪印），而是**人類**。哲學家與小說家蕾貝卡・戈德斯坦（Rebecca Goldstein）稱之為「凸顯重要性的本能」。[19] 有許多不同方法都可凸顯個人的重要性，其中一種強而有力的方法是確立目的。

目的需求可定義為包羅萬象的抱負，促使個人努力付出，並為自己的生活創造源源不絕的意義與重要性。立定目的通常會導致與自我相關的主要動機在根本上重新排序，以前你最在乎的事情也許突然間變得無關緊要。[20]

存在一人本主義心理治療師詹姆斯・布根塔爾（James Bugental）指出，病患在治療初期往往都有類似的擔憂與成見——他們想知道自己的本質是「好」或「壞」，會因為違反某些社會準則而感到愧疚，深受無能感所苦惱。「神經病患者經常飽受自身狹隘、隱蔽的憂愁所苦，因而無法專注在真正重要的事情上。」布根塔爾在《追尋本真》（*The Search for Authenticity*）一書中如此寫道。但在治療的後期，病患會產生「真正的顧慮」，譬如比以往更慎重選擇全心投注的事情，也願意善盡自己的責任。同時，他們也能客觀看待之前的擔憂。布根塔爾也觀察到，病患轉而以快樂為目標。「努力實現自我的人忙著傾注全力做好承諾投入的工作，很少停下腳步思考自己的快樂程度。」他表示，「似乎只有神經症患者與不快樂的人會浪費心力去在意自己快不快樂……快樂是一種狀態，你越想抓住，就越難得到，但如果你努力活出自我，它便會常伴在旁。」[21]

在一九六四年寫成的未發表論文〈快樂的心理學〉（The Psychology of Happiness）中，馬斯洛主張人需要重新定義與充實

快樂的概念。他認為我們必須學著放棄將快樂定為人生目標,並聲稱經歷「值得的痛苦」是人存在於世界上的特權──如生兒育女、擁有刻苦銘心的愛、因為才能出眾而備受折磨。他主張,我們必須重新定義美好的生活與快樂,將這種「悲慘的特權」也納入其中:「或許我們可以將快樂定義為,面對真實的問題與責任時經歷真實的情感。」[22]

目的的另一個關鍵面向是振奮人心。目的的確立會促使個人堅持不懈地克服阻礙,因為一般認為,只要鍥而不捨,努力終會得到回報。尼采曾說:「有其志者,必有其路。」這句話是維克多‧弗蘭克的座右銘,他基於納粹滅絕營的經歷而建立了一種新的心理治療形式──意義治療(logotherapy),其基礎概念是,人類不只具有「追求愉悅的意志」(佛洛伊德)或「追求權力的意志」(阿德勒),還有「追求意義的意志」。[23] 弗蘭克指出,「人最初受欲望所驅使,但也受意義所牽引……我們最關心的是自己追求意義的意志!」[24] 他表示,如果首要的意義意志受挫,個體就會將精力投射到權力意志,而如果權力需求也受挫,就會轉而專注在愉悅意志上。

弗蘭克認為,意義意志不僅是人生中最重要的存在議題,更**不可**與其他需求**混為一談**。十四歲的弗蘭克在課堂上一聽到老師說人生只不過是一段燃燒自我的過程,立刻從椅子上跳起來發問,「那人生還有什麼意義?」[25]

十六歲時,弗蘭克已在維也納的哲學界舉辦過多場演講,主張人生目的的基礎不在於提出生活的問題,而是**解答**問題──或是回應生命的召喚。之後,在經典著作《活出意義來》中,弗蘭克痛切描述親眼見證的事實,他說,集中營裡最有可能存活下來

的人，正是那些篤信天命的人們。他認為，深信人生意義非凡的個人，能夠「化悲劇為勝利，從困境中創造人性的成就」。[26、27]

馬斯洛在著作中經常將目的論述為一種天職。雖然天職的概念帶有宗教意涵，但許多體認天職的人無論是否擁有虔誠信仰，都感覺「受到未來的召喚」。[28] 科學也證實，個人如果將工作視為天職，對生活的滿意度通常都不低。請閱讀以下三段敘述，指出哪一段最能引起你的共鳴：

工作

A 先生工作主要是希望收入足以支持工作之外的生活。如果有了一定的經濟基礎，他就不會再繼續從事目前的工作，而是計畫投入其他事業。A 先生的工作基本上是生活的必要條件，就像呼吸或睡眠一樣。他經常希望上班的時間過得快一點，非常期待週末與假期到來。如果人生能夠重來一次，他應該不會從事目前這份工作。他也不會鼓勵朋友與自己的子女進這一行。他巴不得快點退休。

事業

基本上，B 先生喜歡自己的工作，但是他不認為五年後還會繼續任職。他打算換一份更好、職位更高的工作。他立定了幾項未來希望從事的職務。有時他覺得工作像在浪費時間，但他知道，自己必須善盡職守，才能更上一層樓。B 先生非常期待升遷。對他而言，升遷代表上級肯定他的工作表現，也象徵著他成功超越同儕。

天職

C 先生將工作視為人生最重要的環節之一。他很開心能從事目前這份工作。他認為工作是自我的重要組成，因此向別人自我介紹時，他都會強調自己的工作。他經常在回家後與休假時加班。他有大多數的朋友都是在職場中認識，另外他也加入了好幾個與工作有關的組織和俱樂部。C 先生很滿意現職，因為他懷有熱忱，而且認為這份工作讓世界變得更美好。他會鼓勵朋友與自己的子女從事這一行。假如有朝一日被迫退出職場，他一定會非常難過，而且他並不怎麼期待退休。

組織心理學家艾美・瑞斯尼斯基（Amy Wrzesniewski）與同事們發現，多數人都不難在以上三段敘述中找到符合自身情況的面向（事實上，研究人員非常驚訝受試者竟能如此輕易地對號入座！）[29] 他們發現，比起那些將工作純粹視為工作或事業的人，將工作視為天職的受試者對生活與生活的滿意度較高，缺勤的天數也較少。即使在收入、教育程度與職業類型一致的情況下，這樣的結果依然不變，顯示生活與工作的滿意度在更大程度上取決於個人如何看待自己的工作，而不是收入的多寡或職業聲望的高低。事實上，下面這段敘述與視工作為天命的態度密切相關：「在有一定經濟基礎的條件下，即使沒有薪水可領，我依然會繼續從事目前的工作。」

最後，目的的確立也與責任有關。當你承諾投入更高的抱負，就等於宣示在實現目標的這條路上會為自己的所作所為負責。雖然為自身行為負責未必會牽涉道德責任，但那些為世界帶來正面影響的人士都有一個特點：他們為自己的行為負起「絕對

的責任」，會為了崇高目標而做出合乎道德的選擇。[30]

　　威廉・戴蒙（William Damon）廣泛研究了實現目的的方法，並舉事業有成的商人、也是賀曼米勒（Herman Miller）辦公家具公司創辦人的麥克斯・帝普雷（Max De Pree）作為例子。儘管許多競爭對手選擇旁門左道，例如賄賂官員以謀取商業優勢，但帝普雷拒絕同流合汙，立志光明正大、問心無愧地取得成功。他希望每天照鏡子時都不會羞於面對自己，並以眼前的這個人為傲。[31] 對自身行為負起絕對責任的態度，並未阻礙帝普雷成為一位成功的商人與暢銷作家。

　　實際上，自我實現者的標誌性特徵在於，即使不受周遭環境所歡迎，仍有能力追求渴望的目標，尤其是在所處環境不健全、具有敵意或危機四伏的情況下。[32] 就如埃里希・佛洛姆所言，在瘋狂的社會中保持理智，本身就是一件瘋狂的事！馬斯洛在《邁向存在心理學》的引言中呼應了這一點：

　　心理生了病就一定會有症狀嗎？我認為不一定。沒有任何症狀就一定表示心理健康嗎？我可不這麼想。看看奧斯威辛（Auschwitz）或達浩（Dachau）集中營的那些納粹分子，有哪一個是心理健全的？健康的人，是那些愧對良心的人，還是那些自認善良、問心無愧、快樂過生活的人？擁有深刻人性的那些人，難道就不會感到矛盾、痛苦、憂鬱或憤怒嗎？[33]

　　馬斯洛主張人們應該與「內在良心」對話，若想這麼做，就必須正確地認識自己的本質、命運、能力與天職。然而，如果你不覺得自己有天職，該怎麼辦？或者，如果你受到了錯誤的召

喚，目前正在做的事情其實有礙自己的成長與健康，而且並不適合你，又該怎麼做？要是你有了理想的天職，卻似乎無法實現目標，又該如何？這些情況都會造成深刻的挫折與不安全感，當然也會阻礙成長。在本章接下來的部分，我將回顧最新的科學研究，闡述如何明智地選擇目標與追求目標。

明智地選擇目標

> 不值得的事不值得用心去做。
> ── 亞伯拉罕・馬斯洛，《優心態管理筆記》（一九六五年出版）

　　光是確立目標，並不足以推動成長。我們可以有意識地為自己設下許多包羅一切的目標，但這些其實無助於全人的發展，而且往往有可能嚴重危害自我實現。研究顯示，選擇**適合自己**的目標至關重要。

目標的內容

　　八〇年代，羅伯特・埃蒙斯（Robert Emmons）發起一項針對個人目標的研究計畫，採行的方式首開先例：他請受試者列出目標。[34] 這聽來也許沒什麼特別，但之前許多相關研究都請受試者從研究人員預先設定的清單中選出希望達成的目標。埃蒙斯運用了另一項創新的作法──名為「實驗性取樣」，由心流與創造力學者米哈里・奇克森特米海伊（Mihaly Csikszentmihalyi）首創。[35] 在實驗中，受試者在三週的期間內定時回報自己的心情與想法。

　　埃蒙斯發現，個人的追求與情緒明顯相關：這三週內，受試者越重視且越努力達成自己的目標，就越感到「快樂」、「開心」和「愉悅」。相反地，聲稱自己「不快樂」、「沮喪」與「挫折」的受試者則比較沒有把握可達成目標，容易懷疑自己的努力，在過程中也產生較大的矛盾。雖然光是設定目標便可增進生活滿意度，但生活滿意度最高的受試者，正是那些認為自身努力有其重要性與價值的人，此外他們也不容易對其他目標產生矛盾情緒。

　　這項針對個人目標的早期研究，明確凸顯了人在一生中至少必須設定目標的重要性。過去二十年來，埃蒙斯指導的碩士生凱能・薛爾頓（Kennon Sheldon）將這項研究往數個重要的方向延伸。[36]薛爾頓與同事得到的其中一個發現是，雖然選擇目標及為此努力有助於個體的幸福，但目標的內容也有影響。比起追求地位與出自不安全感的目標（獲得權力、金錢、自尊、外表或受人歡迎），有助成長的目標（掌握、自我提升、創造力、連結、社會貢獻）更能增進幸福感。

　　我們有許多需求，在生活中當然也會有許多目標。受試者在心理學實驗中應要求列出個人目標時，往往會寫出五花八門的內容。然而，多數人的目標並未妥善整合，其中一些人的目標更是支離破碎，導致生活毫無條理且缺乏意義。研究顯示，理想的心理健康需要的不只是正確的目標，還有各種目標的整合。

　　理想上，我們應該條理分明地設定目標，才能藉此達到「終極關懷」（ultimate concern）並成為更好的全人。[37]主張自我調節（self-regulation）的學者們強調，目標導向的行為有階級之分，從底層的具體、短期與可行的目標，一路往上到頂層的抽象、長期與整體的人生目標。[38]相較於低階的目標（「我想吃那

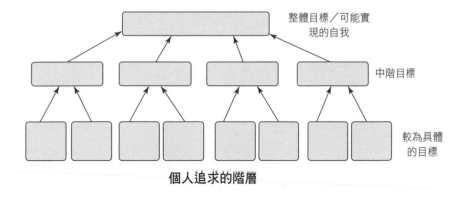

整體目標／可能實現的自我

中階目標

較為具體的目標

個人追求的階層

塊比薩」），最上層的目標——如「我想成為優秀的健康指導教練」——更容易喚起意識與促成自我定義，也通常與更為自發性與習慣性的活動有關。

雖然我們有許多（也許是大部分！）行為都受到下意識的習慣所影響，加上意識通常會慢半拍，但意識多少都有一些能力可選擇行為可能性，「來支持選定的目標」。[39]人是否真有自由意志，這個問題引起了諸多熱議。[40]我無意妄下斷語，但我相信，最能定義自我的目標或天職，的確能帶給我們自由意志，讓我們展現破釜沉舟的決心，勇敢從深思熟慮跨出一大步，許下承諾。[41]如果我們明智地選擇目標，就能將它們依照共同目的重新調整先後順序，超越此刻的自我，往更好的自我邁進。[42]

明確想像可能實現的自我再重要不過了。五〇年代，創造力學者保羅·托倫斯（E. Paul Torrance）對一群小學生展開長期研究，希望找出人在一生中最重要的創造力特徵。在二十五年的追蹤期間，最顯著的創造力指標之一是受試者在年輕時「愛上想像中的未來自我」的程度。[43]比起托倫斯與同事在研究中採用的其

他每一項學業表現測量標準，這個變數更能準確預示這群學生的
創造力。在題為〈愛上「某件事」的重要性〉（The Importance of
Falling in Love with 'Something'）的論文中，托倫斯提到，「生
命中最令人振奮的時刻，就發生在我們努力奮鬥與追尋的瞬間，
那一刻，我們的眼前會出現耀眼的光芒，而前方就是嶄新的未
來」。[44]

　　因此，最明智的人生選擇是，對一個能夠體現未來自我且與
其他追求高度整合的目標做出慎重承諾。你必須有意識地改變不
再有益於擴展目標的習慣。其實，你的目標階層不必列出所有待
辦事項；「**不要**做的清單」也同樣重要，例如「婉拒任何不符合自
身價值觀的機會」。

　　你設定的目標階層有可能並不健全。這裡我們舉「成為世界
級音樂家」的個人整體目標為例：

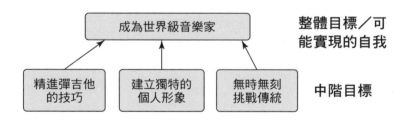

這個人在日常生活中的目標包含了各種與地位相關及成長取
向的追求。這些追求並非全都有助於達到成為世界級音樂家的整
體目標，而如果將部分的中階目標改成相對具體可行、而且與成
長和技能精進更直接相關的追求（例如尋求更多指導、努力增進
跟音樂才能相關的宣傳能力、參加更多演奏會與擴展業界人脈），

這位滿懷抱負的音樂家便能更加貼近自己的人生目的。

也有可能出現個人的目標階層妥善整合，但整體目標並不值得追求的情況。譬如，你將最高目標定為「在社群媒體上擁有更多追蹤人數」，但假設真的實現了這個目標，也無助於全人發展。有些人追求的整體目標甚至只是「出名」而已。以下為目標階層健全、但與成長並無直接關聯的一個例子：

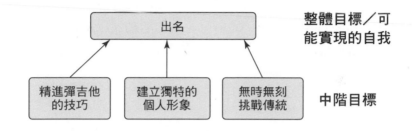

當然，每一個低階目標都能增加個體出名的可能性，但這個整體目標真的值得追求嗎？如果你設下了**數個**高階目標（這是有可能的），就必須進一步整合目標階層，以利這項人生計畫促進其

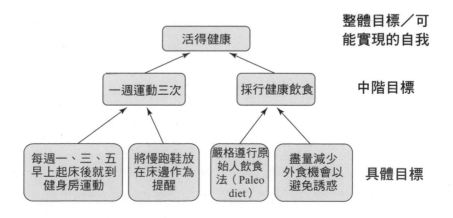

他計畫的開展。下面示範一個可能有助於生活中許多其他面向的
目標階層。

　　無論你的目標階層為何，都必須確保各項追求與目標經過縝
密計畫，以利實現最好的自我，避免許多令人分心（通常具有誘
惑性）的事物與外在要求妨礙自己達成更高階的目標。薛爾頓與
提姆・凱瑟（Tim Kasser）發現，有鑑於此，設定有益成長的目
標並妥善整合可促成各種健康的結果，包括提振日常情緒、生活
滿意度、自我實現、活力、從事有意義的活動，以及在生活中不
同角色之間取得平衡。[45]

目標的原因

　　理想情況下，「同型論」（isomorphism）會出現，即個人與其
〔有助於自我實現的〕工作（個人的事業、責任、天職、職業、
任務等）會相互汰選。換言之，每一項任務只會「召喚」世界上
一個最適合完成它的人，就像一道鎖只能由一把鑰匙解開一樣，
而命中注定的那個人會對那項任務產生強烈的使命感與共鳴，據
此調整自己的方向，並回應它的召喚。個人與其工作之間會有互
動、互相適應的過程，就像感情融洽的婚姻或友誼那樣天生絕配。

——亞伯拉罕・馬斯洛，《優心態管理筆記》

　　不只必須選擇極度有益成長的目標，也應該基於正確的理由
做出選擇，讓自己打從心裡認同這些目標。你有可能選擇了一個
有助成長的目標，但不認為它適合**真正的**自己。

　　薛爾頓發現，我們可以有意識地反省選擇特定目標的**原因**，
來洞察自己奮鬥努力的動機。想知道為什麼會如此，就必須先瞭

解自我決定論的宗旨。[46] 根據自我決定理論，每個人對於生活的掌控感都不同，在認為選擇的目標反映出深層的自我、以及目標受到外在力量或內在的不安全感與愧疚所影響的程度上，差異更是懸殊。這些各式各樣的動機都存在於「動機品質」（motivational quality）的連續體之中，類似卡爾‧羅傑斯主張的「漸進式自主」概念。[47]

動機品質包含了整體的無動機（amotivation，感覺就像經歷所有動機）、外在壓力、內在壓力、個人價值與內在動機——你會發自內心對工作感到滿足與享受。一個人若擁有優質的動機，則他／她重視自己的目標及發自內心地感到滿足的程度也會跟著提升。

薛爾頓做出的重大變革是，在個人追求的研究中運用了這個強而有力的動機架構。令他訝異的是，他發現個人設定希望追求的目標，並不代表他／她感覺自己擁有這個目標。一些人的目標

動機品質（MQ）連續體

無動機	外在壓力	內在壓力	個人價值	本質
‧我感覺自己像行屍走肉。	我受到以下因素所控制： ‧獎賞／空洞的讚美 ‧懲罰／威脅 ‧他人施加的壓力	我受到以下因素所控制： ‧愧疚／羞恥 ‧自我壓力 ‧自我涉入	我認同與重視自身任務和工作的目標（即使我的工作無法帶來直接的快樂）。	我打從心底對工作感到滿意。我的工作使我的內心感到愉悅。
相關： 生產力較低 創造力較低 學習力較弱 報酬滿意度較低 對價值觀與政策的信守度較低 忠誠度與信任度較低		動機品質較低　　動機品質較高		相關： 表現較好 創新度較高 學習力較強 工作與報酬滿意度較高 對價值觀與政策的信守度較高忠誠度與信任度較高

似乎不是自我決定的，彷彿不是真正出自內心深處的愛好、價值觀、才能、需求或動機。[48]

　　自我決定的目標與受外在因素控制的目標有何不同？薛爾頓的早期研究顯示，對追求的目標懷有強烈自主性的那些人，具有較高的經驗開放性，比其他人更注重內在經驗，在自我實現的測試中得分也比較高。還有研究指出，最能精準代表一個人的目標是「自我一致的目標」。有大量研究顯示，選擇與自我一致的目標，不僅對於成長、實現與幸福的正向循環影響深遠，也關乎你願意為此付出多少心力及最終**達成**目標的可能性。[49]

　　一個人會追求實際上不適合自己的目標，有許多原因。薛爾頓發現其中之一是，那些追求與自我不一致（即不符合內在的興趣與價值觀）的目標的人，比其他人更容易受到外在影響。其實，許多社會壓力（如父母、朋友、社群媒體等）都可能對你的承諾與追求造成強烈影響。因此，你有可能正面臨或從事你所重視、或認為自己「應該」重視的處境或工作，但**其實**你的內心並非如此。許多社會壓力立意良善，譬如迫使你為了有利社會的目的而去做某件事。然而，亞當・格蘭特的研究顯示，假如你基於親社會動機而從事某個活動，卻未發自內心地感到喜悅，則這樣的不協調就會危害你的毅力、表現與生產力。[50]

　　我們往往以「理性自我」（「應該」扮演的自我）層面處事，以致失去了與「經驗性自我」（「實際」的自我）的聯繫。[51]然而，經驗性自我通常能夠深刻認知真實自我的面貌，更重要的是，它知道我們**有能力**成為什麼樣的人。我們不該因為這些信號而羞愧，而是應該徹底接受並瞭解它們。

　　如果你想要洞察**最好**的自我，評估自己的「個人長

處」（signature strength）、或者能呈現真實自我、激勵你與帶來活力的特定人格面向，也許有幫助。[52] 所謂的個人優勢包括各種才能與「性格優勢」，也就是特別有助於你與他人開創美好生活的人格面向。[53]

道德目的

　　每當我談到目的需求，總有人問，「那希特勒呢？感覺他有很強的目的感。」是這樣的，我非常清楚歷史上有許多人都利用毀滅性手段來滿足自己的目的需求，而這正是我不斷強調需求階層必須經過**整合**的原因。如果沒有先經歷其他方面的成長，就直接跳到目的這一層，後果將不堪設想。現代研究顯示，驅使暴力極端主義的正是對於個人意義的控制需求——渴望凸顯個人的重要性，渴望「成為某人」，渴望在生命中創造意義。[54]**單純設定目標，未必就是健康的人性追求。**你很有可能為了滿足自己迫切渴望、永無止盡的安全需求（不論是人身安全、歸屬或自尊），而選擇一個將對自己與他人造成不良後果的目標。

　　希特勒或許滿足了自己的目的需求，但他採取的是最有助於成長的方式嗎？（這個問題留給大家深思。）我將目的需求擺在整合式階層的頂端是有原因的。根據研究，多數有益成長的目的都奠基於安全的環境、歸屬、連結與健全的自尊，並且受到探索與愛的驅策。若想達成目的，就必須對許多需求進行深度整合。

　　過去半世紀以來，心理學家傑瑞米・弗里莫（Jeremy Frimer）與同事對具有影響力的道德代表人物展開廣泛的分析。[55]他們依據安妮・科爾比（Anne Colby）與威廉・戴蒙在合著的《真心關

懷》（*Some Do Care*）中所提出的標準來選擇研究對象。[56]科爾比與戴蒙認為，所謂的「道德典範」具有以下特質：

- **有原則／品行端正**：他們「堅守尊重人性的道德理想或原則，或者始終秉持道德美德」。
- **言行一致**：他們「傾向依據道德理想或原則行事，這意味著他們的行為與意圖，還有做事的方法與目的都是一致的」。
- **勇敢**：他們「願意為了道德價值觀而犧牲個人利益」。
- **鼓舞人心**：他們「經常激勵他人，進而驅使他人採取道德行動」。
- **謙遜**：他們「以務實的謙遜態度看待自己在世界上的重要性，這意味著他們比較能平靜地看待自我意識」。

　　根據專家學者依照上述標準對影響力人物進行的評估，弗里莫與同事找出了多名道德典範，包含羅莎・帕克斯（Rosa Parks）、希林・伊巴迪（Shirin Ebadi）、尼爾森・曼德拉（Nelson Mandela）、莫罕達斯・甘地（Mohandas Gandhi）、翁山蘇姬（Aung San Suu Kyi）、達賴喇嘛、小馬丁・路德・金（Martin Luther King Jr.）、安德烈・沙卡洛夫（Andrei Sakharov）、艾米琳・潘克斯特（Emmeline Pankhurst）及伊蓮娜・羅斯福。這些人在科爾比與戴蒙提出的五個標準中均得到高分。

　　與其相對的影響力人物則包含希特勒與毛澤東等「暴君」，他們在有原則／品行端正及謙遜的面向中得到低分，其餘標準的得分不高也不低；佛拉迪米爾・普丁（Vladmir Putin）、金正日、艾略特・史匹哲（Eliot Spitzer）、唐納・倫斯斐（Donald Rumsfeld）與

梅爾‧吉勃遜（Mel Gibson）等「黨派成見者」，他們在所有五個道德面向中都得到低分；還有瑪麗蓮‧夢露（Marilyn Monroe）、比爾‧貝里奇克（Bill Belichick）、大衛‧貝克漢（David Beckham）、康多莉扎‧賴斯（Condoleezza Rice）、胡錦濤及阿諾‧史瓦辛格（Arnold Schwarzenegger）等「事業成功者」，這些人在五個道德面中的得分都落在中間點。你也許會對這些分類有意見，但這份名單並非以政治立場為分界。至少在好人的特質這個項目中，自由派與保守派人士從道德層面評判影響力人物時，所依據的道德基礎其實非常類似，例如關懷、公正與純潔。[57]

那麼，弗里莫與同事發現了什麼？某種意義上，這些具有影響力的人物都是同一種人：他們都積極追求自己的目標。實際上，心理學家‧安德莉亞‧庫祖斯基（Andrea Kuszewski）指出，英雄與壞人的共通點在於堅韌、勇敢、冒險與叛逆的精神。[58]她甚至替這般無所畏懼的英雄取了一個名字：「X利他主義者」（X-Altruist）。

儘管如此，英雄與壞人在一些關鍵特質上並不相同。道德典範者遠比其他人更能在主宰需求與共融需求之間取得平衡，其他影響力人物則表現出更強烈的主宰本能。具體而言，道德典範展現了「通曉的自我利益」，顯示主宰本能與共融本能若以利己的方式結合在一起，必然涉及對他人的幫助。[59]這與馬斯洛提出的協力概念極為相似。

這些影響力人物的終極目的也存在極度的歧異。對道德典範者而言，主宰的行為永遠為了共融的需求而生。主宰只是達成人性追求的工具。以下舉英國婦女參政運動人士艾米琳‧潘克斯特（Emmeline Pankhurst）在一九一三年十月二十一日於紐約市發

表演說的部分內容為例：

　　我們很高興自己曾經奮鬥過，也很高興能為世界各地的女性
打拼。我們唯一的要求是請大家支持我們。雖然，你們或許無意
像我們這樣抗爭，但你們明白我們抗爭的意義，明白我們是爭取
偉大的理想、希望讓人類變得更好的女性，也瞭解我們相信人類
要進步，就必須解放女性與提高女性的地位。[60]

　　在這段演說中，工具性的主宰行為（爭取權益）是為了達到
共融目的（讓人類更進步）。對於那些非道德典範的影響力人物
而言，主宰的行為是為了滿足主宰的需求。他們不是根本沒有任
何明確的親社會目標，就是為了促進某件事（如成就偉大）的需
求，或者極度渴望獲得更多權力、金錢、地位與對他人的控制。
弗里莫與同事認為，雖然多數人在心理上將主宰與共融需求視為
兩件事（其中一方在任何時候往往凌駕另一方），但道德典範者卻
能妥善整合人類存在於世界上所面臨的二元性。[61]

　　不可能所有人都成為（或努力成為）甘地或羅斯福，但對多
數人而言，當內心深處的動機與為他人帶來正面影響的動機達成
一致，就能獲得成長、活力與完整的最大動力。有許多方式都可
以實現這一點，不論是精通某項技能、進行藝術創作、秉持鼓舞
人心的領導態度，或是加入人道組織。當我們擁有自我決定感及
發揮正面影響的動力，往往都能成為最快樂、最堅持不懈、最具
生產力與表現最突出的人。[62]正如薛爾頓所說，「基於善念而行善
者，是世界上最快樂的人」。[63]

　　要達到這種高度整合並不容易，而且需要極大程度的自

我發展，但這卻是成為全人的必要條件。心理學家威廉・納斯比（William Nasby）與南茜・里德（Nancy Read）表示，「具有主宰力的英雄待真正屠龍的那一刻到來，方能見真章；只有整合了主宰與共融需求的神話等級英雄……才會高舉長劍迎戰心中的惡龍」。[64]

　　總括而言，如果你希望明智地追求目標，那麼你選擇的整體目標就應該（1）真正符合內心深處的成長動力（2）令你感到喜悅，而且是你自由選擇的（3）有助你在未來持續成長與對社會做出貢獻（4）與其他生活目標及基礎需求相互融合。

　　不過，明智地追求目標只是第一步。若想體會滿足目的需求後可帶來的顛覆性好處，你必須依照目的**過生活**，而且是透過明智的方式。

明智地追求目標

　　如果你刻意保留實力，那麼我必須警告你，往後的人生你會過得非常不快樂。你將逃避自己的能力，逃避自己的可能性。

　　　　　　　　　　——亞伯拉罕・馬斯洛，《人性能達到的境界》

　　擁有真正適合自己的天職是一回事，而努力實現天職又是另一回事。追求是驅使你實現目的的關鍵力量，但光是追求並不夠。如果你想努力實現天職，就必須明智地追求目標。倘若你希望實現天職，進而獲得理想的健康、成長與幸福，就必須具備下列特徵：

- SMART 目標。

- 保持意志力與沉著。
- 擁有和諧的熱情。
- 運用個人長處。
- 懷抱希望。
- 接受他人的支持。
- 知道何時該前進。

SMART 目標

　　為了實現自己的目標，我們必須立下務實、有意義的目標，為成功奠定基礎。因此，我們可以根據 SMART 原則來制定目標：（1）具體（specific）（2）可衡量（measurable）（3）可達成（achievable）（4）與其他目標相關（relevant）（5）有時限（time-specific）。[65] SMART 目標可以幫助我們將大型的總體目標細分為小型、比較容易達成的任務，進而提高自我效能。現在我們來一一探究這五項原則。[66]

　　總體目標：我希望多運動

　　根據 SMART 原則制定目標

　　具體：目標越具體越好。你必須明確指出你希望做到什麼事情、在什麼地點與什麼時候進行，以及對象是誰。假設你是醫學院學生，你可以透過許多方式來增進幸福感，但是請專注於一個領域並指明細節。例如，「我希望每週到健身房運動至少一百五十分鐘（每週五次，一次三十分鐘）」。

　　可衡量：目標應該要可以衡量，也就是說，你應該設定目前的判定標準或基礎值，並且預測變化的程度。例如，「目前我每週運

動九十分鐘，我希望到了下個月增加為每週運動一百五十分鐘」。

可達成：目標必須符合現實；假如你設定了無法達成的目標，便有可能在過程中受挫或失去追求的動力。因此，請務必擬定實際的時程表，確保自己能達成目標。例如，「這是一個可達成的目標，因為我一定會在每週一、四、五早上上課之前，以及每週三和五的晚上完成任務」。（如果你自知不是晨型人，最好改成下午運動。）

與其他目標相關：目標應該與整體目標一致。請定期自我評估，確保短期目標與總體目標一致。例如，「我希望多運動，因為運動後我總是精神煥發，感覺更好了。運動可以改善我的情緒、認知、睡眠與整個人的活力」。

有時限：目標應該設有具體的時限，如此你才能（1）衡量自己是否有達成目標（2）在一陣子過後主動修正目標。例如，「我希望下個月每週運動一百五十分鐘；每過一週，我將檢視這個目標是否可行，並繼續達成進度」。

意志力與沉著

比起我們應該成為的樣子，我們只算半醒而已。我們烈火般的熱情遭到澆熄，我們檢討擬定的計畫。我們只運用了一小部分的心智資源……人人都擁有龐大資源，但只有少數膽識過人者才能充分發揮這些資源的價值。

——威廉・詹姆斯，《人的能量》（*The Energies of Man*，一九〇七年出版）

即使是快樂的人生，也必然有一定程度的黑暗，假使沒有悲

傷，「快樂」一詞便會失去意義。我們最好以耐心與沉著看待事物的發展。

　　——卡爾·榮格（Carl Jung），《生活的藝術》（*The Art of Living*，一九六○年出版）

　　若想依照目的過生活，你心中的熱情必須隨時間發展與增長。這包含了一段持續、反覆投入熱情與堅忍不拔的過程。[67] 近期一項研究發現，一個人在兩年期間內越深入發展天職，就越有可能到了第三年依然持續投入。[68]

　　一旦你投入天職並開始有所進展，便會越來越積極、付出更多努力，接著進入成長與發展的正向循環。[69] 正因如此，你不應該認為自己的熱情與興趣已完全定型且只需要探索就好。那些認為自身興趣固定不變的人，在遇到困難時會比其他人更容易喪失前進的動力，因而很快就半途而廢。[70] 明智地追求目標，並不表示你將能輕易**在生活中實現**遠大的追求。

　　近年來，安琪拉·達克沃斯的研究讓「意志力」的概念——追求有價值的長期目標的熱情與毅力——廣為人知。實際上，意志力是依照目的過生活**不可或缺**的要素。[71] 達克沃斯表示，「意志力指的是，即使你失敗了、搞砸了，或是努力過程中遇到了阻礙，仍能毅然堅持〔長期〕目標」。[72] 意志力意味著個人與內心最重視的承諾達成一致，不會一遇到困境就放棄。達克沃斯指出，意志力的精神是「將生活當成一場馬拉松，而不是短跑」。[73]

　　遺憾的是，人們對於意志力有許多誤解。[74] 最嚴重的一個是以為意志力就是埋頭苦幹、一心一意地追求特定目標，不論這將對自己或他人造成哪些後果。我與同事瑞伯·瑞貝爾認為有必要區

分興趣的多元性（如「許多不同的主題與計畫都令我感到興奮」）與興趣的反覆無常（如「我覺得自己的興趣非常不穩定，像風一樣變幻無常」）之間的差異，有意測試這項假設。[75]

我們發現，這兩者**毫無**關聯，但是，擁有多元興趣與面對困境時仍能堅持不懈，具有強烈的**正**相關。換言之，同時對多項計畫感興趣，並不表示你比較有可能半途而廢。興趣的多元性與探索動力，以及高度的健康、生活滿意度、自我接納、生活目的、個人成長、完整感、正向人際關係、自主性、壓力耐受度、心理彈性、工作滿意度、工作表現、創造力及對世界有所貢獻的欲望，具有密切關聯。興趣的反覆無常則與這些結果呈現**負**相關。我們的研究清楚顯示，一個人在擁有多元興趣的同時，仍然可以與內心最重視的興趣保持高度的一致性。[76]事實上，如果你除了具有意志力之外，也勇於探索並努力追求愛（包含健康的自愛），就**更有**可能在困境中堅忍不拔。

佛教的平靜概念顯著地帶有意志力的意味，而我認為這個元素最有助於成長。意志力的重要元素絕對非不計代價一味追求長期目標，而是在人生中遭遇無可避免的壓力時，依然抱持溫暖與開放的胸懷。在佛陀眼中，人是「想像豐富、情操崇高、無可估量，而且沒有惡意」的。[77]

平靜也包含了正念的培養及觀察，不盲目追求目的，但始終樂於學習新知，持續尋求智慧與面對現實，不斷督促自我及追蹤自我對個人和他人成長的影響。

平靜的第三個面向是平衡、穩定與中心。平靜汲取的是內心的力量，建立在健康的本真與核心特質之上。你越肯定自己，在追求目標的旅程中就越能抵擋無可避免的阻礙。

心理學家米亞‧瓦伊尼奧（Mia Vainio）與戴瓦‧道坎泰提（Daiva Daukantaite）也發現，意志力與幸福感的許多指標有關，包括自主、環境掌控、自我接納、個人成長、人生目的及正向的人際關係。然而，這種關係**取決於**個人的本真程度（包含更大程度的完整性、自我連結與對外在影響的抗拒）與一致感（感覺世界是可理解、可控制與具有意義的）。[78] 結論顯而易見：帶有平靜的意志力最能增進幸福與成長。

看到這裡，你也許會問：**面對人生中無可避免的苦難時，要保有溫暖的心胸、接納萬物，並且不帶偏見地保持開放意識，究竟有多難？想依照目的過生活，有時不就需要對某人採取嚴厲行動？**記住，平靜只是整合性需求階層的一部分。據馬斯洛觀察，自我實現的特徵有時似乎與行動互斥，尤其是行動確實有必要的時候。他指出，「舉個例子，假設你受到老虎的威脅，便需要殺死老虎，即使這個行為有違你對牠的存有認知（B-cognition）」。[79] 事實上，有時你必須採取決定性的行動來保護自我的存在，或者他人的存在。依照目的過生活與成為全人的關鍵是，保有平靜的**本質**，但維持防衛、對抗與堅守立場的**能力**。

儘管如此，大多時候對多數人而言，平靜是優雅地度過難關、以及在紛擾煩憂中專心致志的必要條件，如果你受困其中，便往往無法善盡天職。

和諧性熱情

當你努力追求目的，內心可能會產生不安全感。不幸的是，這會削弱你追求目標的意志。若想明智地追求目標，你必須時刻評估自己投入特定目的的原因。

套用熱情學者羅伯特・瓦勒朗（Robert Vallerand）的說法，你對於與目的相關的活動抱持比一般人多的「和諧性熱情」，還是你的熱情已經變成了一種執迷？瓦勒朗與同事將熱情定義為「強烈傾向從事自我定義的活動，個體喜歡（甚至熱愛）並重視這些活動，而且投入大量的時間與精力」。[80]當你對某事懷抱熱情，這件事便會成為你的一部分（譬如熱愛寫作的我會有「我是作家」的認知），而不只是你碰巧喜歡的某個活動。注意，和諧性熱情與強迫性熱情**都**是熱情，都牽涉了投入自己熱愛與自我定義的活動。雖然如此，這兩種形式的熱情以不同的方式融入個人的自我認同與生活，對成長與發展造成不同影響。

努力追求目的時，請捫心自問：**我追求這些活動，是因為它們源自於最好的自我（好讓我在過程中感受到喜悅與自由），還是我被迫追求這些與目的相關的活動（不管是迫於外在壓力或內在強迫及愧疚與焦慮的感覺）？** 你也應該認真思考自己是否過度專注於追求目標，而減損了自我的其他面向，或者忽略了其他與目的無直接關聯、但有益成長與完整的活動。[81]

當然，在與目的相關的活動中，你有可能同時抱持強迫性與和諧性的熱情，而強迫性熱情會促進你的直接表現（尤其是自我受到威脅的時候）。[82]儘管如此，長期而言，秉持高度的和諧性熱情，會遠比強迫性熱情更有助於發展生理健康、幸福、掌握感、表現與創造力。[83]事實上，透過和諧的方式追求目標，可以幫助你脫離強迫性反芻（obsessive rumination）與細微的不安全感。[84]這也能幫助你在從事與目的相關的活動時保有探索與愛的精神，以利實現目標。

和諧性熱情有益成長的另一個原因是，它能保護你不受到

過度偏執的熱情所害。[85] 強迫性熱情會驅使你一味追求目標而忽視自我關懷，而且排斥其他可帶來充沛活力的生活面向，譬如休息、欣賞美麗的日落、經營正向人際關係、鑽研新的興趣。努力追求目標的同時，你應該每隔一段時間就回頭反省，自己對這些相關活動的熱情，是否成為了阻礙全人發展的偏執傾向。

發揮個人長處

當你努力追求目標時，請務必透過嘗試各種方法以發揮最突出的個人長處。[86]多項研究指出，一個人越能透過各種新奇方式在日常生活中運用個人長處，就越能獲得幸福，感到焦慮與沮喪的可能性也越低。[87]你越發自內心地追求目標，就越能勇敢面對困難，因為堅強的內心會帶給你力量。

希望

我們可以從一些性格優勢的培養得到好處。[88] 前面已提過在追求目標的道路上普遍值得培養的兩個優勢：探索與愛。另一個性格優勢為希望。[89]這裡指的希望不是樂觀——樂觀僅限於對光明未來的期待——而是達成目標的意志與方法。已故的希望學者查爾斯‧斯奈德（Charles Snyder）與夏恩‧羅培茲（Shane Lopez）發現，你越受目標所激勵、越能想像可能遭遇的困難並設法克服，就擁有越多的希望，也越容易破除阻礙。[90]

懷抱希望的心態可以培養一種信念，讓你相信有多條路徑可通往目的地，並幫助你在選擇路徑時保持彈性。擁有希望的人比其他人更能夠將失敗視為成長的機會、將挫折歸咎於不良的策略而非性格的缺陷，利用各種資源與策略克服難關，以及認清一路

上潛在的阻礙。[91]

　　我就是靠希望熬過了童年。小時候，我有聽覺及焦慮方面的問題，並因此進了特教班。九年級時，一位老師問我，怎麼這麼大了還待在特教班，從那時起，我就努力克服障礙以進入普通班。但是，我對於考試的焦慮依然存在，因而無法參與想上的課程與進入希望就讀的大學。然而，每次面對阻礙，我都嘗試尋找其他的解決方式。遭到卡內基美隆大學（Carnegie Mellon University）心理學系拒絕入學後，我旁聽歌劇學系的課程，最後進入該系就讀。後來，我輾轉透過關係如願進了心理學系！儘管困難重重，我仍堅定意志且持續努力達成目標。

　　因此，我親身見證了希望的力量，尤其是斯奈德與羅培茲提出的概念。你可以根據他們設計的希望量表（他們稱之為「未來量表」）評估自己目前的希望程度：

希望量表

目標導向的活力

- 我充滿活力地追求目標。
- 過往的經驗讓我做好迎接未來的準備。
- 我的人生相當成功。
- 我達成自己設定的目標。

途徑

- 我能想出許多方法脫離困境。
- 任何問題都有許多解決方法。
- 我能想出許多方法以達成生命中重要的事情。

• 即使別人都心灰意冷，我仍相信自己可以設法解決問題。

研究顯示，希望與生活中的許多正面結果有關，包括生理健康、心理健康、學業成就、創造力與體育表現。[92]希望也有助於減緩負面生活事件的不良影響（如抑鬱傾向），增進面對失去與困境時的韌性。[93] 在近期一項追蹤性格優勢長達一年的研究中，希望是唯一可減緩創傷事件所致的負面影響的優勢。[94]如此看來，希望**特別**能夠增進韌性與平靜，同時也是幫助你明智地追求目標的有力工具。

獲得支持

富有探索精神、充滿愛與具有目的性的個人倘若孤立無援，也難以達到完全的自我實現。本章提到的心理因素固然重要，但對於嚴重弱勢或處於艱困與不支持的環境中的那些人，我們不應該斷然將他們的失敗歸咎於缺乏希望或意志力。**環境也會對個體造成影響**。

環境的支持牽涉兩個共同誘發潛能的要素：開明的領導與開明的文化。雖然他們在所有的人類努力與社會面向中價值非凡，但這裡的重點是組織性的工作環境，以便為數眾多的就業人士能夠將這些寶貴知識運用在生活中。

首先，我們來談談開明的領導。當主管展現出與眾不同的特質，員工便較容易從工作中獲得滿足、發自內心地喜歡與看重自己的工作，也會在更大程度上為組織奉獻心力、具有目的性與發揮創造力。[95]依照馬斯洛的論述，我將這些特質稱為「開明的領導」，儘管「變革性領導」與「賦能性領導」等詞彙在近年來廣為

人知。開明的領袖具有下列特質：

- 開明的領袖以身作則。他們嚴格要求自我的表現，跟組織內的任何人一樣認真工作，善於表達，懷抱真誠的熱忱，對組的未來展望具有強烈的目的性或明確願景。
- 開明的領袖會清楚地向員工告知要求。他們能認清工作任務與組織願景之間的連結，明確表達期望，並誠實公正地回應員工在意的問題。
- 開明的領袖相信員工，會明確表現出自己認為員工將能達到高度期望的信心與信念。
- 開明的領袖會參與決策過程、跨越權力階級，鼓勵並讓員工有機會表達看法，並參考這些意見來制定職場決策。
- 開明的領袖擅長指導員工，在必要時提供協助，教導員工如何獨立解決問題，肯定員工的良好表現，幫助他們專心完成任務，有時還能挖掘他們的潛力，而對自己則不見得能夠如此。
- 開明的領袖會關心員工，找時間與個別員工聊天和蒐集意見，設法增進職場中的幸福感與意義，持續推動員工的成長與發展，並發自內心地感到驕傲。

　　獲得支持的另一個關鍵面向是個體所處的文化。開明的文化**支持自主性**。[96]處於支持自主性的環境的人們會感覺能夠自由做決定，並認同自己所追求的目標，而不是基於外在獎勵或義務去遵循長官的指令。當然，工作中會有一些任務由主管交付，但關鍵在於，員工會清楚地知道**為什麼**要完成某項任務，而不是在控制

或壓力下展開工作，此外也能有一定程度的自由能選擇完成工作的方式。近期研究顯示，人們在心理上擁有越多自由（自主性），對自身行為便具有越多責任感，也越能承受失敗的羞辱。[97]如伊蓮娜‧羅斯福所言，「自由對每個人要求甚多。想要有自由，就得負起責任」。只要可以自己做決定且擁有自主性，人們似乎樂於背負責任這個重擔。

支持自主性的組織自由開放、具有前瞻性，而且以成長為導向。在這種環境下，員工擁有足夠的安全感，勇於從事冒險、探索甚至容易失敗的活動，而這對創造力至關重要。[98]員工也感覺擁有自由，除了自我表達之外，也能在感覺目前的工作不適合自己的時候勇敢說再見。今日的組織也不鼓勵專制主義，因此，如果資深員工犯了嚴重錯誤，其他資淺的員工可以提出質疑。在這種組織裡的每個人可以表達自己的意見，並與看法不同的人進行互相尊重與合理的討論。

此外，在支持自主性的組織中，職場的核心價值觀是多數員工所認同的看法，並涉及超越特定群體利益的自我超越價值觀。如先前所述，大多數的員工不只希望表現良好，也希望自己對更遠大的目標有所貢獻。[99]如果員工感覺公司不只在乎老闆的利益，也關心全體員工與所有關係人的權益，那麼他們就比較有可能獲得成長的動力。[100]

支持自主性的環境也牽涉了同事的支持：同事或同儕關注彼此的成長與自由、互相交流技能與知識，甚至會幫忙對方趕上工作進度或解決對方在追求重大目標時所遇到的難題。[101]研究顯示，同事間的支持可以增進成長動機，帶來實現目標的理想助力。[102]此外，在這種文化中，嘲諷的行為幾乎不存在。每個人互相解答心

中的疑惑，而且總能欣賞對方的長處。如此的互動不是為了從他人身上得到好處，而是打從心裡讚賞他人與在乎他人的成長、發展與自由。

最後，支持自主性的組織文化允許一定程度的工作形塑（job-crafting），藉此讓員工在工作中有一定的決定權，以促進成長、承諾、工作滿意度、韌性、目的與幸福。[103]工作形塑者可以重新設計執行任務的方式、在工作的同時加深社交連結，並將任務視為對社會更具意義與更有幫助的事情。如此一來，餐廳的廚師可以是藝術家，醫院的護士可以是治療師。即使是看似侷限的工作，也會有工作形塑的機會。賈斯汀・伯格（Justin Berg）、珍・達頓與艾美・瑞斯尼斯基指出，「舉例來說，生產線技術員若想重新形塑工作的面貌，可與同事培養愉悅的社交關係，或者承擔其他任務以發揮所長，例如架設可擺放重要設備的層板」。[104]

工作形塑也有可能滿足個人未竟的天命，對其他工作懷抱的渴望和熱情。[105]個人會投入更多時間與精力在切合自身熱情的工作上，譬如，有一位圖書館員私底下熱心助人，而當他在工作時遇到學生和家長，就會願意花時間與他們交談。或者，個人會**擴展**目前的工作，從事其他與未竟天命有關的任務，例如，對寫作與溝通具有熱忱的員工，會成為高階主管在用字及通信方面遇到問題時求助的對象。或者，個人會**重新解讀**工作的目的，以深入整合未竟天命，例如，懷抱音樂與繪畫熱忱的教師自詡為表演者與搖滾樂手，將非傳統的教學方式融入課堂中，像是講笑話時融入誇張的表演（「盡一切努力吸引學生的注意力」），或者，自詡為治療師的教師會幫助學生與其他教職員過得更快樂、發揮更多創意與分享更多的愛。

　　當然，個體接觸到未實現的天命時（不論透過工作以外的途徑、或者將相關的活動融入目前的工作），都有可能對**原本可以做的事情**感到深切的懊悔、焦慮與壓力。然而，伯格與同事發現，如果具有未竟天命的個體不將目前的工作視為天職（他們稱之為「錯失的天職」），就更有可能長期感到懊悔。如果員工將工作當成天職，他們的「額外天職」成為負面情緒來源的可能性便會遠低於其他人。我認為這解釋了為什麼擁有多元興趣便能在生活中得到許多成長。

　　到頭來，假如你發現所屬的文化嚴重限制了自己的成長與自由，而且覺得沒機會達成目標或無法在其他熱情之間達到健康的平衡，那麼現在也許是時候向前走了。其實，認清一項職業或目的不再有益成長，也是成為全人不可或缺的一部分。

知道何時該前進

　　毫無疑問，目的與成長的其他元素緊密相關。探索、愛與目的都屬於自我實現這面風帆的一部分，而成長的一個要素是，在追求目標與努力的過程中保持彈性。你也許會在成長的旅途中遇到阻礙，而其中一個指標是，目的無益於你的健康、成長與發展。有時，改變方向會是最好的選擇。

　　當然，你不能操之過急。想實現天命，你需要花時間發展天職與長處，才能在面對困境時間持續不懈與保持平靜。然而，有時候，你會無法達成天命或崇高的目標，工作形塑或健康的環境都於事無補。之所以如此有許多原因，譬如難以企及的目標、意外造成的傷害、失業或年紀問題，儘管這些因素並不會完全阻礙成長。

　　面對嘗試實現目標的心理挑戰，往往是推動成長的有力途徑。馬斯洛曾提出一個問題，「有可能不經歷任何痛苦、悲傷、遺憾與混亂，就實現成長與自我滿足嗎？」[106]負面經驗未必有害，如果你幫助他人逃避這種經驗，就表示你不夠尊重對方的完整性、本質與未來的發展。畢竟，人生是不斷變化的探索過程。**任何**經驗都有值得學習的地方，無論它與個人的其他生活面向（包含未來的天職）再怎麼無關。

　　事實上，擺脫有礙成長的目標並選擇較健康的目標，往往有益於個人的生理健康與幸福。[107]心理學家‧（Carsten Wrosch）與同事主張，當個人徹底捨棄了無法達成的原有目標與轉移注意力，便能蓬勃成長。換言之，有時候，其實**放手**最能為成長與發展帶來助益。這麼做並不是半途而廢，而是明智之舉，因為我們得以將有限的資源投入其他能培植新目標與促進未來成長的選擇。[108]

　　改變與成長是生命本身的特徵：在擺脫原有目標後茁壯成長的那些人，會重新振作，盡快確立更有希望、更高層次的目標，並承諾努力實現。[109]理想情況下，新目標能夠激勵個人的鬥志與自我組織，並成為其意義與重要性的主要來源。

　　最後，目的其實是讓個體得以追求更高層次人性的橋梁，而這正是馬斯洛在那年夏天一個看似偶然的機遇中領悟到的事。

邁向更高層次的人性

　　一九六二年六月，馬斯洛與妻子柏莎駕車在靠近加州大蘇爾（Big Sur）海岸的一號公路上，尋找可以留宿的地方。那是個漫長的一天，他們兩人都累了，決定找一間小旅館過夜。在蜿蜒

的公路上，旅宿沒幾家。車子行駛在漆黑的夜色下，伴隨著懸崖邊拍擊礁岩的海浪聲，他們發現一棟建築亮著燈。[110]

馬斯洛夫婦小心翼翼地將車開進大蘇爾溫泉（Big Sur Hot Springs）的區域。他後來注意到，此處讓他想起電影《驚魂記》（Psycho）裡的貝茲旅館（Bates Motel），在前不著村、後不著店的荒野中一個令人毛骨悚然的地方。[111]他們到了櫃檯，一名聲音粗啞、名牌上寫著馮家福的中國人無禮地問，「要幹嘛？」[112]據馬斯洛描述，他態度傲慢，目中無人。[113]馮家福拿了一枝筆，草草說了一、兩句話，要他們填好住客資料表。柏莎對這般的冷漠對待感到非常不滿，打算轉身就走，但馬斯洛已精疲力竭。

馮家福看了資料表後，態度有了一百八十度的轉變。他興奮地問，「馬斯洛？是亞伯拉罕・馬斯洛嗎？」他向馬斯洛深深鞠躬，不敢置信地反覆驚嘆，「馬斯洛！是馬斯洛啊！馬斯洛！」這時，伊莎蘭學院的共同創辦人理查・普萊斯（Richard Price）衝過來表示，他們規定學院的員工都必須閱讀馬斯洛的著作《邁向存在心理學》，目前也正規劃邀請對人本心理學有興趣的頂尖作家、思想家與治療師前來舉辦工作坊。[114]之前，他們合作過的演講者包含了馬斯洛的一些朋友與同僚，譬如卡爾・羅傑斯、羅洛・梅、阿道斯・赫胥黎、法蘭克・巴倫（Frank Barron）、加德納・墨菲（Gardner Murphy）及阿諾・湯恩比（Arnold Toynbee）。

馬斯洛當然受寵若驚，而且很高興在現實世界裡有另一個實驗室致力研究自己的論點。正如心理治療師與作家潔西卡・格羅根（Jessica Grogan）所言，「他在伊莎蘭學院找到了志同道合的夥伴，他們有把他的論述與主張當一回事（跟布蘭戴斯的那些人不同）」。[115]那天晚上，學院的另一個創辦人麥可・墨菲（Michael

Murphy）正好外出，但是後來，他與馬斯洛在那年秋天開始通信往來，並在一九六四年九月於洛杉磯舉辦的美國人本主義心理學協會（Association for Humanistic Psychology，AHP）會議上碰面。身為協會創始資助人的馬斯洛擔任該場會議的主講者，他手拿大蘇爾溫泉的簡介手冊說道：「這是我要講述的主題。關鍵字是『溫』，這個地方充滿了溫暖。」[116]墨菲向我表示，「從第一天起，我和馬斯洛就像好友一樣」。他說，馬斯洛曾對女兒們描述他像是「從未有過的兒子」，而墨菲則將馬斯洛當作「第二個父親」一樣看待。[117]

一九六二年的夏天對馬斯洛而言意義非凡。他不僅見證了自己的論點被運用在職場上，也看見這些主張成為日漸茁壯的靈性運動的一部分。雖然不久後他對反主流文化運用這些主張的方式持保留態度，但在伊莎蘭學院的經歷無疑為他提出的高峰經驗觀點開闢了新的發展方向。最終，馬斯洛體認到，自我實現並非人性需求階層的顛峰。他發現，人類渴望的其實是更高層次的事物……

第三部

健康的超越

序言

　　一九二八年十月二十三日，二十歲的亞伯拉罕・馬斯洛將手寫的哲學學士論文交給教授。文中針對拉爾夫・沃爾多・艾默森（Ralph Waldo Emerson）鼎鼎大名的〈超靈魂〉（The Oversoul）作了回應，這篇文章被視為艾默森的代表作之一，但年輕氣盛的馬斯洛卻不這麼認為。他在論文開頭寫道：

　　我極度討厭艾默森這種人……艾默森是囉哩吧嗦的傳教士、迷信的神祕主義者、假冒的思想家（稱他為思想家都算抬舉他了），還是一位惡劣至極的哲學家。他冷靜地超越了所有禁錮著可憐凡人的邏輯與規則。他是一個偽裝成深奧思想家的詩人（想必文才也沒好到哪裡去）……[1]

　　這番言論實在放肆！但這只是前菜而已。馬斯洛接著花了數頁篇幅嚴厲批評艾默森「賣弄文墨」的寫作風格與自相矛盾的邏輯：「對於這些狗屁不通的語句與前後矛盾的論點，我們能說什麼呢？」年少的馬斯洛寫道，「這是哲學嗎？不是。這是什麼？是愚蠢的誇誇其談！是胡說八道！」[2]我讀了馬斯洛絕大多數的論文，如果換作是我看到這篇論文，可能也會跟他的指導教授──知名哲學家麥克斯・奧圖（Max Otto）──有一樣的反應：

　　你的文筆生動有力，頗吸引人。但是，我對你毫無根據的放肆言論不予置評。如果你是這種態度，又何必繼續做研究呢？我希望你可以保持直率犀利的評論，同時也更仔細地求證事實。[3]

　　然而，精彩的在後頭。以下是這篇本會沒沒無聞的哲學學士論文的最後一段：

　　至於他透過神祕經驗證明超靈魂存在的做法，我只想說，我本身體會過神祕經驗……在那個時刻，我盲目地探索，感受到飢渴的欲望，那是一種強烈到幾乎令我落淚的無助感。在神祕經驗的時刻，我們看到了人性不可思議的可能性與深不可測的奧祕……為什麼就不能將這些〔美妙經驗〕歸屬於個體本身？與其依據神祕經驗推論人類在本質上的無助與渺小……我們何不窺視未來，建構一個更偉大、更奇妙的概念，來論述人類的偉大與長遠的進步願景？[4]

　　如果**這些內容**是出自我任何一個大學部學生之手，我可能會驚訝不已。顯然，這個學生的內心深處受到觸發，產生了強烈的「憤怒」，但他無疑也對人類的處境具有超凡脫俗的眼光與遠見。

　　這篇學士論文為馬斯洛之後在思辨、學術研究與寫作領域的發展播下了許多種子。其中一個原因是，這在極大程度上體現了他的風格。另外值得一提的是，他行文鏗鏘有力。就如他的前同事理查・勞瑞所言，「無論好壞，馬斯洛是自認能向這個世界灌輸眾多真相的那種人，他深知人生短暫，幾乎沒有時間享受傳統的閒適生活」。[5]這篇論文也凸顯了馬斯洛心直口快的個性。他在課堂、著作與私人日記中不斷痛斥「矯揉造作的行為」。[6]

　　然而在我看來，這篇針對艾默森的評論最了不起的一點是，它涵蓋了馬斯洛畢生心血的所有起源。*馬斯洛不僅終生致力實現自己年少時清楚預見的崇高人性，長期以來也一直與內心深處

的靈性矛盾角力，直到步入了生命盡頭，才達到人性近乎完融的
狀態。現在，是時候拼湊馬斯洛破碎的自我，並將其與本書通篇
探討的需求層次融為一體了。是時候邁向超越了。

---

*〈超靈魂〉一文包含一首詩，後來艾默森將這首詩題為〈統合〉（Unity）獨立出版。
　其聚焦於人類本有的二元性與對極端事物的需求，譬如「東與西」、「土壤與岩石」與
　「黑夜與白天」必須共同存在才能構成完整。當時年輕的馬斯洛還未意識到，這些有關
　融合、一致與完整的概念——即艾默森論文的主旨——會深深觸動他的靈魂（容我這
　麼說），而之後這些想法很快地為他所開創的人性動機理論奠定基礎，最終更在心理學
　界掀起了一波未平、一波又起的革命性浪潮。

第七章

高峰經驗

　　天堂一直都在等我們大駕光臨，等我們挪出時間盡情享受，
之後再回到充滿掙扎的日常生活。一旦去過天堂，我們便會永遠
記得那些美好、從中獲得滋養並賴以度過困境。

——亞伯拉罕・馬斯洛，《邁向存在心理學》

　　一九五四年完成《動機與人格》一書後，馬斯洛將注意力轉
移到自己長久以來深感著迷的自我實現特質。他所研究的自我實
現者說起話來大多就像傳統的神祕主義人士，總把那些狂喜、平
靜、美妙或驚奇的親身經歷掛在嘴邊。[1] 對此他十分驚訝，因為
他起初以為神祕經驗非常罕見，甚至有可能「一個世紀只發生在
一位聖人身上」。[2]

　　然而，馬斯洛觀察到，神祕經驗可見於各式各樣的人身上，
而且似乎會在許多情況下觸發，不論是精湛的運動或音樂表現、

創造性經驗、美學感知、戀愛經驗、性高潮、分娩過程、豁然開朗的時刻、宗教或神祕經驗,或者克服困難挑戰的成就——「任何近乎完美的經驗都算在內」。[3] 此外,一個人的心理越健康,遭遇這種經驗的頻率就越高;高峰經驗的層次越高,帶給個體的感受與啟發就越強烈。這個觀察促使馬斯洛開始歸納這種經驗,並「剔除其中的傳統宗教意義」。一九五四年,他終於準備好探究這些不可思議的人性經驗。*

這條路並不好走。畢生秉持無神論的馬斯洛認為,組織性的宗教充斥著僵化的教條與毫無根據的迷信。雖然威廉・詹姆斯在一九〇二年出版的經典之作《宗教經驗的多樣性》(*The Varieties of Religious Experience*)中以正面態度看待神祕經驗,但書中的相關論述大多以宗教為背景。**[4] 馬斯洛對外宣示正式研究這種經驗時,遭到許多同儕的質疑。然而,如艾德華・霍夫曼在馬斯洛的傳記中所述,「他勇敢面對旁人善意的嘲笑,獨自踏進這個領域」。[5]

馬斯洛博覽群書,從東方的宗教思想,包括印度哲學家克里希那穆提(J. Krishnamurti)所著的《最初與最後的自由》(*The First and Last Freedom*)與艾倫・沃茲所著的《不安的智慧》(*The Wisdom of Insecurity*),到神祕主義、宗教、藝術、創造力與浪漫愛情的相關文獻都有。他研究瑜珈的靜心狀態「三摩地」,也探索

---

* 馬斯洛直到這時才探究這個主題的原因有很多,其中一個是因為他在一九四七年罹患了怪病,而那時很可能是他第一次心臟病發作。

** 繼詹姆斯之後論述此主題的心理學著作依舊帶有宗教色彩,但對於神祕經驗的看法就沒那麼正面了。一九二七年,諾貝爾獎得主羅曼・羅蘭(Romain Rolland)致信佛洛伊德,請他分析「自發性的宗教情感」,還提及「這清楚表明了……個體能夠感受『永恆』……廣闊無垠……的事實」。佛洛伊德作何回應?他回信道,這種「浩瀚的一體經驗」是一種幼稚的自戀與神經發展退化到胎兒時期的表現。他的分析就只有這樣!

榮格的宗教著作（當時英譯本剛出版不久）。一九五四年夏天，馬斯洛寫了一篇題為〈永恆〉（Timelessness）的未發表筆記，[6] 透過腦力激盪舉出一些神祕經驗的例子，譬如神祕狀態、催眠的恍惚、美感的專注與超越的性行為。

在正式展開研究之前，馬斯洛設計了一套現象學方法。他對一百九十名大學生進行調查，提示如下：

請你回想生命中最美妙的經驗，這些經驗可以是快樂、寧靜或狂喜的時刻，也許是你陷入了愛河、聽到美妙的音樂、「無意間」被一本書或一幅畫打動，或是經歷某個靈光乍現的時刻。請將這些經驗寫下來，並描述當下的感受、這些時刻與其他時候的感覺有何分別，以及你感覺自己出現了哪些變化。

馬斯洛也收到了一些自我實現者所提供的心得，以及其他民眾得知他研究後主動寄來的信件。沒多久，他累積的主觀神祕經驗案例，比威廉·詹姆斯之後的主要心理學家所蒐集的還多。完成自我實現的研究後，他參考這些報告與廣泛的相關文獻，創造了「一個充滿印象派風格的理想『複合形象』」來描繪「高峰經驗」——他發明這個詞彙宗教色彩較淡，而且更適用於一般大眾。

到了一九五六年春天，馬斯洛對於自己的初步發現感到非常興奮，因此決定跟學界分享這項好消息。令他意外的是，這篇論文接連遭到《心理學評論》（*Psychological Review*）、《美國心理學家》（*American Psychologist*）與《精神病學》（*Psychiatry*）等頂尖期刊退稿。他突然間意識到，自己的研究與思想偏離主流心

理學甚遠。不認輸的他在一九五六年美國心理學會的年會上發表了這項研究，當時他剛當選聲望崇高的人格與社會心理學學會（Society for Personality and Social Psychology）會長，而身為主講人的他可自由闡述任何主題。

　　一九五六年九月一日，馬斯洛發表題為「高峰經驗下的存有認知」（Cognition of Being in the Peak Experiences）的演講。[7] 他在開頭說道：「自我實現的人達到了高度的成熟、健康與自我滿足，他們有許多地方值得我們借鑒，有時讓人感覺彷彿是另一個人種。不過，由於這是一個尚待開發的領域，因此探索最高層次的人性及其終極的可能性與抱負，是一條艱辛又崎嶇的道路。」[8]

　　在高峰經驗的當下，經歷「轉瞬即逝的絕對存在狀態」是什麼感覺？馬斯洛提出了十七項特徵，其中包含：

- 全神貫注
- 感知變得更加豐富
- 迷失在時空裡
- 從經驗中獲得內在酬賞
- 超越自我
- 超越對立
- 暫時擺脫恐懼、焦慮與約束
- 更能夠接納與原諒自己和他人
- 體會更深刻的美感、驚嘆、敬畏與屈服
- 個人與世界合而為一

　　馬斯洛注意到，在高峰經驗中，真實、良善與美好的事物「變得緊密相關，據說它們會融為一體以達到所有實際目的」。[9]馬斯洛認為，如果這項推論正確無誤，便等於直接牴觸科學界的常見假設——感知越客觀，就會越背離價值觀。「（在知識分子眼中）事實與價值往往是相反且互斥的。」他寫道，「但真相或許是相反的，因為在檢視最背離自我、客觀、不具動機與充滿熱情的感知時，我們發現它主張能直接理解價值觀，發現價值觀與現實密不可分，發現最深刻的『事實』感知揉雜了驚嘆、讚賞、敬畏與認可，意思就是，這樣的感知蘊藏著價值觀。」*

　　馬斯洛認為，高峰經驗讓人有機會瞭解**完整的真相**，不會受到許多為了保護我們免受痛苦而演化出的認知扭曲所阻礙。他在演說中指明了一個意涵：「如果自我實現者可以、也確實比其他人更有效、更完整而且不受動機左右地感知現實，那麼我們或許可利用數理統計方法來分析他們的生物特徵。我們可以透過他們比一般人敏銳的感知來洞察現實……就跟早期的礦工利用金絲雀來感測礦坑裡是否有天然氣外洩的道理一樣。」[10]

　　可以肯定的是，馬斯洛不認為高峰經驗**必定**可使個體更準確地感知現實，並主張有必要展開進一步的實際測定。[11]儘管如此，他表示，高峰經驗通常會對個體造成深刻與顛覆性的影響。他引述了兩份報告，一份出自一位心理學家，另一份出自一位人類學家，兩者皆提及那樣的感受極其強烈，「彷彿某些神經症狀永遠消失了」。[12]馬斯洛評論：「個體比以往更傾向認為……不枉此生，即便生活總是乏味、苦悶或令人不滿，因為他見證了美麗、真相

---

*這是一個有趣的論點，而在我看來，現代心理學家應該對此進行更全面的討論與調查。

與意義的存在……我認為，如果將高峰經驗比喻為個人定義的天堂（經歷之後又回到人世），那麼這些經驗的後效就能概念化，而且那種感受是可以被傳遞的。」[13]

馬斯洛在結束這場饒富興味的演說前指出，經歷過高峰經驗的任何人都短暫擁有許多自我實現特質。「他們達到自我實現時，」他在著作中寫道，「不只經歷了有生以來最快樂與興奮的時刻，也感受到極致的成熟、個體化與滿足，換言之，這是〔他們的人性〕最健全的時刻。」[14、15] 他主張，自我實現者最與眾不同的地方是，他們比一般人更頻繁、更深刻地感受高峰經驗。「自我實現只有程度與頻率上的差異，而不是全有或全無的一種經驗，因此更禁得起現有研究的檢視。」[16、17]

馬斯洛的演說備受好評，遺憾的是，這些論述直到一九五九年才出版成書，因此比較晚才獲得廣大迴響。儘管如此，馬斯洛多次發表演說論述高峰經驗，並著手寫作於一九六四年出版的《宗教、價值觀與高峰經驗》（*Religions, Values, and Peak Experiences*）。[18] 他在書中寫道：「每個已知的崇高宗教的起源、內在核心、本質及普世宗旨……一直是某個多愁善感的先知或預言家在私密、孤獨與個人的狀態下感受到的啟發、啟示或狂喜經驗……但從最近開始，這些『啟示』或神祕的啟發似乎可以被納入現今許多心理學家急欲一探究竟的『高峰經驗』、『狂喜』或『超然』經驗。」[19]

就我而言，今日關於超然經驗的科學探究，是幸福的科學領域中最令人期待的研究前沿之一。

超然經驗的科學

人的超越取向源自基因組成中固有的需求。

——拉爾夫・皮埃蒙特（Ralph Piedmont），〈靈性是人格的第六因素嗎？〉（Does Spirituality Represent the Sixth Factor of Personality? 一九九九年發表）

許多人（或許是多數人）將宗教或靈性視為生活重心……任何全面的人性理論都必須認知這一點。

——保羅・布魯姆，〈宗教是我們的本性〉（Religion Is Natural，二〇〇七年發表）

大衛・雅登剛上大學時感到茫然又困惑。他不知道自己是誰，也不知道人生該往哪個方向前進。他努力構築自己的世界觀，但世事多變難預料。他甚至感到有些沮喪，不喜歡參加大學生經常舉辦的派對與社交活動。一天晚上，他躺在宿舍床上，正當腦中浮現「不管了，既來之則安之」的念頭時（儘管面臨許多困惑與不安，仍坦然向前走），發生了一件永遠改變他人生的事情：

我的胸口不知怎地湧起一陣灼熱。那感覺很真實，像是火燒心一樣。這股灼熱感蔓延到全身上下，忽然之間，我心中有個聲音說，這是愛。那一刻，我彷彿靈魂出竅，或可說是深入了內心的某處，看見三百六十度無邊無際的地平線，我感覺自己完全屬於這個複雜的結構、與它融為一體。那股宛如愛的熾熱感受持

續沸騰到了臨界點，讓人難以承受。感覺就像杯子裝滿液體溢了
出來。過了那個猶如永恆、但或許其實只有一、兩分鐘的片刻，
我睜開雙眼，又是哭，又是笑的。如今回想起來，我仍然激動不
已。那是多麼令人困惑、矛盾的一種感覺，一種讓人喜極而泣的
感受。那樣的釋然、放鬆與喜悅貫通了我的全身，深刻、美妙又
強大。在那之後，我的第一個念頭是，一切都不一樣了，我覺得
自己不同於以往。經過那一刻，我彷彿變了個人。周遭的一切煥
然一新。這個世界原本感覺遙不可及，像是一道牆隔絕了我與其
他人，現在，我完全融入其中，與世界合而為一。一切顯得新鮮
又有趣，我的未來也是。一瞬間，所有煩惱都煙消雲散，前方有
好多條充滿驚奇的康莊大道在等著我。我睜開眼，看見不同的自
己、世界與未來。但我真的很好奇，我到底發生了什麼事？[20]

　　這個問題深深觸動了他的心。對雅登而言，這次的經驗改變
了他一生：「那陣子我的生活盪到了谷底，而在那一刻，我感受
到前所未有的高潮。」他開始多吃蔬菜，勤加運動。他突然間想
好好照顧自己。他開始看更多的書，遠比之前來得多。高峰經驗
過後，他每天都窩在圖書館。起初，他將那段經驗套入宗教的框
架。他在一個虔誠的家庭中長大，每週日都上教堂做禮拜。小時
候他總是充滿了疑問，也不認為自己有信仰，但他深刻體認到宗
教社群帶來的好處。然而經過那次的經驗，他變得篤信宗教。

　　雅登開始閱讀比較宗教文學。他意識到，所有宗教儘管選擇
了不同的道路，但都通往相同的真相，而他認為只要鑽研各個宗
教之間的差異，就能悟出絕對的真相。這方面的研究不久後引領
他進入哲學的世界，讓他更謙遜地從經驗中汲取教訓；他逐漸成

為未知論者，而且至今依然如此。

「眼見為憑變成了所見即所知，而你可以質疑自己的感知。」雅登如此告訴我。他因此接觸到威廉・詹姆斯與《宗教經驗的多樣性》，對詹姆斯在描述各行各業者的故事時所展現的敏感、客觀與開放態度感到印象深刻（他對其中一些故事的洞察遠比其他故事還要深入）。詹姆斯特別研究了神祕經驗的「結果，而不是根源」──也就是經驗造成的影響，而不是它們的成因。他明白可以從科學上探究這種經驗，同時將信念的問題暫擱一旁。雅登認為更重要的是，「那本書讓我相信自己不是瘋子」。有了那次的經驗，他致力幫助人們洞察個人經驗，並將此視為天職：

　　人們談論這些經驗時，都會受到別人的質疑。很多人的第一個反應是自己生病了。在心理學家看來，無疑是如此。我也有過那種感覺。我是一個吹毛求疵、愛自我質疑的人。我以為自己正在失去理智。高峰經驗沒有任何一個因素表明如此，但我們的文化傳達了這樣的訊息。《宗教經驗的多樣性》讓我意識到，過去有許多來自不同文化的人們都曾有這種經驗，而他們往往都抱持極為正面的態度。這讓我感到寬慰，像回家般地安心。[21]

　　最終，雅登經由這本書進入現代實驗心理學領域，進而接觸了來自湯瑪斯・傑佛遜大學（Thomas Jefferson University）的安德魯・紐伯格（Andrew Newberg）的神經科學著作。身為新興領域的神經神學（neurotheology）的創始人，紐伯格與同事在二○○一年出版《超覺玄祕體驗》（*Why God Won't Go Away*），將他們針對靈性經驗的神經科學發現公諸於世。從西藏僧侶到方

濟會修道士，紐伯格對這些與雅登同樣經歷過強烈統合感的專業冥想者進行腦部掃描。他發現，儘管他們有不同的宗教或精神信仰，大腦中受到高峰經驗所影響的都是同一個區域 —— 上頂葉（Superior parietal lobe），其職掌身體的空間意識。[22]

　　雅登深受前人著作的啟發，完成了以過渡儀式與成人自我超然經驗為主題的榮譽學士論文。在個人研究方面，他參加了兩種現代的過渡儀式：禪修與海軍陸戰隊（Marine Corps）新兵訓練營。之後在賓州大學（University of Pennsylvania）應用正向心理學碩士課程（Master of Applied Positive Psychology，MAPP）期間，他根據自己擔任安養院志工的經驗，撰寫有關善終與自我超越的碩士論文。與他同班的學生包括紐伯格及現代正向心理學創始人馬汀・塞利格曼。如今，雅登跟塞利格曼一樣也取得了賓州大學心理學博士學位，並立志終生致力透過科學研究洞察高峰經驗的成因與影響。

　　自我超越與幸福感的交集了啟發雅登在二〇一七年寫作〈自我超越經驗的多樣性〉（The Varieties of Self-Transcendent Experience）的評論，這篇文章刊登於《普通心理學評論》（*Review of General Psychology*）期刊，合著的作者為強納森・海德特、拉爾夫・胡德（Ralph Hood）、大衛・瓦戈（David Vago）及安德魯・紐伯格 —— 夢幻的學者團隊。[23] 這篇文章彙整了心理學界與日俱增的自我超越經驗之文獻（依照馬斯洛採用的術語，我將這些經驗概稱為超然經驗）。

超然經驗的其他名稱[24]

- 神祕經驗
- 高峰經驗
- 宗教、靈性與神祕經驗（Religious, Spiritual, and Mystical Experiences，RSMEs）
- 明光（clear light）
- 宇宙意識
- 去自動化（deautomatization）
- 法納（fana，蘇菲主義裡的無我境界）
- 神祕的統合
- 心流經驗
- 理想經驗
- 提升經驗
- 神性經驗
- 強烈經驗
- 內心的光明
- 熾熱的愛
- 愛火
- 神聖經驗
- 客觀意識
- 上帝賜予的平靜，超越所有理解
- 三摩地
- 開悟
- 薩滿的入迷境界
- 無聲勝有聲
- 潛意識

　　研究人員將超然經驗定義為「自我顯著感減弱與連結感加深的短暫心理狀態」。繼紐伯格早期研究的進一步研究更證實,經歷過神祕與出體經驗(out-of-body experience)的人們,上頂葉與下頂葉(inferior parietal lobe)的活躍度會降低,鄰近這兩區的顳頂葉交界處(temporo-parietal junction)——掌管自我與他人的界線及自我中心空間意識的大腦區域。[25]雅登與同事指出,「這個論點強調了,大多數的恐懼與焦慮都出自生理或社會自我將受到傷害的預期。因此,如果自我暫時消失,許多恐懼與焦慮也會跟著消失」。

　　在顛峰狀態下,超然是個體感覺自己與一切完全融為一體(「絕對的一元存在」),[26]包含其他人類(社會環境)及所有存在、自然和宇宙(空間環境)。*據詹姆斯觀察,神祕經驗會導致的一個極端結果是,個體感覺在宇宙中回歸自我。[27]

　　然而,**並不是所有的超然經驗都是神祕而難以言喻的**。超然經驗分為許多種,強度及個體與世界的統合感各不相同。這種感知過程是一個「一元連續體」,[28]從全神貫注於引人入勝的著作、體育表演或創造性活動(心理學家米哈里・奇克森特米海伊稱之為心流經驗),[29]長時間靜心冥想,[30]對無私的善舉心懷感激,[31]與摯愛心神交融,[32]對落日與星空的美麗感到敬畏,[33]到深受某事物所鼓舞(不論是啟發人心的典範、技藝精湛的表演、充滿智慧的想法或善舉),都意味著你經歷了「超然的覺醒」,[34]一路到至高神祕的通達境界。[35]

---

* 祕經驗問卷是神祕經驗的一個顯著衡量標準,其中包含四個面向:神祕、正向情緒、時空的超越與不可言喻性。根據研究人員的設定,若受試者在這四個分量表分別得分高於或等於上限的 60%,即為擁有「完整的神祕經驗」。見 Barrett, F. S., Johnson, M. W., & Griffiths, R. R. (2015). Validation of the revised Mystical Experience Questionnaire in experimental sessions with psilocybin. *Journal of Psychopharmacology*, 29(11), 1182– 1190.

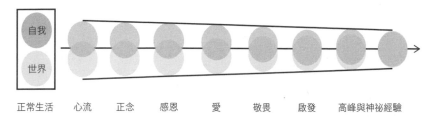

一元連續體

逐漸加深的統合感

| 自我 | | | | | | | | |
| 世界 | | | | | | | | |

正常生活　心流　正念　感恩　愛　敬畏　啟發　高峰與神祕經驗

這張概念表改編自雅登等人合著的〈自我超越經驗的多樣性〉評論（2017），列出了一些與世界連結程度各異的超然經驗，旨在闡明這種經驗的漸進性質。這項模型有待進一步的研究補充始臻完備。

　　雖然超然經驗各有不同，但它們都淡化了個體與他人、世界及自我之間的界線。威廉・詹姆斯個人對超然經驗核心面向的觀察是：「我回顧自身經歷發現，它們全都趨向一種洞察力，而我不得不將其歸因於某種形而上的意義……彷彿所有與世界對立的事物、那些帶給我們困難與麻煩的矛盾與衝突，全都融為一體。」現代研究顯示，超然的意識狀態與正向的心理健康有關，包括家庭生活的改善、死亡恐懼的減輕、健康的提升與目的感的增加，而且讓人更有動力從事利他與親社會行為。[36] 出現於超然經驗中的這種自我喪失（self-loss），對健康與成長助益良多。而這凸顯出一個問題：什麼形式的自我喪失與這些經驗特別有關？

健康的自我喪失

　　我們將大部分的清醒時刻都用來追求利益，但其實每個人都有能力超越自我利益並成為整體的一分子。這不只是一種能力，

還是通往許多寶貴人生經驗的門戶。

　　——強納森・海德特，《好人總是自以為是》（*The Righteous Mind*，二〇一二年出版）

　　當我們受迫於不安全感（感到恐慌、不被他人接受或尊重），往往會有一種不知道自己是誰、或不知道自己真實身分的感覺。很多時候，這個世界似乎不太真實，我們與別人的連結似乎變淡了。這種形式的自我喪失——深受環境所影響——經常導致過度的自我關注，像是害怕失去對自我的控制，還有無法與自我的其他人格結構達到健全的整合。

　　雖然如此，在自我喪失的超然時刻，個體往往會有一種深刻的純有感，而這種經驗往往感覺「再真實不過了」。[37] 威廉・詹姆斯將此稱為神祕經驗的「知性」特質。[38] 除此之外，與真實感相關的語言暗示了在更大程度上與完整、包容性和實質接近的深刻連結，譬如「所有」、「一切」、「我們」、「親密」，以及減少「我」和「我的」等第一人稱代名詞的使用。[39] 健康的自我喪失無關乎恐懼，其特徵反而是對於當下與內在經驗的好奇心與開放性。

　　健康的自我喪失近似於馬克・利里所謂的「自我弱化」意識狀態。[40] 利里指出，人處於「自我弱化的狀態時會聚焦當下；在最小程度上反省自己的想法、動機與感受；總以具體——而非抽象——的方式看待自我；極少在意他人的看法與評價」。[41] 這種自我弱化狀態類似平靜的自我意識（見第五章）。擁有真正平靜的自我，與強大的自我意識及更加深刻的真實性緊密相關。其實，能以最平靜的方式防衛自我的人，擁有最強烈的自我意識。篤信佛教的哈佛心理治療師傑克・恩格勒（Jack Engler）表示，「你必須

先成為某人，才能什麼人都不是」。[42]

　　在一九六二年發表的〈高峰經驗是深刻的身分經驗〉（Peak Experiences as Acute Identity Experiences）一文中，馬斯洛試圖解釋這個看似矛盾的說法，「個體在最大程度上擁有認同、自主或自我的同時，也超越了自我、凌駕於自我之上，之後便能達到無私的境界」。[43] 馬斯洛承認自己尚未完全理解這項悖論，但他嘗試進一步描述在這種時刻下超然自我的特定面向：「正常情況下，我們會經歷自我意識或自我觀察的完全喪失，但在任何入迷、關注、專注、分心或『脫離自我』的情況下，自我意識或自我覺察的程度有所減弱，不論是在崇高層次的高峰經驗上，或是在較低層次的經歷中，例如全神貫注地觀賞電影、閱讀小說或觀看球賽，以致忘卻了自我及痛苦、外表或煩惱等。基本上，這種狀態一向令人感到愉悅。」[44、45]

　　我們再次看到，自我實現者破除了一般的二分法。我們大多認為，深刻的連結感與高度的個體性互相對立。然而，馬斯洛指出，這樣的對立不存在於自我實現者的身上：「事實上，自我實現者既是最我行我素的人，也是最具利他傾向、極度社會性且充滿了愛的人類。我們的文化將這些特質置於一元連續體的兩端，顯然是一個必須立刻矯正的錯誤。這些特質可以共生共存，而它們之間的對立遇到自我實現者便不復存在。」[46]

　　最統合的超然經驗之一是敬畏感。大衛・雅登告訴我，他在演講時問觀眾是否曾「感覺自己與萬物融為一體」，結果只有三分之一的人舉手。接著他問大家是否「有過深刻的宗教體驗或覺醒，並因此改變了人生的方向」，又多了一些人回應。最後，他問有沒有人曾經「感到敬畏」，結果，幾乎每個人都立刻舉手。有鑑

於此，雅登將敬畏視為「每個人的靈性經驗」。

敬畏：人人皆有的靈性經驗

那些能夠一次又一次從嶄新與純真的角度欣賞生命中渺小的美好，並感到敬畏、愉悅、驚嘆甚至狂喜的人們，是世上最受眷顧的幸運兒。

——亞伯拉罕·馬斯洛，《邁向存在心理學》

雖然敬畏與驚嘆的概念存在於哲學與宗教中已久，但詹姆斯與馬斯洛將它們引進了心理學領域。今日，許多關於敬畏的當代研究均源自二〇〇三年發表的論文——達赫·凱爾特納與強納森·海德特合著的〈敬畏感初探——一種道德、靈性與美感的情緒〉（Approaching Awe, a Moral, Spiritual, and Aesthetic Emotion）。[47] 兩位作者主張，敬畏經驗的核心包含兩項主要的認知評估：對浩瀚無垠（vastness）的感知與感受經驗的心理運作。浩瀚無垠的體會未必是感官知覺（如親眼目睹大峽谷的壯麗景觀），也可以是概念上的領悟（如沉思何謂永恆不朽）。敬畏是一種不尋常且複雜的情緒，其中揉雜了往往相互衝突的情緒，例如狂喜與恐懼。[48]

在這篇二〇〇三年的論文發表之後所進行的眾多研究均指出，敬畏與生活滿意度的提升、[49] 擁有更多時間的感覺、[50] 慷慨助人行為的增加，[51] 以及侵略性態度的減少有關。[52] 敬畏也會影響我們對自身肉體的看法、使我們感覺自己渺小至極，[53] 在短時間內出現更多宗教與靈性方面的感受和行動，[54] 以及更相信超自然事物與傾

向感受人類在隨機事件中的力量。[55]

二〇一四年，我與雅登在賓州大學結識，因為共同的研究興趣建立起交情，立刻便合作展開好幾項計畫，其中包含第五章提過的光明三人格研究。據雅登觀察，有關敬畏的實驗文獻缺乏健全且正式的量測標準。因此，為了盡可能得到全面的結果，我們根據那些文獻所描述的各種敬畏面向設計了一套量表。[56]在與其他研究人員——伊莉莎白·海德（Elizabeth Hyde）、安德莉亞·加喬利（Andrea Gaggioli）、張瑞偉及達赫·凱爾特納（Dacher Keltner）——的合作下，我們請受試者「花幾分鐘回想最近一次體會強烈敬畏感是什麼時候」，並要求他們利用幾段文字描述這些經驗。[57]以下是部分的匿名回覆：

冬天度假時一看到秀麗湖景，我就讚嘆不已，驚訝得目瞪口呆。我看得眼睛發亮，笑容滿面，對眼前的絕美風景感到深刻的喜悅、寬慰與敬畏。

我最近一次感到敬畏是女兒用薩克斯風演奏〈平安夜〉（Silent Night）的時候。她參加學校的爵士樂團，在年度發表會上表演獨奏……她演奏的模樣實在令人驚豔。

我與太太到洛磯山脈（Rocky Mountains）度蜜月時，心中充滿了強烈的敬畏感。我從未到過密蘇里州以外的地方，難以想像一望無際的雄偉山脈是什麼樣子。

絕大多數的受試者認為自己的敬畏經驗「十分正向」。我們請受試者具體指明是什麼引發了他們的敬畏經驗。據描述，「自然景色」是最常引發敬畏經驗的事物，不過也有其他觸發因素，譬如

高超技能、與神相遇、崇高美德、建築物或紀念碑、有魄力的領袖、偉大的理論或想法、音樂、藝術與頓悟。第二個最常出現的觸發因素屬於「其他」領域。如同馬斯洛的觀察，一些受試者提到了分娩。

接著，我們請受試者填寫一份調查表，裡面包含我們設計的具體敬畏經驗。敬畏經驗量表的六個面向為巨大（如「我經歷了比自我更偉大的事物」）、調適需求（如「我難以完全理解某個經驗」）、時間（如「我感覺時間暫時慢了下來」）、自我削弱（如「我的自我意識減弱了」）、連結性（如「我感覺與人性有密切的連結」）與生理感受（如「我起了雞皮疙瘩」）。

我們發現，這六個面向緊密相關，這意味著它們確實經常在敬畏經驗中同時發生。（你可以上 selfactualizationtests.com 進行敬畏經驗量表測試。）這份量表與一些重要變數有關。首先，敬畏經驗越強烈，個人感受到的驚嘆、好奇、啟發、連結性、感激、愛、信任、幸福與快樂就越深刻。

與敬畏經驗具有特殊關聯的唯一一種負面情緒是「壓力、緊張或備受打擊」。這證明敬畏是一種混雜了狂喜與恐懼／畏懼的獨特感受。[58] 與敬畏經驗最相關的人格特質為經驗開放性。這點非常合理，因為經驗開放性也與心流、專注、美感及其他超然經驗有關（見第四章）。

最後我們發現，敬畏經驗與宗教性無關，但卻與靈性、宗教儀式的參與及祈禱和冥想等行為密切相關。因此，雖然宗教無疑不僅包含超然經驗，還具有基本的連結群體連結的社會性功能，[59]但研究結果顯示，特定的靈修、儀式與干預或許能讓所有人更常經歷敬畏與其他超然經驗，不論宗教信仰為何。[60]

干預意識的作法

這些毒品〔尤其是迷幻劑與迷幻蘑菇（psilocybin）〕……也許能讓反高峰經驗者體會這種高潮並得到宗教核心的啟示，進而縮短反高峰經驗者與高峰經驗者之間的隔閡。

—— 亞伯拉罕・馬斯洛，《宗教、價值觀與高峰經驗》（*Religions, Values, and Peak-Experiences*，一九六四年出版）

二〇一二年四月十五日，凱瑟琳・麥克林恩（Katherine MacLean）在搭機從圖森（Tuscon）飛往拉斯維加斯的途中「死」了。她一向是個容易焦慮的人，這種時候，她通常會利用一些方法來暫時消除焦慮感，例如冥想、專心工作或從事「迷幻的業餘活動」。但在那天，一切都變了。

當時，麥克林恩在約翰霍普金斯大學醫學院（Johns Hopkins University School of Medicine）與羅蘭德・格里菲斯（Roland Griffiths）一同從事精神藥理學博士後研究已有兩年的時間，她擔任迷幻劑科學家，負責進行賓洛西賓（在「迷幻蘑菇」中發現的主要化學物質）的合法實驗。某天在一場研討會上，她與一位老師交談，而對方說的話啟發了她的一些想法。

那次談話後，麥克林恩遊訪一座瀑布，在那裡靜坐冥想時，心中冒出了一個問題：我是誰？這個問題一出現，她就感覺一切「都被捲進能量的漩渦裡。很嚇人，因為我感覺自己也被捲了進去，那個黑洞根本不在乎人類或萬物的死活，也不在乎我是否能夠回來」。但當她回過神後，一切「煥然如新、充滿希望，而我對自己擁有肉體與真切地活著懷抱感恩之心。在我眼中，這個世界

是萬物蓬勃生長的天堂」。後來發現，這正是她「死亡」的序曲。

　　過了幾天，麥克林恩發表完迷幻蘑菇研究的第一場大型公開演說後準備搭機返家。她一踏上空橋，「我就有預感自己即將死去」。她走向座位時，覺得越來越恐慌。「我冷汗直冒，原本打算編個藉口下飛機的。」她說。不過，她留下來了。會有這種感覺，也許是因為幾天前那次冥想的關係，但她屈服於當下，屈服於她無法掌控的一刻，開始深呼吸並冥想，彷彿每一次吸吐都是最後一口氣。事情就在那時發生了。

　　「死亡的那一刻其實感覺有點草草了結。」她提到，「不像你想的那樣慎重，實際情況是，什麼事都沒發生。感覺就像標著『凱瑟琳·麥克林恩』的燈熄滅了。我記得我睜開眼睛望向窗外，心想『噢，就這樣。』」她立刻有種放下心中大石、完全自由的感覺，但恐慌感接著襲來。「我知道自己沒有退路。走下飛機時，周遭的一切感覺既陌生又不真實。那就像所有事物的音量都調高了，讓人難以找到方向。」之後的數個月裡，她感覺自己困在生與死之間。「腳下的地面感覺在流動，有時我照鏡子，會看到一個臉色蒼白的屍體盯著我。」麥克林恩努力適應全新的「死亡」現實，但是依然活著。

　　最終，麥克林恩不再試圖理解自己發生了什麼事，而是開始享受那段經驗。她完全接受了那段經歷：「感覺就像我一直抱持的一大片恐懼陰霾消散了，但其他部分的自我仍然存在。我忘了怎麼害怕，正是在那個時候，我的世界變得海闊天空。在那些時刻，周遭的每件事與每個人感覺都完美到不行。一切充滿了可能性，我覺得自己很幸運，能夠生活在一個驚奇連連的世界。」

　　麥克林恩承認，她永遠不知道那段經歷究竟是怎麼發生的，

但這次的經驗讓她在一百場高劑量迷幻藥療程中更有效地幫助了各行各業的人們。她說，「我的腦袋彷彿產生了永久性的蛻變，變得期待超然經驗與死亡。」[61] 在約翰霍普金斯大學時，麥克林恩引領了一項開創性研究，發現受試者吸食迷幻蘑菇而體會神祕經驗後，經驗開放性有了顯著轉變。[62] 如同本書不斷提及，經驗開放性可準確預示創造力、愛與其他超然經驗的發生。麥克林恩與同事發現，受試者在經歷神祕經驗的一年後，依然保有高度的經驗開放性。

多年來，隨著越來越多研究——其數量彌補了各自樣本數的不足——的出現，迷幻藥整體上對人格、幸福與擴展的世界觀造成的影響意外地一致。[63] 一項研究發現，受試者表示，相較於非迷幻藥物所引發的宗教、心靈或神祕經驗，迷幻藥所引起的經驗帶來更深的神祕感、減少對死亡的恐懼感及提高了目的感與靈性。[64] 其他研究則指出，經過兩個月的追蹤，實驗中使用迷幻劑的受試者，在情緒、利他傾向與幸福或生活滿意度上產生了正向變化。[65] 絕大多數的受試者甚至將這種經驗列為人生中最有意義的五個經驗之一。

迷幻劑已成功幫助一些老菸槍戒掉菸癮；緩解末期癌症病患面對死亡時的沮喪與焦慮，甚至提振了他們的心情並增進經驗開放性；[66] 以及有效減緩退伍軍人的創傷後壓力症候群與回憶不斷湧現的症狀。（以搖頭丸〔MDMA〕作為輔助的心理治療也證明可有效治癒創傷後壓力症候群，並減少自閉症成人患者的社交焦慮感。）[67] 針對憂鬱症患者，迷幻劑療法比傳統的抗抑鬱療法更能改善情緒與經驗開放性。[68]

若要說有誰深入洞察了這些影響背後的機制，那個人絕對是

瑪莉・科西馬諾（Mary Cosimano）。科西馬諾擔任社工、研討會主要引導人與約翰霍普金斯大學迷幻劑研究計畫（Psilocybin Research Project）研究協調員已超過十九年，私底下指導超過三百八十堂學習課程並參與一千多場準備與整合會議。麥克林恩告訴我，科西馬諾「非常謙遜溫和」，而且，「如果沒有她，就沒有約翰霍普金斯的迷幻劑研究。我認為她是真正的聖人」。[69]

在二〇一四年的文章〈愛：真實自我的本質〉（Love: The Nature of Our True Self）中，科西馬諾回想自己擔任療程主要引導人的經歷：「從個人的臨床角度而言，我想分享我認為這項研究最重要的其中一項結果：迷幻劑可重新連結我們與真實本性（即真實的自我），進而幫助我們尋得人生的意義……我相信，人類真正渴求的是被愛與愛人。我相信，愛牽起了人與人之間的連結，而這種連結源自人們彼此的親密與分享。我相信，真實自我的本性就是愛……然而，我們經常害怕敞開心胸去接受這種連結，因此築起了藩籬、戴起了面具。」如果我們打破高牆、卸下武裝，便能夠認識與接受自己，並擁有被愛與愛人的能力。[70]

科西馬諾認為，這些療程之所以對人生具有如此深遠的影響力，是因為準備會議的安排，再加上迷幻劑本身的作用。在準備會議中，研究人員盡力確保受試者在心理與生理上都有安全感。他們營造了信任的環境，鼓勵受試者不要害怕分享自身的經驗。他們努力促成親密的對談與自我揭露。科西馬諾認為，這樣的基礎讓受試者得以在徹底放鬆的狀態下參與迷幻劑研究，做好迎接超然經驗的準備。

一些受試者表示，在療程中，他們第一次感覺完整的自己被看見了。其中一人寫下：「走過黑暗後，我感覺到越來越深刻的平

靜與連結……全身上下散發出強烈的愛與喜悅，快樂得不得了。
我知道日常生活的煩惱是沒有意義的，我與不可多得的家人與朋
友間的連結才是最重要的。」

　　科西馬諾在癌症病患身上觀察到，那些在研究初期感覺『失
去連結』的人──不只與周遭環境斷了聯繫，更重要的是感覺不
到自我──確診之後，生活便有了劇烈變化。許多人身體虛弱
得無法繼續工作，也有許多人丟了工作。在研究之初，他們感到
虛弱、疲倦，而且缺乏活力。過去曾帶給他們目的感與意義的事
物，如今顯得毫無意義。

　　然而，實驗過後，這些癌症病患對以下兩個問題的正面回
應率相當高：（1）你是否突然覺得自己變了個人？目標也有所
改變？（2）你是否經常感到內心空虛？科西馬諾認為，這項療
程幫助病患重新與「真實自我」形成連結，相信自己值得愛與連
結。雖然「真實自我」有可能並不存在（見附錄1），但這些研究
的確印證了每個人的內心都以成長為導向，充滿了開放性、愛與
意義，但會受到日常的感知、恐懼與焦慮所阻礙。

　　當然，迷幻藥不是促使個人的看法產生劇變的唯一途徑。各
種冥想與祈禱也能引發超然經驗。[71] 近期研究顯示，以迷幻藥引
發神祕經驗的療程搭配冥想與其他靈修，可使心理運作功能產生
最劇烈且最持久的正向變化，包含減少焦慮與恐懼感、增進平靜
／和諧感、喜悅／強烈幸福感、人際親近度、感恩的心、人生的
意義／目的、寬容的胸懷與對死亡的接受度，以及促進親社會的
態度與行為。[72]

　　芭芭拉・弗雷德里克森、達赫・凱爾特納、珮蒂・范・卡
佩倫（Patty Van Cappellen）與瓦西利斯・薩羅格魯（Vassilis

Saroglou）等學者已開始在研究中融入「引發敬畏感」的技巧；他們讓受試者觀看令人嘆為止的建築與自然景色的圖像和影片，接著請他們以文字或口語描述一項敬畏經驗或進行慈心禪冥想。[73]

也有一些創新科技可望能加深超然經驗帶來的感受。如歷史學家尤夫・哈拉瑞（Yuval Harari）所述，它們有改變未來人性進程的潛力：「然而在未來，威力強大的藥物、基因工程、電子頭盔與直接的腦機介面或許可以引領我們通往這些地方。正如哥倫布與麥哲倫航行在地平線上探索新島嶼與未知大陸，未來的某一天我們也許能到的彼端一探究竟。」[74]

其中一種科技為虛擬實境（VR），一種可望特別能引發敬畏感的工具。多數可引發敬畏感的經驗很難在實驗室環境下重現（譬如攀上山峰或從外太空），[75] 但隨著虛擬實境技術的發展，這種經歷的模擬越來越逼真。哈拉瑞指出，要模擬一個完全虛擬、讓人難以分辨真假的世界，在理論上是可行的。」[76、77]

虛擬實境也可為臥病在床或肢體殘障的個人帶來難得的機會，讓他們得以漫步在巴黎的林蔭街道上、登上珠穆朗瑪峰（Mount Everest）或繞行地球一圈（當然，多數人都無法登上珠穆朗瑪峰或繞行地球一圈）。[78] 艾莉絲・基里科（Alice Chirico）與同事們致力從事引發敬畏感的實驗，讓受試者在三百六十度的虛擬環境中觀賞成片的高聳樹林。這個方式加深了敬畏經驗的感受，更增進受試者的存在感與創造性思考。[79]

非侵入性的大腦刺激則是另一項可望能誘發超然經驗的科技。雖然目前已有一些侵入性大腦刺激科技（譬如深層腦部刺激術與電氣痙攣治療），但非侵入性的大腦刺激正逐漸展露對於幸福與超然經驗的影響力。其中一項科技為穿顱磁刺激（transcranial magnetic stimulation，TMS），讓磁性脈衝通過頭顱並進入大腦皮質，對特定的神經元叢集產生作用。[80] 另一項非侵入性科技為經顱直流電刺激術（transcranial direct current stimulation，tDCS），依電流（低電壓）的放電量來提高或減少大腦特定區域的皮質興奮性與自發性神經激發。[81] 近期研究顯示，穿顱磁刺激與經顱直流電刺激術可透過一些方式影響人的認知與行為，包括洞察力、想像力、道德倫理、學習能力與注意力的增加，還有憂鬱反芻（depressive rumination）的減少。[82] 經顱直流電刺激術甚至可望能降低肢體與性暴力的欲望，並增進個人對這種暴力行為的道德認知。[83]

透過健康的方式整合干預意識的作法

隨著科技的進展，我們必須開始考量這些干預作法的道德意涵。[84] 其中一個重點是，這些科技會限制人類的自主性與意義到多大的程度。克服困境的努力賦予我們部分的人生意義。大多數的人會選擇擁有自主性與偶爾有所掙扎的生活，而不是隨時都能獲得幸福或超然感受的人生。[85]

雅登與麥克林恩的經歷的相似程度令人訝異。他們兩人在低潮之後似乎都經歷了人生的高潮。馬斯洛承認，那些「克服逆境與越挫越勇的人」擁有不計其數的高峰經驗。[86] 紐伯格告訴我，他其實也得到了相同的研究發現：經歷某種震撼事件後，許多人在冥想療程中體會了有生以來最深刻的高峰經驗。[87] 如此看來，生命中最令人難忘的經驗，正是我們克服了會危及生命或不可能克服的難關，並完全接受事實或在深切反省後有了深刻的洞察：**原來我不需要抱著恐懼過生活。**

　　因此，跟「如何增加超然經驗？」一樣重要的問題是，「如何將超然經驗融入持續不斷的日常生活？」二〇一四年，凱瑟琳・麥克林恩離開學術界，致力「透過健康的方式將迷幻劑融入精神療程」，提高服用迷幻藥後經歷深刻超然經驗的個案數。如今麥克林恩的研究旨在探討一個關鍵問題：「如何利用這些高峰經驗幫助人們建立健全的社群並成為更好的人類？」[88]

　　在一九六六年十一月二十九日寫成的未發表論文〈毒品—評論〉（Drugs—Critique）中，馬斯洛提到，如果你達成的勝利是辛苦工作賺取收入或精通困難技巧，則這樣的成就「有益健康」，但假使你的勝利不是經由艱辛努力得來，便會「危害健康」。[89]他認為，要達到真實、持久的自我實現沒有途徑，若不先努力整合內在就一味追求超越，便有可能導致不良的後果。「顯然，我們最好努力爭取自己的福氣，而不是用金錢換來福氣。」馬斯洛在一封信裡寫道：「不是打拼得來的天堂，一文不值。」[90]「我們應該建造登上珠穆朗瑪峰的雲梯、開山闢路讓更多車輛通行，還是追求更輕鬆的生活？」[91]

　　馬斯洛深知高峰經驗不可思議的重要性、以及其為人們帶來顛覆性影響與一絲希望的可能性，同時也日漸相信，若想全面瞭解成人，便需要透過健康的方式將高峰經驗融入個體持續運作的意識中，讓自己與世界變得更美好。

　　一九六八年春天，馬斯洛與好友沃倫・本尼斯（Warren Bennis）一同為紀錄片《亞伯拉罕・馬斯洛的生活》（*Being Abraham Maslow*）接受專訪。採訪的地點位於水牛城（Buffalo），而當時馬斯洛即將

前往俄亥俄州哥倫布（Columbus）慶祝孫女珍妮（Jeannie）的生日。（馬斯洛在日記中記下了與她相處時所經歷的多次高峰經驗。）在這部紀錄片的拍攝過程中，馬斯洛向本尼斯表示，他即將建構出新的人性、社會與宗教形象——「普遍主義的基礎」。他指出，「好的社會必須是一致的世界。國家主義已亡，雖然它還沒意識到這件事」。他接著說，「好人必須是群體的成員之一，而這個人也必須瞭解所屬的群體。」對馬斯洛而言，最重要的兩個問題是，**人性可以造就多美好的社會？社會可以造就多美好的人性？**

專訪結束後，馬斯洛告訴本尼斯：「我得做一個重要的決定。」自從上次心臟病發作後，他便不時胸疼、心悸、失眠，感到「無精打采」、疲倦、虛弱、四肢顫抖與悶悶不樂。[92] 他很清楚如今寫作會耗費自己多少精力。「我有不負眾望做出對社會有貢獻的心理學研究嗎？」他問。馬斯洛解釋，身為薩加食品公司（Saga Foods）董事長兼總裁的朋友比爾·拉夫林（Bill Laughlin）給了他一個千載難逢的機會，提議請他回加州擔任公司的非正式顧問，如此一來，他將有大量的空閒時間可從事寫作。他對本尼斯說：「我猶豫了好幾天，徵得柏莎的同意後，我婉拒了其他西部一流大學的聘約，決定全心投入寫作。我將與世隔絕，不當哈佛教授，也不到布蘭戴斯教書，我想詠唱人生的最後一首曲子，留下裊裊餘音與滿堂喝采。」[93]

第八章
Z 理論：邁向更高層次的人性

我們永遠無法瞭解人生，除非將其最崇高的抱負也納入考量。
——亞伯拉罕·馬斯洛，《動機與人格》（一九七〇年修訂版序言）

心理學界的第三思潮正在催生第四思潮——探討超然經驗與超然價值觀的「超人本心理學」。
——亞伯拉罕·馬斯洛，「實現更高層次的人性」（The Farther Reaches of Human Nature）演講，一九六七年於舊金山一神教會

或許沒有其他詞彙比「超越」更如此被廣泛使用了。我跟別人說我在寫一本有關超越的書，而他們總問我：「你說的超越是什麼意思？」在一九六九年的論文〈超越的各種意義〉（Various

Meanings of Transcendence）中，馬斯洛針對「超越」一詞提出了三十五種概念，包含失去自我意識，超越自我，接受自然世界，超越二分法，超越對他人的依賴，超越「我們 vs. 他們」的國家主義、愛國主義或種族主義，超越時空，超越日常的平凡人性以追求更高層次的人性，到超越人性與經歷「宇宙意識」。

看到這麼多五花八門的定義，讓人不禁想問：哪一個才是**真正的超越？真正的超越究竟是什麼？**我希望你讀到這裡已經明白，這個問題本身並不正確。在我看來，最健康的超越形式不在於自身存在的任何一個面向，而是透過健康的方式統合**完整**的存在。

有鑑於馬斯洛的著作與關於自我實現及人性顛峰的現代心理學研究，我認為健康的超越應該定義為：

健康的超越是自然發生的現象，源自個人完整自我的和諧整合，以造就美好的社會。

這個觀點指的不是拋棄自我或他人的任何部分，或是純粹的超凡脫俗。健康的超越不是脫離整體或自認比整體優越，而是和諧地融入整體的人類存在。此外，這並不是任何人能夠**實際**達到的層次，而是所有人性的北極星。總而言之，健康的超越意指控制全部的自我以實現最好的自我，進而提高整體人性的層次。

有些人不斷受到更高層次的價值觀與經驗所激勵。就這些「超越者」而言，自我實現只不過是通往超然存在的橋梁。他們讓我們看見，每個人都具備的潛力以及能夠成就的人性。

超越者

　　早在一九六七年，馬斯洛便已開始思考世界上是否真的存在不同類型的自我實現者。在同年五月二十八日的一篇私人日記中，他論述了「各式各樣的洞察」，包括關於自我實現的「關鍵」。「原本打算撰寫並發表自我實現的評論文章，但不知為何從來都沒做到。」馬斯洛在日記中寫道：「我想我知道為什麼了。之前我沒有意識到自己根據錯誤的標準來篩選**超越**健康的自我實現典範。」[1]

　　過了數週，馬斯洛與他的好友、同時也是人格心理學（personology）的創始人亨利・莫瑞（Henry Murray）討論之後，在日記中進一步闡述自己的洞察：

　　我跟他〔即亨利・莫瑞〕分享我的新發現……存有之人比無症狀的「健康之人」有更多的心理症狀與價值扭曲。一個人沒有症狀，可能只是因為不知道或不在乎存有境界，或者從來不曾在高峰經驗中體會存有境界（在那之後，存有境界也會跟著改變……）。價值的扭曲所屬的人性層次高於無症狀（在存有境界上也較健康？）……價值的扭曲是非常了不起的成就。我們應該深深地尊敬那些經由理想的受挫體會到自己正在追求、並因此成功達到的美妙存有境界的人們……那些奮力往上爬的人的確比那些滿足於自我實現層次的人更能預知未來……（我真的非常推崇價值扭曲的好處！）[2]

　　這個洞見的重要性不容低估。馬斯洛意識到，自己提出的

需求層次裡，除了短暫的高峰經驗之外，還有一個**動機**。這是一個重大的差異。³ 雖然高峰經驗具有龐大的顛覆性潛力，但**任何人**——不論人生中最主要的動機是什麼——都有可能體會高峰經驗（就如同任何人不論最大的動機為何，都可能短暫經歷飢餓、寂寞或自尊低落）。儘管許多被馬斯洛歸類為「自我實現者」的人士通常受健康與成長所激勵，但最能驅使他們前進的，似乎是對超然的經驗與價值觀的持續追求。重點在於，這些人的主要動機並不是幸福，其實，許多人在努力實現更高層次的人性（這樣的遠見往往出自高峰經驗）時屢戰屢敗。

隔年與人本心理學家威勒德・弗里克（Willard Frick）進行訪談時，馬斯洛進一步指出，「如今我們談論自我實現者的不同層次，遠比我在十年前設想的還要多」。⁴ 他提到自己認識一些人「什麼都不缺……但還是非常不快樂，不知該何去何從，到處跌跌撞撞，幹盡蠢事。」他表示，這種人與滿足自身需求的人不同，後者沒有神經症狀，也能妥善運用自身能力，但就「只是健康而已」。

接著他指出了另一種人，這些人達到了自我實現，但也同時是「超越者」。就馬斯洛而言，這種人的價值觀意味著通往啟蒙的「含識之路」，「也就是幫助全人類或幫助他人……以及單純為了他人與自己而成為更好的人，最終超越自我」。

馬斯洛在一九六九年將這些令人興奮的新見解寫成了題為〈Z理論〉（Theory Z）的論文，刊於《超個人心理學期刊》（*Journal of Transpersonal Psychology*）第二卷。馬斯洛再次提及「超越者」與「只是健康的自我實現者」之間的差異，並且指出，後者滿足了道格拉斯・麥格雷戈提出的Y理論，即他們無

所匱乏，並且渴望實現個人潛力與挖掘自我認同、個體性與獨特性。「這樣的人是真真切切地活著，一步步努力實現自我。」他強調，「他們掌握世界、引導世界，利用世界來達成良善，就跟（心態健全的）政治人物或務實者一樣」。[5]

雖然馬斯洛主張超越者也滿足了 Y 理論的期待，但他認為他們也**超越**了 Y 理論，更常獲得「改變自己的世界觀與自我看法的啟發、洞見或認知，這種機會可能偶爾出現，也可能經常發生」。[6] 馬斯洛認為，超越者的「超越動機」是更崇高的理想與價值觀，凌駕於基本需求的滿足與獨特自我的實現之上。這些超越動機包含致力於自我以外的天職及奉行終極價值觀──即存有價值觀。馬斯洛列舉的存有價值觀包括真相、善良、美麗、正義、意義、趣味、活力、獨特、卓越、單純、優雅與完整。

據馬斯洛觀察，超越者被問及動機與人生的意義時，經常提到這些價值觀。他們之所以花這麼多時間在天職上，沒有**進一步**的原因；這些價值觀不是為了其他事情而生，也不是達成其他目標的手段。當馬斯洛問，「你為什麼如此在乎正義？」他們會回答，「不為什麼。」馬斯洛相信，「統合需求」（metaneeds）的滿足是「預防疾病與達成最完整的人性或成長」的必要條件，「這些目標值得人類好好過生活與犧牲生命。思考它們的意義，或者與它們融為一體，便能感受身為人類所能感受的最大喜悅」。

馬斯洛也提出了發人深省的觀點，那就是如果剝奪了一個人的存有價值，可能會導致「超越性病態」（metapathologies），如此一來，受挫的理想便會引發「超越性牢 」（metagrumbles）。他認為，超越者因為無法滿足超越需求而產生的抱怨，顯示了他們的心理**健康**。實際上，抱怨自己缺乏安全感、地位、金錢、權

勢、尊重、接納與情感，與抱怨這個世界缺乏美麗、幽默、善良、正義、獨特、完整與意義，是截然不同的兩件事。

在論文中，馬斯洛概述了超越者與「健康的自我實現者」之間的一些差異，強調非超越與超越的自我實現者都具有他最初定義的自我實現特質，但同時也透過下列方式超越了這些特質：

馬斯洛眼中的超越者特質[7]

- 對超越者而言，高峰經驗與高原經驗（plateau experience）是人生中最重要的事情，是生活的高潮，是生命的認證，也是人生最珍貴的一面。

- 超越者會在不知不覺中輕鬆自然地使用存有語言，而這也是詩人、神祕主義者、先知、虔誠信徒與生活在永恆面向中的人所使用的語言。

- 他們覺察俗世萬物的神聖之處，同時又能以實際、日常的角度看待它們。他們能隨心所欲地神聖化所有事物，從永恆的角度看待萬物。這種能力會在個體透過健全的方式區分外在現實與內在世界時產生，而不是與現實的感知相互排斥。

- 他們更有意識且謹慎地追求存有價值，例如完美、真相、美麗、善良、和諧、二分法的超越、存有樂趣等。

- 即使第一次見面，他們似乎也能體察彼此，立刻親近與理解對方。

- 他們對美的敏感度較高或傾向美化所有事物，包含多數人視為醜陋的事物。

- 比起「健康」或務實的自我實現者（其與超越者一樣也達到了完整），他們更能夠從整體的角度看待世界。人類為一體，宇宙為一體，一些超越者不再具有「國家利益」、「我父親信奉的宗教」或「不同階級的人或智商」等觀念，一些則是輕而易舉地超越了這些觀念。

- 如同對神聖的感知，超越者天生比自我實現者具有更強烈的協力傾向 —— 對於不同的內在、人際、文化與國家。協力的觀念超越了自私與無私的二分法，並將這兩者歸納在更高層次的概念之下。他們超越了競爭、零和與非贏即輸的認知。

- 他們比一般人更頻繁且更輕易地超越自我。

- 超越者不只跟大多數的自我實現者一樣討喜，也更容易感受敬畏、超凡脫俗與尊敬他人。他們比一般人更常出現「這個人真了不起」的念頭。

- 超越者遠比其他人更容易創新，更容易發現新奇的事物、洞察真正的可能性與挖掘潛力，進而把握可能成真的機會。

- 超越者比健康的自我實現者更不「快樂」。他們有可能更容易感到著迷與經歷更強烈的「幸福感」，但也跟健康的自我實現者一樣容易（或者更容易）對人們的愚蠢、自我挫敗、盲目、殘酷與短視近利感到無盡悲傷（即存有悲傷）。超越者之所以有這種感受，或許是因為他們如此輕易且清晰地看見現實世界與理想世界的對比，而原則上，要創造理想的世界其實非常容易。也許這是他們得以直觀世界之美、人性的神聖可

能性、諸多不必要的邪惡與美好世界的必要條件，而必須付出的代價；這是為了成就良善的人性，而不是為了達到更高的智商或精通某種高端技術工作。

- 超越者更容易同時處於匱乏境界與存有境界之中，因為他們遠比一般人更能輕易神聖化所有人。每一位超越者都可輕易與直接地感知所有美麗的人類、甚至生物與非生物的神聖性，而且久久不能自己。

- 超越者會發現，自己擁有越多知識，就越深刻體會神祕、敬畏、謙遜、絕對的無知、崇敬與奉獻。多數人追求知識是為了減少困惑與焦慮，但對於有過高峰經驗——尤其是達成自我超越的人——及自我實現者而言，神祕感並不嚇人，而是具有吸引力與挑戰性。

- 超越者比一般人善於欣賞優秀的創作者（有時在人們眼中顯得荒誕不經）。相反地，超越者也比較有能力識別行事古怪但缺乏創造力的人士。

- 超越者通常比較能夠「接受邪惡」，他們瞭解這在完整的神聖意義上有時是不可避免且必要的。這樣的認知意味著個體對邪惡有更深刻的理解，因此他也會產生更強烈的同理心，並且做出更堅定的反抗。在此層面上，深刻的理解代表更加果斷與更少的衝突、矛盾與遺憾，因而促成更敏捷、肯定與有效的行動。超越者雖然懷有同理心，但也能在必要時擊退邪惡之人。

- 超越者通常自視為才能的載體、超個人的工具。這表示他們以客觀或超脫的態度看待自我，而非超越者可能會認為這是傲慢、浮誇甚至是偏執的表現。

- 不論在有神論或無神論的意義上，超越者往往「虔誠」或「注重精神層面」，而這並不包含歷史、傳統、迷信或體制上的意涵。

- 超越者可以輕易超越自我意識、自我與認同，達到高於自我實現的層次。未能達到超越的自我實現者的主要特質為自我認同強烈、十分清楚自己是誰、要往哪個方向前進、渴望得到什麼、擅長什麼，總括而言，他們具有強烈的自我，善於做自己與忠於真實的本性。然而，這些特質不足以描述超越者。他們無疑如此，但也不僅是如此。

- 超越者由於比一般人更能感知存有境界，因此擁有更多的終極體驗、更容易入迷與沉醉，如同孩子對水面光線折射出的彩虹、沿著玻璃窗滑下的雨滴、平滑柔嫩的皮膚或緩慢蠕動的毛毛蟲感到驚奇不已。

- 超越者傾向無為，健康的自我實現者則較為務實。存有認知使一切變得更加不可思議、更加完美，就如它應該要有的樣子。因此，超越者沒有改變事物本質的衝動，更別說是改善或侵擾了。他們傾向靜觀萬物，順其自然。

- 「後矛盾」（postambivalence）往往是所有自我實現者都具備的特質，而且更有可能見於某些超越者身上。「後矛盾」一詞出自佛洛伊德理論，意指全心全意與毫無衝突的愛、接納與表達，而不是「愛」、友誼、性或權勢中常見的愛恨交織。

- 隨著性格日益成熟，個體會越來越重視更高層次的報

酬（「超越報酬」）與獎賞（「超越獎賞」），而非金錢與
讚賞。當然，大部分的自我實現者能將工作與樂趣融
為一體——他們熱愛自己的工作。就此而言，他們從
事所愛的興趣與本質上令自己感到滿足的工作而獲得
報酬。然而，超越者除此之外，還會主動尋求更有可
能帶來高峰經驗與存有認知的天職。[8]

　　整體而言，「超越者」的特質呈現了完整的「Weltanschauung」（德
文，意指「世界觀」），類似馬斯洛所謂的「健康的童心」或「再生的
天真」，其「真正整合了個體的所有層面」。[9] 這種世界觀滿足了安
全與成長需求，但也超越了它們。超越者在匱乏境界與存有境界
之間來去自如。

　　Z 理論的世界觀充滿敬畏、美麗、奇妙、樂趣、探索、發
現、開放、整體感知、無條件接納、感激、存有之愛、存有謙
遜（誠實看待自我，而非掩藏自我）、[10] 存有樂趣、[11] 自我意識的超
越、協力、一致、內在的工作動機與追求生命終極價值的動機。
Z 理論世界觀蘊含的一個重點是「超越二分法」，也就是不再抱持
常見的非黑即白觀念，譬如男與女、心臟與頭部、性慾與愛情、
好與壞、國家與世界、自私與無私、善良與殘忍、快樂與悲傷，
或神祕與現實，而是將它們都視為整體的一部分。

　　Z 理論世界觀與心理學文獻中其他著名的自我意識發展理論
一致，如珍‧盧文格（Jane Loevinger）提出的發展階段中的「整
合」層面；艾瑞克‧艾利克森（Erik Erikson）的心理社會發展
論中的「自我統合」與「遲滯」階段；羅伯特‧凱根（Robert
Kegan）的建構發展理論所主張的個體內階段；蘇珊娜‧庫

克一格羅伊特（Susanne Cook-Greuter）的自我發展論中的後成規階段。在古典心理學文獻以外，Z 理論的世界觀也與肯恩・威爾伯（Ken Wilber）的整合理論中的意識最高狀態及克萊爾・格雷夫斯（Clare Graves）的螺旋動力學中的「第二階層」有所關聯。[12]

Z 理論的世界觀與探討智慧的現代心理學研究有驚人的相似之處。[13、14] 心理學文獻往往將智慧的概念定義為認知、情感與行為面向的整合，意指個體能夠接納多元觀點、遭受質疑時不帶防衛心地回應、展現各種情感以獲得意義、嚴格評估人類事實，以及覺察人類問題不穩定且矛盾的特質。[15]

臨床心理學家迪爾德利・克雷默（Deirdre Kramer）表示，「有智慧的人懂得同時考量正、反兩面並整合兩者，以更貼近人性與整合的意識看待脆弱的自我……他們能夠先接受自私自利，然後超越自私自利，將內省的能力融合自己對人類關係的深切且持久的關注及對他人的普遍關懷」。[16] 智慧通常會隨年紀而增長，最常見於那些擁有高度的經驗開放性、自我檢視與內省能力與個人成長動機，並且不斷質疑自我觀點、挑戰假設與信念，探索和評估自我認同的那些人身上。[17]

從 Z 理論的角度出發，你將能從有利的制高點——充滿愛且不加批判地——綜觀所有人性需求，將它們視為整合與和諧的一體。**這個有利角度並不會受到你的自我或認同所影響，即使必要時如此，它仍可幫助你看清人性需求的全貌。**如同海鳥的視角，它讓你得以在人類經驗的風景中恣意翱翔或俯衝，從任何角度都能一覽無遺。如此一來，健康的超越可以幫助你在人生中乘風破浪。

讀到這裡，你應該已經瞭解，自我實現與自我超越可以和諧共存。[18] 我相信，真正整合東方、西方與原住民的自我實現哲學

觀，不僅有可能實現，也是達到最高人性層次的**必要之舉**。若想成為全人，就必須整合安全、成長與超越層次。我們不應加深這些存在境界的對立；達到最高層次的整合時，它們便會融為一體。

「我希望我有清楚表達自己的看法，」一九六一年馬斯洛在一場公開演講中說道：「唯有破除與超越主要與次要過程、意識與無意識、理性與直覺、科學與藝術、工作與玩樂、抽象與具體、提示與直觀之間的二分法，我們才能感知世界與自我的全貌。唯有如此，才能創造完整的科學、完整的語言、完整的數學、完整的藝術、完整的教育，以及完整的人類。」[19]

人類的可能性

也許我們一直以來都小看了人性……
——亞伯拉罕·馬斯洛，「實現更高層次的人性」演講，一九六七年於舊金山一神教會

是時候整合我們對所有人性面向的理解了，如此一來，便可打造真正全面的心理學。
——亞伯拉罕·馬斯洛，〈建立以人本心理學為基礎的新政治學〉（Building a New Politics Based on Humanistic Psychology，一九六九年寫成的未發表論文）

Z 理論的世界觀對人性與社會的健全影響深遠，而且啟發我們對於人類**可能性**的想像。我認為這種想像在今日兩極對立、去人性化的世界不可或缺。在這個部分，我將根據馬斯洛致力將人

本心理學核心原則融入人類努力與經驗的各個面向的畢生心血，闡述自己對於人類潛力的想像。

　　首先，Z 理論擴大了開放科學檢視的主題範疇。[*] 在「實現更高層次的人性」演講中，馬斯洛指出：「當你打開通往價值、價值經驗與高峰或超越經驗的大門，就能探索嶄新的可能性。」[20] 實際上，今日有一些來自各種心理學背景的現代學者正研究更高層次人性在文化、演化與生物上的基礎，包括人類在利他傾向、道德、愛、連結、希望、寬恕、歡笑、感激、冥想、啟發、靈性、高峰經驗甚至偉大的神祕啟示等方面的能力。[21] 雖然研究永遠不嫌多，但我想如果馬斯洛還在世，他看到今日學界探索更高層次人性的固有潛力大有斬獲，一定備感欣慰。

　　第二，Z 理論讓我們看見人際關係的新面貌，從友情、親情、愛情到性皆是。馬斯洛將這些關係都視為階層的一部分，而愛位於這個階層的頂端，「不僅僅是互相滿足而已」。[22] 如本書一再論述，存有之愛與匱乏之愛截然不同，不論在師生關係、醫病關係、業界或管理與領導關係中都是如此。

　　舉教育為例，真正的人本教育培養兒童的完整成長，重視兒童及其獨特的個人目標、夢想與抱負，不論它們與教學課程是否一致。[23] **試想，如果學校除了讓人們學習標準化教材，還充滿了驚奇、敬畏、自我實現與人性希望，教育會變成什麼樣子？試想，假如學校與生活緊密相依，假如孩子們放學回家後興味盎然地對**

---

[*] 在一九六六年出版的《科學的心理學》（*The Psychology of Science*）中，馬斯洛批評了科學的「世俗化」，指它們「將所有超然經驗驅逐出顯著的崇高境界，絲毫不為敬畏、驚奇、神祕、狂喜、美麗與高峰經驗留下系統性空間」。見 Maslow, The psychology of science: A reconnaissance, p. 121.

周遭事物充滿好奇，那該有多美好。灌輸對學習的熱愛，等於向學生灌輸重要的存有價值。馬斯洛指出，「人本教育意味著教育生活的全部，而不是將教育侷限在一棟建築裡」。[24]

同樣的原則也適用於治療經驗。想像一下，如果醫生面對病患時先從全人著手，之後再對症下藥，治療的成效會有多大的進展？許多超越者遇到的健康問題是因為理想受挫而意志消沉，並非需要接受治療與杜絕後患的疾病。許多病患需要透過健康的方式整合「黑暗面」，而不是將自己最強大的潛能封閉起來。

Z 理論的世界觀也讓人得以經歷更深刻的喜悅。馬斯洛將這種與存有價值相關的喜悅稱作「超越享樂主義」（metahedonism），並主張愉悅階層的存在，其中「最底層是痛苦的解除，往上一層是譬如洗熱水澡等行為帶來的滿足，再來是與好友共處的快樂、享受美妙音樂的樂趣、生兒育女的幸福、體會至高的愛的狂喜，最頂層則是與存有價值的融合」。[25]

想像一下，倘若每個人都認知深刻喜悅的可能性，這個世界會是什麼樣子？有研究找來一群憂鬱症與焦慮症病患，連續十天進行道德教育並觀察他們在品德、慷慨與勇氣方面的表現，結果顯示，受試者比較願意幫助他人、親近他人，在人際關係中的衝突較少，抑鬱與焦慮的症狀也減緩了。[26] 由此可見，個體可以透過存有境界的追求來解除不滿的感受與壓力，進而體會超越享樂主義。

這也適用於性經驗。超越享樂主義的性經驗會是如何？如馬斯洛所述，「我們可以將性置於更高的層次，尤其是在愛情之中，它可以引發高峰經驗、奧妙而統合的經驗，簡而言之，就是通往天堂的其中一扇門。它開啟了有待科學探索的領域，因為如果

你實際檢視多數人的性生活，如果你從所有人口中取樣，便會發現，99％的人並不瞭解性的可能性。他們不知道性可以帶來多大的快感」。[27] 如先前討論的（見第五章），存有之愛可造就更令人滿足、超越自我的性經驗（即存有之性）。

Z 理論的世界觀也影響了現代社會的許多歧異。它讓秉持不同宗教或政治理念的人們有可能展開健康的互動。馬斯洛表示，這種觀點使我們得以討論所有生命的「宗教化」或「神聖化」，而且對象包含了所有人，而不只限於具有共同的認同、宗教或政治信仰的人們。

以宗教為例，不論宗教信仰為何，大家都能憑藉共同的靈性經驗團結合一。「一般而言，有一些神聖的地方是你一走進去，就會感受到虔誠的氛圍。」馬斯洛指出，「離開那裡之後，你會失去那種感覺，直到下次走進去、或遇到一個類似的地方，才會再度湧現那種感覺」。[28] 然而，「〔高峰〕經驗會在任何時間、任何地方發生在任何人身上」。

儘管「神聖」一詞通常帶有宗教意涵，但馬斯洛指出，我們可能會在任何地方對任何人產生神聖感——即尊敬、神祕、驚嘆與敬畏的感受。想像一下，假如我們不是只有在週日上教堂做禮拜時才感覺自己與大家有所連結與融為一體，也不會回家就立刻在社群媒體上謾罵與自己意見相左的人，而是在生活中無時無刻都保有神聖感，這個世界會變成什麼樣子？如果所有人**都**如此相待，又會如何？

這種世界觀對於當前的政治生態也具有深刻意涵。過去，馬斯洛曾致力研究一個全新的政治學領域，他稱之為「心理政治學」，其以人本心理學的原則為基礎——**人與人之間的相似處比歧**

異更為深刻。假使世上存在一體政治學,而身處其中的我們將彼此作為人類群體的身分擺在第一位,其次才關注政治關聯,這個世界會是什麼樣子?

人本政治學也奠基於對人性的實際理解,包括人類的安全需求及成長與超越需求。的確,從政者必須重視人身安全、安全感與歸屬,同時維持環境的一致。如果缺乏適度的穩定性,我們便難以充分發揮潛力。雖然如此,馬斯洛認為絕對不能忽視自我實現與超越的可能性。「倘若沒有堅實的法治基礎,人類不可能獲得真正的成長。」他指出,「社會的確也有可能在法治層面上停滯不前,但若過度強調這種情況,便會限制個體的成長可能性」。[29]

這正是為什麼保守派與自由派人士有可能褒揚彼此;社會需要真正在乎傳統文化與社會穩定的當權者,也需要關注平等主義與弱勢族群處境的人們。[30] 實際上,保守派與自由派的主張都有道理,只是方式不同:保守主義注重禮儀、傳統道德價值觀及個人對朋友、家人和國家等生活的細微面向的承諾;自由主義則關注普世的同理心與平等主義。[31] 這兩個面向都可以對一體政治學做出重大貢獻。

健全的民主所面臨的最大威脅其實是人們彼此的敵意,以及掌權者之間日益加深的對立。政治的混亂與不平等挑起了人們內心深處的不安全感,因而滋生了敵意、猜忌與嘲諷。在極度缺乏安全感的社會裡,人們將崇高的動機擱置一旁,因為秩序、穩定與歸屬的需求要急迫得多。然而,正是在這樣的動盪情況下,我們仍須持續追求存有之愛與存有價值觀,否則便可能助長民粹主義與極權主義的火苗。

這與現今的世界局勢息息相關。荷蘭政治科學家卡斯‧穆

德（Cas Mudde）指出，平民主義的論述已成為西方民主政治的主流。[32] 民粹主義的核心特質為表達反建制主張與聚焦於「純粹的人民」（the pure people）的重要性。[33] 其中的歧異不在自由派或保守派的價值觀，而在於人民與掌權者之間。

追求榮耀的投機政客會藉由這種方式利用人民的匱乏境界來鼓吹憎恨與恐懼。[34] 世界各地的大規模研究均顯示，民粹主義挑起的反建制聲浪最能引起懷有強烈敵意者的共鳴。[35] 總是抱持敵意的人**特別**容易受到反建制的力量所鼓動。這種對立的向下沉淪對健全的民主政治極度有害。如馬斯洛在一九六九年撰寫的未發表論文〈建立以人本心理學為基礎的新政治學〉所述：

> 因此我必須強調，民主社會根植於個體對他人的感受（如同理心與尊重），我們當然可以將這些感受與自己從務實角度對人類使壞的能力的理解整合在一起。如果我們不信任、不喜歡、不憐憫、不友愛他人，那麼要建立一個民主社會，就只會是癡心妄想。人類史上無疑有許多先例可證明這一點。[36]

最後，當個體達到健康的超越，便會對文明產生新的想像。歷史上一向認為社會利益與個人利益互相排斥甚至對立（也就是說，對個人有利的事都會對文明造成危害）。然而，當我們達到更高層次的整合，未必如此。個人的目標與價值觀可以與社會利益**相輔相成**。最健全的社會立基於對人性需求的務實理解，並有助於激發身為其中成員的個體最強大的成長潛能。問題是，社會給每個人多少機會去滿足自身需求，包括安全感、成長與超越需求？

　　我們的社會結構可以做出具體改變來增進這種協力作用。如先前所述，馬斯洛認為，在最健全的社會裡，「好心有好報」，換言之，一個社會要能讓品行端正的人得到回報（如黑腳族印第安人），而不只是給予大量金錢或崇高名聲作為報酬，才是良好的社會。如欲促成這樣的社會，可以從幼兒教育著手，透過獎勵良善與根據個人在標準化測試中的結果來鼓勵學習。這不只能造福大眾，也能提升社會中的個體所追求的目標層次。

　　現在是時候該我們負起對社會的責任，營造一個有助於所有人除了達成自我實現外也超越自我的環境了。我們可以努力打造美好的社會，同時也努力讓**自己**變得更美好。想促進美好的社會，我們應該從**心**開始，改變自己看待人性的觀點。如此一來，我們甚至能超越實際的存在，即使離開人世也能遺惠後代。

終極的未知

　　〔就人類的情況而言〕諷刺的是，最深層的需求是擺脫死亡與毀滅的焦慮，但喚起死亡與毀滅的正是生命本身，因此，我們無法充分體會生命。

　　——厄內斯特・貝克，《否定死亡》（*The Denial of Death*，一九七三年出版）

　　我們可以與超越自我的事物合而為一，並從中尋得最深刻的平靜。

　　——威廉・詹姆斯，《宗教經驗的多樣性》（一九〇二年出版）

幾年前，我剛開始寫作本書時，經歷了生存危機。我動了一項風險極低的手術，醫生告訴我，死亡機率非常低。我記得我聽到時心想，「機率不是零？你的意思是，我有可能會死？」手術一如計畫地那樣順利，但我突然意識到生命有限。不知怎地，我活了四十年，從未真正明白自己的生命（至少在這個身體裡）不會永遠持續。老實說，這個想法把我嚇壞了。

為了讓自己冷靜下來，我讀了人類學家厄內斯特・貝克的經典著作《否定死亡》。貝克在書中大量引用奧地利心理分析師奧托・蘭克（Otto Rank）的論述，宣稱「每件事的背後都有恐慌在隱隱作祟」。據貝克指出，這是「生存矛盾」造成的結果：

> 真正可怕的是：我們就這樣出現在世界上，有自己的名字、自我意識、內心深層的感受、對生命的迫切渴望，還有自我表達的能力——但儘管擁有這一切，我們仍須面對死亡。[37]

我絕對能理解貝克描述的「恐慌隱隱作祟」是什麼意思，但他提出的解決方法——像是「別想那麼多，只要相信」宇宙萬物都有我們無法理解的「無形奧祕」就對了——並未說明如何秉持這個信念充分體現生命的價值。巧合的是，我得到了一個天上掉下來的機會。

那時，任職於游泳小馬（Swim Pony）實驗劇場的一位好朋友正籌備一款名為「終點」（The End）的互動遊戲。他邀我參加試玩活動，請我評估玩遊戲是否能帶來任何幸福感。我加入了。

不久後，我收到一個包裹，裡頭有一本日記、一疊印有互動圖像的卡片，還有將於二十八天內在某地舉辦的一場派對的邀請

函。我還收到了一封簡訊寫著,「嗨,我是終點。等你準備好了,就回簡訊給我。」我心想不妙,這是什麼陷阱?

　　自稱「終點」的實體向我解釋遊戲規則。連續二十八天的期間裡,我每天抽一張卡片,依照指示行動。之後,我必須跟「終點」報告我從當天的經驗中學到了什麼、發現自己有了哪些轉變,還有這個經驗與之前執行過的任務有何關聯。隨著「恐慌隱隱作祟」,我完全沉浸於遊戲中。

　　在那二十八天裡,我收到的指令難度越來越高,一開始是依指示沉思宇宙有多遼闊、幫自己寫訃聞、到墓園散步並記下自己的感受、想像完美的一天是什麼樣子及希望與誰共度這一天,到後來是實際體驗我得知自己將不久於人世會有什麼感受,思考死後希望如何處置自己的軀體,以及如果自己失去行動能力,願意接受哪些手術。在充滿強烈情感的二十八天裡,我毫無防備地正視,**究竟**是什麼讓我如此恐懼死亡。

　　有幾次,「終點」明確要我寫一份個人使命宣言,說明自己為什麼要玩這套遊戲。一開始,我在宣言中寫道:「因為我害怕終極的未知,但又非常好奇。」遊戲進入中期時,它問我想不想根據目前為止的經驗修改宣言,我的回應是:「我想將自己的預設狀態從焦慮改成好奇。我是一個好奇心旺盛的人,但預設的狀態可能會妨礙我的探索。」

　　結束遊戲後,我與其他玩家齊聚在一座墓園(一點也不令人意外)進行心得分享。大家一致認為,這個「遊戲」徹底改變了自己的人生。我們瞭解生命中最重要的事情是什麼,而雖然我們比以往更加意識到死亡,但也同樣更深刻地體悟了人生。所有玩家(包含我在內)的資料都印證了大家在墓園所分享的心得。從

開始玩遊戲之前到結束遊戲後，每個人在下列幸福面向的指數上都有明顯的提升：

- 在必要時接受他人的幫助與支持
- 感覺人生有了方向
- 感覺比較不焦慮了
- 在生活中普遍感到快樂

　　起初，這些資料令人困惑。貝克與根據他提出的「恐懼管理理論」（Terror Management Theory，TMT）所進行的一系列研究指出，死亡意識會導致不安全感與防衛性的增加。[38] 然而，參與「終點」遊戲的玩家沒有任何一個人是如此。相反地，我們在生活中得到了前所未有的驚奇與喜悅感，也更專注在自己最在乎的事情上。實際情況與研究結果的這種差異，該如何解釋？

　　如今寫完本書，我更清楚地瞭解，這個矛盾就跟書中提到的許多其他悖論一樣，只是**看似**互相衝突而已。（這正是 Z 理論的思維。）我認為對死亡的恐懼不僅僅是一種對「絕對毀滅」的恐懼而已。[39] 與「恐懼管理理論」相反，我不認為人類演化出防衛機制，是**專門**用來應對死亡的存在現實。畢竟研究顯示，比起死亡，人們往往更害怕未知、與所愛的人分離及永世不得超生。[40] 事實上，若非得在孤單地長生不老與在親人的陪伴下提早離開人世之間二擇一，多數人會選擇**死亡**。[41]

　　我倒認為，厄內斯特・貝克描述的「恐慌隱隱作祟」會成真，不是因為我們害怕毀滅本身，而是因為毀滅的**概念**嚴重危害多數人執著於滿足的需求。[42] 死亡意識有可能是人類獨有的想像

力與自覺的**副產品**，而死亡的概念碰巧觸發了我們的許多防衛機制。這種意識特別容易引發我們內心對於無常的恐懼（畢竟，死亡是終極的無常），使我們與他人的歸屬和連結產生動搖（死亡使人們彼此分離），並危害自尊，尤其是自戀型自尊（沒有其他事比死亡更能妨礙我們持續追求神性）。

難怪人們意識到生命的有限時，會出現如此強烈的防禦反應，也難怪我們深刻感受到不安與無常時，往往會將注意力轉移到眼前的利益。不過，情況未必都是如此，至少我們還有能力擺脫不安全感的陷阱。如歐文・亞隆所言，「死亡會摧毀我們，但它的**概念**可以拯救我們」。[43] 他表示，一個人全心專注於自我的存在時，「會探究事物的**本質**，而不是事物的**樣貌**」。[44]

亞隆在研究實際面臨死亡的個案時（包含他本身對癌末病患的心理治療工作）發現，這種經驗通常都會引起顛覆性轉變，使個人重新調整生活的優先順序、得到解放、比過去更活在當下、清楚認知與接受生命的根本事實（如季節更迭、樹葉凋零）、與親人展開更深層的溝通及願意展開人際交往。[45] 以下是一名自殺未遂者的自白：

我重新看見了人生新的希望與目的。大多數的人都無法體會這種感覺。我看見生命的奇蹟（譬如鳥兒自由自在地飛翔），當你快要失去時，才覺得一切更有意義。我感覺與萬物合而為一，與所有人融為一體。在精神獲得重生之後，我也能對每個人的痛苦感同身受。我感覺眼前的一切變得清晰而充滿了希望。[46]

有跡象表明，任何有機會一再面臨終極未知的人，都有可能

經歷這種蛻變。《尋找快樂之國》（*The Geography of Bliss*）作者艾瑞克・魏納（Eric Weiner）曾造訪不丹，一個以全球最高的國民幸福指數（Gross National Happiness，衡量國民快樂與幸福程度的集體指數）聞名於世的佛教王國。在這個國家，人們每天都公開面對死亡與可怕的景象，無時無刻都保有死亡的意識，就連兒童也是。[47] 在不丹，死法有許多種，如果有人去世了，就會舉行儀式繁複、曠日費時的葬禮。首都廷布（Thimphu）有一位居民向魏納表示，「你每天都需要每五分鐘就思考死亡……這將能療癒你……讓你感到不安的是死亡的恐懼，是還未實現心願或看到孩子長大之前就離開這個世界的恐懼」。[48]

　　近期研究顯示，在心理學實驗中，受試者應要求長時間深思自我生命的有限時，大多都捨棄了金錢、形象與名聲等外在、地位取向的價值觀，轉而認同成長取向的價值觀，如自我接納、親密與群體感。[49] 經過長時間對於死亡的省思，有三項特質似乎特別能準確預示成長：正念、經驗開放性與平靜的自我，[50] 這些都是存有境界不可或缺的特質。抱持開放、好奇、深刻反省、正念、謙遜與自我憐憫的態度探索生命的有限，將能幫助你超越不安全感引發的防衛心理。[51]

　　當然，說比做容易！要知道，匱乏境界威力之強大。你必須持續實踐這些生活方式，因為我們在安全感受到威脅時，很容易就陷入防衛與不安的泥淖，就連亞隆自己在經歷一場車禍後也體認：「我對於死亡的焦慮感只短暫發作了一陣子，之後便回到現實，開始關注自尊、對於受人拒絕的恐懼或羞恥等比較沒那麼嚴重的煩惱。」[52]

　　總歸而言，擁有健康的最佳途徑是打造健康的生活。發展心

理學家蓋瑞・雷克爾（Gary Reker）與存在主義正向心理學家保羅・翁（Paul Wong）主張，生命中存在深層的意義，從單純享受樂趣與安逸，尋求個人成長、創造力與自我實現，為他人服務與為社會或政治理想貢獻己力，再到實踐那些超越個人與涵蓋宇宙生命意義和終極目的的價值觀。他們堅信，個人的生命意義越豐富，就越能堅持追求更高層次的意義。[53]

　　意義學者塔提娜・施內爾（Tatjana Schnell）與同事近期得到的研究發現也為這項理論提供了有力佐證。根據研究，與意義感密切相關的個人生命意義來源牽涉了融合自我實現與超越的事物，例如傳承創造力（generativity）、欣賞、內在和諧、成長、價值觀、靈性、創造力、關注與愛。屬於較低層的事物則包含樂趣、個人主義、成就、傳統、秩序與安逸。

　　我鑽研馬斯洛在生前最後幾年寫作的私人日記時，發現他個人的生命意義有了重大變化，而促成這種蛻變的，是他本身的死亡意識及完滿人性（full humanness）的發展。

高原經驗

　　我們從真正的神祕主義者——從過去的禪僧到如今的人本與超個人心理學家——身上學到寶貴的一課是，平凡中見偉大，而這些神聖之處就在於我們的日常生活、左鄰右舍、親朋好友或自家後院。

　　　　——亞伯拉罕・馬斯洛，《宗教、價值觀與高峰經驗》

　　死亡意識可以創造超然、超個人與超人類的經驗嗎？

——亞伯拉罕·馬斯洛，引自理查·勞瑞所著《亞伯拉罕·馬斯洛的日記》（*The Journals of A. H. Maslow*）一九七〇年三月二十八日

馬斯洛在生前幾個月的一場研討會上宣布：「心臟病發作讓我真正面對死亡。自那時起，我便一直過著我稱為『死後人生』的生活。我有過瀕死經驗，所以從那之後的一切都是意外的收穫。」[54]

然而，他的私人日記描述的並非如此。從當中的文字我們可以窺見，一個男人盡可能一天比一天誠實地面對內心的衝突、掙扎與不安，直到死亡來臨的那天。令他畢生苦惱的一個內在衝突是，他始終無法滿足自己與他人建立連結、受他人喜愛，以及自身重要性受到認可的需求。然而，他也有自戀的一面——他自視為救世主，「感覺肩負重責大任……掌握大權的責任**如此**沉重，讓我心力交瘁」。[55]貝克表示，某種程度上我們都面臨同樣的衝突——想擁有神性，卻又渴望成為群體的一分子。[56]

另一個牽動馬斯洛一生的顯著內在衝突，是超理性的科學面向與直覺的精神面向之間的拉扯。一方面，馬斯洛認為自己「有義務反擊混亂、毀滅、憎恨與逆反性價值觀（counter-values）」，他經常批評不切實際的自由派（認為他們意志軟弱）、烏托邦思想家與迷信之人。[57、58]另一方面，多愁善感的個性又驅使他領會「全神貫注、無窮無盡的狂喜經驗」，[59]並極度憎惡多數科學家對於更高層次的人性探索所抱持的譏諷與否定態度。

在人生的最後幾年裡，馬斯洛前前後後不斷捍衛這兩個自我觀念，並因此遭到朋友與同事的疏離。廣泛分析馬斯洛後期私人日記的臨床心理學家琳恩·海茲曼（A. Lynn Heitzman）指出，

「他逐漸浮現的精神感受直接牴觸了他反抗宗教虛偽、迷信與混亂的自我形象，而這想必讓他感到深切的焦慮」。[60、61]

儘管面臨這些內在衝突，馬斯洛在生前最後數個月裡「一度超越了這些矛盾，窺見比自我更遼闊、更偉大的世界，即使為時短暫」。[62] 他得以稍微鬆懈一直以來對於完美與自我誇大的追求，整合對立的內在衝突，並接受生命的真實面貌。他甚至逐漸能夠接受人性的缺陷及邪惡的存在，這是他長久以來執著於研究的主題。一九七〇年四月二十八日的日記顯示，他達到了更高層次的整合與接納，進而得以超越「善」與「惡」的對立：

> 我們必須從幽默的角度看待人性弱點並做好心理準備，如此才不會因為它們的出現而理想幻滅，換言之，不要對人性抱持完美主義或先入為主，而是要「務實看待」……我想，以「人性現實主義」來描述這種態度最貼切，這就跟「對於樹木、貓或馬兒的現實主義」一樣。所以也許我該這麼說，「我可以務實地看待與接受人性的弱點」，而不是在討論善與惡時堅持「人性本善」。最終，我將必須停止以「善」與「惡」來定義人性，對於樹木、貓或馬兒也是如此。[63]

如此的內在整合與接納讓馬斯洛得以更頻繁地探究超然經驗。海茲曼表示，「他並未輕視自己的生命經驗，而是發現，接受了之前不願正視的殘酷現實與人性的矛盾本質後，人生變得更加深刻、活力充沛與不可思議……他沒有追逐不切實際的夢想，而是領悟了小小一朵花也能展現生命的奇蹟」。[64]

馬斯洛生前最後數個月的日記充滿了他屈服於現實而面臨的

沉痛感受。他在一九七○年三月二十六日寫下：

　　我在後院的和煦陽光下寫作，四周是九重葛藤蔓的盎然綠意與鳥兒清脆婉轉的呢喃聲……一切的美好讓我感動得熱淚盈眶，而這些也是美好的珠淚……但我認為，我們也必須知道，全然的美麗讓人無法承受、「美好得過了頭」，超出我們能消化或理解的範圍。那種力量超越了我們，不是我們所能吸收或控制的。或許我感動是因為放棄了控制、放棄了意志，而體會到的喜悅？抑或是開心的無助？[65]

　　兩天後，也就是一九七○年三月二十八日，一則長篇日記反映出，死亡意識如何讓一個人懷有顧憐之心：

　　那些擁有死亡意識的人們放棄了競爭。（我依然在想，也許我所謂的自我實現必須與生命的有限達成和解。）……死亡雖然剝奪了生命，卻讓我們更深刻意識到原本不會感知的許多事物，並激發我們同情心、同理、憐憫與對他人的認同，能夠敏銳地洞察與理解他人。

　　數週後，在堪薩斯州（Kansas）康瑟爾格羅夫（Council Grove）舉辦的一場超個人研討會上，馬斯洛為自身經歷創造了一個詞彙：「高原經驗」。[66]這個靈感來自於他的東印度同事阿斯拉尼（U. A. Asrani）（阿斯拉尼表示，他在英格蘭作家亞瑟·奧斯本〔Arthur Osborne〕的著作中認識了這個詞彙）。高峰經驗令人著迷且轉瞬即逝，而馬斯洛主張，高原經驗持續更久、帶來更深

層的認知，並讓人得以在平凡中見偉大。[67]他將高原經驗中的意識形式稱為「一體意識」，其意指「同時感知神聖與平凡⋯⋯此刻，我處在永恆的面向裡，對平凡之事感到神祕、充滿想像與多所聯想⋯⋯矛盾的是，這種經驗有如奇蹟般不可思議，卻又不損及自主性」。[68]在一九七〇年再版的《宗教、價值觀與高峰經驗》前言裡，他進一步闡述這個概念，指出處於高原狀態的意識「是一種見證，一種感恩的表現⋯⋯但也可能具有偶然性」。[69]

在一九七〇年康瑟爾格羅夫的研討會上，馬斯洛提到，對抗有限的生命，是觸發高原經驗的主要因素：

死亡的經驗讓生命變得遠比以往珍貴、深刻而鮮明，使你必須欣賞生命、好好把握每一天⋯⋯人生的起起伏伏讓你體悟自己的短暫與無常的永恆——人生永遠都會是如此，而你見證的是已存在百萬年之久、往後也將再持續百萬年的事物。我經歷了起伏迭宕，一方面感到悲傷，另一方面則深切感激。在我看來，這些變動比以往更為美麗而動人。那或許可算是同時感知了短暫與永恆，感覺並不真實。我思索人生的無常時，意識到自己會有凋零的一天，但無常則否。這是多麼強烈的對比。[*]

馬斯洛相信，高原經驗比高峰經驗更具自發性，可以刻意尋求（「我出門時可以選擇不搭暗不見天日的地鐵，而是散步經過文藝氣息濃厚的美術館或綠意盎然的草地」）、甚至習得：「高原經驗

---

[*] 研討會過後的第五天，馬斯洛在私人日記中寫道：「談論高原經驗時，我必須克制自己不要想到人生的起伏，還有盡量不靠近珍妮〔他的孫女〕。我情緒太激動了。」高原經驗「在本質上就是一種認知」！

可以經由學習得到，例如參加講授奇蹟的課程。[70]在一九七〇年三月二十八日的日記中，馬斯洛也提到自己有意發展練習以激發高原狀態：「像是存有練習、一體練習、神聖化練習等，這些都可讓個人在不知不覺中發展存有之愛。」

同一篇日記中，馬斯洛還寫了令我大感訝異的內容。他認為自己能夠解決長久以來的內在衝突，但「那會花上好幾年的時間」。我認為他發展動機理論與最終的 Z 理論，有一部分是為了世界的福祉著想，另一部分是為了實現自己的抱負。他努力解決自身問題，**同時**也挖掘了內心更多的可能性，而後渴望與大家分享人類本質所蘊含的可能性。[71]

令全人類慶幸的是，馬斯洛願意正視生存所牽涉的複雜問題。琳恩·海茲曼表示，「我認為馬斯洛以其獨特的人性親身見證了人本心理學的宗旨……我相信他承受的痛苦為他個人的高原經驗賦予了深度與意義。最重要的是，當他看似開始接受自己的人性缺陷與盡情享受餘生時，依舊跟其他人一樣，甚至實現了更深刻的人性」。[72]在接受完整的人性與試圖和日常生活建立更深入的連結後，馬斯洛終於達到內心的平靜與最深刻的完整，並期待後世繼續傳承他的畢生心血與願景。

在一九七〇年二月十二日的日記中，馬斯洛寫道：「我一直都認為自己處於影響力與貢獻度的顛峰，因此不論我**何時**離開人世，都會像是砍倒了一棵蘋果樹，留下散落滿地的果實供後人撿拾。那**將**是感傷的一刻，但我可以接受，因為倘若生命始終如此圓滿，那麼繼續緊抓不放，便會顯得貪婪與不知好歹了。」

幾天後，馬斯洛在寄給《今日心理學》的錄音帶中呼應了這樣的心情：

　　我已精疲力竭。我盡力了，現在不只是離開的好時機，更是我願意離開的時候……這正是大衛‧利維所謂的「行動的完成」。這就猶如一個好的結束，好的收尾……如果你坦然接受總有一天會死的事實，或甚至你相當確定自己能有尊嚴地善終，那麼生活中的每一天每一刻就會開始改變，因為無所不在的潛流──對死亡的恐懼──已消失無蹤……我正在經歷人生的終場，在這裡，每件事都應該要有完結，我不應該浪費時間準備未來或為了即將到來的尾聲而煩惱……

　　有時我覺得我的寫作是與尚未誕生的下一代的溝通。這是一種愛的表現，我留給他們的不是財產，而是真摯的提醒、忠告，以及或許能對他們有所幫助的前車之鑑……

　　馬斯洛留給後世的訊息，至此畫下了句點。[73]

追求更深刻的存有境界[1]

　　我有幸尋獲馬斯洛生前最後幾年構想的一些存有練習。這裡特別將它們列出來，希望能幫助你在追求統合、完整與超然經驗的旅程中走得更順利。你可以隨時回來翻閱溫習，因為這些練習沒有時效性。

- 嘗試新事物。
- 將注意力放在目標上，而不只是方法。
- 突破舒適圈，尋求嶄新體驗。
- 解決匱乏的問題（不要總認為匱乏境界優於存有境界）。
- 刻意尋求存有境界，藉此擺脫匱乏境界。常去藝廊、圖書館、博物館與秀麗廣闊的草地走走，或者多遊歷壯觀的山脈或海岸。
- 避免以非黑即白的觀念看待匱乏境界與存有境界。它們在階層上是一體的（或本應如此）。匱乏境界與存有境界未必互斥。若想為存有境界奠定穩固基礎，就應該先滿足匱乏需求（譬如安全、連結或自尊）。
- 空出一段時間安靜地獨處、冥想、「脫離世界」，並擺脫熟悉的環境與眼前的煩惱、憂慮和預感。每隔一段時間就拋下涉及時間或環境的顧慮，遠離時鐘、日曆、責任、外在世界的要求、義務與他人。

- 進入夢幻的狀態。
- 感受宇宙的永恆、內在的規律。接受或甚至熱愛這些規律，既符合道家思想，也是宇宙好公民的本質。
- 擁抱自己的過去。
- 接受自己的愧疚，而不是逃避它。
- 以同理心對待自己。理解、接受、原諒甚至鍾愛自己的缺點，將它們視為人性的表現。享受這一切，對自己微笑。
- 自問：如果是小孩，會如何看待這個情況？天真無邪的人會作何反應？超脫個人野心與競爭的老人又會作何反應？
- 找回看待生命的奇蹟感。例如，寶寶的誕生是個奇蹟，你可以抱持「一切充滿了可能性」與「未來無可限量」的想法。培養無限可能的認知，發自內心地感受讚賞、敬畏、尊重與驚奇。
- 若想對目前的生活懷有更多的感激，不要悲嘆自己比不上幸運的人，而應該感恩自己比其他弱勢者幸運。
- 在憤世嫉俗的世界裡，你不必因為做得好而感到羞愧。
- 永遠不要低估個人影響世界的力量。記住，一根蠟燭就能照亮整個洞穴。
- 若想重拾真正的尊嚴與驕傲，不要隱瞞，不要依靠外在的認可（制服、勛章、學士服、標籤、社會角色）。展現赤裸的自己，坦誠揭露自我。勇敢展現不為人知的傷痕、羞恥與愧疚。
- 童話故事《國王的新衣》裡，光憑一個孩子的一句話，就道出了真相。
- 不要讓任何人將角色強加在你身上。舉例來說，如果你是

醫生、牧師或老師，不要違背自己的本性硬是配合別人的刻板印象。

- 不要隱藏自己的無知。坦誠以對。

- 從事有目的的實驗性慈善事業。如果有時你對自己不好（沮喪、焦慮），至少你可以施惠他人。

- 如果你發現自己變得自私、傲慢、自負或猖狂，想想生命的有限吧！或看看其他驕矜自滿的人是什麼樣子。你希望自己變成那樣嗎？你希望自己變得如此驕傲或無趣嗎？

- 靜下心來思考那些令人讚賞、美好出色、受人喜愛或值得尊敬的人士是什麼樣子。

- 試著縮小專注的範圍或近距離觀察渺小的世界，如蟻丘或地上的昆蟲。仔細檢視花朵或葉片、沙礫或土壤。全神貫注地觀察一草一木。

- 利用畫家或攝影師的技巧觀察物體本身。例如，構圖後將對象隔絕於周遭環境之外，撇除你的成見、期望與理論上的認知。放大這個物體；瞇眼看它的輪廓；從奇特的角度（如上下顛倒）注視它；觀看它在鏡子裡的成像；將它置於特殊背景中；以不同尋常的方式並列；或者透過特殊顏色的濾鏡觀看。長時間盯著它看。在漫無邊際地聯想或做白日夢時注視它。

- 長時間與嬰兒或孩童相處。他們比大人更接近存有境界。有時，你會在面對動物時進入存有境界，譬如小貓、小狗、猴子或猩猩。

- 從來自一百年、甚至一千年後的歷史學家的角度沉思人生。

- 從非人類物種的角度沉思人生，例如螞蟻。

- 想像自己只能再活一年。
- 將自己的日常生活與遙遠的國度作比較，例如非洲的偏遠村落。
- 從嶄新的角度看待熟悉的人或情況，就好像第一次面對他們一樣。
- 想像自己是最後一次面對這個人或這個情況；例如，眼前的這個人即將死去，你再也見不到對方了。盡可能明確想像你會有什麼感覺、會失去什麼及對什麼感到抱歉。你會有任何遺憾或懊悔嗎？你會如何好好道別，以免之後為了未竟之事而深感痛苦。你會如何好好珍藏你與這個人的所有回憶？
- 想像自己即將告別人世或遭到處決，接著想像周遭的人事物看起來是多麼清晰與寶貴。想像自己向深愛的每個人道別。你會分別對他們說什麼？你會有什麼舉動？你會有什麼感覺？

後記

再述「不可思議的可能性與
深不可測的奧祕」

　　在阿克倫大學（University of Akron）美國心理學史檔案館（Archives of the History of American Psychology）的漫長日子來到了尾聲。我因為探究一個人的存在而感到身心俱疲。面對不計其數的通信紀錄、手稿、日記與未發表的論文，我找得頭暈目眩。儘管如此，我下定決心非找到它不可。我**必須**找到它——那是一份埋藏在我記憶深處的文件，但我知道，它就在這成千上百疊的文件夾裡。[1]

　　隨著我在圖書館的時間一分一秒地流逝，我拼命翻找桌上剩餘的文件夾。找到了，我找到馬斯洛寫的最後一篇文章了。那本筆記的封面貼有一張手寫紙條：「這是 A.H.M.〔亞伯拉罕‧哈羅德‧馬斯洛〕在一九七〇年六月八日去世前留下的最後一篇著作。B.G.M.〔柏莎‧古德曼‧馬斯洛〕筆。」

　　我不忍心翻開來看。就是它，為一個人的存在寫下完結的一

篇閉幕詞，而他不是一般人。這個人啟發我開始正式探究許多觀
點，挖掘自我與他人更大的可能性，不斷追尋更高層次的人性，
同時又充分瞭解人性掙扎的現實。不僅如此，正因為他畢生勇敢
面對排山倒海而來的矛盾與悖論，我十分仰慕作為全人的他。

　　我還是看了。翻開扉頁時我熱淚盈眶，映入眼簾的是馬斯洛對於一系列原則或主張的論述，這在後來成了人文主義革命的基礎。我貪婪地啃食他最後寫下的文字及其他手稿的內容，發現這些原則是他當時正在撰寫的一本書的內容，之後這本著作為人性與社會賦予了嶄新面貌。直到去世前，馬斯洛仍孜孜不倦地寫作一本書，闡述人本心理學的基礎原則，盡可能解讀各種人類成就的意涵，如科學、宗教、管理、政治學、經濟學、教育、藝術與新聞業。我發現他還打算寫一本人本教育的專書。

　　他甚至計劃在書中利用一整章論述發展心理學第五勢力——**超人類主義**（transhumanism）——的必要性，他認為這股力量將超越人類利益並關注超越物種的價值觀。[2] 馬斯洛寫道：「暫時撇開人類的利益不管，設身處地看待對我們造成威脅的猛獸（譬如老虎）——我們畢竟仍抱持著人類的價值觀——是一件極為困難的事情。但是，儘管難關重重，我們還是有可能、也確實能夠成為超人類。」

　　馬斯洛無疑是個不切實際的人，但這樣的願景確實、至今也依然在極大程度上矯正了貶低人性的心理學。一九七〇年六月十日，沃倫‧本尼斯在加州帕羅奧圖（Palo Alto）史丹佛紀念教堂（Stanford Memorial Church）為馬斯洛發表悼詞時表示，「亞伯拉罕為後世做了兩大貢獻：追求完整人性的藝術與科學，還有靈魂的民主化。這是我們永遠都無法報答的恩惠」。[3]

　　翻閱馬斯洛未出版的《人性之可能性》（*The Possibilities for Human Nature*）其中一章草稿時，我讀到了一段總結他為何寫作此書的聲明。我感到震驚不已，因為這跟他二十歲讀大學時寫的哲學論文的最後一段十分雷同：

如果要將這本書濃縮成一句話，我想最貼切的說法是，它表明了，發現人類具有更高層次的本性、而這種屬於其本質的一部分，會帶來什麼結果。更簡單來說，人類可以憑藉人性與生物本質活出精采的生命。我們不需要向超自然力量尋求解釋，來理解那些聖賢哲人與英雄豪傑為何存在，如果這麼做了，就表示我們不相信人類可以憑藉自己的本質成就那些美德或睿智。[4]

我們都會在人生中經歷各種變動。然而，蘊藏可能性的種子也都以各種方式存在著，等待萌芽的那一天。我發現馬斯洛手寫的筆記留下了一頁又一頁的空白，我想像他在人生的最後一天放下了我正捧在手裡的筆記簿，起身去做每天都得做的運動，只是，他再也沒有回來過。我突然領悟到：**這就是人生。**

我們不應該追求完美，但**在這短暫、充滿掙扎、有時卻又令人驚奇的生命裡，每個人都有能力超越。**我們都有可能成為後代的指引，幫助他們在未來的人生裡盡情揮灑獨特的色彩。

這是馬斯洛帶給我的醒悟，我永遠感激自己有幸見證他的人生旅程、從他的著作中得到深刻的啟發與堅實的後盾，以及順利產出此刻在你手中的成果。我希望本書提供的資訊與人性觀點能鼓舞你達成目標、活出精采的人生。外頭的世界寬闊無際，有許多空白等著你揮灑生命的彩筆，只要朝著這個方向前進，你將不只是存在，還能創造不凡。

鳴謝

　　本書集眾多想法、研究發現與私人合作之大成。在此，我想對那些啟發我、影響我的思維及對本書探討之研究有直接貢獻的諸多人士，獻上超越一切的愛與感激。雖然本章篇幅實在有限，無法一一感謝許多值得一提的人士，但這裡必須特別向一些人致謝。

　　首先感謝我的編輯瑪麗安・利齊（Marian Lizzi）與經紀人吉姆・列文（Jim Levine）讓本書成真。如果沒有他們，這個計畫肯定還是個白日夢。

　　我想對馬斯洛還在世的朋友、家人與學生致上誠摯的謝意，謝謝他們幫助我深入瞭解他錯綜複雜的心理研究與慷慨大方的本性：保羅・戈斯塔（Paul Costa）、詹姆斯・法第曼（James Fadiman）、湯姆・格寧（Tom Greening）、珍妮・卡普蘭（Jeanne Kaplan）、米瑞安・考德雷爾（Miriam Kauderer）、阿里・科普洛（L. Ari Koplow）、史丹利・克里普納（Stanley Krippner）、理查・洛瑞（Richard Lowry）、安・馬斯洛（Ann Maslow）、里卡多・莫蘭特（Ricardo Morant）、麥可・墨菲（Michael Murphy）、邁爾斯・維奇（Miles Vich）。儘管我很遺憾自己永遠沒有機會與亞伯拉罕・馬斯洛本人對談，但光是聽他們描述私底下的他是什麼樣子，就已帶給我多次的高峰經驗，而我必須說，我非常開心能從一些熟識馬斯洛的人口中聽到，他若是知道我如此闡述他的畢生心血，一定備感欣慰。

感謝艾德華・霍夫曼願意與我見面討論本書細節，感謝他撰寫了如此詳盡且周全的馬斯洛傳記（《人性探索家馬斯洛：心理學大師的淑世旅程》〔*The Right to Be Human: A Biography of Abraham Maslow*〕），並編纂了馬斯洛部分未發表論文的精選集（《未來願景——馬斯洛未出版過的報告》〔*Future Visions: The Unpublished Papers of Abraham Maslow*〕）。這些是我寫作本書不可或缺的資料來源，我非常感謝它們的存在。

謝謝利澤特・羅耶・巴頓（Lizette Royer Barton），阿克倫大學康明思心理學歷史中心（Cummings Center for the History of Psychology）美國心理學史檔案館的館藏檔案管理員。在我試圖回顧馬斯洛許多未公開的通信、日記、文章與未完成手稿時，利澤特幫了我許多忙。此外，我也要感謝唐・布洛霍亞克（Don Blohowiak）協助尋獲馬斯洛在生前最後那段日子撰寫的筆記。

感謝許多人針對本書的初期草稿慷慨給予寶貴的回饋：莎拉・阿爾戈、柯林・德揚、克里斯・弗雷利、珍・達頓、馬克・利里、哈拉・艾斯托弗・馬蘭諾（Hara Estroff Marano）、丹尼爾・內特爾、瑞伯・瑞貝爾、科爾克・施奈德、凱能・薛爾頓、布蘭登・威斯與大衛・雅登。我必須特別感謝哈拉・艾斯托弗・馬蘭諾一直以來的支持，尤其是在編輯方面的協助。

萬分感謝我在過去二十年裡有幸合作的夥伴們。在此想特別提及那些與本書研究相關的人士，包含羅傑・比提、基斯・坎貝爾、柯林・德揚、安琪拉・達克沃斯、蕾貝卡・戈特利布（Rebecca Gotlieb）、伊莉莎白・海德、陶德・卡珊登、泰勒・克雷斯（Taylor Kreiss）、瑪莉・海倫・伊莫爾迪諾－楊（Mary Helen Immordino-Yang）、伊曼努爾・堯克、詹姆斯・考夫曼（James C. Kaufman）、

約書亞・米勒、瑞伯・瑞貝爾、馬汀・塞利格曼、路克・斯米利（Luke Smillie）、傑西・森（Jessie Sun）、艾利・塚山、布蘭登・威斯與大衛・雅登。特別感謝馬汀・塞利格曼給我機會，讓我能在想像力學會增進人類對於想像力與創造力科學的認識，與來自正向心理學中心的許多傑出人士交流與合作，以及得以從領域內學習正向心理學的知識。

謝謝那些與我討論本書帝涉的各個主題的人們。首先我要感謝人本心理學領域的傳奇人物科爾克・施奈德，謝謝他對本書的支持，以及在寫作過程的各個階段針對草稿的各方面提供實用建議。我也對他合作愉快的導師與夥伴們蕭然起敬，其中包含羅洛・梅與詹姆斯・布根塔爾。我由衷敬佩科爾克對現代人本心理學的貢獻，也期待往後能繼續與他合作，協助將人本心理學與其他心理學領域接軌。感謝亞當・格蘭特與我一起討論本真的意義。我很欣賞他提出的看法，也感激他給予的鼓勵。謝謝安迪・克拉克（Andy Clark）說明大腦的預測機制，並且與我一同構思如何將他的研究與安全需求連結起來。感謝優質播客節目「登峰造極」（Finding Mastery）的主持人麥可・賈維斯（Michael Gervais）與我探討目的需求，並從運動心理學家的角度對此提出啟發人心的獨到見解。謝謝安德魯・布蘭德（Andrew Bland）和尤金・德羅伯提斯（Eugene DeRobertis）與我一同討論如何以圖像呈現馬斯洛需求階層，以及帶我認識馬斯洛對發展心理學的貢獻。一如以往，感謝史蒂芬・科特勒（Steven Kotler）與我閒聊心流及其他高峰經驗。

在此十分感激安迪・歐格登（Andy Ogden），本書帆船圖示的設計者與帆船意象的創作者。歐格登一拿草稿給我看，我立刻

就確定這再適合不過了。另外也感謝莎夏‧布朗（Sacha Brown）與夏洛特‧利文斯頓（Charlotte Livingston）協助創作早期手稿裡的一些圖示。

這裡也要感謝一些朋友始終情義相挺，對於我這樣纖細敏感的作家而言，其重要性不容小覷：娜歐蜜‧阿比特（Naomi Arbit）、約書亞‧阿朗森（Joshua Aronson）、蘇珊‧鮑姆（Susan Baum）、蘇珊‧凱因（Susan Cain）、斯凱‧克里瑞（Skye Cleary）、珍妮佛‧柯瑞（Jennifer Cory）、柯林‧德揚、喬丁‧法因戈爾德、詹姆斯‧考夫曼、陶德‧卡珊登、丹尼爾‧勒納（Daniel Lerner）、艾瑞卡‧利柏曼（Erica Liebman）、哈拉‧艾斯托弗‧馬蘭諾、柯瑞‧穆斯卡拉（Cory Muscara）、艾略特‧山謬‧保羅（Elliot Samuel Paul）、佐拉娜‧伊夫切‧普林格爾（Zorana Ivcevic Pringle）、黛博拉‧瑞伯（Deborah Reber）、艾瑪‧賽佩拉、艾蜜莉‧伊斯法哈尼‧史密斯（Emily Esfahani Smith）、丹尼爾‧托馬蘇洛（Daniel Tomasulo）、蘿拉‧泰勒（Laura Taylor）、艾莉絲‧威爾德（Alice Wilder）與大衛‧雅登。這份感謝名單可以一直列下去。我非常幸運能有一群總是鼎力相助的朋友。

當然，我要對我的父母——芭芭拉‧考夫曼（Barbara Kaufman）與麥可‧考夫曼（Michael Kaufman）——獻上無盡的愛與感謝，謝謝他們給予的存有之愛與無條件的正向關懷。我全心全意地愛著他們，言語無法表達我有多麼珍視與感激他們的存在。

最後，謝謝你，亞伯拉罕。我明白這是單方面的友誼，但我很高興能與你進行假想的對話，瞭解你的生平與思想。謝謝你不斷讓我看見人性「不可思議的可能性與深不可測的奧祕」。但願我令你感到驕傲。

附錄 I：成為全人的七個原則

一九七〇年德國人本發展心理學家夏洛特・布勒（Charlotte Bühler）在第一屆人本心理學國際大會（First International Conference on Humanistic Psychology）上表示，「人本心理學最具共識的面向之一是努力研究與理解全人」。[1]

完整是一種抱負，不是一個目的；這是一個過程，不是一種可以達到的狀態。如果有人說自己是完整的整體，那你應該看看他們背後是否裝有電線，因為對方可能不是人類。成為全人的過程是**一段持續追求探索、開放與勇氣的旅程，在當中你一次又一次在更大程度上達到與自我及外在世界的整合和一致，進而擁有更大的彈性與自由，以成為自己真正希望成為的樣子**。由於你始終處於改變的狀態，因此你也不斷往成人的目標邁進。

在這篇附錄中，我將概述成為全人的七個核心原則，以利你為獨一無二的自我實現旅程奠定健全基礎，最終經歷人生中最滿足與難忘的超越時刻。

原則 1：不只接受最好的自我，也要接納全部的自我[2]

在《成為一個人：一名治療師對心理治療的觀點》一書中，卡爾・羅傑斯指出，雖然病患在心理治療的過程中所呈現的問題「包含了所有人生經驗」——在學、家庭或公司遇到問題，會做出無法控制或奇特的行為，或者心中不斷出現恐懼——「但真正的

問題或許只有一個」。[3] 羅傑斯觀察發現，每一位病患的抱怨背後其實都在問，「我到底是誰？我要如何才能瞭解藏在這些行為下的真實自我？我要如何才能成為自己？」

在我看來，他們問錯了問題。你內心的所有面向都是你的一部分。任何刻意的行為都反映了你心理結構的某些真實部分，不論是你的傾向、態度、價值觀或目標。[4] 每個人都具有許多面向。就個人成長而言，我認為你應該問自己：「在有限的生命裡，我最希望培養、發展與實現哪些自我潛能？」若想在回答這個問題時擁有最大程度的自由，你必須深入探索自己的意識，並接受全部的自我。

雖然如此，多數人只想追求自我感覺最良好的欲望。世界各地的人們不論所屬的文化為何，大多呈現**本真正向偏誤**（authenticity positivity bias）：以最正向與正直的特質來描述「真實自我」，譬如善良、慷慨與誠實。[5] 事實上，人們認為自己的正面行為比負面行為更真實，即使這兩種行為都符合他們個人的特質和欲望。[6] 我們對於真實自我的看法，似乎就是我們**最重視的自我**。[7]

與常理相悖的是，當我們依照實際的本性（包含缺點在內）行事，並不覺得這是最真實的自我。不論人格特質為何，每個人感覺最做自己的時刻，往往是感到滿足、平靜、快樂、充滿關愛、自我接納、善於交際、自由自在、展現充分能力、朝目標前進、專注於當下與接觸新事物的時候。[8] 換言之，我們通常都會在滿足所有基本需求、感覺可以自由行事與掌握主觀經驗時，自認展現了最真實的自我。[9]

此外，本真具有顯著的社交層面，考量我們身為社會性物種，以及名聲與群體內的獨特地位在人類演化史上扮演的重要角

色，這是預料中的事。[10] 人們往往在與親人相處、和諧地融入他人及環境，還有行為舉止合乎社交規範時，感覺最做自己。[11] 相反地，在受到孤立、在關係中面臨衝突與誤解，或是未達到自己或他人的標準時，我們往往感覺背離了最真實的自我。[12]

　　由於做自己的感覺與社交行為之間具有緊密關聯，因此人們認定的真實自我，也許其實就是他們**希望別人看到的樣子**。[13] 根據社會心理學家洛伊・鮑邁斯特，如果別人對你的看法正是你希望呈現的形象，你就會感到真實與滿足。他指出，僅僅說服具有正向特質還不夠，人們通常還需要他人也給予一樣高的評價。[14] 假如你回想之前感覺展現了真實自我的個人經驗，或許會發現，當你最重視的特質與才能受到他人的重視，正是你自認最發光發熱的時刻。

　　另一方面，鮑邁斯特認為，人們未能取得渴望的名聲時，會自認所作所為有違本真，並未反映真實的自我（「那不是我」）。他表示，「在許多吸毒成癮、通姦、盜用公款、賄賂或做出毀譽行為的名人與政治人物身上，這樣的否認經常是他們對外宣稱的重點」。[15]

　　這解釋了人們對於本真的評價，為何會與自己的道德觀及最重視的目標如此密切相關，以及為何僅僅只是回想過往的道德經驗，就會讓人感覺更加貼近真實的自我。[16] 畢竟，舉例來說，一般人認為，比起一邊看影集、一邊享用冰淇淋，按照與「較高層次的」目標一致的方式行事（例如宣布成立新的非營利人道組織），更符合自己與他人眼中的自我。然而遺憾的是，這兩種行為都是真正的你。

　　這為真實自我的存在帶來了更多的困惑。[17] 儘管如此，至少

我們可以確定，如果一個人感覺**觸及**了真實的自我，之後通常能在許多方面得到幸福。[18] 除此之外，真實自我的概念也有助於評估你的生活是否無愧於自己的理想。[19] 哲學家薇勒莉・蒂貝柳斯（Valerie Tiberius）說過，「充分體現價值的生活」是幸福的主要來源。[20]

真實的自我也有可能是某位學者隨意編造的概念，但我真心認為，每個人的內心都存在最有利於全人的健全與成長的自我面向。**我相信每個人都有最好的自我**（即最健全、富有創造力與有助成長的面向），**而它們能讓我們感覺與自我及他人形成了最緊密的連結。*** 我們越能勇敢放下社會性的一面與防衛心，就能獲得更多成長、發展與創造的機會。

若想觸及最好的自我，關鍵的第一步是盡可能瞭解全部的自我並接受它，包括接受所有你討厭與急於否認的自我面向。存在主義心理治療師歐文・亞隆曾經請復原狀況最良好的病患們根據有效程度選出六項治療因素，結果發現，最常被選中的因素是「發現與接納先前不知道或不認同的自我面向」。[21]

當然，接納未必就是喜愛。舉例來說，如果你因為很想狂吃油得發亮、灑滿起士條的甜甜圈而討厭自己，這是十分正常的事情。[22] 然而卡爾・羅傑斯表示，「令人費解的矛盾是，一個人接受

---

* 我所定義的「最好的自我」類似凱倫・荷妮指的「真實」或「實際」的自我，即她主張「充滿活力、獨一無二與專屬於個人的自我中心」。但是，我不認為個人只有一個自我中心，因為自我有許多面向都能賦予這種活力的感受。話雖如此，我倒認同荷妮強調自我疏離會造成有害影響的觀點。據她表示，自我疏離就類似「與魔鬼打交道」。為了確保能得到榮譽，我們犧牲了自己的感受、希望、信念、活力，還有決定自我人生的主動權。荷妮主張，一旦我們不再認為自己是有機的整體，便會失去「靈魂」，而被迫「陷入內在的地獄」。見荷妮《自我的掙扎——神經官能症與人性的發展》（*Neurosis and human growth*）。

自己真正的樣子之後，便能做出改變」。[23] 接納的一部分是對整體的自我負責，而不只是關注你所喜愛或最能帶來良好自我感受的想法或行為。[*][24]

　　挖掘自己在有限的生命裡最想實現的潛能，不是一件容易的事。你知道自己具有龐大與未知的潛力，但外在的現實（環境條件）與內在的現實（支配人格結構的極端特質）都會影響你培養某些潛力的可能性。更糟的是，某些面向的潛在自我一旦實現了，必將與其他面向產生衝突。羅傑斯承認這是事實，但也認為如果環境條件合適，長久而言，個體將能逐漸認知並相信那些面向的自我有助於成長，進而感受到活力、創造力與完整。

原則 2：學習相信自我實現傾向

　　小時候，我們會感到飢餓、疲倦或害怕，但出於好意的父母與其他照顧者常說，「要乖喔，不然我不愛你了」（遺憾的是，他們的好意往往造成反效果。）如果照顧者不認為孩子的需求比自己的需求重要，這種情況便可能在任何時候以各種隱約與公然的方式發生。於是，我們開始表現出**應該**要有的感受，而不是**實際**的感受。因此，許多人在長大後不斷受到他人的意見與想法所左右，因為感到不安與恐懼而逃避面對真實的自我，進而將他人的信念、需求與價值觀內化為自我本質的一部分。我們不僅不瞭解自己真正的需求，還背離了**最好的**自我。

　　在心理治療師、也是人本心理學創始人之一的卡爾‧羅傑

---

* 研究最有效的治療因素時，亞隆發現，緊隨接納而來的是「瞭解到我必須為自己的人生負起全部的責任，不論我得到別人多少指引與支持。」見亞隆《存在心理治療》（*Existential psychotherapy*）。

斯看來,最寂寞的狀態不是缺乏社交關係,而是徹底與自己的經歷分道揚鑣。在觀察了許多以健康的方式發展整體自我的病患之後,他提出了「充分運作者」的概念。[25]如同許多其他人本心理學的創始人,羅傑斯也備受存在主義哲學家索倫.齊克果的啟發,也認為「對意志而言,做真正的自己,其實就是對抗絕望」。[26]羅傑斯表示,充分運作者:

- 對自身經驗的所有元素持開放態度。
- 透過自身經驗體會生活。
- 認同評價的標準在於自己的內心。
- 以及學習將生活視為不斷變動的過程、而自己是其中的參與者,持續在流動的經驗中探索新的自我。[27]

羅傑斯認為,每個人天生具有自我實現的傾向,而這可以透過有機體評價歷程(organismic valuing process,OVP)的存在來解釋。據他表示,有機體評價歷程是人性不可或缺的一部分,它的存在是為了幫助有機體邁向成長、持續回應來自環境的回饋與避免有礙現階段成長的選擇。[28]羅傑斯相信,如果人可以自由選擇內心最重視的價值觀,便會開始重視有利自我及他人的生存、成長和發展的經驗與目標。

現代研究也印證了有機體評價歷程的存在與重要性。正向組織心理學家莉娜.戈文吉(Reena Govindji)與亞歷克斯.林利(P. Alex Linley)制定了一套有機體評價量表,發現受試者對自己的評價越高,越能夠感到快樂、知道如何發揮自己的長處,以及在日常生活中展現活力。[29]以下列出一些敘述,供你概略評

估自己有多瞭解內心深處的感受、需求與價值觀：

有機體評價量表

- 我知道什麼事情適合自己。
- 我從生活中獲得所需。
- 我做的決定適合自己。
- 我感覺與自己有所連結。
- 我感覺與自己融為一體。
- 我會做適合自己的事情。
- 我根據適合自己的事情做決定。
- 我會傾聽自己的聲音。

另一項有機體評價歷程的研究中，凱能・薛爾頓進行了一系列的巧妙實驗，結果顯示，人們擁有自主權時，在時間的推移下的確傾向選擇有益成長的事情。[30] 薛爾頓讓受試者從眾多目標中做選擇，並發現他們所選的目標自然而然地分成了兩大類：安全與成長。

安全目標 vs. 成長目標

安全目標

- 意見受到尊重。
- 發生許多好事。
- 受到許多人讚賞。
- 擁有高知名度。
- 取得財務成功。

- 深受他人歡迎。
- 擁有一份高薪的好工作。

成長目標
- 幫助需要幫助的人。
- 對親人展現愛意。
- 享受親人表達的愛意。
- 改善他人的生活。
- 接受真正的自己。
- 讓世界變得更美好。
- 成就永垂不朽的事物。

　　薛爾頓發現,在擁有完全自由的情況下,人們大多會隨時間轉而朝最有益成長的方向前進。當然,選定的目標並非百分之百以成長為導向,而毫無安全感的元素;安全與成長都是我們需要的目標。重點是,在最理想的選擇情況下,隨時間而產生的相對平衡往往會趨向成長那一邊。事實上,薛爾頓發現,長時間下來,起初最在乎安全目標的那些人轉向了成長目標。他指出,那些抱持「不值得的價值觀的人最需要轉而選擇〔與成長有關〕的動機,也因此最有可能證明這樣的蛻變」。[31] 這項研究顯示,如果拋開焦慮、恐懼與罪惡感,多數人不僅會努力實現獨特的潛力,也變得越來越善良。

　　這應該能讓我們看見希望,知道在最理想的情況下會有哪些可能性。然而,這也讓我們明白在現實世界裡,人們大多無法完全自由地選擇最珍視的生活方向。文化環境的影響不容小覷。例

如，許多身分邊緣化──不論是民族、種族、宗教、性別、社經地位、性向、殘疾或甚至特殊教育地位（「具有學習障礙」、「天賦異稟」、「具身心障礙與資優潛能」）方面──的個人，經常缺乏有助於盡情展現自我的環境與鼓勵。[32] 這些人比一般人更難在環境中做真實的自己，因為他們覺得自己與周遭的人事物格格不入，或者因為弱勢地位而備受自己與他人的審視。[33]

　　體制的文化也可能影響身處其中的所有人。薛爾頓發現，法律系的學生在入學第一年的注意力會從成長目標轉移到安全目標，據推測是因為「傳統的法律教育激起了深刻的不安全感，使學生疏離了自身的感受、價值觀與理想」。[34] 之後我們將看到，還有許多殘酷與不可預測的環境條件會讓人更聚焦於當下、缺乏合作精神，損害與整體的自我連結度。會阻礙自我實現傾向的不只是環境條件，內心也有許多面向（我們通常不會發覺）會不斷吸引我們的注意。正因如此，覺察的能力至關重要，其中也包含了對內心衝突與極端特質的覺察。

原則 3：察覺內心的衝突

　　衝突是人的天性。我們會與他人產生衝突，與自我產生矛盾。雖然人類的基本需求大致相同，但每個人滿足需求的方式迥異，最重視的需求與它們在我們的人生中最重要的時刻也各有不同。這種差異會導致人與人之間的大量衝突，但同樣重要且相關的是，也會導致內在的矛盾。內心的衝突一般會突破自我的界線，使我們將沮喪的情緒與激進的衝動發洩在別人身上。然而，它也是我們努力達成自我實現的重要元素。

　　如果你有時覺得自己彷彿具有多重人格，而它們彼此不斷產

生衝突，那是因為**事實就是如此！**每個人的性情、情緒傾向、價值觀、態度、信念與動機各不相同，而這些特質往往是矛盾互斥的。[35] 早期的心理分析師與人本心理學家提出了關於「內心衝突」的眾多論述，而現代心理研究——包含演化心理學、社會心理學、認知科學與模控學（cybernetics）——經實證指出，人的心理其實是分歧的。[36]

人類跟地球上所有其他生命有機體一樣都是控制系統（cybernetic system），說白話一點，人類是目標導向的系統。[37] 就此而言，人類具有時常相互矛盾的多重目標，其中一些是我們能夠察覺的，許多則否。每個目標都帶有實現的願景，也代表了但願有助我們達成目標的步驟。雖然我們對未來的願景未必是清晰的，但這些想像依然能驅動我們的行為與生活方式。我們不斷比較當下的經驗與渴望達到的目標，將注意力轉向環境中的相關特徵，以縮小當前狀態與目標狀態之間的差距。

我們設下許多目標，因此也會有許多動力。如馬斯洛所言，「人是一種永遠無法滿足的動物……隨時都在渴求某種事物，這是人類的特性」。[38] 許多目標天生就存在我們的 DNA 之中，因為它們增加了遠古人類生存與繁衍的可能性。[39] 然而重點是，我們越聚焦於特定的「下意識自我」（或內心進化而來的組成），它就會變得越強大，之後也越容易被觸發。反之，我們越不關注下意識自我，它的影響力就越薄弱。

我們也有許多目標並非先天就存在。人類在目標的追求上展現出其他動物無可比擬的彈性。我們能夠發展極其多元的目標，諸如成功經營非營利人道組織、獲得世界滾球冠軍、在社群媒體上成為最具影響力的人物，甚至是擁有全世界最大的屁股[40]——而

這些目標往往造成深刻的內在衝突。其實，只要明白每個人都同樣面臨這些矛盾，我們就能更寬容地看待自己與他人的缺點。

有鑑於人類擁有精密的頭腦與獨特的覺察能力，可意識到在大腦的複雜運算下所產生往往令人困惑的反應，我們其實相當擅長處理內在衝突。現實有時的確令人難以承受，而儘管多數人普遍對生活感到滿意，但精神疾病其實比我們知道的要常見得多。事實上，許多人都曾經罹患精神病。[41] 雖然如此，大部分的人都過著相當快樂的生活，在一生中經歷了大大小小有助成長的變動，並展現出不凡的韌性、尊嚴與優雅。[42] 研究復原力的學者芙若瑪・華許（Froma Walsh）表示，人類擁有「絕處逢生」的能力。[43]

關於人類史上經常導致暫時性瘋狂狀態的經典內戰範例，往浪漫愛情的領域找就對了！各形各色的人際關係都可促成全人的發展，不論是友情、手足之情、親情與人類的同胞之情。然而，人類最積極追求，而且最令人興奮、滿足、絕望、瘋狂與困惑的愛，非浪漫愛情莫屬。＊

典型的愛戀關係可謂揉雜了不同類型的依附、照顧、欲望與

＊ 浪漫愛情的力量是如此強大與普遍，以致人類學家海倫・費雪主張，這是一種有別於其他形式的愛的根本需求。實際上，浪漫愛情的表現——包括喜悅與悲傷——可見於各種不同的文化，並且會依據年齡、性別、性向或種族而有明顯的差異。當然，這不代表文化因素不重要。如心理學家莉莎・戴蒙德（Lisa Diamond）所言：「人類經歷的性慾與浪漫愛情一向受到社會、文化與人際背景所影響。愛既不是生物本能，也不是文化產物；愛是我們在陷入愛河時大腦所產生的強大機制，經過精心調校以回應來自環境的特定資訊。」見 Diamond, L. M. (2003). What does sexual orientation orient? A biobehavioral model distinguishing romantic love and sexual desire. *Psychological Review*, 110(1), 173–192; Fisher, H. E. (1998). Lust, attraction, and attachment in mammalian reproduction. *Human Nature*, 9(1), 23– 52; Fisher, H. E. (2004). *Why we love: The nature and chemistry of romantic love.* New York: Henry Holt; Tolman, D. L., & Diamond, L. M. (2001). Desegregating sexuality research: Cultural and biological perspectives on gender and desire. *Annual Review of Sex Research,* 12, 33–74; Jenkins, C. (2017). *What love is: And what it could be.* New York: Basic Books.

激情。[44] 愛情裡，這些元素儘管通常具有密不可分的關聯，但每一個元素其實都各行其事。它們各自代表特定的系統，而這些系統之所以存在，是為了解決有關生存與繁衍的問題。

浪漫愛情的每個元素——依附、照顧、欲望與激情——在不同程度上相互作用，讓人們得以透過各種方式表達愛意。這些元素各有不同目標的事實，有助於解釋世界各地的人類社會為何會上演許多戲劇性事件。人類學家海倫·費雪（Helen Fisher）指出，「這些……交配的動力相對獨立於神經系統之外的事實，有助於解釋當代文化中各種玩弄感情、性嫉妒、跟蹤、家暴、情殺、殉情，以及與不穩定和破碎的伴侶關係有關的抑鬱案例」。[45]

不同的環境因素會觸發我們內在的不同目標，因此，如費雪所述，「個體會對某個人產生強烈的依附情感，對另一個人充滿激情，但同時也想與其他人上床」。[46] 理論上，浪漫愛情的元素可以有各種組合。我們可能會對自己不喜歡（甚至討厭）的人產生依附感，逐漸依賴對方。我們有可能十分關心素昧平生的某些人、希望能減輕他們的痛苦，譬如第三世界飽受飢餓所苦的兒童。我們也可能對自己厭惡的人懷有強烈性慾，或是愛上自己感到「性」趣缺缺的對象，即使這種吸引力牴觸了我們自稱的性向。[47] 美國詩人華特·惠特曼（Walt Whitman）說的對，人類具有許多面向。

當然，浪漫愛情所包含的各種元素不需要存在這樣的衝突，當它們彼此達成協調與融合，伴侶關係的滿意度便往往能攀上高峰。更完整、超然的愛是有可能存在的（見第五章）。然而，倘若未能在交往關係與內心中透過健康的方式整合這些系統，困惑與挫折便會排山倒海而來。

原則 4：避免嚴重失衡的發展

　　瑞士精神病學家卡爾・榮格主張，治療的主要目標是幫助病患踏上「個體化的道路」，讓他們正視內在固有的矛盾以發揮獨特的潛能。榮格提出了物極必反（即與某事「背道而馳」）的通則，意指人格中的任何極端元素為了恢復平衡，會導致相反的極端元素，儘管這種矛盾暗藏於潛意識之下。[48] 榮格認為，神經質的個體會深陷於某方面的發展而不可自拔，但他相信，治療可以幫助個體接納自我的所有面向並邁向完整。

　　凱倫・荷妮將榮格的主張發揚光大，指明了數種人類社交行為失衡的模式，並稱之為「神經質傾向」。荷妮認為，這些傾向是個體看待他人與生活的態度，可在個體感到困惑與痛苦時帶來安全感，但終究會阻礙成長。她將這種傾向分為三大類型：（1）極度需要順從與受到他人喜愛（「親近人群」），（2）極度需要反對他人與持續反抗（「對抗人群」），（3）極度需要與人群疏離，而且總能自給自足（「遠離人群」）。[49]

　　當然，不論是渴望獲得他人的愛慕與吹捧、重視獨處的時光，或是想在未能滿足需求時宣洩挫折感與憤怒，都是十分正常與健康的舉動。問題是，當這些需求越來越膨脹，就會迫使個體去做違背心意之事，還會抑制全人的發展。記住，成為全人的目標之一，是有絕對的自由可選擇充分發揮潛力的成長方向。健全的人格能夠在各種追求之間彈性切換並有效調整行為，引領個體邁向全人發展。

　　在目標的追求嚴重失衡之際，我們通常無法意識到眼前困境將造成多嚴重的危害及掌控我們的生活到何種程度。這時，我們會執著於「無論如何就是應該做的事情」上，因而未能朝真正重

視的方向前進。荷妮舉了一個例子說明對應基本人性情感追求的神經質表現：「唯有在愛慕他人、覺得彼此有共通點時，獲得對方的情感才有意義……但是，神經質的情感需求不具互惠性。對神經質傾向者而言，如果周遭都是陌生而危險的生物，愛慕的感受就完全失去價值了。準確說來，他其實不是真的渴望別人的愛慕，而只想竭力確保別人不會反抗他。互相理解、容忍、關心與同理的價值，並不存在於這樣的關係中。」[50] 神經質傾向的強迫性具有兩大特徵：

- 個體往往無差別地追求神經質傾向（例如，每個人都必須喜歡我，即使我不喜歡對方）。
- 神經質傾向在任何情況下受挫時，經常導致恐慌與焦慮（例如，執著於無限自由的人，只要感覺到一丁點束縛便會開始恐慌，小至簽訂健身房合約、大至許下終身大事都是）。[51]

荷妮指出，神經質傾向在安全感的維持上具有極其重要的作用，這也是個體在神經質傾向受到任何威脅時會驚恐不已的原因。研究「人類自我智慧」的精神病學家喬治·威朗特，將心理防衛機制比喻為身體的免疫系統：「它們透過各種幻覺來幫助我們避免痛苦與進行自我安撫。」[52] 據威朗特表示，人類的「防衛機制懂得巧妙安排衝突的來源以便管理衝突……自我會想辦法處理與減少那些可促成某種和諧的影響。」荷妮主張，神經質傾向會透過兩種方式創造「不自然的和諧」：

- 我們會抑制人格的特定面向，展現相反的特質（例如，過度強調自己善良、有愛心，不論在任何情況下都絕對不會攻擊他人；過分強調自己有能力控制環境與他人，並表明絕不認錯、道歉或示弱），

- 或者刻意與他人保持距離，在一開始就避免衝突發生（例如，極度重視獨處的時間，因而從來不做有絲毫可能會侵害竇害個人空間之事，並將注意力放在神經質的傾向上。

　　這兩種策略會使個體誤以為得到了統合感，並在當下保有安全感。然而歸根究底，荷妮相信人類擁有尋求成長與發展的龐大潛力。事實上，她將自己提出的理論稱作「建構」理論，並認為治療的終極目標是追求全心全意的境界，意即「能夠卸下偽裝，展露真實情緒，讓自我完全融入自己的感受、行動與信念」。[53、54]

　　有越來越多研究顯示，這種看法並非盲目的樂觀主義，因為個性是有可能永久改變的。

原則 5：打造最好的自己

　　只要還活著，每個人都擁有改變的能力，甚至可以脫胎換骨。

　　——凱倫・荷妮，《自我分析》（*Self-Analysis*，一九四二年出版）

　　荷妮跟榮格一樣認同接納是自我實現的首要步驟，但她在一個重要面向上有不同的看法：她認為光是接納並不夠。她主張，人們還必須願意進行廣泛的自我分析，付出大量心力與克服重重難關，才能達到成長。[55] 唯有如此，人們才能更加意識到神經質

傾向的觸發因素、反省不理性的信念，並透過經驗與洞察來調整處世的不良心態，一步步邁向成長。馬斯洛在著作中也呼應了這種治療方式，「治療的過程可幫助成人發現，渴望受到他人認同的不成熟（受到抑制）需求，不再需要以幼稚的形式與程度存在，而對於失去這些認同及因此變得脆弱、無助與遭到遺棄的恐懼，將不再合乎現實與情理，因為只有不成熟的小孩才會如此」。[56]

這個方式類似現代的認知行為心理治療（CBT），實際上，CBT 創始人亞倫・貝克曾向我透露，他深受凱倫・荷妮、亞伯拉罕・馬斯洛及戈登・奧爾波特（Gordon Allport）等人本思想家的影響。[57] 在近期針對復原取向認知治療的研究中，貝克發現，他與團隊將精神分裂症患者當作具有真正人性需求的人類一樣對待時，患者的病情顯著改善。[58] 那些患者需要的不只是藥物，還有愛、關心與全人般的對待。

可以肯定的是，現代科學證實，人並非生下來就是一張白紙；每個人天生擁有成為人類的潛力，即使這種潛力是為了不同發展而生。[59] 雖然這表示，沒有任何一個人類有潛力發展成一頭大象或一隻老虎（反之亦然），而多數人也沒有潛力成為像麥可・喬丹（Michael Jordan）一樣頂尖的籃球員，但這意味著在有利環境下，你有潛力成為全世界最好的自己。換言之，這個世界上沒有任何人比你還有潛力成為你自己。在一生中，經由成千上萬個基因彼此與環境互動所產生複雜相互作用，你做出的決定裁奪了自我存在。[60、61] 在成為自我的同時，你也在打造自我。[62]

近期研究顯示，儘管長久的人格轉變並不容易，但人在生命中其實可以透過重大方式主動付出心力與尋求治療，以及改變對人格有持久影響的環境，來改變自己的性格，例如換工作、扮演

不同的社交角色、與不同的伴侶交往，或是尋求新的身分。

現代人格心理學家傾向將人格特質視為「密度分布」。雖然環境觸發因素的確在極大程度上影響個體在哪個時刻展現哪個自我，但探究人類的性格差異仍有其重要性，因為如果我們觀察整體的行為分布，便會發現某些個別差異始終存在。舉個例子，每個人都會渴望一天之中至少有一段獨處時間，但某些人需要的獨處時間**遠比其他人來得多**。

儘管如此，**我們不應該認為，人格就像刻在石碑上的銘文般永不改變**。[63]一天當中，人的性格會出現波動，就連運作良好的智力也會不斷起伏。[64]人格心理學家威廉·弗里森（William Fleeson）發現，人格特質在一天內的變化程度，就跟人與人之間的差異一樣顯著。做出不符合一貫個性的舉動，其實是相當常見的事情。[65]人類的所有特質可能都是如此，包含道德品行也是。甚至連我們視為「聖人」的那些人，在一天當中的道德行為也有程度之分；他們只是遠比一般人更常做出道德行為而已。[66]心理學家道恩·柏格（Dawn Berger）與羅伯特·麥格拉斯（Robert McGrath）表示，我們應該將美德視為「必須持續追求的某件事，而非最終達到的某種狀態」。[67]實際上，馬斯洛不斷強調，自我實現者依然是人，而且依然非常容易暴露出缺陷（儘管他們不太習慣如此）。這項關於人格的新洞見切合人本心理學強調經驗的觀點。如果將人格視為日常經驗或狀態的模式，我們便能探討外向、道德、冷酷及神經質等**經驗**，進而將人格心理學與存在心理學合而為一。

這項對於人格的嶄新見解直到過去三十年裡才出現，但至今已對人格的改變寓意深遠，因為它意味著，我們呈現的「外向」、「關懷」、「認真」「神經質」甚至「聰明」的程度，其實取決於

自身反覆出現的想法、感受與行為模式。[68]雖然基因無疑強烈影響我們的行為模式，但每個人都具有人格心理學家布萊恩‧利特爾（Brian Little）所謂的「生命必需」（biogenic）本性[69]——意即個性絕非神聖或不可改變；只要長時間對這些模式進行足夠的調整，我們基本上是可以改變自己的。[70]

當然，這不表示人格可輕而易舉地改變。若你太急於改變自己，可能會搞得身心俱疲，還有，你必須渴望改變。儘管大家在自然狀態下經歷某些狀態時通常會感覺展現了真實的自我（譬如證明自己的能力或與他人建立連結），但近期研究指出，一個人如果被迫長時間持續做出違背本性的行為，焦慮感與倦怠感可能會增強，而做自己的本真感會減弱。

有些人不願意改變自己原本的個性以實現某種社會理想。例如，許多極度內向的人對自己的個性感到非常自在，不認為有必要花更多心力與陌生人交際，而不去經營原有的人際關係。[71]實際上，一項研究發現，相較於渴望變得外向的內向者，接納自身個性的內向者呈現了較高程度的本真。這樣的人也能獲得程度近似於外向者所經歷的幸福感。[72]

關鍵是，為了長久改變個性，你必須渴望改變，願意持續朝目標前進，並主動與實際地改變自己。[73]然而好消息是，只要做出足夠的改變，久而久之我們就能在人格特質、以及最重視的人生目標上達到持久的蛻變。[74]

原則 6：追求成長，而不是追求幸福

人本心理學的創始者所聚焦的主題，不是現代心理學研究與勵志書籍關注的幸福或成就。相反地，他們注重的是個人尋求

健康與成長的途徑。在這個過程中，個體通常會充分經歷負面情緒、接受它們，並將其融入往後的人性經驗裡。[75]這也是為什麼我個人偏好使用「熱情洋溢」、「自在」、「不自在」與「痛苦」等詞彙來描述情緒經驗，而不是直接為情緒貼上「正面」或「負面」的標籤。

　　現代學者日益從更細膩的角度來理解人的特質、情緒與行為，在研究的同時也將背景脈絡納入考量。[76]許多令人不安或難以承受的情緒也許可以大幅促進成長，就如令人自在或甚至興高采烈的情緒有時會妨害成長一樣。重點在於，我們應該抱持開放的態度看待所有情緒的豐富與複雜性，並透過健全的方式整合它們。如卡爾・羅傑斯在心理治療過程中觀察到的，「在我看來，在療程中有大幅進展的病患不只更近距離地感受痛苦，也經歷了更深刻的喜悅；他們感受到更清晰的憤怒，也體會了更刻骨銘心的愛；心中出現更深層的恐懼，但也得到更多的勇氣。他們之所以能夠充分體會更廣泛的感受，是因為發自內心地相信自己有能力體驗生活」。[77]

　　無庸置疑，多數人都希望過開心的生活。一般而言，我們大多希望日常生活中經歷的良好感受多於不安或痛苦的情緒。值得慶幸的是，人不斷往成長的方向邁進時，幸福感與生活滿意度通常也會伴隨而來。[78]換言之，若想獲得幸福與擁有滿意的生活，最佳方法是超越利己主義的不安全感、成為最好的自己，並且對周遭的世界做出正面貢獻。

　　以「黑馬項目」（The Dark Horse Project）為例，即哈佛大學進行的一項長期研究，對象是一群出乎意料地取得了不凡成就的人士，[79]包含私廚、侍酒師、木偶師、人生導師、大體化妝師、馴

狗師與熱氣球飛行員。這些開拓自己的人生道路的先驅究竟是如何達到卓越的個人成就？研究人員發現，他們成功的關鍵是，專心致志於自己最在乎的事情上，同時不與別人或傳統的成功定義做比較。[80]他們能夠全心全意發展獨特的興趣、能力與環境，藉由這條途徑實現自己夢寐以求的成就。

原則 7：善用黑暗面的力量

　　我看不慣古典佛洛伊德派的學者總是（在極端情況下）將每件事都病理化，未能認清人類身上有益健康的可能性，以及用有色眼光看任何事情。然而，成長學派（在極端情況下）也一樣脆弱，因為他們傾向美化所有事物，而且一向忽視病理、弱點與未能成長的問題。一方有如主張人性充滿邪惡與罪孽的教派，另一方則支持人性毫無黑暗面的教派，因此，它們一樣地不正確與不切實際。

　　　　　　　　　　　——亞伯拉罕・馬斯洛，《邁向存在心理學》

　　卡爾・羅傑斯指出，病患們都害怕在治療過程中卸下防衛心與充分體會之前從未發覺的自我面向時，會「喚醒」內心深處的「野獸」。然而，他也發現情況其實相反：「人的內心沒有黑暗面，只有人性，而這是我們所能釋放與展現的。」[81]

　　隨著病患越來越接受自己的衝動想法，羅傑斯注意到，他們往往更能夠在互相矛盾的需求之間取得平衡，並且在現實生活中適度展現進取心，而不是「失控地」渴望滿足侵略的需求。他認為，唯有當人們否認對於各種經驗面向的意識時，我們才有理由對他們感到畏懼。儘管如此，個體在充分實現人性之際，他╱

她的各種感受會達到建設性的和諧狀態：「這種狀態未必會形成慣例，也不會始終如一。它將發展出獨特性，但也會符合社交需求。」[82]

　　羅洛・梅抱持類似的看法，但他從更務實的角度看待人性的黑暗面。[83]梅強調存在所有人心中的「原魔」（daimonic，不要與「惡魔」〔demonic〕搞混了）。他認為，人類的本性沒有善惡之分，而是「同時具有邪惡與善良的潛力」。[84]根據梅的主張，「原魔」的定義是人所具有的任何可能性，而它們的「力量足以控制整個個體」。[85]若將原魔融入人格特質，可以帶來創造力與助益。然而，假使原魔未受到整合，「它們可能會掌控所有人格……造成毀滅性結果」。[86]梅認為，透過健全的方式整合敵意、侵略性與憤怒，是成長的必要之舉，而若想做到這一點，就應該正視邪惡的潛力，而不是一味逃避。[87]

　　儘管梅主張人類同時具有善與惡的潛力，但他也與今日其他人本心理學家一樣認為，環境是指引這些潛力朝有利方向發展的重要因素。其實，馬斯洛之前一再指出，人們可以營造有利於個體做出良好選擇的環境。[88]

　　此外，喬治・威朗特不僅讓我們重新意識到心理防衛機制對於健康的生活調適的重要性，還強調了人類在改變方面的巨大潛力。[89]讓改變成真的方法，不是壓抑內在的衝突或粉飾太平，而是讓防衛機制「從雷雨變成彩虹」，進而實現至高的創造力與智慧。「未完全發展的不良防衛機制，可以進化為成熟完融的美德。」威朗特在著作中寫道：「如果我們能善加利用防衛機制，就能培養健康、善良、有趣、富有創造力與為他人著想的心理。如果我們濫用防衛機制，就會被精神科醫師診斷患有精神疾病，被鄰居貼上

討人厭的標籤，被社會視為毒瘤。」[90]

　　創立人本心理學的學者們既不是單純天真的樂觀主義者，也非憤世嫉俗的反對者。*馬斯洛自認是「樂觀主義的務實派」，主張從平衡的觀點看待人性。[91]人本心理學家點出人類的內在衝突與防衛心之際，也揭示了人類追求成長與良善的潛力。

---

* 卡爾・羅傑斯或許是例外。他似乎對人性特別樂觀！

附錄 II：成長挑戰
（與喬丁‧法因戈爾德〔Jordyn feingold〕合著）

> 你可以選擇回頭擁抱安全感，或是往前邁向成長。我們必須一再選擇成長，必須一再克服恐懼。
>
> ——亞伯拉罕‧馬斯洛[1]

恭喜！如果你正在閱讀本章，就表示你可能已展開了邁向成長、統合與超越的個人旅程。接下來的成長挑戰旨在引導你，透過提示、活動與思想實驗促進你的全人發展。

每一項練習都會附上本書通篇可見的科學論述並接續前一項挑戰，因此建議你依序完成它們。[2] 有些挑戰可能需要你花費更多的時間與心力，端視你對每項練習的共鳴與個人的生活環境而定。建議你進行這些練習時全神貫注，不必急於評斷自我與察覺到的任何缺點；這段旅程的目的是貼近完整的自我、汲取有效資源，以及利用這些力量逐步追求更高層次的人性。每一項練習皆無時間限制，但在某些情況下，你可以謹慎決定是否先進行下一項練習，等準備好之後再回頭完成前一項練習。記住，**人生不是電玩遊戲**，人性的發展往往是前進兩步、又後退一步的連續過程。[3] 最後，建議你在專屬的筆記本中寫下自己進行每項挑戰後的心得，以便記錄這段旅程。

　　希望你在這條冒險的航道上堅持不懈，一次又一次地選擇成長。祝你一帆風順！

成長挑戰 1：認清失衡的發展

　　在成為全人的道路上，關鍵的一步是察覺失衡的發展。這項成長挑戰旨在幫助你開始正視自己在生活中有哪些過度反應，以更貼近自己的價值觀，而不是陷入每天盲目依從的幻覺裡。無庸置疑地，有時你必須順從、侵略與疏離周遭的世界。然而，如果你發覺自己深陷其中任何一個範疇而不可自拔，或許就表示你正困在充滿不安全感的船上，無法揚帆前進。

挑戰

　　首先，閱讀每個標題下方的各個項目（順從、侵略與疏離；見下表）。[4] 將你同意的敘述前方的數字加總起來，以判定自己在多大程度上具有「神經質傾向」──如人本心理分析師凱倫・荷妮所指。[5] 這將是我們首先要注意的地方。

　　最顯著的神經質傾向：＿＿＿＿＿＿＿＿＿＿＿＿＿＿＿＿＿

　　（你可能對每個標題下方的許多敘述都有同感，因此你可以選自己希望最先著手的一項。）

　　現在，詳細描述自己身上反映出所認同之敘述的具體信念或行為，換句話說，這些想法如何體現在你的生活中？

　　請思考：這些信念與行為對你有何幫助？它們會如何妨礙你依照自身價值觀生活，以及如何破壞你的完整？你可以如何挑戰目前對你造成阻礙的信念，好讓內心擁有更多的自由？

順從	侵略	疏離
1. 我需要受到每個人的喜愛。	1. 世界是險惡的。	1. 我完全自給自足。
2. 我完全犧牲自我。	2. 人生充滿了掙扎。	2. 我不需要別人。
3. 我總是寧可有伴也不願獨處。	3. 我喜歡掌控一切。	3. 我靠自己也能過得很好。
4. 我太在意別人對我的看法。	4. 只有強者才能生存。	4. 我會逃避長期的義務或約定。
5. 如果遭到別人拒絕，我會情緒崩潰。	5. 我享受權力的感覺。	5. 我痛恨試圖影響我的人。
6. 我在獨處時感到脆弱無助。	6. 我享受智取別人的感覺。	6. 我盡量不聽從別人的建議。
7. 我試圖避免吵架或爭執。	7. 其他人都太多愁善感了。	7. 如果沒有家人或朋友，我也能過得很好。
8. 如果有事情出錯，我通常會覺得是自己的問題。	8. 我不受拘束，勇往直前。	8. 我希望別人不要與我分享他們的想法或感受。
9. 我往往是最先道歉的那個人。	9. 如果想在這個世界上生存，你必須先顧好自己。	9. 比起與別人相處，我覺得自己獨處時比較自在。
10. 我時常需要別人的陪伴。	10. 事實是，多數的成功人士都將別人當成墊腳石。	10. 我會避免衝突。

　　用心去察覺你在生活中出現的這些看法——思考如何繼續挑戰這些看法並讓自己從中解脫，以達成最渴望實現的目標？

成長挑戰 2：挖掘自己的黑暗面

　　最新研究顯示，我們不只應該在生活中培養正面的情緒與事件，也應該接納與探索最令自己難以面對或不安的情緒，客觀承認它們的存在，並透過健康的管道發洩。[6] 舉例來說，驕傲、愧疚、憤怒或困窘等情緒可作為線索，讓我們藉此悔過、解決衝突或思考這些負面情緒的成因，以利做出回應。同樣地，我們在生活中感覺像是創傷的特徵——例如飽受生理或心理疾病所苦或懷

有某種不安全感──其實能帶來強大力量，讓我們擁有獨一無二的能力去幫助或瞭解他人。

在這項活動中，你應該謹慎回應令自己不安的情緒或生活經驗，並思考如何善用這些情緒來實現最理想的成長與創造力。

挑戰

翻開日記，根據下列問題仔細思考並描述自己的「黑暗面」：

- 思考自己的黑暗面時，你會想到什麼？
- 生活中有哪些情況會讓你感到特別焦慮？（你一向擔心或害怕、但又不得不做的事情是什麼？如待在某個地方或與某些人相處。）
- 生活中有什麼是你深感困擾或視為潛在創傷的事情？
- 一直以來你都如何面對負面情緒、心靈創傷或負面的身分？
- 你可以透過哪些新的方式面對這些負面的情緒或創傷與善用它們，例如從小處改變自己或與他人建立連結，而不是一味批評自己？你可以如何利用自我的黑暗面成為更好的朋友、學生或個人？黑暗面可如何幫助你成為全人？

成長挑戰 3：面對恐懼

這項成長挑戰在於找出與面對內心的恐懼，以更有效地對抗日常生活中始終存在、會擾亂健康與整體發展能力的焦慮感。請先閱讀以下的心理恐懼量表，再進行挑戰。[7]

心理恐懼量表

害怕失敗

1. 我害怕自己身負重任時在困境中失敗。

2. 如果沒有成功的把握，我會感到不安。

3. 如果無法立刻瞭解問題出在哪裡，我會開始感到焦慮。

害怕遭到拒絕

4. 認識新朋友時，我往往害怕遭到對方拒絕。

5. 試圖親近陌生人卻吃了閉門羹，會讓我沒有安全感。

6. 對我來說，遭到拒絕是非常嚴重的事情。

害怕失去控制

7. 失去對事情的控制權時，我會感到恐懼。

8. 當我注意到自己對某些事情沒有影響力時，我會開始擔憂。

9. 一想到完全無法控制某個情況，我就驚恐不已。

害怕失去情感聯繫

10. 如果好友與我斷絕聯繫，我會徹底崩潰。

11. 如果與親人失去了情感聯繫，我會心神不寧。

12. 如果好友放我鴿子，我會對彼此的友情感到焦慮。

害怕失去名聲

13. 如果我的好名聲岌岌可危，我會非常憂心。

14. 我非常熱中於維護自己的名聲。

挑戰

　　想想你有哪些恐懼。你也許能立刻想到一些恐懼，或者可從心理恐懼量表中選出最能引起你共鳴的敘述。

　　根據目前的生活經驗及心理恐懼量表，選出你最希望克服的恐懼。

　　在寫下自己的想法時，請思考下列事項：

- 我害怕什麼？為什麼這讓我如此恐懼？假如事情發生了，最糟的後果會是什麼？
- 如果這種恐懼感持續加深，可能會導致什麼有利的結果？我可以如何發展人性？我能學到什麼？我可以利用自己的哪些部分（特質、長處等）來克服心中最深層的恐懼？

　　在日常生活中，你可以試著留意恐懼感在哪些情況下阻礙了自己的發展。正視恐懼感，並客觀看待自己感到驚恐或試圖逃避這些負面刺激時，所產生的正面結果。

成長挑戰 4：與伴侶一同成長，鞏固彼此的關係

　　我們都曾在一段關係中產生不安全感，不論是因為外在的壓力，或是深植於內心的逃避或焦慮傾向。然而，如果伴侶關係中的一方能向另一方表達自己的恐懼與需求，那麼之前兩人絕口不提的問題就能迎刃而解，雙方也不必再承受猜測或捉摸對方感受的壓力。這項練習專為兩人組合的關係（伴侶、朋友、手足等）所設計，旨在增進你最重視的人際關係、揭露潛藏的感受或焦

慮，以及建立穩固的信任與接納基礎。

挑戰

找一位搭檔一起在自在的環境中坐下來，杜絕任何會讓你們分心的事物（收起手機，全神貫注）。

首先，請你們想出自己在這段關係中最珍惜與最滿意的兩到三個元素（一起度過的快樂時光、對未來的共同展望、從對方身上學到了什麼等等）。你們可以盡量挖掘促成這段關係的元素，舉出具體的回憶或故事，或者分享彼此從未表達過的感受。

等你們列出關係中最有力的幾個元素後，再互相分享這些元素導致的問題或不安。分享時，試著從「我」——而不是「你」——的角度來敘述，不要將問題都怪罪在對方身上。傾聽的一方應該等到對方分享完後再回應，另外也應該重述對方的話以確保相互理解。

兩人一起制定解決問題的計畫，利用彼此在第一部分的練習中所指明的長處來擬定解決方法。

注意：你們有可能無法一次就解決這些問題或擔憂。這項挑戰的目標是營造一個安全的環境，讓你們能夠互相傾訴不安、更用心瞭解彼此的需求。兩個人一起與分別善用各自的長處，會是消除不安與焦慮的良方。

盡量讓彼此都有機會分享心情，並擬定計畫以逐漸消除雙方的顧慮。

成長挑戰 5：培養優質的連結

與他人的連結即便為時短暫，也能讓我們充滿生氣、更趨近完整的人性。如果你與同學或鄰居的互動具有信任、幽默與正向關懷，而不是充滿緊張與尷尬，你的生活會是什麼樣子？這項練習旨在將生活中差強人意或甚至模糊不清的關係轉變為活力來源，並維持有益的連結。

在四個領域中建立優質連結的祕訣[8]

互相尊重的互動	賦能	信任	玩樂
・陪伴 ・用心傾聽 ・準時赴約 ・態度肯定而真誠 ・溝通	・指導 ・促進 ・照料 ・培育	・與他人分享 ・自我揭露 ・請求回饋並據此發展	・讓相聚充滿樂趣 ・放下防衛心 ・建立有趣的儀式

挑戰

找出你在私人生活或職場中差強人意的一段關係。在日記中描述並反省這段關係目前的狀態。問自己，這段關係可能出了什麼問題？

想想你可以如何改善與對方的關係？你可以採取哪些具體行動來增進關係的品質與建立真誠的正向關懷？

實行一段時間後，首先思考你觀察到的事情。這段關係的品質是否有任何變化？這對你的活力有何影響？你要如何維持優質的人際關係？

成長挑戰 6：主動給予建設性回應

　　卡爾‧羅傑斯創立的人本治療的重點為——他所謂的——「主動傾聽」。[9] 羅傑斯將主動傾聽視為有效溝通與解決衝突的必要之舉。他的治療方式是讓傾聽者重新解釋所聽到的話語，確保傾聽者與話者都瞭解彼此溝通的內容，而這正是「與伴侶一同成長，鞏固彼此的關係」（Grow Together, Cultivate a Secure Relationship）成長挑戰的主旨。[10] 本項成長挑戰將引導你在回應好消息的情境中運用這項技巧。

回應好消息的方式

　　範例：朋友跟你分享他／她獲得升遷的消息。

主動—破壞性回應。	主動—建設性回應
貶低這個事件。 「如果接下新的職位，不是只會讓你比現在更有壓力、更不快樂嗎？」	熱情地支持、關心，幫助對方從正面回應中獲益。 「太好了！告訴我整件事的來龍去脈！」
被動—破壞性回應	被動—建設性回應
忽視這個事件，將焦點轉移到自己身上。 「你不會相信我今天發生了什麼事！」	默默低調支持。 「很開心聽到這個消息，但我現在忙翻了。你能晚點再跟我說嗎？」

挑戰

　　找一個你在生活中親近的人（朋友、同學或任何重要的人）。首先留意自己得知對方的好消息時作何反應，譬如「我今天面試

很順利！」或「我工作都做完了，今年夏天可以放個長假！」長
時間觀察以找出穩定的模式。

　　你是否熱情回應、關心與慶祝他人的成功？你做出這種回應
的頻率是否高於其他回應？如果是，就代表你的回應屬於主動建
設性型。你很可能已經與這個對象擁有十分融洽的關係。假如真
是如此，你應該選擇另一個對象。

　　繼續觀察自己對他人的回應，直到發現不同的情況。仔細
思考：是什麼原因使你未能主動或有建設性地回應這個人？（可
能是因為你非常在乎這個人，而批判性的回應表示你渴望保護對
方。也許你不希望看到朋友樂極生悲。）然而，如果你持續展現
不慍不火的熱情或給予看似「有建設性」的批評，而對方並未感
受到你的支持，或者自始至終都只得到這樣的回應，你們的關係
便有可能惡化。

　　因此，你應該下定決心以主動與建設性的方式回應對方的好
消息。找出至少三個機會，在雙方的互動中做出主動建設性的回
應。

　　在日記中寫下你與對方的互動及對方的反應。你在改變回應
方式的過程中是否遇到了困難？對方做何回應？你與對方的互動
有無出現任何變化？你從這項練習中學到了什麼？

成長挑戰 7：練習以健康的方式堅定表達自我

　　若想堅定地表達自我，你應該開放且誠實地與他人交流，展
現控制自身行為舉止的能力。自信堅定是四大溝通類型的其中一
種，另外還有被動型、攻擊型、被動攻擊型。

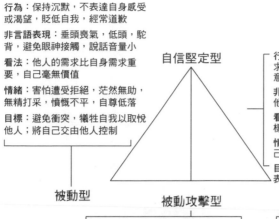

行為：保持沉默，不表達自身感受或渴望，貶低自我，經常道歉

非言語表現：垂頭喪氣，低頭，駝背，避免眼神接觸，說話音量小

看法：他人的需求比自身需求重要，自己毫無價值

情緒：害怕遭受拒絕，茫然無助，無精打采，憤慨不平，自尊低落

目標：避免衝突，犧牲自我以取悅他人；將自己交由他人控制

自信堅定型

行為：直接而誠實地表達自己的需求、渴望與感受；尊重他人的相反意見

非言語表現：肢體放鬆，頻繁地與他人進行眼神接觸，而非怒目以對

看法：他人的需求跟自己的需求一樣重要；每個人都有自己的價值

情緒：以正面的態度看待自我與自己待人處世的方式

目標：透過自我與他人來保有自尊；表達自我，但不強迫他人認同自我

被動型

被動攻擊型

攻擊型

行為：透過遺忘、拖延或其他「可否認」的方法刻意不達到他人的期望；拒絕對自身行為負責

非言語表現：與被動型回應方式類似

看法：儘管對他人做出承諾，仍有權利隨心所欲

情緒：偏向侵略型的人會害怕遭受拒絕；厭惡他人提出的要求；害怕發生衝突

目標：隨心所欲而不負責任

行為：以一副只有自己的看法才合理的態度表達感受與渴望；無視、忽略或污辱他人需求

非言語表現：耀武揚威，眼神銳利；說話音量大

看法：自身需求比他人的需求重要；自己有權利，他人則否

情緒：感到憤怒或覺得自己不可一世，得到勝利時盛氣凌人，之後又因為傷害到他人而感到懊悔、愧疚與自責

目標：為了獲勝而犧牲他人，謀求控制權

挑戰 [11]

　　請仔細檢視金字塔圖示，包含每一種溝通類型的行為、非言語溝通、看法、情緒與目標。判斷自己的回應方式以哪一種溝通類型為主。如果你在生活中的大多數領域已屬於自信堅定的溝通類型，可以考慮進行其他的練習。如果你幾乎都採取自信堅定的溝通方式，只有在特定情況下例外，便可針對那些情況進行練習。

　　簡略列出你希望在生活中更加自信堅定（以及減少被動、被動侵略或侵略傾向）的一至三種情況。

　　完成下列句子：

　　我最被動的時候是＿＿＿＿＿＿＿＿＿＿＿＿＿＿＿＿＿

　　我最具攻擊性的時候通常是＿＿＿＿＿＿＿＿＿＿＿＿＿＿

　　我最害怕展現堅定態度的時候是＿＿＿＿＿＿＿＿＿＿＿＿

　　我在生活中最難以堅定態度面對的一至三個人是＿＿＿＿＿

　　目前的我會表現出堅定態度的時候是＿＿＿＿＿＿＿＿＿＿

　　反省你的答案，並練習在生活中的一個領域以更堅定的態度行事。練習完前述金字塔圖示的堅定技巧之後，簡單記下自己的心得。以下提供一些有助你在完成練習後更加自信與堅定的其他祕訣：[12]

- 自信是控制自己的行為，而不是別人的行為。你永遠有選擇的權利。你無法讓別人停止對你提出要求，但你可以說不。
- 別人不會讀心術。如果你想要某個東西，就大聲說出來！假使別人拒絕你，也不必放在心上。
- 象徵性價值（不是舉動本身，而是舉動所代表的意義）通常會讓人難以面對自身問題。試著引導別人改變行為，而不是他們的個性。

成長挑戰 8：斷電

　　這項練習旨在脫離手機、電視、平板、電子郵件、智慧型手錶與任何電子設備所構成的虛擬世界，專注於當下——將注意力放在自己、家人與朋友的身上。手機與其他電子裝置不僅占據了吃飯、與親朋好友相處，還有忙完一整天後好好獨處的寶貴時光，也會影響睡眠品質。手機與電視螢幕的藍光會干擾褪黑激素

的分泌,擾亂生理時鐘。[13]因此,在睡前至少兩小時斷絕與電子裝置的接觸並在黑暗環境中入睡,可大幅提升睡眠品質。

挑戰

　　挑一天晚上徹底斷電。邀請朋友或家人一起進行這項挑戰。你自己或與家人朋友將關掉電視、手機、平板或電腦等所有電子裝置。可以利用乾淨的襪子當作所有參與者手機的「睡袋」。

　　為自己設定在「斷電」時必須完成的一項活動,譬如煮晚餐、看書、寫作、散步或健走或藝術創作。如果你與別人一同展開斷電挑戰,則你們可以一起烹飪、討論一本書、畫畫、玩桌遊、健走、比手畫腳猜謎,或者與家人一起畫族譜。

　　度過一個斷電的有趣夜晚之後,請持續這種狀態直到入睡。上床睡覺前,盡量抗拒打開手機或網頁瀏覽器的誘惑。在適當的時間就寢,盡可能維持八小時睡眠。

　　寫下你的心得,詳細記錄獨自一人或你與別人一起斷電的經歷。你在斷電時做了什麼事?當下感覺如何?現在感覺如何?你從這項練習中學到了什麼?

成長挑戰9:拋開完美的包袱!

　　想保護自尊,就應該少在乎他人的想法、多大膽嘗試新事物,還有少花一點精力追求完美的人格。許多人都將太多的寶貴時間與精力花在追求完美這件事上,煩惱自己表現如何,而不是專心完成當下的工作。這種對完美的執著會讓我們感到疲憊、孤立,而且總是不滿意自己與他人的表現。這項練習在於對自己與

別人要求完美的壓力提出質疑，並培養「夠好就好」的心態，以追尋更深刻的自我實現。

挑戰

　　想想自己在生活中哪一個方面追求完美。思考下列問題並寫下答案：

- 追求完美如何影響我的自我價值感？
- 我為什麼會有追求完美的壓力？
- 為了追求完美，我必須付出什麼？這對我的活力有何影響？
- 追求完美對我的表現有什麼影響？
- 如果我沒有達到完美，會面臨什麼風險？
- 如果我沒有達到完美，最糟的情況會是什麼？
- 如此可能會有什麼結果？

　　回答上述問題後，請想想你可以透過哪些方式在生活中「拋開完美的包袱」。制定明確的計畫來提高自己對自我與他人「夠好就好」的容忍度。注意，這麼做並不代表追求平凡，而是將注意力從結果轉移到過程，從原本關注自己的表現，改為關注努力的方法，還有訓練自己即使面臨失敗，也擁有學習與成長的能力。

成長挑戰 10：挑戰認知扭曲

　　在進化過程中，人類發展出各種處世方式，以在面臨龐大資

訊時更容易做決定。確認偏誤（confirmation bias）是其中一種捷徑，也就是傾向注意、記得與重視符合自身看法的資訊，並忽視及貶低對立的證據。問題是，我們的看法經常充斥著認知扭曲或不理性的思維模式（詳述如下）。[14]

因此，我們往往根據錯誤的看法來評斷世界、他人與自己。這種錯誤的推論會讓我們身心俱疲、孤立無援，而且不斷對他人與自己感到不滿。這項練習在於察覺與瞭解容易出現的思維錯誤，主動質疑與驗證其中的真相，以打破負面思維模式及改變不利成長的核心信念。[15] 如此一來，你將能學會無須認真看待負面的自動化思維，擺脫自己的不安、挫折、羞恥與神經質。

常見的認知扭曲包含但不限於以下範例（部分出自個案史考特〔Scott〕的私人生活）：[16]

- 非黑即白的思維：以極端的角度看待所有事。（「如果被這個女人拒絕，我就是徹底的輸家。」）
- 災難化：相信在特定情況下，最壞的事情會發生。（「如果我接近真心喜歡的這個女人，百分之百會狠狠遭到拒絕，大家會看到我被拒絕，然後我會羞愧得無地自容，還會有人錄下整個過程與上傳社群媒體，然後被我媽看到……」）
- 錯誤的無助感：低估自己有辦法達成結果的能力。（「接近她一點意義都沒有，我可能只會被當成可疑人物。」）
- 輕視：貶低正面事件的價值。（「她好像對我有興趣，但我不認為我值得她的注意。她喜歡的可能是我的新外套，而不是我對她說的話或做的事。」）
- 什麼都往心裡去：將情況的結果全歸因於個人的舉動或行

為。(「她說她有女朋友；她必須那樣說，因為她對我一點
興趣也沒有，可能還討厭我。」)

- 將一切視為理所當然：認為我們所希望的樣子正是事情應
該要有的樣子。(「她應該要喜歡我才對，我們看來是命中
注定的緣分。」)

- 自以為擁有特權：依據自身的行為狀況期待特定的結
果。(「我值得她喜愛，因為我人很好。」)

- 妄下結論：沒有足夠證據就斷定情況所代表的意義。(「她
已經兩天沒回訊息了；她一定在躲我。」)

- 過度概化：單憑一個狀況就下結論或抱持某個普遍看
法。(「既然這次遭到她的拒絕，之後我可能就不會再追求
心儀的女生了，因為顯然我不討人喜歡。」)

- 讀心：即使沒有直接溝通，仍認為別人知道自己的心意，
或自以為知道別人的心意。(「她應該知道我對她的情意；
不需要說出來，她就應該知道。」)

- 情緒推理：沒有證據就推論自己的感覺正確無誤。(「如果
看到剛交往的女友跟其他男生交談，我會吃醋。她一定背
著我偷吃，不然我怎麼會有這種感覺？」)

- 將幸福交由外在因素決定：讓外在因素握有幸福的最終決
定權。(「除非我成為萬人迷，否則我的人生不會幸福。」)

挑戰

　　從上述例子選出你經常陷入的認知扭曲情況。問自己：你一
般會在什麼時候陷入這些思維模式？這些模式對你的自我價值感
與效能感有何影響？它們對你看待他人的方式有何影響？

未來你要如何避免自己陷入這些思維模式？

舉一個自己陷入這種認知扭曲的具體情況。在日記中大致描述當時的情況，說明自己落入什麼樣的陷阱，並思考每一種扭曲情況中的關鍵問題：

- 非黑即白的思維：這種想法的灰色地帶為何？（「如果我被這個女人拒絕，除了『我是個徹底的輸家』之外，還有沒有其他的解釋？」）
- 災難化：最壞的情況發生的可能性有多大？你憑什麼認為這會發生？你擁有改善結果的主宰力嗎？（「如果真的遭到了拒絕，我可以做什麼來維護自尊與自重？」）
- 錯誤的無助感：即使成功機率低，但如果大膽採取行動，會有什麼結果？（「她也許會直接拒絕我，但假如她沒有呢？我這麼做有什麼損失？」）
- 輕視：你有可能做了什麼事而造成這個情況？（「除了我的新外套之外，她可能還喜歡我的哪一點？」）
- 什麼都往心裡去：其他人有可能做了什麼事而造成這個情況？（「她很可能對我有意思，但她已經有男友了。有時候只是時機不對。」）
- 將一切視為理所當然：這種想法理性嗎？（「在什麼情況下，我會覺得我們『應該』在一起？」）
- 自以為擁有特權：這種想法理性嗎？（「我是好人，是否就意味著她應該愛上我？為什麼這個女人都還沒有機會認識我，我就值得她的喜愛？其中是否牽涉了其他因素？」）
- 妄下結論：這個情況有沒有其他解釋？（「她已經兩天沒回

訊息了；除了躲我之外，她有沒有可能忙得不可開交？手機沒有訊號？或是正在工作？」）

- 過度概化：這樣的整體評價公正嗎？（「我真的不討人喜歡嗎？還是事情會變成這樣，有其他原因？」）
- 讀心：你是否清楚表達了感受？是否遺漏了重要資訊？（「我有向她適度表達自己的感受嗎？我該如何更清楚地傳達訊息？」）
- 情緒推理：你的感受是否準確反映實際狀況？（「我的嫉妒感受有事實證明嗎？我有沒有可能判斷錯誤？」）
- 將幸福交由外在因素決定：此刻你可以如何依靠內在的自我來尋求幸福？（「我喜愛自己哪些地方？我可以如何利用自己的長處度過此刻的難關？」）

如何即時發現自己陷入了認知扭曲？之後該如何避免這種思維模式？答案是發揮科學精神——驗證消極的核心信念（core belief）是否正確。在一天當中持續追蹤那些支持或牴觸自己看法的證據。回顧日記並分析記錄的內容。你的信念**究竟**有多強烈？[17]

你要怎麼建立更有助成長的核心信念？其中的**祕訣**是：嘗試找出更為務實的信念。臨床心理學家塞斯・吉里漢（Seth Gillihan）指出，「如果你難以接受其他的看法才正確的事實，別擔心，消極的核心信念可能存在已久，想修正它們，會需要時間與反覆嘗試。」[18]

成長挑戰 11：培養社交好奇心！

這項成長挑戰旨在培養社交好奇心，瞭解我們生活周遭的人們的真實面貌，而不是我們希望看到的樣子。

挑戰

從生活圈中選一個對象練習社交好奇心。這個人可以是你的好友或親人，也可以是剛認識不久的人。下次你與這個人相處時，試著瞭解或觀察你之前從未在他／她身上注意到的地方。你可以從小處著手，多留意他／她的表情、笑容和聲音等。

練習一段時間後，可以問對方一些問題，展現你對他／她的興趣。建議問題如：

- 你心目中完美的一天是什麼樣子？
- 如果你可以與世界上任何人一起吃飯，你會選誰？為什麼？
- 別人都說你最大的長處是什麼？為什麼？
- 你害怕什麼？為什麼？
- 你對不久的未來懷抱什麼夢想？對更遠未來又有何展望？

務必謹慎判斷以在適當的時機展現社交好奇心，並做好互動的準備，讓對方也能反過來問你。仔細觀察你與對方的關係品質，並嘗試與生活中的其他人進行這項練習。

在日記中寫下自己追求社交好奇心的經驗、得到的結果，以及在過程中學到的任何事。

成長挑戰 12：試水溫，拓展舒適圈，從逆境中成長

　　人類是習慣的生物，若試圖拓展舒適圈或改變慣常的生活方式，可能會遇到困難且感到不安。此外，每個人都曾在生命中經歷某種困境或失去某些東西，而面對這些難題，會重新喚起負面的情緒或無法承受的感覺。然而，如果我們勇於改變、踏出舒適圈與（安全地）面對過往的失去，便能夠成長、探索及獲得更多掌握感。

挑戰

　　做一件起初會讓自己感到有點不安的事 —— 你通常**不會**做的事。如果你比較內向，可以考慮舉辦晚餐派對、邀請新朋友來家裡作客、與陌生人或有可能成為夥伴的對象，或者參加社群的新活動，例如藝術展覽或健身課程。如果你善於交際，可以考慮獨自外出用餐、聽演唱會、看電影或看球賽。不論你選擇什麼活動，都應該以嘗試新事物為目標，也就是拓展舒適圈的範圍。假如你難以面對過往的困境或失去，可以試著一邊回想，一邊寫下想法。思考自己失去了什麼或遭遇什麼挑戰，思考事件過後迎來了哪些新的機會，思考自己當時的感受與如今的體會。

　　接著，擁抱心中的不安。試著瞭解自己的生理感受，設法適應這種情況。

　　完成這項練習後，在日記中寫下你看見了哪些契機。這樣的不安帶來了什麼好處？省思過往的困境帶來了什麼好處？你如何決定挑戰哪一類的活動？你感到安心自在時，立刻面臨了什麼阻礙（如有的話）？從事這項活動時，你的自在程度有何變化？你

從這段個人探索的過程中學到了什麼？

你可以一再從事這項活動，每次都進行不同的反省或探索！

成長挑戰 13：放送慈心

練習對自己與他人放送慈心，是建立同理心的有效方法，也能鍛鍊迷走神經的張力，提升生理、心理與社會方面的彈性及抗壓性。[19] 這項練習在於培養你對他人與自我發揮愛與善意的能力。

挑戰

找個安靜的地方坐下來全神貫注地冥想，即使只有五到十分鐘也好。全身放鬆，專注於任何一個緊繃的部位，自然地舒緩那些壓力。

專心想著深愛你、而你也深愛的一個對象，他／她也可以是已不在人世的人。想像這個人散發的溫暖，還有你與對方相處時所感受的情緒。盡可能想像這個人就在身旁，並透過下列言語向他們傳達你所有的愛與善意：

- 願你平安。
- 願你生活平靜，遠離苦痛。
- 願你時刻感受支持與愛。

接下來，將注意力轉移到你在生活中沒有特別感覺的一個熟人或陌生人。想像對方就在身旁，並透過下列言語傳達你所有的愛與善意：

- 願你平安。
- 願你生活平靜，遠離苦痛。
- 願你時刻感受支持與愛。

最後，將注意力轉移到自己身上。想像自己在一個房間裡，周圍全是深愛你與希望你安好的人們。試著感受他們散發的溫暖，盡情沉浸在當下。等你準備好時，重複下列言語：

- 願我平安。
- 願我生活平靜，遠離苦痛。
- 願我時刻感受支持與愛。

等你準備好後，讓意識回歸此時此刻。回想向摯愛、陌生人與自己傳達愛意時，有什麼感受？你可以如何將這種慈心融入日常生活？

嘗試連續五天進行這項練習，並觀察過程中的變化。在日記中，描述練習對他人與自己放送慈心的感想。你覺得自己最難對誰傳達正面感受？你從這項練習中學到了什麼？

成長挑戰 14：把自己當成好朋友[20]

我們與自己的內在對話往往冷淡甚至殘酷。相較於練習善待他人（包括朋友與親人），練習善待自己可能會是艱辛的挑戰。

挑戰

　　回想好友或家人在遇到困難或極度沮喪時向你尋求建議的情況。在這種情況下，你（會）作何回應，以盡力扮演好朋友的角色？寫下自己通常會做什麼、說什麼，以哪種語氣與朋友交談。

　　現在，想想你在人生中（現在或過去）遭遇重大難關或自我感覺低落的時刻。在這些情況下，你通常會做什麼事、對自己說什麼，還有以哪種語氣說話？

　　接著，寫一封信給自己，把自己當成最好的朋友，建議自己可以如何度過難關。以第二人稱的角度寫作。仔細回想當時的情況或思考自己面臨的壓力或痛苦，注意自己有什麼樣的感受或想法，以及你當時（或現在）渴求與需要哪些幫助。舉個例子：「親愛的凱莉，我知道你現在對自己感到〔難過／害怕／生氣／失望等等〕。你非常〔期待……／盡己所能地……等〕。」

　　寫下自己面臨的壓力或痛苦，以及背後的主要需求，譬如渴望擁有健康、安全、愛、感謝、連結或成就等等。傳達有關共同人性的訊息（人都會犯錯、失敗、憤怒、失望或失去等等）。從朋友的角度給自己一些富有同理心的建議或鼓勵。

　　寫完信，你可以大聲唸出來，或在需要自我憐憫時拿出來看。

成長挑戰 15：讓自己的不同身分和諧共處

　　由於每個人都具有多重身分，因此整合這些面向有時感覺像是一件艱鉅的任務。我們都在生活中扮演許多不同的角色，如果讓這些角色和諧共處，就能更趨近人性的完整。

挑戰

　　找個安靜的地方坐下來，寫下自己在生活中扮演的各種角色。這份清單中可能包含的身分如「兒子」、「女兒」、「學生」、「女友／男友」、「鄰居」、「兄弟」、「姐妹」、「朋友」、「叔伯」、「領袖」、「社群成員」、「作家」、「老師」等。你也可以想想自己扮演每個角色時所展現的不同人格面向。例如，身為學生的你發揮聰明才智；身為哥哥的你愛護年幼的手足；扮演某個重要身分的你滑稽可笑。

　　思考這些角色在日常生活中會產生哪些衝突，越具體越好：

- 「我與朋友相處時玩笑嬉鬧，但在工作時又得認真以對。」
- 「身為宗教組織的領袖，我必須隨時為信眾服務。身為一名父親，我希望能隨時陪在他們身旁。有時我覺得自己沒有足夠的精力做所有的事情。」

接下來，想想這些角色可以如何互補。

- 「與親朋好友玩笑嬉鬧有助我養精蓄銳，這樣才能在工作時全力以赴。有時，跟客戶開點小玩笑也有好處。畢竟，大家都是人。」
- 「扮演精神領袖時，我可以利用作為父親所獲得的知識與成長來幫助信眾。」

　　一個星期過後，開始專注強化這些角色的不同面向。將潛在的衝突當作機會，透過不同方法讓各種身分和諧共處，體驗將挑

戰轉變為契機是什麼樣的感覺。

成長挑戰 16：透過新的方式發揮個人長處

在這項成長挑戰中，你將進行「VIA 個人長處量表」（VIA Survey of Character Strengths）的測驗，[21] 瞭解與挖掘自己的長處，然後透過嶄新的方式一展所長。進行測驗與審視結果時，你會發現，自己的長處並非在不同的環境與時間都固定不變，而是具有可塑性、易受成長所影響，而且多半隨背景脈絡而變化。[22] 因此，假設你平常眼光獨到、幽默風趣，但說到財務規劃時，你就綁手綁腳、不苟言笑。同樣地，你在冒險時可能不會特別小心或自我約束，但如果是自己的親人面臨風險，你就變得非常謹慎與保守。你必須瞭解，有時長處會過度消耗，或者運用於不當的情況。人們發揮長處時，一般都講究「中庸之道」或恰到好處，才能得到最理想的結果（見下表）。

	長處	相對特質	缺乏	過度
智慧與知識	創造力豐富	才能平凡	一致性	古怪
	好奇心旺盛	無學習熱忱	不感興趣	愛管閒事
	富有判斷力	容易受騙	效能低落	憤世嫉俗
	熱愛學習	循規蹈矩	自滿	自以為是
	有遠見	愚昧無知	膚淺	固守己見
勇氣	勇敢	懦弱	驚慌失措	愚勇
	堅持不懈	無助	懶惰	偏執
	本真	欺詐不實	虛偽造作	正義魔人
	活力十足	無精打采	綁手綁腳	過動

愛	親密	孤單	孤立／自閉	濫情
	善良	殘忍	冷漠	侵擾他人
	善於交際	自欺欺人	遲鈍	多愁善感
正義	善盡公民義務	孤芳自賞	自私自利	沙文主義
	追求公平	懷有偏見	結黨營私	超脫世俗
	具有領袖才能	好行破壞	服從	專制
節制	寬以待人	有仇必報	冷酷無情	放任縱容
	謙卑	自大	自尊薄弱	自我貶低
	行事謹慎	魯莽	尋求刺激	過分拘謹
	自我調節	衝動	自我放縱	自我壓抑
超越	敬畏	好批評	無動於衷	勢利
	感激	自恃特權	無禮	奉承討好
	希望	絕望	現實導向	積極樂觀
	幽默	陰沉	正經八百	插科打諢
	靈性	疏離	失範脫序	狂熱

這項練習可幫助你發揮工作上最突出的長處，以便更投入日常生活並從中獲得更多意義與掌握感。注意，完成 VIA 量表後，你的長處會程度高低排序；得分較低的長處未必是你的弱點。雖然這份量表旨在幫助你發揮自己最突出的長處，但你也可以著重一些相對不起眼的強項。更多相關資訊請見挑戰提示。

挑戰

完成「VIA 個人長處量表」。請上 viacharacter.org 並點選「免費進行測驗」（Take the Free Survey.）。建立帳號與註冊後，請進行測驗。所需時間應不會超過二十分鐘。完成後，請檢視測驗結果。你的二十四項長處將依得分高低排列，每一項長處都附有

說明。如果你有意願，可以付費索取詳細報告。

　　思考這些問題並寫下答案：有任何一個得到高分的長處令你意外嗎？得到低分的長處又是如何？假使你無法運用自己最突出的長處，生活會變成什麼樣子？你是否認為測驗的結果有助你運用自己的顯著長處或加強較不突出的優勢？

　　請想出本週你將利用哪三種方式發揮自己的顯著長處？你能否運用這些長處成為更好的人？為朋友或家人帶來更多幫助？克服生活中遇到的阻礙？創造正面的經驗？一週過後，請檢討你採取的三種方式，並回想自己在實踐時有何感受？請利用以下模板記錄自己如何透過新的方式發揮長處。（你可以針對一項長處進行三次練習，或三次分別練習不同的長處。）

　　注意：你不必因此停止尋找其他可發揮長處的方式。你可以將這項挑戰延續到下個月、明年，一直到往後的人生！

透過新的方式發揮長處

長處 1
本週你如何利用新的方法運用這項長處？感覺如何？

長處 2
本週你如何利用新的方法運用這項長處？感覺如何？

長處 3
本週你如何利用新的方法運用這項長處？感覺如何？

成長挑戰 17：你每天起床的意義是什麼？

　　如果你想知道自己每天早上起床的意義（或存在的理由），就
必須探索生活中最切合自我的事物──讓我們感到興奮、帶給我
們意義並賦予完整感的事物。但願你讀了本書之後，能夠開始、
並且持續深刻地意識到自己存在這個世界上的意義，學會透過新
的方式刻意投入最能帶給你力量的事情。這項練習旨在幫助你探
究存在的意義。

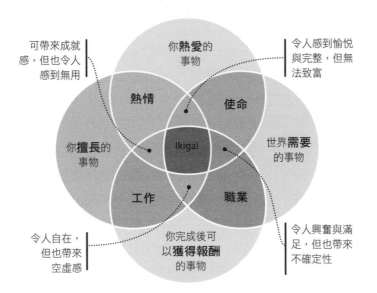

Ikigai: 早上起床的意義
出自日文，意指「存在的理由」

挑戰

寫下你對下列問題的答案：

- 我最擅長的事情是什麼？哪些事情讓我感覺輕鬆自在（讓我充滿活力、照亮我的生活）？
- 我選擇追求什麼，即使它極具挑戰性？
- 我最重視什麼？
- 什麼事情讓我感覺自己是超越自我的事物的一部分？
- 什麼事情吸引了我所有的注意力，讓我得以進入心流的意識狀態？
- 如果我可以明天休學，在這世上隨心所欲，我會做什麼？

思考腦海中浮現的任何主題，專注於在不只一個問題中出現的面向。在接下來的幾天裡，思考自己存在的意義，以及如何把時間花在能為自己帶來意義與活力的事情上。

你可以如何讓生活更貼近自我存在的意義？要如何每天或至少每週一天思索存在的意義？

注意：探索存在的意義令人望而生畏，但不要害怕！活出存在的意義，其實就只是在生活中從事更多能帶來意義與目的感的活動而已。在這段旅程前進的同時，也請思考從事這樣的活動對自己造成了哪些影響。

成長挑戰 18：創造高峰經驗

這項練習在於增加生活中任何領域的高峰經驗，譬如學業、

工作或人際關係。馬斯洛形容高峰經驗是「罕見、令人興奮、廣闊無垠、感人肺腑且令人振奮的經驗，可創造更深刻、甚至神祕而奇妙的現實感知」。[23]馬斯洛認為這是我們人生中最具變革性的經歷之一，雖然身歷其境看似令人生畏，但我們會先從理解有助於增進高峰經驗的相關概念著手：心流與敬畏。

　　心流意指深刻投入一項活動，你全神貫注、徹底沉浸其中，甚至渾然忘我。[24]如果你想引發心流，便應該在技能與挑戰之間取得最佳平衡：假如挑戰太過困難，你會感到焦慮；假如挑戰太容易，你會覺得無聊。培養任何情況下都能經歷心流的能力，可以為生活帶來更多的快樂與滿足。理想情況下，你可以在從事最愛的興趣或活動（如烹飪、繪畫或慢跑）時體會心流，也能在職業追求（多數人把絕大部分的時間都花在這上面）中進入這種狀態。

　　若想體會心流，便需要挑戰身心能力的極限；努力完成某件新奇、困難或有意義的事，在過程中的每個階段尋求酬賞。以下表格列出可增進心流體驗的八種方法：[25]

控制注意力	心流在於純熟地掌握注意力，以完全投入眼前的任務。雖然目前你也許需要耗費大量心力才能控制注意力，但長期而言，這是獲得掌控感的重要因素。
敞開心胸迎接新的體驗	擁抱各種新奇經驗，例如露營、接觸新的運動、到異地旅行，或嘗試從未吃過的美食。持續挑戰自己，不要滿足於現狀！
終身學習	精通許多技巧後，在人生中不斷學習與接受新的挑戰，會是進入心流的關鍵。
瞭解心流體驗	我們往往未能意識到自己在什麼時候經歷了心流。留意並記錄你進入心流的確切時刻，然後多從事這些活動。

改造日常瑣事	即使在日常瑣事中，你也能進入「微心流」的狀態，例如採買用品、整理辦公桌、等火車或聽課。這些時候，你可以在腦中解謎、在紙上塗鴉、改寫歌詞或創作打油詩，讓平凡的生活變得有趣。
在談話之中創造心流	在談話中設定目標以深入瞭解對方：她在想什麼？現在的心情如何？我是否知道了一些之前不知道有關對方的事？全神貫注在對方與你們的互動。你可以提出的問題如：「之後發生了什麼事？」、「你為什麼會這樣想？」
聰明地休閒	從事可以讓自己動動腦與發揮技能的活動，「更聰明地」度過休閒時間。這些技能最好不同於你在工作中或家裡所使用的技能。
聰明地工作	設法讓必須完成的任務符合自己的技能、熱情與價值觀。

　　一直以來，敬畏的概念被描述為一種混雜狂喜與恐懼的複雜情緒。敬畏的經驗因人而異，而研究人員解釋了兩種主要的認知評估：（1）宏大的感知與（2）在心理上消化經驗的掙扎。[26] 敬畏的經驗可帶來許多正面結果，包含生活滿意度提高、感覺有更多時間可以體驗這個世界、樂於慷慨助人與侵略性降低。

　　這項練習旨在增進你對於敬畏的體會與認識，以及反思自身的敬畏經驗。

挑戰

　　首先，回想你經歷過的高峰經驗（如果有的話），或在什麼時候曾感到無限敬畏或體會深刻的心流。簡而言之，找出自己最接近高峰經驗的一段經歷。

　　這段經歷可以來自生活中的任何一個部分，但時間最好不要太過久遠，以免你想不起細節。思考是什麼促成了這個高峰經

驗、敬畏感或心流狀態（即這個經驗的哪些特徵引發了「高峰」狀態）。這些特徵可能包括：

- 宏大（面對雄偉壯觀的事物）。
- 自覺渺小（感覺自己在龐大的宇宙中微不足道）。
- 內心難以消化眼前的經驗。
- 連結感（感覺與周遭的一切有所連結）。
- 時空感扭曲（感覺時間過得比平常快或慢）。
- 感覺自我達到了完整的和諧，內在衝突消失無蹤。
- 沒有恐懼、困惑或負面的自我對話。
- 出現獨特的生理感受（如打冷顫、目瞪口呆等）。

想想是什麼引發了這個經驗，是什麼阻礙了這個經驗。接著，思考如何消除潛在的障礙以進入這些高峰狀態。

然後，調整自己的狀態，盡可能尋求高峰經驗！完成這項活動（以安全為前提），並持續記錄自己的心得。你做了什麼事？感覺如何？你可以獨自進行這項活動，也可以找同伴一起。如果你需要提示，請見「追求更深刻的存有境界」章節。

成長挑戰 19：練習品味

馬斯洛提出的高原經驗與現代的「品味」（savoring）概念具有一些相同的特性。[27] 現代科學劃分了四大品味類型：享受、沉醉、感恩與讚嘆。在這四種品味類型中，你天生最傾向哪一類？

想想品味的三種時間形式（品味過去，[28] 品味現在，或品味未

來）；你天生最傾向哪一種？

　　選定一種時間形式與品味類型，盡情享受生活的各種經驗。從下表中至少選擇一項策略來增進品味的體會。舉個例子，假設你是個念舊的人、懷有感恩的心，便可以拿出舊相本來好好翻閱童年照片。在此同時，你可以採取「好東西與人分享」的品味策略，找兄弟姐妹或父母一起回味往日時光。

四大品味類型

	內在自我	外在世界
認知反應（思維）	享受（自豪） 接受他人的讚美與祝賀 例如，盡情享受贏得球賽或考試得到高分等的成就感。	感恩（感激） 體會與表達感謝之意 例如，與母親共度一個下午，向她表達你對彼此關係如此美好與親密的感激之情。
經驗吸收（行為）	沉醉（愉悅） 徹底投入感受 例如，好好享受放送的泡泡浴、細細品嘗美味的巧克力，或啜飲一杯上等的紅酒。	讚嘆（敬畏） 沉浸於驚奇的體驗之中 例如，早起欣賞日出，或者在雷雨交加時望向天空，驚嘆大自然的奇妙變化。

顛峰成長挑戰：接納整體的自我

　　現在是時候接納整體的自我了，包括你最不願面對的自我。所謂的接納，有一部分在於對整體的自我負責，而不只是你喜愛或自我感覺良好的那些思想或行為。

挑戰

　　將身體調整到舒服的姿勢並盡量放鬆。全身肌肉放鬆，專心呼吸。深吸一口氣，全神貫注於當下，想像自己小口、小口地吸入空氣，彷彿在吸收周遭正發生的一切，然後緩緩吐氣，彷彿在釋放此刻之前所吸收的一切。

　　呼吸的同時，讓心思專注於你喜愛自己的一或兩個特質。在腦袋裡反覆想著它們，以自己最寶貴的這些資產為傲。

　　等你準備好後，想想你不願面對的自我特質，它們也許是你認為不太理想或希望自己沒有的特質。這麼做可能會讓你感到不安，但沒關係，一樣維持呼吸，讓自己沉浸於這些特質。

　　召喚了這些特質後，請在心中默念下列語句：

- 我對整體的自我負責，包含我的缺點在內。
- 我的弱點是個人成長的肥料。
- 此時此刻，我接納整體的自我。

　　默念這些真言時，接受身體或內心湧現的任何感受或衝動，不要試圖控制或改變它們。

　　在日記中寫下完成練習後的心得；你也可以自行編寫真言，以利更深刻地接納整體的自我。

附注

前言

1. Brooks, D. (2017). When life asks for everything. *The New York Times.* 出自 https://www.nytimes.com/2017/09/19/opinion/when-life-asks-for-everything.html; Brooks, D. (2019). *The second mountain: The quest for a moral life.* NY: Random House.

2. Maslow, A. H. (1966/ 1996). Critique of self-actualization theory. In E. Hoffman (Ed.), *Future visions: The unpublished papers of Abraham Maslow* (pp. 26–32). Thousand Oaks, CA: Sage Publications.

3. Maslow, A. H. (1961). Peak experiences as acute identity experiences. *The American Journal of Psychoanalysis, 21,* 254–262, p. 260.

4. Maslow, A. H. (1998; originally published in 1962). *Toward a psychology of being* (3rd ed.) New York: Wiley, p. 231.

5. Maslow, A. H. (1969). The farther reaches of human nature. *Journal of Transpersonal Psychology, 1*(1), 1–9, p. 1. 馬斯洛於舊金山一神教會的完整演講可見於 YouTube https://www.youtube.com/watch? v= pagvjnTEEvg.

6. Maslow, The farther reaches of human nature, pp. 3–4.

7. Lowry, R. (1979). *The journals of A. H. Maslow—two volumes*

(The A. H. Maslow series). Monterey, CA: Brooks/Cole, p. 1261.

8. Krippner, S. (1972). The plateau experience: A. H. Maslow and others. *Journal of Transpersonal Psychology, 4*(2), 107–120, p. 119.

9. International Study Project, Inc. (1972). *Abraham H. Maslow: A memorial volume.* Monterey, CA: Brooks/Cole, p. 53.

10. Lowry, *The journals of A. H. Maslow*, p. 869.

11. 麥可‧墨菲，私人通信，二〇一八年五月十日。

12. https://www.abrahammaslow.com/audio.html. *The Abraham Maslow audio collection: Volume 2, The farther reaches of human nature, part 8,* 1967.

13. Schneider, K. J. (2018). The chief peril is not a DSM diagnosis but the polarized mind. *Journal of Humanistic Psychology,* doi: 10.1177/0022167818789274; Peters, S. (2018). "The polarized mind" as alternative framework for human suffering. *Mad in America.* 出自 https://www.madinamerica.com/2018/07/polarized-mind-alternative-framework-human-suffering.

14. Kaufman, S. B. (2013). *Ungifted: Intelligence redefined.* New York: Basic Books. Kaufman, S. B. (2018) (Ed.). *Twice exceptional: Supporting and educating bright and creative students with learning difficulties.* New York: Oxford University Press.

15. Kaufman, S. B., Weiss, B., Miller, J. D., & Campbell, W. K. (2018). Clinical correlates of vulnerable and grandiose narcissism: A personality perspective. *Journal of Personality Disorders, 32,*

384.

16. Maslow, *Toward a psychology of being*, p. 66.

17. Maslow, A. H. (1969). *The psychology of science: A reconnaissance.* Washington, DC: Gateway Editions, p. 15.

18. Maslow, *Toward a psychology of being*, p. 85.

19. Fromm, E. (1989). *The art of being.* New York: Bloomsbury Academic.

序言　新的需求階層

1. Maslow, Critique of self-actualization theory, p. 28.

2. 在第一版的《動機與人格》，馬斯洛寫了題為「邁向正向心理學」（Toward a Positive Psychology）的一整個章節，提出自己對這個領域的願景。之後，他在修訂版的附錄中寫道：「在正向心理學的領域中，最切中核心與最合適的主題無疑是心理健康（及審美、價值與生理等方面的健康）的研究。然而，正向心理學也需要更多關於良善、安全、自信、民主人格、快樂、寧靜、平靜、和平、同理心、慷慨、善意、創造、神聖、勇氣、堅強、才華及其他典型的研究。」

3. Maslow, *Toward a psychology of being*, p. 85.

4. Schneider, K. J., Pierson, J. F., & Bugental, J. F. T. (Eds.). (2015). *The handbook of humanistic psychology: Theory, research, and practice* (2nd ed.). Thousand Oaks, CA: Sage Publications, p. xix.

5. van Deurzen, E., et al. (Eds.). (2019). *The Wiley world handbook of existential therapy.* Hoboken, NJ: Wiley-Blackwell; Schneider, K. J., & Krug, O. T. (2017). *Existential-humanistic therapy* (2nd

ed.). London: APA Books.

6. Bland, A. M., & DeRobertis, E. M. (2020). Humanistic perspective. In V. Zeigler-Hill & T. K. Shackelford (Eds.), *Encyclopedia of personality and individual differences*. Cham, Switzerland: Springer. Advance online publication. doi: 10.1007/978-3-319-28099-8_1484-2.

7. Jourard, S. M., & Landsman, T. (1980). *Healthy personality: An approach from the viewpoint of humanistic psychology*. New York: Macmillan; Kaufman, S. B. (2018). Do you have a healthy personality? *Scientific American Blogs*. Retrieved from https://blogs.scientificamerican.com/beautiful-minds/do-you-have-a-healthy-personality.

8. Compton, W. C., & Hoffman, E. L. (2019). *Positive psychology: The science of happiness and flourishing*. New York: Sage Publications; Basic Books; Lopez, S. J., Pedrotti, J. T., & Snyder, C. R. (2018). *Positive psychology: The scientific and practical explorations of human strengths*. New York: Sage Publications; Seligman, M. E. P. (2011). *Flourish: A visionary new understanding of happiness and well-being*. New York: Free Press; Seligman, M. E. P., & Csikszentmihalyi, M. (2000). Positive psychology: An introduction. *American Psychologist, 55*, 5–14. The quote "makes life worth living" is from Seligman & Csikszentmihalyi (2000), p. 5.

9. 值得一提的是，一些人本心理學家與正向心理學家認為正向心理學研究中人類存在的固有矛盾對領域造成了重大限制，呼籲學界提高關注。我贊成這個論點。見：DeRobertis, E. M., & Bland, A. M. (2018). Tapping the humanistic potential of self-

determination theory: Awakening to paradox. *The Humanistic Psychologist, 46*(2), 105–128; Wong, P. T. P. (2010). What is existential positive psychology? *International Journal of Existential Psychology & Psychotherapy, 3*, 1–10; Wong, P. T. P. (2011). Positive psychology 2.0: Towards a balanced interactive model of the good life, *Canadian Psychology, 52*(2), 69–81.

10. Sheldon, K. M., & Kasser, T. (2001). Goals, congruence, and positive well-being: New empirical support for humanistic theories. *Journal of Humanistic Psychology, 41*(1), 30–50.

11. Diener, E., Suh, E. N., Lucas, R. E., & Smith, H. L. (1999). Subjective well-being: Three decades of progress. *Psychological Bulletin, 125*(2), 276–302; Kaufman, S. B. (2017). Which personality traits are most predictive of well-being? *Scientific American Blogs.* 出自 https://blogs.scientificamerican.com/beautiful-minds/which-personality-traits-are-most-predictive-of-well-being; Kern, M. L., Waters, L. E., Adler, A., & White, M. A. (2013). A multidimensional approach to measuring well-being in students: Application of the PERMA framework. *The Journal of Positive Psychology, 10*(3), 262–s71; Ryan & Deci, Self-determination theory and the facilitation of intrinsic motivation, social development, and well-being; Ryff, C. D., & Keyes, C. L. M. (1995). The structure of psychological well-being revisited. *Journal of Personality and Social Psychology, 69*(4), 719–727; Seligman, M. E. P. (2011). *Flourish: A visionary new understanding of happiness and well-being.* New York: Simon & Schuster; Sun, J., Kaufman, S. B., & Smillie, L. D. (2016). Unique associations between Big Five personality aspects and multiple

dimensions of well-being. *Journal of Personality, 86*, 158–172; Yaden, D. B., Haidt, J., Hood, R. W., Vago, D. R., & Newberg, A. B. (2017). The varieties of self-transcendent experience. *Review of General Psychology, 21*(2), 143–160.

12. Bland, A. M., & DeRobertis, E. M. (2017). Maslow's unacknowledged contributions to developmental psychology. *Journal of Humanistic Psychology*, doi: 10.1177/0022167817739732.

13. Maslow, *Toward a psychology of being*, 212–213.

14. Maslow, A. H. (1987). *Motivation and personality* (3rd ed.). New York: HarperCollins, pp. 27–28.

15. Maslow, *Motivation and personality*, p. 37.

16. Maslow, *Motivation and personality*, p. 388.

17. Maslow, *Motivation and personality*, p. 390.

18. Maslow, *Toward a Psychology of Being*, p. 190.

19. Rowan, J. (1999). Ascent and descent in Maslow's theory. *Journal of Humanistic Psychology, 39*(3), 125–133.

20. Bland, A. M., & DeRobertis, E. M. (2017). Maslow's unacknowledged contributions to developmental psychology. *Journal of Humanistic Psychology*, doi: 10.1177/0022167817739732.

21. Bland & DeRobertis, Maslow's unacknowledged contributions to developmental psychology; Bridgman, T., Cummings, S., & Ballard, J. (2019). Who built Maslow's pyramid? A history of the creation of management studies' most famous symbol and its implications for management education. *Academy of Management*

Learning & Education, 18(1), https://doi.org/10.5465/amle.2017.0351; Eaton, S. E. (2012). Maslow's hierarchy of needs: Is the pyramid a hoax? *Learning, Teaching and Leadership.* 出自 https://drsaraheaton.wordpress.com/2012/08/04/maslows-hierarchy-of-needs; Kaufman, S. B. (2019). Who created Maslow's iconic pyramid? *Scientific American Blogs.* 出自 https://blogs.scientificamerican.com/beautiful-minds/who-created-maslows-iconic-pyramid; Rowan, J. (1998). Maslow amended. *Journal of Humanistic Psychology, 38*(1), 81–82.

22. 馬斯洛在布魯克林學院的學生米瑞安・考德雷爾透露，老師確實有在課堂上舉出形似金字塔的圖像來演示需求層次。儘管如此，馬斯洛有可能只是借用既有的金字塔圖示，而非其原創者。馬斯洛的另一位學生阿里・科波洛則表示，老師在私底下通信時曾說，他不喜歡利用金字塔來呈現自己的理論。

23. Bridgman et al., p. 90.

24. Mills, A. J., Simmons, T., & Helms Mills, J. C. (2005). *Reading organization theory: A critical approach to the study of behaviour and structure in organizations* (3rd ed.). Toronto: Garamond Press, p. 133.

25. Bridgman, Cummings, & Ballard, Who built Maslow's pyramid?, p. 94.

26. Sheldon, K. M., Elliot, A. J., Kim, Y., & Kasser, T. (2001). What is satisfying about satisfying events? Testing 10 candidate psychological needs. *Journal of Personality and Social Psychology, 80*(2), 325–339; Oishi, S., Diener, E., Suh, E. M., & Lucas, R. E. (1999). Value as a moderator in subjective well-

being. *Journal of Personality, 67*(1), 157–184; Tay, L., & Diener, E. (2011). Needs and subjective well-being around the world. *Journal of Personality and Social Psychology, 101*(2), 354–365.

27. MacLellan, L. (2019). "Maslow's pyramid" is based on an elitist misreading of the psychologist's work. *Quartz at Work.* 出 自 https://qz.com/work/1588491/maslow-didnt-make-the-pyramid-that-changed-management-history.

28. Lowry, R. J., foreword to Maslow, *Toward a psychology of being*, p. x.

29. 表面上，馬斯洛主張的成長動機概念類似卡蘿・德威克（Carol Dweck）所指的「成長心態」與「定型心態」之間的差別。可以肯定的是，德威克得出許多重大研究發現均顯示，一個人越相信自己的能力可以增長與改善，在各方面——從教育、運動、訓練、事業到人際關係——的成就、成功與表現就越出色。然而，馬斯洛的成長動機概念更為廣泛。德威克的理論講的是個人對自身能力的信念，且經常套用於高成就的情況，而馬斯洛的動機理論關注的不是表現與成就的外在衡量標準，而是個體儘管承受來自環境的壓力或有時處於不同的環境下，仍持續培養成為完整全人的能力。我之前曾表示贊同個人成長心態的概念，因為就我而言，這更符合馬斯洛主張的成長動機。個人成長心態包含從事各種活動的動機，而這些活動必須能幫助個人拓展視野、挑戰對自我與世界的觀點，以及促使個人持續學習、成長與理解全部的自我。許多人從事一項活動也許是出自成長心態，相信自己有改變與成長的能力，但他們強烈渴望這麼做，仍然是因為神經症性防衛機制（neurotic defense）的關係，而且動機並不健全。並不是所有能讓人獲得成長的領域都值得耕耘。例如，學生可能

抱持成長的心態盡力在標準化成就測驗中取得高分，卻未能在藝術、音樂、歷史或數學等領域中充分發揮潛力。當然，在某些情況下，個人成長心態可促成全人的發展，而不只是讓個體相信自己的智力與能力可以改變。見：See: Dweck, C. S. (2007). *Mindset: The new psychology of success*. New York: Ballantine Books; Kaufman, S. B. (2015). Is it time for a personal growth mindset? *Scientific American Blogs*. 出自 https://blogs. scientificamerican.com/beautiful-minds/is-it-time-for-a-personal-growth-mindset.

30. Wright, R. (2018). *Why Buddhism is true: The science and philosophy of meditation and enlightenment*. New York: Simon & Schuster, p. 3.

31. 具體而言，現代人格心理學家觀察發現，人們在某些預料可形成人格層次的方式上互不相同。最上層只有兩個「超越特質」：穩定性與可塑性。人格神經科學家柯林‧德揚將這兩者定義為：

•穩定性：避免目標、詮釋與策略遭到衝動所破壞。
•可塑性：探索與創造新的目標、詮釋與策略。

每個有機體（包括人類）都必須有能力發展穩定性與可塑性，才能靠自己的力量生存與適應環境。穩定性使個體能夠在容易預測的情況下專注在任務上，但這不夠；有機體還必須能夠面對變幻莫測與複雜棘手的環境。完美的預測不可能存在，因此任何充分運作的系統都必須具備穩定性與可塑性。在人工智慧領域，這稱為「可塑性–穩定性窘境」；研究人員正試圖研發像人類一樣的人工系統，不需要持續輸入程式，也能獨力學習與適應環境。根據這些見解，德揚認為神經模控學與人格變化之間具有關聯。他主張，人格變化的

每一個主要來源，歸根究柢都與穩定性或可塑性的追求有關。重點是，穩定性與可塑性彼此相互依存，讓控制系統得以在始終複雜難測的環境中追求目標。在近期發表於《人本心理學期刊》的一篇論文中，我測試並證實了馬斯洛的敘述——自我實現者近似於調校得當而充分運作的控制系統。 見：DeYoung, C. G., & Weisberg, Y. J. (2018). Cybernetic approaches to personality and social behavior. In K. Deaux & M. Snyder (Eds.), *The Oxford handbook of personality and social psychology* (2nd ed.) (pp. 387–413). New York, NY: Oxford University Press; Kaufman, S. B. (2018). Self-actualizing people in the 21st century: Integration with contemporary theory and research on personality and well-being. *Journal of Humanistic Psychology,* https:/doi.org/10.1177/0022167818809187.

32. Kenrick, D. T., Griskevicius, V., Neuberg, S. L., & Schaller, M. (2010). Renovating the pyramid of needs: Contemporary extensions built upon ancient foundations. *Perspectives on Psychological Science, 5*(3), 292–314.

33. Kashdan, T. B., & Silvia, P. J. (2011). Curiosity and interest: The benefits of thriving on novelty and challenge. In S. J. Lopez & C. R. Snyder (Eds.), *The Oxford handbook of positive psychology* (2nd ed.) (pp. 367–74). New York: Oxford University Press.

34. Kenrick, Griskevicius, Neuberg, & Schaller, Renovating the pyramid of needs, 292– 14.

35. 本章部分內容改編自此書前言：Geher, G., & Wedberg, N. (2019). *Positive Evolutionary Psychology: Darwin's Guide to Living a Richer Life.* New York: Oxford University Press.

36. 柯林‧德揚，私人通信，二○一七年十二月二十三日。

37. Buss, D. (2015). *Evolutionary psychology: The new science of the mind* (5th ed.). New York: Psychology Press.

38. Fromm, E. (1955). *The sane society*. New York: Henry Holt, p. 25.

39. Yalom, I. D. (1989). *Love's executioner: & other tales of psychotherapy*. New York: Basic Books.

40. Yalom, I. D. (1980). *Existential psychotherapy*. New York: Basic Books.

41. Rogers, C. R. (1961). *On becoming a person: A therapist's view of psychotherapy*. New York: Houghton Mifflin, p. 186.

42. Rogers, *On becoming a person*, p. 196.

43. Tillich, P. (1952). *The courage to be*. New Haven, CT: Yale University Press.

第一部　安全

1. Walters, J., & Gardner, H. (1992). The crystallizing experience: Discovering an intellectual gift. In R. S. Albert (Ed.), *Genius & Eminence* (2nd ed.). (pp. 135–56). Tarrytown, NY: Pergamon Press.

2. 出自一九六二年寫成的未公開筆記，引述自 Lowry, R. J. (1973). *A. H. Maslow: An intellectual portrait (The A.J. Maslow series)*. Monterey, CA: Brooks/Cole.

3. Sumner, W. G. (1906/ 2017). *Folkways: A study of the sociological importance of usages, manners, customs, mores, and morals*. CreateSpace Independent Publishing Platform, p. 7.

4. Hoffman, E. (1988). *The right to be human: A biography of Abraham Maslow*. Los Angeles: Tarcher.

5. Maslow, A. H., & Honigmann, J. (ca. 1943). *Northern Blackfoot culture and personality*（未出版手稿；Maslow Papers, M443）Archives of the History of American Psychology, Cummings Center for the History of Psychology, University of Akron, Akron, OH.

6. Martin Heavy Head [mheavyhead]. (2017, October 21). 亞伯拉罕・馬斯洛與黑腳族相處了六個星期，他曾說這段經歷讓他敬佩得「五體投地」。他受到了我們的啟發。〔Tweet 貼文〕出自 https://twitter.com/mheavyhead/status/921946655577927680.

7. Hoffman, *The right to be human*, p. 121.

8. Maslow, A. H. (1993/1971). *The farther reaches of human nature*. New York: Penguin Books, p. 218.

9. Blackstock, C. (2011). The emergence of the breath of life theory. J*ournal of Social Work Values and Ethics*, 8(1); Kaufman, S. B. (2019). Honoring the wisdom of indigenous people with Richard Katz. *The Psychology Podcast*. 出自 https://scottbarrykaufman .com/podcast/honoring-the-wisdom-of-indigenous-peoples-with-richard-katz.

10. 然而，有人進一步暗示，馬斯洛的動機理論與金字塔圖示的靈感可能來自第一民族的觀點及原住民的錐形帳篷。雖然我的確認同馬斯洛在這段旅程中深受啟發，而原住民的人生哲學也對他的思想造成不小的影響，但我認為也必須考量許多的其他因素，包括孫末楠對人類需求推動力的描述、科特・戈德斯坦的自我實現研究，以及阿爾弗雷德・阿德勒、

哈利・哈洛與凱倫・荷妮的研究，其他還有我將在本書提到的許多理論。除此之外，在一九四三年的構想中，馬斯洛將自我實現置於需求層次的頂端，而第一民族則認為自我實現是人性的基礎。最重要的是，馬斯洛並未以金字塔來演示需求層次！然而，慎重看待這件事的我曾跟私底下與馬斯洛有交情的心理學家理查・卡茲（Richard Katz）聊過。卡茲在職業生涯中致力研究原住民，他不認為馬斯洛的需求層次完全起源於他拜訪黑腳族的經歷。儘管如此，我們都同意，那次的走訪的確對馬斯洛的人性思考造成了重大影響，而原民的智慧實在值得表揚。事實上，我認為馬斯洛後期關於靈性與超越的著作、以及我自己修訂的需求層次，更符合第一民族的觀點，也就是將自我實現視為「群體實現」與「文化永恆」的基礎。本質上，我相信人類可以創造出妥善整合的人性模式，尊重並肯定所有人的貢獻。見 Blackstock, The emergence of the breath of life theory; Kaufman, Honoring the wisdom of indigenous people with Richard Katz; Michel, K. L. (2014). Maslow's hierarchy connected to Blackfoot beliefs. A Digital Native American. 出自 https://lincolnmichel.wordpress.com/2014/04/19/maslows-hierarchy-connected-to-blackfoot-beliefs.

11. Lowry, A. H. Maslow: *An intellectual portrait*.

12. Taylor, S. (2019). Original influences. *Psychology Today*. 出自 https://www.psychologytoday.com/us/blog/out-the-darkness/201903/original-influences.

13. Maslow, A. H. (1938). *Report to the National Research Council*.

14. Lowry, *A. H. Maslow: An intellectual portrait*, p. 20.

15. Lowry, *A. H. Maslow: An intellectual portrait.*

16. 未公開筆記，洛瑞引述。*A. H. Maslow: An intellectual portrait,* p. 17.

第一章　安全

1. Pinker, S. (2018). *Enlightenment now: The case for reason, science, humanism, and progress.* New York: Viking.

2. Whippman, R. (2017). Where were we while the pyramid was collapsing? At a yoga class. *Society, 54*(6), 527–529.

3. Whippman, Where were we while the pyramid was collapsing? At a yoga class, p. 528.

4. Bland & DeRobertis, Maslow's unacknowledged contributions to developmental psychology; Hoffman, *The right to be human.*

5. George, L., & Park, C. (2016). Meaning in life as comprehension, purpose, and mattering: Toward integration and new research questions. *Review of General Psychology, 20*(3), 205–220; Martela, F., & Steger, M. F. (2016). The three meanings of meaning in life: Distinguishing coherence, purpose, and significance. *The Journal of Positive Psychology, 11*(5), 531–545.

6. Morgan, J., & Farsides, T. (2009). Measuring meaning in life. *Journal of Happiness Studies, 10*(2), 197–214; Morgan, J., & Farsides, T. (2009). Psychometric evaluation of the meaningful life measure. *Journal of Happiness Studies, 10*(3), 351–366.

7. Martela & Steger, The three meanings of meaning in life, p. 539.

8. George, L. S., & Park, C. L. (2013). Are meaning and purpose

distinct? An examination of correlates and predictors. *The Journal of Positive Psychology, 8*(5), 365–375.

9. Hirsh, J. B., Mar, R. A., & Peterson, J. B. (2012). Psychological entropy: A framework for understanding uncertainty-related anxiety. *Psychological Review, 119*(2), 304–320.

10. Clark, A. (2013). Whatever next?: Predictive brains, situated agents, and the future of cognitive science. *Behavioral and Brain Sciences, 36*(3), 181–204.

11. Friston, K. (2009). The free-energy principle: A rough guide to the brain? *Trends in Cognitive Sciences, 13*(7), 293–301; Friston, K. (2010). The free-energy principle: A unified brain theory? *Nature Reviews Neuroscience, 11*, 127–138; Hirsh, Mar, & Peterson, Psychological entropy; Kelso, J. (1995). *Dynamic patterns: The self-organization of brain and behavior.* Cambridge, MA: MIT Press.

12. Kauffman, S. A. (1993). *The origins of order: Self-organization and selection in evolution.* New York: Oxford University Press.

13. McEwen, B. S. (2007). Physiology and neurobiology of stress and adaptation: Central role of the brain. *Physiological Review, 87*(3), 873–904.

14. Bateson, M., & Nettle, D. (2016). The telomere lengthening conundrum—it could be biology. *Aging Cell, 16*(2), 312–319; Fox, N. A., & Shonkoff, J. P. (2011). How persistent fear and anxiety can affect young children's learning, behavior and health. *Early childhood matters*; Nettle, D., et al. (2017). Early-life adversity accelerates cellular ageing and affects adult

inflammation: Experimental evidence from the European starling. *Scientific Reports, 7*, 40794; Storoni, M. (2019). *Stress-proof: The ultimate guide to living a stress-free life.* London: Yellow Kite.

15. Watts, A. W. (1951). *The wisdom of insecurity: A message for an age of anxiety.* New York: Vintage Books, p. 77.

16. Paulos, J. A. (2003). *A mathematician plays the stock market.* New York: Routledge.

17. Hirsh, J. B., & Inzlicht, M. (2008). The devil you know: Neuroticism predicts neural response to uncertainty. *Psychological Science, 19*(10), 962–967.

18. Cuijpers, P., et al. (2010). Economic costs of neuroticism: A population-based study. *Archives of General Psychiatry, 67*(10), 1086–1093; Lahey, B. B. (2009). Public health significance of neuroticism. *American Psychologist, 64*(4), 241–256; Tackett, J. L., et al. (2013). Common genetic influences on negative emotionality and a general psychopathology factor in childhood and adolescence. *Journal of Abnormal Psychology, 122*(4), 1142–1153.

19. Schönbrodt, F. D., & Gerstenberg, F. X. R. (2012). An IRT analysis of motive questionnaires: The unified motive scales. *Journal of Research in Personality, 46*(6), 725–742.

20. Fox & Shonkoff, How persistent fear and anxiety can affect young children's learning, behavior and health.

21. Maslow, *Motivation and personality*, p. 66.

22. Nettle, D. (2017). Does hunger contribute to socioeconomic

gradients in behavior? *Frontiers in Psychology, 8*, https://doi.org/10.3389/fpsyg.2017.00358.

23. Fessler, D. M. (2002). Pseudoparadoxical impulsivity in restrictive anorexia nervosa: A consequence of the logic of scarcity. *International Journal of Eating Disorders, 31*(4), 376–388; Swanson, D. W., & Dinello, F. A. (1970). Severe obesity as a habituation syndrome: Evidence during a starvation study. *Archives of General Psychiatry, 22*(2), 120–127.

24. Swanson & Dinello, Severe obesity as a habituation syndrome, p. 124.

25. Orquin, J. L., & Kurzban, R. (2016). A meta-analysis of blood glucose effects on human decision making. *Psychological Bulletin, 142*(5), 546–567.

26. Nettle, Does hunger contribute to socioeconomic gradients in behavior?; Orquin & Kurzban, A meta-analysis of blood glucose effects on human decision making.

27. Nettle, Does hunger contribute to socioeconomic gradients in behavior?

28. Fessler, Pseudoparadoxical impulsivity in restrictive anorexia nervosa.

29. Bowlby, J. (1982; originally published in 1969). *Attachment and loss: Vol. 1. Attachment* (2nd ed.). New York: Basic Books; Bowlby, J. (1973). *Attachment and loss: Vol. 2. Separation: Anxiety and anger*. New York: Basic Books; Bowlby, J. (1980). *Attachment and loss: Vol. 3. Loss: Sadness and depression*. New York: Basic Books.

30. Fraley, R. C. (2019). Attachment in adulthood: Recent developments, emerging debates, and future directions. *Annual Review of Psychology, 70*, 401–422; Fraley, R. C., & Shaver, P. R. (2008). Attachment theory and its place in contemporary personality research. In O. P. John, R. W. Robins, & L. A. Pervin (Eds.), *Handbook of personality: Theory and research* (3rd ed.) (pp. 518–541). New York: Guilford Press.

31. Ainsworth, M. D. S., Blehar, M. C., Waters, E., & Wall, S. N. (1978). *Patterns of attachment.* Hillsdale, NJ: Erlbaum.

32. Kaufman, S. B. (2017). The latest science of attachment with R. Chris Fraley. *The Psychology Podcast.* 出 自 https://scottbarrykaufman.com/podcast/latest-science-attachment-r-chris-fraley.

33. Bartholomew, K., & Horowitz, L. M. (1991). Attachment styles among young adults: A test of the four-category model. *Journal of Personality and Social Psychology, 61*(2), 226– 244; Hazan, C., & Shaver, P. R. (1987). Romantic love conceptualized as an attachment process. *Journal of Personality and Social Psychology, 52*(3), 511–524.

34. Fraley, R. C., Hudson, N. W., Heffernan, M. E., & Segal, N. (2015). Are adult attachment styles categorical or dimensional? A taxometric analysis of general and relationship- specific attachment orientations. *Journal of Personality and Social Psychology, 109*(2), 354–368; Fraley, R. C., & Spieker, S. J. (2003). Are infant attachment patterns continuously or categorically distributed? A taxometric analysis of strange situation behavior. *Developmental Psychology, 39*(3), 387–404.

35. Edenfield, J. L., Adams, K. S., & Briihl, D. S. (2012). Relationship maintenance strategy use by romantic attachment style. *North American Journal of Psychology, 14*, 149–162; Noftle, E. E., & Shaver, P. R. (2006). Attachment dimensions and the big five personality traits: Associations and comparative ability to predict relationship quality. *Journal of Research in Personality, 40*(2), 179–208; Mikulincer, M., & Shaver, P. R. (2005). Mental representations of attachment security: Theoretical foundation for a positive social psychology. In M. W. Baldwin (Ed.), *Interpersonal cognition* (pp. 233–66). New York: Guilford Press; Shaver, P. R., Mikulincer, M., Gross, J. T., Stern, J. A., & Cassidy, J. (2016). A lifespan perspective on attachment and care for others: Empathy, altruism, and prosocial behavior. In J. Cassidy & P. R. Shaver (Eds.), *Handbook of attachment: Theory, research, and clinical applications* (3rd ed.) (pp. 878–916). New York: Guilford Press; Mikulincer, M., & Shaver, P. R. (2016). *Attachment in adulthood: Structure, dynamics, and change* (2nd ed.). New York: Guilford Press; Mikulincer, M., Shaver, P. R., Gillath, O., & Nitzberg, R. A. (2005). Attachment, caregiving, and altruism: Boosting attachment security increases compassion and helping. *Journal of Personality and Social Psychology, 89*(5), 817–839.

36. Mikulincer & Shaver, *Attachment in adulthood*.

37. Gouin, J-P., et al. (2009). Attachment avoidance predicts inflammatory responses to marital conflict. *Brain, Behavior, and Immunity, 23*(7), 898–904; Pietromonaco, P. R., & Beck, L. A. (2019). Adult attachment and physical health. *Current Opinion*

in Psychology, 25, 115–120; Plotsky, P. M., et al. (2005). Long-term consequences of neonatal rearing on central corticotropin-releasing factor systems in adult male rat offspring, *Neuropsycho-pharmacology, 30*(12), 2192–2204; Robles, T. F., Brooks, K. P., Kane, H. S., & Schetter, C. D. (2013). Attachment, skin deep? Relationships between adult attachment and skin barrier recovery. *International Journal of Psychophysiology, 88*(3), 241–252.

38. Collins, N. L. (1996). Working models of attachment: Implications for explanation, emotion, and behavior. *Journal of Personality and Social Psychology, 71*(4), 810–832.

39. Vicary, A. M., & Fraley, R. C. (2007). Choose your own adventure: Attachment dynamics in a simulated relationship. *Personality and Social Psychology Bulletin, 33*(9), 1279–1291.

40. Wiebe, S. A., & Johnson, S. M. (2017). Creating relationships that foster resilience in Emotionally Focused Therapy. *Current Opinion in Psychology, 13*, 65–69.

41. Simpson, J. A., & Rholes, W. S. (2017). Adult attachment, stress, and romantic relationships. *Current Opinion in Psychology, 13*, 19–24.

42. Simpson & Rholes, Adult attachment, stress, and romantic relationships.

43. Simpson & Rholes, Adult attachment, stress, and romantic relationships.

44. Groh, A. M., et al. (2014). The significance of attachment security for children's social competence with peers: A meta-analytic study. *Attachment & Human Development, 16*(2), 103–136;

Pinquart, M., Feussner, C., & Ahnert, L. (2013). Meta-analytic evidence for stability in attachments from infancy to early adulthood. *Attachment & Human Development, 15*(2), 189–218.

45. Carnelley, K. B., Otway, L. J., & Rowe, A. C. (2015). The effects of attachment priming on depressed and anxious mood. *Clinical Psychological Science, 4*(3), 433–450.

46. Bakermans-Kranenburg, M. J., van IJzendoon, M. H., & Juffer, F. (2003). Less is more: Meta-analyses of sensitivity and attachment interventions in early childhood. *Psychological Bulletin, 129*(2), 195–215; Bakermans-Kranenburg, M. J., Van IJzendoorn, M. H., & Juffer, F. (2005). Disorganized infant attachment and preventive interventions: A review and meta-analysis. *Infant Mental Health Journal, 26*(3), 191–216; Bernard, K., et al. (2012). Enhancing attachment organization among maltreated children: Results of a randomized clinical trial. *Child Development, 83*(2), 623–636; van den Boom, D. C. (1994). The influence of temperament and mothering on attachment and exploration: An experimental manipulation of sensitive responsiveness among lower-class mothers with irritable infants. *Child Development, 65*(5), 1457–1477.

47. Belsky, J., & Pluess, M. (2013). Beyond risk, resilience, and dysregulation: Phenotypic plasticity and human development. *Development and Psychopathology, 25*(4, part 2), 1243–1261.

48. 在三〇年代私下拜師阿德勒之後，馬斯洛於一九五七年寫了一篇未發表的簡短論文〈兒童的限制、控制與安全需求〉（Limits, Controls, and the Safety Need in Children）。馬斯洛在當中指出，幼兒需要外在的控制，甚至會「輕蔑與厭惡

無能的父母」。他認為幼兒會尋求嚴格的限制,以避免在獨自一人時感到科特‧戈德斯坦(發明「自我實現」一詞的德裔美國精神病學家)所謂的「毀滅性焦慮」。In Hoffman, *Future visions*, pp. 45–46.

49. Maslow, Limits, controls, and the safety need in children. In Hoffman, *Future visions*, p. 46.

50. Fraley, R. C., & Roisman, G. I. (2015). Do early caregiving experiences leave an enduring or transient mark on developmental adaptation? *Current Opinion in Psychology, 1*, 101–106; Simpson, J. A., Collins, W. A., Farrell, A. K., & Raby, K. L. (2015). Attachment and relationships across time: An organizational-developmental perspective. In V. Zayas & C. Hazan (Eds.), *Bases of Adult Attachment* (pp. 61–78). New York: Springer.

51. Kaufman, The latest science of attachment with R. Chris Fraley.

52. Plomin, R. (2018). *Blueprint: How DNA makes us who we are.* Cambridge, MA: MIT Press.

53. Bowlby, J. (1944). Forty- our juvenile thieves: Their characters and home life. *The International Journal of Psychoanalysis, 25*, 19–53.

54. Finkelhor, D., Ormrod, R., Turner, H., & Hamby, S. L. (2005). The victimization of children and youth: A comprehensive, national survey. *Child Maltreatment, 10*(1), 5–25; Fox & Shonkoff, How persistent fear and anxiety can affect young children's learning, behavior and health.

55. Belsky, J., Steinberg, L., Houts, R. M., Halpern-Felsher, B. L., & NICH Early Child Care Research Network. (2010). The

development of reproductive strategy in females: Early maternal harshness → earlier menarche → increased sexual risk taking. *Developmental Psychology, 46*(1), 120–128; Hartman, S., Li, Z., Nettle, D., & Belsky, J. (2017). External-environmental and internal-health early predictors of adolescent development. *Development and Psychopathology, 29*(5), 1839–1849; Nettle, N., Frankenhuis, W. E., & Rickard, I. J. (2013). The evolution of predictive adaptive responses in human life history. *Proceedings of the Royal Society B*, 280, 1766.

56. Takesian, A. E., & Hensch, T. K. (2013). Balancing plasticity/ stability across brain development. *Progress in Brain Research, 207*, 3–34.

57. Teicher, M. H., & Samson, J. A. (2016). Annual research review: Enduring neurobiological effects of childhood abuse and neglect. *Journal of Child Psychology and Psychiatry, 57*(3), 241–266; Teicher, M. H., Samson, J. A., Anderson, C. M., & Ohashi, K. (2016). The effects of childhood maltreatment on brain structure, function and connectivity. *Nature Reviews Neuroscience, 17*(10), 652–656.

58. Teicher, Samson, Anderson, & Ohashi, The effects of childhood maltreatment on brain structure, function and connectivity.

59. Teicher, Samson, Anderson, & Ohashi, The effects of childhood maltreatment on brain structure, function and connectivity.

60. Jonason, P. K., Icho, A., & Ireland, K. (2016). Resources, harshness, and unpredictability: The socioeconomic conditions associated with the dark triad traits. *Evolutionary Psychology*, p.

8.

61. Tiecher, M. H., & Samson, J. A. (2013). Childhood maltreatment and psychopathology: A case for ecophenotypic variants as clinically and neurobiologically distinct subtypes. *American Journal of Psychiatry, 170*(10), 1114–1133; Teicher, Samson, Anderson, & Ohashi, The effects of childhood maltreatment on brain structure, function and connectivity.

62. Fox & Shonkoff, How persistent fear and anxiety can affect young children's learning, behavior and health.

63. Fox & Shonkoff, How persistent fear and anxiety can affect young children's learning, behavior and health.

64. Carew, M. B., & Rudy, J. W. (1991). Multiple functions of context during conditioning: A developmental analysis. *Developmental Psychobiology, 24*(3), 191–209; Kim, J. H., & Richardson, R. (2008). The effect of temporary amygdala inactivation on extinction and reextinction of fear in the developing rat: Unlearning as a potential mechanism for extinction early in development. *Journal of Neuroscience, 28*(6), 1282–1290; Maier, S. F., & Seligman, M. E. (2016). Learned helplessness at fifty: Insights from neuroscience. *Psychological Review, 123*(4), 349–367; Teicher, Samson, Anderson, & Ohashi, The effects of childhood maltreatment on brain structure, function and connectivity; Thompson, J. V., Sullivan, R. M., & Wilson, D. A. (2008). Developmental emergence of fear learning corresponds with changes in amygdala synaptic plasticity. *Brain Research, 1200*, 58–65.

65. Maier, S. F., & Seligman, M. E. (1976). Learned helplessness: Theory and evidence. *Journal of Experimental Psychology: General, 105*(1), 3–46.

66. Maier & Seligman, Learned helplessness at fifty.

67. Bolland, J. M. (2003). Hopelessness and risk behaviour among adolescents living in high- poverty inner-city neighborhoods. *Journal of Adolescence, 26*(2), 145–58; Brezina, T., Tekin, E., & Topalli, V. (2009). "Might not be a tomorrow": A multimethods approach to anticipated early death and youth crime. *Criminology, 47*(4), 1091–1129; Haushofer, J., & Fehr, E. (2014). On the psychology of poverty. *Science, 344*(6186), 862–867.

68. Infurna, F. J., Gerstorf, D., Ram, N., Schupp, J., & Wagner, G. G. (2011). Long-term antecedents and outcomes of perceived control. *Psychology and Aging, 26*(3), 559–575.

69. Pepper, G. V., & Nettle, D. (2014). Out of control mortality matters: The effect of perceived uncontrollable mortality risk on a health-related decision. *PeerJ, 2,* e459.

70. Nettle, D., Pepper, G. V., Jobling, R., & Schroeder, K. B. (2014). Being there: A brief visit to a neighbourhood induces the social attitudes of that neighbourhood. *PeerJ, 2,* e236.

71. Nettle, Pepper, Jobling, & Schroeder, Being there: A brief visit to a neighbourhood induces the social attitudes of that neighbourhood.

72. 想瞭解犯罪與懲罰的文化演進，就必須考量群體內的社會態度與信任度。研究顯示，有多個同時存在、相互強化的機制可解釋，社會厭惡的行為──如對伴侶不忠──如何變得普

及。在合作程度低落與懲罰從寬為常態的文化裡，不合作的策略其實更有助於個人適應環境，尤其是在極度貧窮與艱困的情況下。見：Cialdini, R. B., Reno, R. R., & Kallgren, C. A. (1990). A focus theory of normative conduct: Recycling the concept of norms to reduce littering in public places. *Journal of Personality and Social Psychology, 58*(6), 1015–1126; Traxler, C., & Winter, J. (2012). Survey evidence on conditional norm enforcement. *European Journal of Political Economy, 28*(3), 390–398; Wilson, D. S., & Csikszentmihalyi, M. (2007). Health and the ecology of altruism. In S. G. Post (Ed.), *Altruism and health: Perspectives from empirical research.* New York: Oxford University Press, pp. 314–331.

73. Costello, E. J., Compton, S. N., Keeler, G., & Angold, A. (2003). Relationships between poverty and psychopathology: A natural experiment. *JAMA, 290*(15), 2023–2029.

74. Costello, Relationships between poverty and psychopathology, p. 2028.

75. Maslow, *Motivation and personality*.

76. Ellis, B. J., Bianchi, J., Griskevicius, V., & Frankenhuis, W. E. (2017). Beyond risk and protective factors: An adaptation- ased approach to resilience. *Perspectives on Psychological Science, 12*(4), 561–587, https://doi.org/10.1177/1745691617693054.

77. Sternberg, R. J. (1997). *Successful intelligence: How practical and creative intelligence determine success in life.* New York: Plume; Sternberg, R. J. (2014). The development of adaptive competence: Why cultural psychology is necessary and not just

nice. *Developmental Review, 34*(3), 208–224.

78. Sternberg, The development of adaptive competence, p. 209.

79. Ellis, Bianchi, Griskevicius, & Frankenhuis, Beyond risk and protective factors, p. 561.

80. Ellis, Bianchi, Griskevicius, & Frankenhuis, Beyond risk and protective factors.

81. Kraus, M. W., Piff, P. K., Mendoza- enton, R., Rheinschmidt, M. L., & Keltner, D. (2012). Social class, solipsism, and contextualism: How the rich are different from the poor. *Psychological Review, 119*(3), 546–572.

82. Mayer, J. D., Salovey, P., & Caruso, D. R. (2002). *Manual for the MSCEIT (Mayer-Salovey-Caruso Emotional Intelligence Test)*. Toronto: Multi-health Systems.

83. Kaufman, S. B. (2014). The creative gifts of ADHD. *Scientific American Blogs*. 出自 https://blogs.scientificamerican.com/beautiful-minds/the-creative-gifts-of-adhd.

84. Hatt, B. (2007). Street smarts vs. book smarts: The figured world of smartness in the lives of marginalized, urban youth. *The Urban Review, 39*(2), 145–166.

85. Nakkula, M. (2013). A crooked path to success. *Phi Delta Kappan, 94*(6), 60–63, https://doi.org/10.1177/003172171309400615.

86. Fielding, M. (2001). Students as radical agents of change. *Journal of Educational Change, 2*(2), 123–141; Toshalis, E., & Nakkula, M. J. (2012). *Motivation, engagement, and student voice: The*

students at the center series. Boston: Jobs for the Future.

87. van Gelder, J-L., Hershfield, H. E., & Nordgren, L. F. (2013). Vividness of the future self predicts delinquency. *Psychological Science, 24*(6), 974–980.

88. Cohen, G. L., Garcia, J., Apfel, N., & Master, A. (2006). Reducing the racial achievement gap: A social- sychological intervention. *Science, 313*(5791), 1307–1310; Cohen, G. L., Garcia, J., Purdie-Vaughns, V., Apfel, N., & Brzustoski, P. (2009). Recursive processes in self-affirmation: Intervening to close the minority achievement gap. *Science, 324*(5925), 400–403.

89. Oyserman, D., Bybee, D., & Terry, K. (2006). Possible selves and academic outcomes: How and when possible selves impel action. *Journal of Personality and Social Psychology, 91*(1), 188–204; Oyserman, D., Terry, K., & Bybee, D. (2002). A possible selves intervention to enhance school involvement. *Journal of Adolescence, 25*, 313–326.

90. Grant, A. (2018). What straight-A students get wrong. *The New York Times*. 出自 https://www.nytimes.com/2018/12/08/opinion/college-gpa-career-success.html.

91. Seale, C. (2018). Today's disruptors can be tomorrow's innovators. *thinkLaw*. 出自 https://www.thinklaw.us/todays-disruptors-tomorrows-innovators; Kaufman, S. B., (2019). Closing the critical thinking gap. *The Psychology Podcast*. 出自 https://scottbarrykaufman.com/podcast/closing-the-critical-thinking-gap-with-colin-seale.

第二章　連結

1. Hoffman, *The right to be human*, p. 50.

2. Hoffman, *The right to be human*, p. 49.

3. Hoffman, *The right to be human*, p. 51.

4. Covin, R. (2011). *The need to be liked*. Self-published; Leary, M. R., & Guadagno, J. (2011). The sociometer, self-esteem, and the regulation of interpersonal behavior. In K. D. Vohs & R. F. Baumeister (Eds.), *Handbook of self-regulation: Research, theory, and applications* (pp. 339–354). New York: Guilford Press.

5. Baumeister, R. F., & Leary, M. R. (1995). The need to belong: Desire for interpersonal attachments as a fundamental human motivation. *Psychological Bulletin, 117*(3), 497–529.

6. Leary, M. R., Koch, E. J., & Hechenbleikner, N. R. (2001). Emotional responses to interpersonal rejection. In M. R. Leary (Ed.), *Interpersonal rejection* (pp. 145–166). New York: Oxford University Press.

7. Cacioppo, J. T., & Patrick, W. (2009). *Loneliness: Human nature and the need for social connection*. New York: W. W. Norton.

8. Cacioppo, J. T., et al. (2002). Do lonely days invade the nights? Potential social modulation of sleep efficiency. *Psychological Science, 13*(4), 384–387; Kurina, L. M., et al. (2011). Loneliness is associated with sleep fragmentation in a communal society. *Sleep, 34*(11), 1519–1526; Luo, Y., Hawkley, L. C., Waite, L. J., & Cacioppo, J. T. (2012). Loneliness, health, and mortality in old age: A national longitudinal study. *Social Science & Medicine,*

74(6), 907–914; Quora contributor. (2017). Loneliness might be a bigger health risk than smoking or obesity. *Forbes*. 出自 https://www.forbes.com/sites/quora/2017/01/18/loneliness-might-be-a-bigger-health-risk-than-smoking-or-obesity/amp.

9. Scelfo, J. (2015). Suicide on campus and the pressure of perfection. *The New York Times*. 出自 https://www.nytimes.com/2015/08/02/education/edlife/stress-social-nedia-and-suicide-on-campus.html; Firger, J. (2016). Suicide rate has increased 24 percent since 1999 in the U.S., says CDC. *Newsweek*. 出自 http://www.news week.com/us-suicide-rates-cdc-increase-24-percent-cdc-1999-2014-451606; Routledge, C. (2018). Suicides have increased. Is there an existential crisis? *The New York Times*. 出自 https://www.nytimes.com/2018/06/23/opinion/sunday/suicide-rate-existential-crisis.html.

10. Sherif, M., Harvey, O. J., White, B. J., Hood, W. R., & Sherif, C. W. (1961). *The Robbers Cave Experiment: Intergroup conflict and cooperation*. Norman, OK: Institute of Group Relations, the University of Oklahoma.

11. McCauley, C. R., & Segal, M. E. (1987). Social psychology of terrorist groups. In C. Hendrick (Ed.), *Group processes and intergroup relations: Review of personality and social psychology, 9*, 231–256. Thousand Oaks, CA: Sage Publications.

12. Rabbie, J. M., & Horwitz, M. (1969). Arousal of ingroup-outgroup bias by a chance win or loss. *Journal of Personality and Social Psychology, 13*(3), 269–277.

13. Yang, X., & Dunham, Y. (2019). Minimal but meaningful:

Probing the limits of randomly assigned social identities. *Journal of Experimental Child Psychology, 185,* 19–34; Kaufman, S. B. (2019). In-group favoritism is difficult to change, even when the social groups are meaningless. *Scientific American Blogs.* 出 自 https://blogs.scientificamerican.com/beautiful-minds/in-group-fa voritism-is-difficult-to-change-even-when-the-social-groups-are-meaningless.

14. Leary, M. R., Kelly, K. M., Cottrell, C. A., & Schreindorfer, L. S. (2013). Construct validity of the need to belong scale: Mapping the nomological network. *Journal of Personality Assessment, 95*(6), 610–624.

15. Leary, Kelly, Cottrell, & Schreindorfer, Construct validity of the need to belong scale.

16. Mellor, D., Stokes, M., Firth, L., Hayashi, Y., & Cummins, R. (2008). Need for belonging, relationship satisfaction, loneliness, and life satisfaction. *Personality and Individual Differences, 45*(3), 213–218.

17. Schöonbrodt , F. D., & Gerstenberg, F. X. R. (2012). An IRT analysis of motive questionnaires: The Unified Motive Scales. *Journal of Research in Personality, 46,* 725–742.

18. Dutton, J., & Heaphy, E. D. (2003). The power of high-quality connections. In K. S. Cameron, J. E. Dutton, & R. E. Quinn (Eds.), *Positive organizational scholarship* (pp. 263– 279). San Francisco: Berrett-Koehler Publishers, p. 264.

19. Dutton & Heaphy, The power of high- uality connections. In Cameron, Dutton, & Quinn, *Positive organizational scholarship,*

p. 265.

20. Rogers, C. R. (1951). *Client- entered therapy: Its current practice, implications, and theory*. Boston: Houghton-Mifflin.

21. Sandelands, L. E. (2003). *Thinking about social life*. Lanham, MD: University Press of America, p. 250.

22. Dutton & Heaphy, The power of high-quality connections. In Cameron, Dutton, & Quinn, *Positive organizational scholarship*, p. 267.

23. Dutton & Heaphy, The power of high-quality connections. In Cameron, Dutton, & Quinn, *Positive organizational scholarship*, p. 266.

24. Cummings, L. L., & Bromiley, P. (1996). The Organizational Trust Inventory (OTI): Development and validation. In R. M. Kramer & T. R. Tyler (Eds.), *Trust in organization: Frontiers of theory and research* (pp. 302–30). Thousand Oaks, CA: Sage Publications; Diener, E., Oishi, S., & Lucas, R. E. (2003). Personality, culture, and subjective well-being: Emotional and cognitive evaluations of life. *Annual Review of Psychology, 54,* 403–425.

25. Algoe, S. B. (2019). Positive interpersonal processes. *Current Directions in Psychological Science*, *28*(2), 183–188, doi: 10.1177/0963721419827272; Pawelski, S. P., & Pawleski, J. O. (2018). *Happy together: Using the science of positive psychology to build love that lasts*. New York: TarcherPerigee.

26. Diener, E., & Seligman, M. E. P. (2002). Very happy people. *Psychological Science, 13*(1), 81–84.

27. Compton, W. C., & Hoffman, E. (2019). *Positive psychology: The science of happiness and flourishing* (3rd ed.). Thousand Oaks, CA: Sage Publications.

28. Fredrickson, B.L. (2013). *Love 2.0: Finding happiness and health in moments of connection.* New York: Plume.

29. Hasson, U., Ghazanfar, A. A., Galantucci, B., Garrod, S., Keysers, C. (2012). Brain-to-brain coupling: A mechanism for creating and sharing a social world. *Trends in Cognitive Science, 16*(2), 114–121; Stephens, G. J., Silbert, L. J., & Hasson, U. (2010). Speaker-listener neural coupling underlies successful communication. *PNAS, 107*(32), 14425– 4430; Zaki, J. (2019). *The war for kindness: Building empathy in a fractured world.* New York: Crown.

30. Fredrickson, *Love 2.0*, p. 8.

31. Depue, R. A., & Morrone- trupinsky, J. V. (2005). A neurobehavioral model of affiliative bonding: Implications for conceptualizing a human trait of affiliation. *Behavioral and Brain Sciences, 28*(3), 313–350.

32. Panksepp, J., Siviy, S. M., & Normansell, L. A. (1985). Brain opioids and social emotions. In M. Reite & T. Field (Eds.), *The psychobiology of attachment and separation* (pp. 3–49). New York: Academic Press.

33. Panksepp, Brain opioids and social emotions, pp. 3-49.

34. Bartz, J. A., Zaki, J., Bolger, N., & Ochsner, K. N. (2011). Social effects of oxytocin in humans: Context and person matter. *Trends in Cognitive Sciences, 15*(7), 301–09; Donaldson, Z. R., & Young,

L. J. (2008). Oxytocin, vasopressin, and the neurogenetics of sociality. *Science, 322*(5903), 900–904.

35. Guastella, A. J., & MacLeod, C. (2012). A critical review of the influence of oxytocin nasal spray on social cognition in humans: Evidence and future directions. *Hormones and Behavior, 61*(3), 410–418; Kosfeld, M., Heinrichs, M., Zak, P. J., Fischbacher, U., & Fehr, E. (2005). Oxytocin increases trust in humans. *Nature, 435,* 673–676.

36. 施打催產素等干預措施可對行為造成多大程度的影響，仍是一個懸而未解的研究問題。事實上，近期一項隨機採樣、安慰劑對照並採受試者間設計的雙盲研究發現，催產素與垂體後葉荷爾蒙（vasopressin）對許多社交結果並無明顯作用。見：Tabak, B.A., et al. (2019). Null results of oxytocin and vasopressin administration across a range of social cognitive and behavioral paradigms: Evidence from a randomized cotrolled trial. *Psychoneuroendrocrinology, 107,* 124–132.

37. Debiec, J. (2005). Peptides of love and fear: Vasopressin and oxytocin modulate the integration of information in the amygdala. *BioEssays, 27*(9), 869–873; Kirsch, P., et al. (2005). Oxytocin modulates neural circuitry for social cognition and fear in humans. *Journal of Neuroscience, 25*(49), 11489–93.

38. Bartz, Zaki, Bolger, & Ochsner, Social effects of oxytocin in humans; Kemp, A. H., & Guastella, A. J. (2011). The role of oxytocin in human affect: A novel hypothesis. *Current Directions in Psychological Science, 20*(4), 222–231.

39. De Dreu, C. K., & Kret, M. E. (2016). Oxytocin conditions

intergroup relations through upregulated in-group empathy, cooperation, conformity, and defense. *Biological Psychiatry, 79*(3), 165–173.

40. Declerck, C. H., Boone, C., & Kiyonari, T. (2010). Oxytocin and cooperation under conditions of uncertainty: The modulating role of incentives and social information. *Hormones and Behavior, 57*(3), 368–374; De Dreue, C. K., et al. (2010). The neuropeptide oxytocin regulates parochial altruism in intergroup conflict among humans. *Science, 328*(5984), 1408–1411; Mikolajczak, M., Pinon, N., Lane, A., de Timary, P., & Luminet, O. (2010). Oxytocin not only increases trust when money is at stake, but also when confidential information is in the balance. *Biological Psychology, 85*(1), 182–184; Stallen, M., De Dreu, C. K., Shalvi, S., Smidts, A., & Sanfey, A. G. (2012). The herding hormone: Oxytocin stimulates in-group conformity. *Psychological Science, 23*(11), 1288–1292.

41. Stallen, De Dreue, Shalvi, Smidts, & Sanfey, The herding hormone.

42. De Dreu & Kret, Oxytocin conditions intergroup relations through upregulated in-group empathy, cooperation, conformity, and defense; Stallen, De Dreu, Shalvi, Smidts, & Sanfey, The herding hormone.

43. Kok, B. E., & Fredrickson, B. L. (2011). Upward spirals of the heart: Autonomic flexibility, as indexed by vagal tone, reciprocally and prospectively predicts positive emotions and social connectedness. *Biological Psychology, 85*(3), 432–436.

44. Knowledge Networks and Insight Policy Research. (2010). *Loneliness among older adults: A national survey of adults 45+.* 出自 https://assets.aarp.org/rgcenter/general/loneliness_ 2010. pdf; Wood, J. (2018). Loneliness epidemic growing into biggest threat to public health. *PsychCentral.* 出自 https://psychcentral. com/news/2017/08/06/loneliness-epidemic-growing-into-biggest-threat-to-public-health/124226.html.

45. Cacioppo & Patrick, *Loneliness*, p. 5.

46. Wood, Loneliness epidemic growing into biggest threat to public health.

47. Hawkley, L. C., & Cacioppo, J. T. (2010). Loneliness matters: A theoretical and empirical review of consequences and mechanisms. *Annals of Behavioral Medicine, 40*(2), 218–227.

48. Valtorta, N. K., Kanaan, M., Gilbody, S., Ronzi, S., & Hanratty, B. (2016). Loneliness and social isolation as risk factors for coronary heart disease and stroke: Systematic review and meta-analysis of longitudinal observational studies. *Heart, 102*(13), 1009–1016; Storrs, C. (2016). People who are alone and lonely are at greater risk of heart disease. *CNN.* 出自 http://www.cnn.com/2016/04/20/ health/can-loneliness-lead-to-heart-disease/index.html.

49. Luo, Hawkley, Waite, & Cacioppo, Loneliness, health, and mortality in old age.

50. Holt-Lunstad, J., Smith, T. B., Baker, M., Harris, T., & Stephenson, D. (2015). Loneliness and social isolation as risk factors for mortality: A meta-analytic review. *Perspectives on Psychological Science, 10*(2), 227–237; Worland, J. (2015). Why

loneliness may be the next big public-health issue. *Time.* 出自 http://time.com/3747784/loneliness-mortality.

51. Holt-Lunstad, J., Smith, T. B., & Layton, J. B. (2010). Social relationships and mortality risk: A meta-analytic review. *PLOS Medicine,* 7(7): e1000316, https://doi.org/10.1371/ journal. pmed.1000316.

52. Braudy, L, (1997). *The frenzy of renown: Fame and its history.* New York: Vintage Books.

53. Roberts, John Cacioppo, who studied effects of loneliness, is dead at 66.

54. Levine, N. (2016). Stephen Fry reveals he attempted suicide after interviewing a homophobic Uganda politician. *NME.* 出自 http:// www.nme.com/news/tv/stephen-fry-reveals-he-attempted-suicide-after-int-884674.

55. Fry, S. (2013). Only the lonely. *Stephen Fry.* 出自 http://www. stephenfry.com/2013/06/only-the-lonely.

56. Emma Seppälä, personal communication, July 1, 2016.

57. Emma Seppälä, personal communication, July 1, 2016.

58. Biswas-Diener, R., & Diener, E. (2006). The subjective well-being of the homeless, and lessons for happiness. *Social Indicators Research,* 76(2), 185–205.

59. Brown, K. W., & Kasser, T. (2005). Are psychological and ecological well-being compatible? The role of values, mindfulness, and lifestyle. *Social Indicators Research,* 74(2), 349–368; Jacob, J. C., & Brinkerhoff, M. B. (1999). Mindfulness

and subjective well-being in the sustainability movement: A further elaboration of multiple discrepancies theory. *Social Indicators Research, 46*(3), 341–368.

60. Kasser, T., Ryan, R. M., Couchman, C. E., & Sheldon, K. M. (2004). Materialistic values: Their causes and consequences. In T. Kasser & A. D. Kanner (Eds.), *Psychology and consumer culture: The struggle for a good life in a materialistic world* (pp. 11–28). Washington, DC: American Psychological Association.

61. Hanniball, K. B., Aknin, L. B., & Wiwad, D. (2018). Spending money well. In D. S. Dunn (Ed.), *Positive psychology: Established and emerging issues* (pp. 61–79). New York: Routledge.

62. Kahneman, D., Krueger, A. B., Schkade, D., Schwarz, N., & Stone, A. A. (2006). Would you be happier if you were richer? A focusing illusion. *Science, 312*(5782), 1908–1910.

63. Piff, P. K., Kraus, M. W., Côté, S., Cheng, B. H., & Keltner, D. (2010). Having less, giving more: The influence of social class on prosocial behavior. *Journal of Personality and Social Psychology, 99*(5), 771–784.

64. Hanniball, Aknin, & Wiwad, Spending money well. In Dunn, *Positive psychology*; Piff, Kraus, Côté, Cheng, & Keltner, Having less, giving more.

65. Niemiec, C. P., Ryan, R. M., & Deci, E. L. (2009). The path taken: Consequences of attaining intrinsic and extrinsic aspirations in post-college life. *Journal of Research in Personality, 73*(3), 291–306.

66. Quoidbach, J., Dunn, E. W., Petrides, K. V., & Mikolajczak, M.

(2010). Money giveth, money taketh away: The dual effect of wealth on happiness. *Psychological Science, 21*(6), 759–763.

67. Hanniball, Aknin, & Wiwad, Spending money well. In Dunn, *Positive psychology.*

68. Whillans, A. V., Dunn, E. W., Smeets, P., Bekkers, R., & Norton, M. I. (2017). Buying time promotes happiness. *PNAS, 114*(32), 8523–8527.

69. Van Boven, L., & Gilovich, T. (2003). To do or to have? That is the question. *Journal of Personality and Social Psychology, 85*(6), 1193–1202.

70. Mogilner, C. (2010). The pursuit of happiness: Time, money, and social connection. *Psychological Science, 21*(9), 1348–1354.

71. Powdthavee, N. (2010). *The happiness equation: The surprising economics of our most valuable asset.* London: Icon Books.

72. Boyce, C. J., & Wood, A. M. (2011). Personality and marginal unity of income: Personality interacts with increases in household income to determine life satisfaction. *Journal of Economic Behavior & Organization, 78*(1–), 183–191.

73. Park, A. (2019). I'm a disabled teenager, and social media is my lifeline. *The New York Times.*　出　自 https://www.nytimes.com/2019/06/05/learning/im-a-disabled-teenager-and-social-media-is-my-lifeline.html.

74. Utz, S., Jonas, K. J., & Tonkens, E. (2012). Effects of passion for massively multiplayer online role- laying games on interpersonal relationships. *Journal of Media Psychology: Theories, Methods,*

and Applications, 24(2), 77–86.

75. Szalavitz, M. (2013). More satisfaction, less divorce for people who meet spouses online. *Time.* 出自 http://healthland.time.com/2013/06/03/more-satisfaction-less-divorce-for-people-who-meet-spouses-online.

76. Kross, E., et al. (2013). Facebook use predicts declines in subjective well-being in young adults. *PLOS One, 8*(8): e69841, https://doi.org/10.1371/journal.pone.0069841.

77. 艾瑪・賽佩拉，私人通信，二〇一六年七月一日。

78. Buettner, D. (2017). *The blue zones solution: Eating and living like the world's healthiest people.* Washington, DC: National Geographic; Buettner, D. (2012). The island where people forget to die. *The New York Times.* 出自 http://www.nytimes.com/2012/10/28/magazine/the-island-where-people-forget-to-die.html.

79. Buettner, The island where people forget to die.

80. 艾瑪・賽佩拉，私人通信，二〇一六年七月一日。

81. Lavigne, G. L., Vallerand, R. J., & Crevier-Braud, L. (2011). The fundamental need to belong: On the distinction between growth and deficit-reduction orientations. *Personality and Social Psychology Bulletin, 37*(9), 1185–1201.

第三章　自尊

1. Hoffman, *The right to be human.*

2. 引述自 Hoffman, *The right to be human*, p. 61.

3. Maslow, A. H. (1942). Self-esteem (dominance-feeling) and sexuality in women. *The Journal of Social Psychology, 16,* 259–294, p. 282.

4. Friedan, B. (1963). *The feminine mystique.* New York: W. W. Norton.

5. Hoffman, *The right to be human.*

6. Hoffman, *The right to be human.*

7. Hoffman, *The right to be human.*

8. Hoffman, *The right to be human.*

9. Maslow, A. H. (1937). Dominance-feeling, behavior, and status. *Psychological Review, 44*(5), 404–429.

10. Maslow, Dominance-feeling, behavior, and status.

11. Maslow, *Motivation and personality,* p. 13.

12. Baumeister, R. F., Campbell, J. D., Krueger, J. I., Vohs, K. D. (2003). Does high self-esteem cause better performance, interpersonal success, happiness, or healthier lifestyles? *Psychological Science in the Public Interest, 4*(1), 1–44; Diener, E., & Diener, M. (1995). Cross-cultural correlates of life satisfaction and self-esteem. *Journal of Personality and Social Psychology, 68*(4), 653–663; Orth, U., Robins, R. W., Trzesniewski, K. H., Maes, J., & Schmitt, M. (2009). Low self-esteem is a risk factor for depressive symptoms from young adulthood to old age. *Journal of Abnormal Psychology, 118*(3), 472–478.

13. Brooks, D. (2017). When life asks for everything. *The New York Times*. 出自 https://www.nytimes.com/2017/09/19/opinion/when-life-asks-for-everything.html.

14. Crocker, J., & Park, L. E. (2004). The costly pursuit of self-esteem. *Psychological Bulletin, 130*(3), 392–14.

15. Ryan, R. M., & Brown, K. W. (2003). Why we don't need self-esteem: On fundamental needs, contingent love, and mindfulness. *Psychological Inquiry*, *14*(1), 71–76.

16. Greenberg, J., Pyszczynski, T., & Solomon, S. (1986). The causes and consequences of a need for self-esteem: A terror management theory. In R.F . Baumeister (Ed.), *Public Self and Private Self*. Berlin: Springer-Verlag.

17. Tafarodi, R. W., & Swann, W. B., Jr. (1995). Self-liking and self-competence as dimensions of global self-esteem: Initial validation of a measure. *Journal of Personality Assessment, 65*(2), 322–342; Tafarodi, R. W., & Swann, W. B., Jr. (2001). Two-dimensional self-esteem: Theory and measurement. *Personality and Individual Differences, 31*(5), 653–673.

18. 改編自 Tafarodi & Swann, Two-dimensional self-esteem.

19. 馬斯洛在一九六一年二月十三日的私人日記中表示：「本質與應該表現的樣子之間的落差，等於抑鬱、沮喪、絕望。因此，個體必須熱愛理想中的自我，同時也接納目前（已實現）的自我，才能越來越享受自己當下的存在，同時追求更高層次的存在。個體必須感覺自己有價值。」

20. Maslow, *Motivation and personality*.

21. Leary & Guadagno, The sociometer, self-esteem, and the regulation of interpersonal behavior. In Vohs & Baumeister, *Handbook of self-regulation.*

22. Leary, M. R., Jongman-Sereno, K. P., & Diebels, K. J. (2016). The pursuit of status: A self-presentational perspective on the quest for social value. In J. T. Cheng, J. L. Tracy, & C. Anderson (Eds.), *The Psychology of Social Status* (pp. 159–78). New York: Springer.

23. Leary & Guadagno, The sociometer, self-esteem, and the regulation of interpersonal behavior. In Vohs & Baumeister, *Handbook of self-regulation.*

24. Tafarodi & Swann, Two-dimensional self-esteem, p. 656.

25. Damon, W., & Hart, D. (1988). *Self-understanding in childhood and adolescence.* New York: Cambridge University Press; Rosenberg, M. (1986). Self-concept from middle childhood through adolescence. In J. Suls & A. G. Greenwald (Eds.), *Psychological perspectives on the self* (Vol. 3, pp. 107–135). Hillsdale, NJ: Lawrence Erlbaum Associates.

26. Tafarodi & Swann, Two-dimensional self-esteem; Bandura, A. (1977). Self-efficacy: Toward a unifying theory of behavioral change. *Psychological Review, 84*(2), 191–215.

27. Tafarodi & Swann, Two-dimensional self-esteem, p. 655.

28. 儘管阿爾伯特・班杜拉（Albert Bandura）主張自我效能與自尊並不相同，但人格研究顯示，這兩者在總體上幾乎沒有分別。見 Bandura, A. (1990). Conclusion: Reflections on nonability determinants of competence. In R. J. Sternberg & J. Kolligian Jr.

(Eds.), *Competence considered* (pp. 315–62). New Haven, CT: Yale University Press; Bernard, L. C., Hutchison, S., Lavin, A., & Pennington, P. (1996). Ego-strength, hardiness, self-esteem, self- efficacy, optimism, and maladjustment: Health-related personality constructs and the "Big Five" model of personality. *Assessment, 3*(2), 115–131; Stanley, K. D., Murphy, M. R. (1997). A comparison of general self-efficacy with self-esteem. *Genetic, Social, and General Psychology Monographs, 123*(1), 79–99.

29. Tafarodi, R. W. (1998). Paradoxical self-esteem and selectivity in the processing of social information. *Journal of Personality and Social Psychology, 74*(5), 1181–1196.

30. Orth, U., Robins, R. W., Meier, L. L., & Conger, R. D. (2016). Refining the vulnerability model of low self-esteem and depression: Disentangling the effects of genuine self-esteem and narcissism. *Journal of Personality and Social Psychology, 110*(1), 133–149; Kaufamn, S. B. (2018). Why do people mistake narcissism for high self-esteem? *Scientific American Blogs.* 出 自 https://blogs.scientificamerican.com/beautiful-minds/why-do-people-mistake-narcissism-for-high-self-esteem; Kaufman, S. B. (2017). Narcissism and self-esteem are very different. *Scientific American Blogs.* 出 自 https://blogs.scientificamerican.com/beautiful-minds/narcissism-and-self-esteem-are-very-different.

31. Harter, S. (2015). *The construction of the self: Developmental and sociocultural foundations* (2nd ed.). New York: Guilford Press.

32. Harter, *The construction of the self.*

33. Brummelman, E., et al. (2015). Origins of narcissism in children. *PNAS*, *112*(12), 3659–3662; Brummelman, E., Thomaes, S., Nelemans, S. A., de Castro, B. O., & Bushman, B. J. (2015). My child is God's gift to humanity: Development and validation of the Parental Overvaluation Scale (POS). *Journal of Personality and Social Psychology*, *108*(4), 665–679.

34. Gabbard, G. O. (1989). Two subtypes of narcissistic personality disorder. *Bulletin of the Menninger Clinic*, *53*(6), 527–532; Kaufman, S. B., Weiss, B., Miller, J. D., & Campbell, W. K. (2018). Clinical correlates of vulnerable and grandiose narcissism: A personality perspective. *Journal of Personality Disorders, 32*, 384; Kohut, H. (1966). Forms and transformations of narcissism. *Journal of the American Psychoanalytic Association*, *14*(2), 243–272; Kernberg, O. (1986). Narcissistic personality disorder. In A. A. Cooper, A. J. Frances, & M. H. Sachs (Eds.), *The personality disorders and neuroses* (Vol. 1, pp. 219–231). New York: Basic Books; Wink, P. (1991). Two faces of narcissism. *Journal of Personality and Social Psychology, 61*(4), 590–597.

35. Kernberg, Narcissistic personality disorder. In Cooper, Frances, & Sachs, *The personality disorders and neuroses*.

36. Kohut, Forms and transformations of narcissism.

37. 一九六五年十二月五日,海因茲・科胡特在紐約市向美國心理分析學會(American Psychoanalytic Association)表示,「雖然理論上說自戀傾向⋯⋯本身既不是一種病症、也不會惹人厭,通常不會引起爭議,但大家傾向從負面角度看待它,是可以理解的事」。科胡特試圖從理性角度探究這種對自我的全心投入,並瞭解是否有可能控制所有人都存在的自戀傾向,

他接著指出：

在許多情況下，相較於病患被迫配合捨棄自戀而培養客觀的愛，自戀結構的重塑及其與人格的融合——適度強化將自戀轉變成有益成長的幽默、創意、同理心和智慧的理想與成就——應該被視為更真實且有效的治療結果。

根據當時盛行的「客體關係」理論，客觀的愛意指試圖與他人建立親近的關係，類似阿德特所謂的社會利益概念。參見：Kohut, Forms and transformations of narcissism.

38. Kohut, Forms and transformations of narcissism.

39. 案例改編自 Russ, E., Shedler, J., Bradley, R., & Westen, D. (2008). Refining the construct of narcissistic personality disorder: Diagnostic criteria and subtypes. *The American Journal of Psychiatry, 165*(11), 1473–1481.

40. Arkin, R. M., Oleson, K. C., & Carroll, P. J. (2009). *Handbook of the uncertain self.* New York: Psychology Press.

41. Baumeister, R. F., Tice, D. M., & Hutton, D. G. (1989). Self-presentational motivations and personality differences in self-esteem. *Journal of Personality, 57*(3), 547–579, https://doi.org/10.1111/j.1467-1494.1989.tb02384.x.

42. 改編自下列量表：Glover, N., Miller, J. D., Lynam, D. R., Crego, C., & Widiger, T. A. (2012). The Five-Factor Narcissism Inventory: A five-factor measure of narcissistic personality traits. *Journal of Personality Assessment, 94*, 500–512; Pincus, A. L., Ansell, E. B., Pimenel, C. A., Cain, N. M., Wright, A. G. C., and Levy, K. N. (2009). Initial construction and validation of the Pathological Narcissism Inventory. *Psychological Assessment, 21*, 365-379.

43. Leary & Guadagno, The sociometer, self-esteem, and the regulation of interpersonal behavior. In Vohs & Baumeister, *Handbook of self-regulation.*

44. Finzi-Dottan, R., & Karu, T. (2006). From emotional abuse in childhood to psychopathology in adulthood: A path mediated by immature defense mechanisms and self-esteem. *The Journal of Nervous and Mental Disease, 194*(8), 616–621; Riggs, S. A. (2010). Childhood emotional abuse and the attachment system across the life cycle: What theory and research tell us. *Journal of Aggression, Maltreatment & Trauma, 19*, 5–51.

45. Crowell, S. E., Beauchaine, T. P., & Linehan, M. M. (2009). A biosocial developmental model of borderline personality: Elaborating and extending Linehan's theory. *Psychological Bulletin, 135*, 495–510; Kaufman, S. B. (2019). There is no nature-nurture war. *Scientific American Blogs.* 出 自 https:// blogs.scientificamerican.com/beautiful-minds/there-is-no-nature-nurture-war.

46. Crowell, S. E., Beauchaine, T. P., & Linehan, M. M. (2009). A biosocial developmental model of borderline personality: Elaborating and extending Linehan's theory. *Psychological Bulletin, 135*, 495- 10; Kaufman, S. B. (2019). There is no nature-nurture war. *Scientific American Blogs.* 出 自 https:// blogs.scientificamerican.com/beautiful-minds/there-is-no-nature-nurture-war.

47. Finzi-Dottan & Karu, From emotional abuse in childhood to psychopathology in adulthood.

48. Kaufman, Weiss, Miller, & Campbell, Clinical correlates of vulnerable and grandiose narcissism; Kaufman, S. B. (2018). Are narcissists more likely to experience impostor syndrome? *Scientific American Blogs.* 出自 https://blogs.scientificamerican .com/beautiful-minds/are-narcissists-more-likel-to-experience-impostor-syndrome.

49. 不出所料，脆弱型自戀雖然與邊緣性人格障礙量表不完全相同，但是具有緊密關聯。邊緣性人格障礙患者也會感到「自我意識薄弱」。一名病患表示，「我活著只是為了回應別人，我沒有自我。我的存在是別人賦予的」。心理分析師奧托・肯恩伯格觀察許多邊緣性人格障礙患者及脆弱型自戀者發現，他們的自我就像果凍般可以被塑造成任何一種形式，但如果你試圖抓住它，它就會從你的手中溜走。參見：Miller, J. D., et al. (2010). Grandiose and vulnerable narcissism: A nomological network analysis. *Journal of Personality, 79*(5), 1013–1042; Flury, J. M., & Ickes, W. (2005). Having a weak versus strong sense of self: The sense of self scale (SOSS). *Self and Identity*, *6*(4), 281–303; Kernberg, O. F. (1975). Transference and countertransference in the treatment of borderline patients. *Journal of the National Association of Private Psychiatric Hospitals, 7*(2), 14–24; Laing, R. D. (1965). *The divided self: An existential study in sanity and madness*. Oxford, UK: Penguin Books.

50. Cowman, S. E., & Ferrari, J. R. (2002). "Am I for real?" Predicting impostor tendencies from self-handicapping and affective components. *Social Behavior and Personality: An International Journal, 30*(2), 119– 25; Leary, M. R., Patton, K. M., Orlando, A. E., & Funk, W. W. (2001). The impostor phenomenon:

Self-perceptions, reflected appraisals, and interpersonal strategies. *Journal of Personality, 68*(4), 725– 56; McElwee, R. O., & Yurak, T. J. (2007). Feeling versus acting like an impostor: Real feelings of fraudulence or self- presentation? *Individual Differences Research, 5*(3), 201–220.

51. Smith, M. M., et al. (2016). Perfectionism and narcissism: A meta-analytic review. *Journal of Research in Personality, 64,* 90– 01.

52. Beck, A. T., Davis, D. D., & Freeman, A. (2015) (Eds.). *Cognitive therapy of personality disorders* (3rd ed.). New York: Guilford Press; Gillihan, S. J. (2018). *Cognitive behavioral therapy made simple: 10 strategies for managing anxiety, depression, anger, panic, and worry.* Emeryville, CA: Althea Press; Gillihan, S. J. (2016). *Retrain your brain: Cognitive behavioral therapy in 7 weeks: A workbook for managing depression and anxiety.* Emeryville, CA: Althea Press; Hayes, S. C. (2019). *A liberated mind: How to pivot toward what matters.* New York: Avery; Hayes, S. C. (2005). *Get out of your mind and into your life: The new acceptance & commitment therapy.* Oakland, CA: New Harbinger Publications; Hayes, S. C., Strosahl, K. D., & Wilson, K. G. (2016). *Acceptance and commitment therapy: The process and practice of mindful change* (2nd ed.). New York: Guilford Press; Linehan, M. M. (2014). *DBT skills training manual.* New York: Guilford Press; Linehan, M. M. (2014). *DBT skills training handouts and worksheets* (2nd ed.). New York: Guilford Press; McKay, M., Wood, J. C., & Brantley, J. (2007). *The dialectical behavioral therapy skills workbook: Practical DBT exercises*

for learning mindfulness, interpersonal effectiveness, emotion regulation & distress tolerance. Oakland, CA: New Harbinger Publications.

53. Gillihan, S. J. (2016). *Retrain your brain: Cognitive behavioral therapy in 7 weeks: A workbook for managing depression and anxiety.* Emeryville, CA: Althea Press.

54. Kaufman, S. B. (2017). Get out of your mind and live a vital life with Steven Hayes. *The Psychology Podcast.* 出 自 http://scottbarrykaufman.com/podcast/get-mind-live-vital-life-steven-hayes.

55. Kaufman, Weiss, Miller, & Campbell, Clinical correlates of vulnerable and grandiose narcissism.

56. Maslow, The Jonah Complex: Understanding our fear of growth. In Hoffman, *Future visions* (pp. 47–51), p. 48.

57. Maslow, The Jonah Complex: Understanding our fear of growth. In Hoffman, *Future visions*, p. 50.

58. Brown, B. (2017). *Braving the wilderness: The quest for true belonging and the courage to stand alone.* New York: Random House, p. 158.

59. 案 例 改 編 自 Russ, Shedler, Bradley, & Westen, Refining the construct of narcissistic personality disorder.

60. 以下敘述改編自 Glover, N., Miller, J. D., Lynam, D. R., Crego, C., & Widiger, T. A. (2012). The Five- actor Narcissism Inventory: A five- actor measure of narcissistic personality traits. *Journal of Personality Assessment, 94*, 500–512.

61. Gebauer, J. E., Sedikides, C., Verplanken, B., & Maio, G. R. (2012). Communal narcissism. *Journal of Personality and Social Psychology, 103*(5), 854–878.

62. Kaufman, Weiss, Miller, & Campbell, Clinical correlates of vulnerable and grandiose narcissism.

63. Beck, A. T., Davis, D. D., & Freeman, A. (2004). *Cognitive therapy of personality disorders* (3rd ed.). New York: Guilford Press; Ronningstam, E. (2010). Narcissistic personality disorder: A current review. *Current Psychiatry Reports, 12*, 68–75; Ronningstam, E. (2011). Narcissistic personality disorder: A clinical perspective. *Journal of Personality and Social Psychology, 17*, 89– 9; Smith et al., Perfectionism and narcissism.

64. Smith et al., Perfectionism and narcissism.

65. Beck, Davis, & Freeman, *Cognitive therapy of personality disorders*; Flett, G. L., Sherry, S. B., Hewitt, P. L., & Nepon, T. (2014). Understanding the narcissistic perfectionists among us. In A. Besser (Ed.), *Handbook of the psychology of narcissism: Diverse perspectives* (pp. 43–66). New York: Nova Science Publishers; Smith et al., Perfectionism and narcissism.

66. Smith et al., Perfectionism and narcissism.

67. Herman, T. (2019). *The alter ego effect: The power of secret identities to transform your life*. New York: HarperBusiness.

68. Baumeister, R. F., & Vohs, K. D. (2001). Narcissism as addiction to esteem. *Psychological Inquiry, 12*(4), 206–210.

69. Jauk, E., & Kaufman, S. B. (2018). The higher the score, the

darker the core: The nonlinear association between grandiose and vulnerable narcissism. *Frontiers in Psychology, 9,* https://doi.org/10.3389/fpsyg.2018.01305; Jauk, E., Weigle, E., Lehmann, K., Benedek, M., & Neubauer, A. C. (2017). The relationship between grandiose and vulnerable (hypersensitive) narcissism. *Frontiers in Psychology, 8.*

70. Gore, W. L., & Widiger, T. A. (2016). Fluctuation between grandiose and vulnerable narcissism. *Personality Disorders: Theory, Research, and Treatment, 7*(4), 363–371; Pincus, A. L., Cain, N. M., & Wright, A. G. (2014). Narcissistic grandiosity and narcissistic vulnerability in psychotherapy. *Personality Disorders: Theory, Research, and Treatment, 5*(4), 439–443; Hyatt, C. S., et al. (2016). Ratings of affective and interpersonal tendencies differ for grandiose and vulnerable narcissism: A replication and extension of Gore and Widiger (2016). *Journal of Personality, 86*(3), 422–434; Pincus, A. L., & Lukowitsky, M. R. (2010). Pathological narcissism and narcissistic personality disorder. *Annual Review of Clinical Psychology, 6,* 421–446; Wright, A. G., & Edershile, E. A. (2018). Issues resolved and unresolved in pathological narcissism. *Current Opinion in Psychology, 21,* 74–79.

71. 儘管你越瞭解自戀狂，就會發現他們根本不吸引人。參見：Kaufman, S. B. (2015). Why do narcissists lose popularity over time? *Scientific American Blogs.* 出自 https://blogs.scientificamerican.com/beautiful-minds/why-do-narcissists-lose-popularity-over-time.

72. Baumeister & Vohs, Narcissism as addiction to esteem, p. 209.

73. Keltner, D. (2016). *The power paradox: How we gain and lose influence*. New York: Penguin Books.

74. de Zavala, A. G., Cichocka, A., Eidelson, R., & Jayawickreme, N. (2009). Collective narcissism and its social consequences. *Journal of Personality and Social Psychology, 97*(6), 1074–1096.

75. Cichocka, A. (2016). Understanding defensive and secure in-group positivity: The role of collective narcissism. *European Review of Social Psychology, 27*(1), 283–317.

76. de Zavala, A. G. (2019). Collective narcissism and in-group satisfaction are associated with different emotional profiles and psychological well-being. *Frontiers in Psychology, 10*, 203.

77. de Zavala, Collective narcissism and in-group satisfaction are associated with different emotional profiles and psychological well-being.

78. Tracy, J. (2016). *Take pride: Why the deadliest sin holds the secret to human success*. New York: Houghton Mifflin Harcourt.

79. Cheng, J. T., Tracy, J. L., Foulsham, T., Kingstone, A., & Henrich, J. (2013). Two ways to the top: Evidence that dominance and prestige are distinct yet viable avenues to social rank and influence. *Journal of Personality and Social Psychology, 104*, 103–125.

80. 見 Appendix to Kaufman, Self-actualizing people in the 21st century.

81. Keltner, *The power paradox*.

第二部　成長

1.　Hoffman, *The right to be human*.

2.　Hoffman, *The right to be human*, p. 87.

3.　Maslow, *The farther reaches of human nature*, p. 40.

4.　Maslow, *The farther reaches of human nature*, p. 41.

5.　Maslow, A. H., & Mittelmann, B. (1941). *Principles of abnormal psychology*. New York: Harper & Brothers.

6.　Maslow and Mittelmann, *Principles of abnormal psychology*, p. 11.

7.　Maslow and Mittelmann, *Principles of abnormal psychology*, p. 11.

8.　Maslow and Mittelmann, *Principles of abnormal psychology*, p. 44.

9.　Hoffman, E. (1992). Overcoming evil: An interview with Abraham Maslow, founder of humanistic psychology. *Psychology Today*. 出自 https://www.psychologyto day.com/articles/199201/abraham-maslow.

10. 除了科特・戈德斯坦之外，帶給他深刻啟發的人士還有（這份名單稱不上詳盡）：就讀紐約市立學院時，他從孫末楠的文化民俗研究學到了文化對於人性需求的重大影響，以及文化如何左右我們透過哪一種方式來滿足需求；露絲・潘乃德的著作讓他瞭解到文化體制如何影響社會的整體性質；走訪黑腳族部落的期間，他領悟到「我們骨子裡都是一樣的」，此外也認識了群體、感恩與回饋後代的重要性；從凱倫・荷妮的心理分析研究中，他意識到人們有必要克服對自我實現的

恐懼；與哈利・哈洛合作研究的過程中，他發現猴子具有情感需求；他從阿爾弗雷德・阿德勒的理論中學到了權力與社會興趣的需求；格斯塔派心理學家的主張讓他明白，完整勝於部分的總和；從麥克斯・威特海默的演講中，他瞭解「無動機的行為」在心理學上的價值，例如樂趣、審美與其他令人著迷、與匱乏需求無關的經驗。參見：Blackstock, The emergence of the breath of life theory; Kaufman, Honoring the wisdom of indigenous people with Richard Katz; Hoffman, *The right to be human.*

11. 出自此書前言：Goldstein, K.（二〇〇年版；一九三四年首版。）*The organism.* New York: Zone Book, p. 7.

12. Maslow, *Motivation and personality*, p. 46.

13. Hoffman, *The right to be human.*

14. 他在這份（從未發表的）草稿中寫道：「〔但是〕我們能夠越來越認清的真相是，人類擁有無限可能性，只要妥善運用，便能讓生命變得像是美妙的天堂。潛在而言，他是宇宙中最令人敬畏、最具創造力也最獨樹一格的現象。古往今來，哲學家一直試圖探尋真實、良善與美好，並宣揚其力量。現在我們知道，最有可能找到它們的地方，就是自己。」參見：Hoffman, *The right to be human*, p. 165.

15. Lowry, *A. H. Maslow: An intellectual portrait.*

16. Lowry, *A. H. Maslow: An intellectual portrait*, p. 81.

17. Hoffman, Overcoming evil.

18. Lowry, *A. H. Maslow: An intellectual portrait*, p. 91.

19. 參見：Lowry, *A. H. Maslow: An intellectual portrait.*

20. 之後，馬斯洛從班上選出貌似已達成自我實現的學生，調查他們在情緒安全感測中的得分。接著他與他們展開面談並進行羅夏克（Rorschach）墨漬測驗——在當時被視為精神病理學的黃金測定標準。然而，他很快就遇到許多問題。第一，根據他所採用的測試，沒有任何一個大學生符合自我實現的表準。另外馬斯洛也注意到，他在篩選學生時帶有偏見，不知不覺中傾向選擇具有吸引力的女學生，而且人數遠多於男性學生。儘管如此，富有探索精神的他在研究這條路上「仍然勇往直前」。

第四章　探索

1. Kashdan, T. B., & Silvia, P. J. (2011). Curiosity and interest: The benefits of thriving on novelty and challenge. In S. J. Lopez & R. Snyder (Eds.), *The Oxford Handbook of Positive Psychology* (pp. 367–374).

2. Maslow, *Toward a psychology of being*.

3. Maslow, *Toward a psychology of being*, p. 67.

4. Maslow, *Toward a psychology of being*.

5. Let Grow: Future-proofing our kids and our country. 出自 https://letgrow.org.

6. Kashdan, T. B., et al. (2018). The five-dimensional curiosity scale: Capturing the bandwidth of curiosity and identifying four unique subgroups of curious people. *Journal of Research in Personality, 73*, 130–49.

7. Maslow, *Toward a psychology of being*, p. 76.

8. DeYoung, C. G. (2013). The neuromodulator of exploration: A unifying theory of the role of dopamine in personality. *Frontiers in Human Neuroscience, 7*; Peterson, J. B. (1999). *Maps of meaning: The architecture of belief*. New York: Routledge; Schwartenbeck, P., FitzGerald, T., Dolan, R. J., & Friston, K. (2013). Exploration, novelty, surprise, and free energy minimization. *Frontiers in Psychology, 4*, 710.

9. DeYoung, The neuromodulator of exploration.

10. DeYoung, The neuromodulator of exploration.

11. DeYoung, The neuromodulator of exploration.

12. Lavigne, Vallerand, & Crevier-Braud, The fundamental need to belong.

13. Hartung, F-M., & Renner, B. (2013). Social curiosity and gossip: Related but different drives of social functioning. *PLOS One, 8*(7): e69996; Kashdan et al., The five-dimensional curiosity scale; Litman, J. A., & Pezzo, M. V. (2007). Dimensionality of interpersonal curiosity. *Personality and Individual Differences, 43*(6), 1448–1459.

14. Kashdan et al., The five-dimensional curiosity scale.

15. Litman & Pezzo, Dimensionality of interpersonal curiosity.

16. Hartung, F-M, & Renner, B. (2011). Social curiosity and interpersonal perception: A judge × trait interaction. *Personality and Social Psychology Bulletin, 37*(6), 796–814.

17. Hartung & Renner, Social curiosity and interpersonal perception; Vogt, D. W., & Colvin, C. R. (2003). Interpersonal orientation and

the accuracy of personality judgments. *Journal of Personality, 71*(2), 267–295.

18. Vogt & Colvin, Interpersonal orientation and the accuracy of personality judgments.

19. Hartung & Renner, Social curiosity and gossip.

20. Baumeister, R. F., Zhang, L., & Vohs, K. D. (2004). Gossip as cultural learning. *Review of General Psychology, 8*(2), 111–121.

21. Baumeister, R. F. (2005). *The cultural animal: Human nature, meaning, and social life*. New York: Oxford University Press; Baumeister, R. F., Maranges, H. M., & Vohs, K. D. (2018). Human self as information agent: Functioning in a social environment based on shared meanings. *Review of General Psychology, 22*(1), 36–47; Baumeister, Zhang, & Vohs, Gossip as cultural learning.

22. Hirsh, J. B., DeYoung, C. G., & Peterson, J. B. (2009). Metatraits and the Big Five differentially predict engagement and restraint of behavior. *Journal of Personality, 77*(4), 1–17.

23. Renner, B. (2006). Curiosity about people: The development of a social curiosity measure in adults. *Journal of Personality Assessment, 87*(3), 305–16.

24. 60 Minutes (2011, December 27). The ascent of Alex Honnold. 出 自 https://www.cbsnews.com/ news/the-ascent-of-alex-honnold-27-12-2011/.

25. Synnott, M. (2015). Legendary climber Alex Honnold shares his closest call. *National Geographic*. 出 自 https://www. nationalgeographic.com/adventure/adventure-blog/2015/12/30/

ropeless-climber-alex-honnolds-closest-call.

26. Synnott, Legendary climber Alex Honnold shares his closest call.

27. Chen, C., Burton, M., Greenberger, E., & Dmitrieva, J. (1999). Population migration and the variation of dopamine D4 receptor (DRD4) allele frequencies around the globe. *Evolution and Human Behavior, 20*(5), 309–324.

28. Synnott, Legendary climber Alex Honnold shares his closest call.

29. wwwAAASorg. (2018, April 5). *Alex Honnold's amygdala: Analyzing a thrill-seeker's brain* [Video file]. 出自 https://www.youtube.com/watch?v=ib7SS49Kk-o.

30. Zuckerman, M. (2009). Sensation seeking. In M. R. Leary & R. H. Hoyle (Eds.). *Handbook of individual differences in social behavior* (pp. 455–465). New York/ London: Guilford Press.

31. Bjork, J. M., Knutson, B., & Hommer, D. W. (2008). Incentive-elicited striatal activation in adolescent children of alcoholics. *Addiction, 103*(8), 1308–1319.

32. Kashdan et al., The five-dimensional curiosity scale.

33. Maples-Keller, J. L., Berke, D. S., Few, L. R., & Miller, J. D. (2016). A review of sensation seeking and its empirical correlates: Dark, bright, and neutral hues. In V. Zeigler- Hill & D. K. Marcus (Eds.), *The dark side of personality: Science and practice in social, personality, and clinical psychology* (Chapter 7). Washington, DC: American Psychological Association.

34. Breivik, G. (1996). Personality, sensation seeking, and risk-taking among Everest climbers. *International Journal of Sport*

Psychology, 27(3), 308–320; Zuckerman, M. (1994). *Behavioral expressions and biosocial bases of sensation seeking.* New York: Cambridge University Press; Goma-i-Freixanet, M. (1995). Prosocial and antisocial aspects of personality. *Personality and Individual Differences, 19*(2), 125–34; Maples-Keller, Berke, Few, & Miller, A review of sensation seeking and its empirical correlates. In Zeigler- ill & Marcus, *The dark side of personality*; Okamoto, K., & Takaki, E. (1992). Structure of creativity measurements and their correlates with sensation seeking and need for uniqueness. *Japanese Journal of Experimental Social Psychology, 31*(3), 203–10; Rawlings, D., & Leow, S. H. (2008). Investigating the role of psychoticism and sensation seeking in predicting emotional reactions to music. *Psychology of Music, 36*(3), 269–287; Wymer, W., Self, D. R., & Findley, C. (2008). Sensation seekers and civic participation: Exploring the influence of sensation seeking and gender on intention to lead and volunteer. *International Journal of Nonprofit and Voluntary Sector Marketing, 13*(4), 287–300.

35. Jonas, K., & Kochansaka, G. (2018). An imbalance of approach and effortful control predicts externalizing problems: Support for extending the dual-systems model into early childhood. *Journal of Abnormal Child Psychology, 46*(8), 1573–1583.

36. Ravert, R. D., et al. (2013). The association between sensation seeking and well-being among college-attending emerging adults. *Journal of College Student Development, 54*(1), 17–28.

37. McKay, S., Skues, J. L., & Williams, B. J. (2018). With risk may come reward: Sensation seeking supports resilience through

effective coping. *Personality and Individual Differences, 121,* 100–105.

38. Carroll, L. (2013). Problem-focused coping. In M. D. Gellman & J. R. Turner (Eds.), *Encyclopedia of Behavioral Medicine* (pp. 1540–1541). New York: Springer Science+ Business, pp. 1540–41.

39. Bonanno, G. A. (2004). Loss, trauma, and human resilience: Have we underestimated the human capacity to thrive after extremely adversive events? *American Psychologist, 59*(1), 20–28.

40. Kessler, R. C., Sonnega, A., Bromet, E., Hughes, M., & Nelson, C. B. (1995). Posttraumatic stress disorder in the National Co-morbidity Survey. *Archives of General Psychiatry, 52*(12), 1048–60.

41. Sears, S. R., Stanton, A. L., & Danoff-Burg, S. (2003). The Yellow Brick Road and the Emerald City: Benefit finding, positive reappraisal coping and posttraumatic growth in women with early-stage breast cancer. *Health Psychology, 22*(5), 487–497; Tedeschi, R. G., & Calhoun, L. G. (1996). The Posttraumatic Growth Inventory: Measuring the positive legacy of trauma. *Journal of Traumatic Stress, 9*(3), 455–472; Tedeschi, R. G., & Calhoun, L. G. (2009). Posttraumatic growth: Conceptual foundations and empirical evidence. *Psychological Inquiry, 15*(1), 1–18.

42. Calhoun, L. G., & Tedeschi, R. G. (2001). Posttraumatic growth: The positive lesson of loss. In R. A. Neimeyer (Ed.), *Meaning reconstruction & the experience of loss* (pp. 157–172). Washington, DC: American Psychological Association.

43. Mangelsdorf, J., Eid, M., & Luhmann, M. (2019). Does growth require suffering? A systematic review and meta-analysis on genuine posttraumatic and postecastic growth. *Psychological Bulletin, 145*(3), 302–338.

44. Dabrowski, K. (2016; originally published in 1964). *Positive disintegration*. Anna Maria, FL: Maurice Bassett.

45. Yalom, I. D., & Lieberman, M. A. (2016). Bereavement and heightened existential awareness. *Interpersonal and Biological Processes, 54*(4), 334–45.

46. Viorst, J. (1986). *Necessary losses: The loves, illusions, dependencies and impossible expectations that all of us have to give up in order to grow*. London: Simon & Schuster, p. 295.

47. Dabrowski, K. (2016; originally published in 1964). *Positive disintegration*. Anna Maria, FL: Maurice Bassett.

48. DeYoung, C. G. (2014). Openness/ intellect: A dimension of personality reflecting cognitive exploration. In M. L. Cooper and R. J. Larsen (Eds.), *APA handbook of personality and social psychology: Personality processes and individual differences* (Vol. 4, pp. 369–99). Washington, DC: American Psychological Association; Fayn, K., Silvia, P. J., Dejonckheere, E., Verdonck, S., & Kuppens, P. (2019). Confused or curious? Openness/intellect predicts more positive interest-confusion relations. *Journal of Personality and Social Psychology*, doi: 10.1037/pspp0000257; Oleynick, V. C., et al. (2019). Openness/intellect: The core of the creative personality. In G. J. Feist, R. Reiter-Palmon, & J. C. Kaufman (Eds.), *The Cambridge handbook of creativity and*

personality research (pp. 9–27). New York: Cambridge University Press.

49. Kaufman, S. B., & Gregoire, C. (2016). *Wired to create: Unraveling the mysteries of the creative mind.* New York: TarcherPerigee; Tedeschi, R. G., & Calhoun, L. G. (2004). Posttrauamtic growth: Conceptual foundations and empirical evidence. *Psychological Inquiry, 15*, 1–18.

50. Brooks, M., Graham-Kevan, N., Robinson, S., & Lowe, M. (2019). Trauma characteristics and posttraumatic growth: The mediating role of avoidance coping, intrusive thoughts, and social support. *Psychological Trauma, 11*(2), 232–38.

51. Kaufman & Gregoire, *Wired to create.*

52. Batten, S. V., Orsillo, S. M., & Walser, R. D. (2005). Acceptance and mindfulness-based approaches to the treatment of posttraumatic stress disorder. In S. M. Orsillo & L. Roemer (Eds.). *Acceptance and mindfulness-based approaches to anxiety: Conceptualization and treatment* (pp. 241–271). New York: Springer; Hayes, S. C., Luoma, J. B., Bond, F. W., Masuda, A., & Lillis, J. (2006). Acceptance and commitment therapy: Model, processes, and outcomes. *Behaviour Research and Therapy, 44*(1), 1–25; Kashdan, T. B., Breen, W. E., & Julian, T. (2010). Everyday strivings in combat veterans with posttraumatic stress disorder: Problems arise when avoidance and emotion regulation dominate. *Behavior Therapy, 41*(3), 350–363; Kashdan, T. B. (2010). Psychological flexibility as a fundamental aspect of health. *Clinical Psychology Review, 30*(7), 865–878.

53. Hayes, S. C. (2019). *A liberated mind: How to pivot toward what matters*. New York: Avery.

54. Kashdan, T. B., & Kane, J. Q. (2011). Posttraumatic distress and the presence of posttraumatic growth and meaning in life: Experiential avoidance as a moderator. *Personality and Individual Differences, 50*(1), 84–89.

55. Hayes, Luoma, Bond, Masuda, & Lillis, Acceptance and commitment therapy; Kashdan, T. B., & Breen, W. E. (2008). Social anxiety and positive emotions: A prospective examination of a self-regulatory model with tendencies to suppress or express emotions as a moderating variable. *Behavior Therapy, 39*(1), 1–12; Kashdan, T. B., Morina, N., & Priebe, S. (2008). Post-traumatic stress disorder, social anxiety disorder, and depression in survivors of the Kosovo War: Experiential avoidance as a contributor to distress and quality of life. *Journal of Anxiety Disorders, 23*(2), 185–196; Kashdan, T. B., & Steger, M. (2006). Expanding the topography of social anxiety: An experience-sampling assessment of positive emotions and events, and emotion suppression. *Psychological Science, 17*(2), 120–128.

56. Forgeard, M. J. C. (2013). Perceiving benefits after adversity: The relationship between self-reported posttraumatic growth and creativity. *Psychology of Aesthetics, Creativity, and the Arts, 7*(3), 245–264.

57. Zausner, T. (2007). *When walls become doorways: Creativity and the transforming illness*. New York: Harmony Books.

58. Kaufman, S. B. (2013). Turning adversity into creative growth.

Scientific American Blogs. 出自 https://blogs.scientificamerican. com/beautiful-minds/turning-dversity-into-creative-growth.

59. Combs, A. W. (Ed.). (1962). *Perceiving, behaving, becoming: A new focus for education.* Washington, DC: National Education Association.

60. Combs, *Perceiving, behaving, becoming.*

61. Oleynick et al., Openness/ intellect: The core of the creative personality. In Feist, Reiter-Palmon, & Kaufman, *The Cambridge handbook of creativity and personality.*

62. DeYoung, Openness/intellect: A dimension of personality reflecting cognitive exploration. In Cooper & Larsen, *APA handbook of personality and social psychology: Personality processes and individual differences*; Oleynick et al., Openness/ intellect: The core of the creative personality. In Feist, Reiter-Palmon, & Kaufman, *The Cambridge handbook of creativity and personality research.*

63. Conner, T. S., & Silvia, P. J. (2015). Creative days: A daily diary study of emotion, personality, and everyday creativity. *Psychology of Aesthetics, Creativity, and the Arts, 9*(4), 463–470; Wolfradt, U., & Pretz, J. E. (2001). Individual differences in creativity: Personality, story writing, and hobbies. *European Journal of Personality, 15*(4), 297–310.

64. Silvia, P. J., et al. (2014). Everyday creativity in daily life: An experience-sampling study of "little c" creativity. *Psychology of Aesthetics, Creativity, and the Arts, 8*(2), 183–188.

65. 這些敘述改編自下列資料來源：

Nelson, B., & Rawlings, D. (2010). Relating schizotypy and personality to the phenomenology of creativity. *Schizophrenia Bulletin*, 36, 388–399; Norris, P., & Epstein, S. (2011). An experiential thinking style: Its facets and relations with objective and subjective criterion measures. *Journal of Personality, 79*, 5; Soto, C. J., & John, O. P. (2017). The next Big Five Inventory (BFI-2): Developing and assessing a hierarchical model with 15 facets to enhance bandwidth, fidelity, and predictive power. *Journal of Personality and Social Psychology, 113*, 117–143; Tellegen, A., & Waller, N. G. (2008). Exploring personality through test construction: Development of the Multidimensional Personality Questionnaire. In G. J. Boyle, G. Matthews, & D. H. Saklofske (Eds.), *The Sage Handbook of personality theory and assessment* (pp. 261–292). London: Sage Publications; https://www.ocf.berkeley.edu/~jfkihlstrom/ConsciousnessWeb/Meditation/TAS.htm.

66. Kaufman & Gregoire, *Wired to create.*

67. 評論請見：Kaufman & Gregoire, *Wired to create.*

68. Lubow, R., & Weiner, I. (Eds.). (2010). *Latent inhibition: Cognition, neuroscience and applications to schizophrenia.* New York: Cambridge University Press.

69. Carson, S. J., Peterson, J. B., & Higgins, D. M. (2003). Decreased latent inhibition is associated with increased creative achievement in high-functioning individuals. *Journal of Personality and Social Psychology, 85*(3), 499–506; Peterson, J. B., & Carson, S. (2000). Latent inhibition and openness to experience in a high-achieving student population. *Personality and Individual Differences, 28*(2), 323–332.

70. Nelson, B., & Rawlings, D. (2008). Relating schizotypy and personality to the phenomenology of creativity. *Schizophrenia Bulletin, 36*(2), 388–399.

71. Maslow, *Motivation and personality*, p. 163.

72. Poe, E. A. (2016; originally published in 1842). *The mystery of Marie Roget*. CreateSpace Independent Publishing Platform, p. 29.

73. Barbey, A. K., et al. (2012). An integrative architecture for general intelligence and executive function revealed by lesion mapping. *Brain, 135*(4), 1154–1164; DeYoung, C. G., Shamosh, N. A., Green, A. E., Braver, T. S., & Gray, J. R. (2009). Intellect as distinct from openness: Differences revealed by fMRI of working memory. *Journal of Personality and Social Psychology, 97*(5), 883–892.

74. 這些敘述改編自：Norris, P., & Epstein, S. (2011). An experiential thinking style: Its facets and relations with objective and subjective criterion measures. *Journal of Personality, 79*, 5; Soto, C. J., & John, O. P. (2017). The next Big Five Inventory (BFI-2): Developing and assessing a hierarchical model with 15 facets to enhance bandwidth, fidelity, and predictive power. *Journal of Personality and Social Psychology, 113*, 117–143.

75. Kashdan et al., The five-dimensional curiosity scale.

76. Kashdan et al., The five-dimensional curiosity scale.

77. Maslow, *Motivation and personality*.

78. Kaufman, S. B. (2013). Opening up openness to experience: A

four- actor model and relations to creative achievement in the arts and sciences. *Journal of Creative Behavior, 47*(4), 233–255.

79. Kaufman, S. B. (2017). Schools are missing what matters about learning. *The Atlantic.* 出 自 https://www. theatlantic.com/education/ archive/2017/07 the-underrated-gift-of-curiosity/534573.

80. Kaufman, S. B., et al. (2015). Openness to experience and intellect differentially predict creative achievement in the arts and sciences. *Journal of Personality, 84*(2), 248–258.

81. Kaufman et al., Openness to experience and intellect differentially predict creative achievement in the arts and sciences.

82. As quoted in Paul, E., & Kaufman, S. B. (Eds.). (2014). *The philosophy of creativity.* New York: Oxford University Press.

83. Kaufman, S. B., & Paul, E. S. (2014). Creativity and schizophrenia spectrum disorders across the arts and sciences. *Frontiers in Psychology, 5*, 1145.

84. Beaty, R. E., et al. (2018). Robust prediction of individual creative ability from brain functional connectivity. *PNAS, 115*(5), 1087–1092.

85. Beaty, R. E., et al. (2018). Brain networks of the imaginative mind: Dynamic functional connectivity of default and cognitive control networks relates to openness to experience. *Human Brain Mapping, 39*(2), 811–821.

86. Kaufman, S. B. (2013). *Ungifted: Intelligence redefined.* New York: Basic Books.

87. May, R. (1979). *Psychology and the human dilemma*. New York: W. W. Norton, pp. 196–197.

第五章　愛

1. Vaillant, G. (2009). *Spiritual evolution: How we are wired for faith, hope, and love*. New York: Harmony Books, p. 101.

2. Martela, F., & Ryan, R. M. (2015). The benefits of benevolence: Basic psychological needs, beneficience, and the enhancement of well-being. *Journal of Personality, 84*, 750–764; Martela, F., & Ryan, R. M. (2016). Prosocial behavior increases well-being and vitality even without contact with the beneficiary: Causal and behavioral evidence. *Motivation and Emotion, 40*, 351–357; Martela, F., Ryan, R. M., & Steger, M. F. (2018). Meaningfulness as satisfaction of autonomy, competence, relatedness, and beneficence: Comparing the four satisfactions and positive affect as predictors of meaning in life. *Journal of Happiness Studies, 19*, 1261–1282.

3. Nuer, C. (Chair). (1997, August). *Personal mastery in action*. Learning as Leadership Seminar, Sausolito, CA.

4. Maslow, *Toward a psychology of being*, p. 47.

5. Maslow, *Toward a psychology of being*, p. 47.

6. Maslow, *Toward a psychology of being*, p. 47.

7. Maslow, *Toward a psychology of being*, p. 47.

8. Maslow, *Toward a psychology of being*, p. 48.

9. Salzberg, S. (2017). *Real love: The art of authentic connection*.

New York: Flatiron Books. https://scottbarrykaufman.com/ podcast/real-love-sharon-salzberg/.

10. Fromm, E. (1956). *The art of loving*. New York: Harper.

11. Fredrickson, B. L. (2013). *Love 2.0: Finding happiness and health in moments of connection*. New York: Plume.

12. Fromm, *The art of loving*, p. 38.

13. Yalom, *Existential psychotherapy*, p. 377.

14. 本節改編自：Kaufman, S. B. (2019). The light triad vs. dark triad of personality. *Scientific American Blogs*. 出自 https://blogs. scientificamerican.com/beautiful-minds/the-light-triad-vs-dark-triad-of-personality.

15. Paulhus, D. L., & Williams, K. M. (2002). The dark triad of personality: Narcissism, Machiavellianism, and psychopathy. *Journal of Research in Personality, 36*(6), 556–563.

16. Dini , B., & Wertag, A. (2018). Effects of dark triad and HEXACO traits on reactive/proactive aggression: Exploring the gender differences. *Personality and Individual Differences, 123*, 44–49; Jonason, P. K., Zeigler- Hill, V., & Okan, C. (2017). Good v. evil: Predicting sinning with dark personality traits and moral foundations. *Personality and Individual Differences, 104*, 180–185; Muris, P., Merckelbach, H., Otgaar, H., & Meijer, E. (2017). The malevolent side of human nature: A meta-analysis and critical review of the literature on the dark triad (narcissism, Machavellianism, and psychopathy). *Perspectives on Psychological Science, 12*(2), 183–204; Pailing, A., Boon, J., & Egan, V. (2014). Personality, the Dark Triad and violence.

Personality and Individual Differences, 67, 81–86; Veselka, L., Giammarco, E. A., & Vernon, P. A. (2014). The Dark Triad and the seven deadly sins. *Personality and Individual Differences, 67*, 75–80.

17. Kaufman, S. B. (2018). The dark core of personality. *Scientific American Blogs*. 出自 https://blogs.scientificamerican.com/beautiful-minds/the-dark-core-of-personality; Jones, D. N., & Figueredo, A. J. (2013). The core of darkness: Uncovering the heart of the dark triad. *European Journal of Personality, 27*(6), 521– 531; Miller, J. D., Vize, C., Crowe, M. L., & Lynam, D. R. (2019). A critical appraisal of the dark-triad literature and suggestions for moving forward. *Current Directions in Psychological Science, 28*(4), 353–360, https://doi.org/10.1177/0963721419838233; Moshagen, M., Hilbig, B. E., & Zettler, I. (2018). The dark core of personality. *Psychological Review, 125*(5), 656–688.

18. Jones & Figueredo, The core of darkness.

19. Vachon, D. D., Lynam, D. R., & Johnson, J. A. (2014). The (non) relation between empathy and aggression: Surprising results from a meta- analysis. *Psychological Bulletin, 140*(3), 751–773.

20. Figueredo, A. J., & Jacobs, W. J. (2010). Aggression, risk- taking, and alternative life history strategies: The behavioral ecology of social deviance. In M. Frías-Armenta, & V. Corral- Verdugo (Eds.), *Bio-psycho-social perspectives on interpersonal violence* (pp. 3–28). Hauppauge, NY: Nova Science Publishers; Jones & Figueredo, The core of darkness.

21. 以下敘述改編自五大因素自戀量表（Five-Factor Narcissism Inventory）：Miller, J. D., et al. (2013). The Five-Factor Narcissism Inventory (FFNI): A test of the convergent, discriminant, and incremental validity of FFNI scores in clinical and community samples. *Psychological Assessment, 25*(3), 748–758. 我發現五大因素自戀量表中的「敵意」與黑暗三人格的一些衡量標準高度相關。

22. Maslow, Motivation and personality, p. 198.

23. Kant, I. (1993; originally published in 1785). *Grounding for the metaphysics of morals* (3rd ed.). Translated by J. W. Ellington. London: Hackett, p. 36.

24. Kaufman, S. B., Yaden, D. B., Hyde, E., & Tsukayama, E. (2019). The light vs. dark triad of personality: Contrasting two very different profiles of human nature. *Frontiers in Psychology*, https://doi.org/10.3389/fpsyg.2019.00467.

25. Kaufman, Yaden, Hyde, & Tsukayama, The light vs. dark triad of personality.

26. Schwartz, S. H., et al. (2012). Refining the theory of basic individual values. *Journal of Personality and Social Psychology, 103*(4), 663–688.

27. Niemiec, R. M., & McGrath, R. E. (2019). *The power of character strengths: Appreciate and ignite your positive personality*. Cincinnati: VIA Institute on Character.

28. Bakan, D. (1966). *The duality of human existence: Isolation and communion in Western man*. Boston: Beacon Press.

29. Helgeson, V. S. (1994). Relation of agency and communion to well-being: Evidence and potential explanations. *Psychological Bulletin, 116*(3), 412–428; Helgeson, V. S., & Fritz, H. L. (1998). A theory of unmitigated communion. *Personality and Social Psychology Review, 2*(3), 173–183; Helgeson, V. S., & Fritz, H. L. (1999). Unmitigated agency and unmitigated communion: Distinctions from agency and communion. *Journal of Research in Personality, 33*(2), 131–158.

30. Fritz, H. L., & Helgeson, V. S. (1998). Distinctions of unmitigated communion from communion: Self-neglect and over-involvement with others. *Journal of Personality and Social Psychology, 75*(1), 121–140; Helgeson, Relation of agency and communion to well-being; Helgeson & Fritz, A theory of unmitigated communion; Helgeson & Fritz, Unmitigated agency and unmitigated communion.

31. Bloom, P. (2016). *Against empathy: The case for rational compassion.* New York: Ecco.

32. Oakley, B., Knafo, A., Madhavan, G., & Wilson, D. S. (Eds.). (2011). *Pathological altruism.* New York: Oxford University Press.

33. Blair, R. J. (2005). Responding to the emotions of others: Dissociating forms of empathy through the study of typical and psychiatric populations. *Consciousness and Cognition, 14*(4), 698–718; Vachon, Lynam, & Johnson, The (non)relation between empathy and aggression; Raine, A., & Chen, F. R. (2018). Cognitive, affective, and somatic empathy scale (CASES) for children. *Journal of Clinical Child & Adolescent Psychology,*

47(1), 24–37.

34. Wai, M., & Tiliopoulos, N. (2012). The affective and cognitive empathic nature of the dark triad of personality. *Personality and Individual Differences, 52*(7), 794–799; Kaufman, S. B. (2012). Are narcissists better at reading minds? *Psychology Today.* 出 自 https://www.psychologytoday.com/us/blog/beautiful-minds/201202/are-narcissists-better-reading-minds.

35. 量表改編自 Raine & Chen, Cognitive, affective, and somatic empathy scale (CASES) for children.

36. Kaufman, S. B., & Jauk, E. (in preparation). Healthy selfishness and pathological altruism: Measuring two paradoxical forms of selfishness; Oakley, Knafo, Madhavan, & Wilson, *Pathological altruism*.

37. Grant, A., & Rebele, R. (2017). Beat generosity burnout. *Harvard Business Review.* 出 自 https://hbr.org/cover-story/2017/01/beat-generosity-burnout.

38. Vaillant, G. E. (1992). *Ego mechanisms of defense: A guide for clinicians and researchers.* Washington, DC: American Psychiatric Publishing; Vaillant, G. E. (1998). *Adaptation to life.* Cambridge, MA: Harvard University Press.

39. Vaillant, *Adaptation to life*, p. 108.

40. Andrews, G., Singh, M., & Bond, M. (1993). The Defense Style Questionnaire. *The Journal of Nervous and Mental Disease, 181*(4), 246–256.

41. Vaillant, *Adaptation to life*, p. 119.

42. Andrews, Singh, & Bond, The Defense Style Questionnaire.

43. Vaillant, *Adaptation to life*, p. 116.

44. Kaufman, S. B. (2018). Self-actualizing people in the 21st century: Integration with contemporary theory and research on personality and well-being. *Journal of Humanistic Psychology*, https://doi.org/10.1177/0022167818809187.

45. Andrews, Singh, & Bond, The Defense Style Questionnaire.

46. Andrews, Singh, & Bond, The Defense Style Questionnaire.

47. Andrews, Singh, & Bond, The Defense Style Questionnaire.

48. Fromm, E. (1939). Selfishness and self-love. *Psychiatry, 2*(4), 507–523.

49. Maslow, Is human nature basically selfish? In Hoffman, *Future visions*, p. 110.

50. Fromm, Selfishness and self-love.

51. Kaufman & Jauk, Healthy selfishness and pathological altruism.

52. Fromm, Selfishness and self-love.

53. Neff, K. D. (2003). Self-compassion: An alternate conceptualization of a healthy attitude toward oneself. *Self and Identity, 2*(2), 85–101, p. 87.

54. Neff, K. D., Kirkpatrick, K. L., & Rude, S. S. (2007). Self-compassion and adaptive psychological functioning. *Journal of Research in Personality, 41*(1), 139–154; Neff, K. D., et al. (2018). The forest and the trees: Examining the association of self-compassion and its positive and negative components with

psychological functioning. *Self and Identity, 17*(6), 627–645.

55. 有趣的是，近期研究顯示，自我冷酷（如「如果未能完成重要的事，我會感覺自己不夠好」、「沮喪的時候，我總是不斷想著出錯的地方」或「我不滿意自己的缺點與不足，而且經常從批判的角度看待它們」）比自我疼惜更能預測健康與幸福。參見：Brenner, R. E., Heath, P. J., Vogel, D. L., & Credé, M. (2017). Two is more valid than one: Examining the factor structure of the Self-compassion Scale (SCS). *Journal of Counseling Psychology, 64*(6), 696–707.

56. 改編自 Raes, F., Pommier, E. A., Neff, K. D., & Van Gucht, D. (2011). Construction and factorial validation of a short form of the Self-compassion Scale. *Clinical Psychology & Psychotherapy, 18*(3), 250–255.

57. 我在《科學人》雜誌的一篇部落格文章中以類似形式轉載本節內容：Kaufman, S. B. (2018). The pressing need for everyone to quiet their egos. *Scientific American Blogs.* 出自 https://blogs.scientificamerican.com/beautiful-minds/the-pressing-need-for-everyone-to-quiet-their-egos.

58. Leary, M. R. (2007). *The curse of the self: Self-awareness, egotism, and the quality of human life*. New York: Oxford University Press.

59. Tesser, A., Crepaz, N., Collins, J. C., Cornell, D., & Beach, S. R. H. (2000). Confluence of self-esteem regulation mechanisms: On integrating the self-zoo. *Personality and Social Psychology Bulletin, 26*(12), 1476–1489.

60. Wayment, H. A., & Bauer, J. J. (Eds.). (2008). *Transcending*

self-interest: Psychological explorations of the quiet ego. Washington, DC: American Psychological Association; Heppner, W. L., & Kernis, M. H. (2007). "Quiet ego" functioning: The complementary roles of mindfulness, authenticity, and secure high self-esteem. *Psychological Inquiry, 18*(4), 248–251; Wayment, H. A., Wiist, B., Sullivan, B. M., & Warren, M. A. (2010). Doing and being: Mindfulness, health, and quiet ego characteristics among Buddhist practitioners. *Journal of Happiness Studies, 12*(4), 575–589; Kesebir, P. (2014). A quiet ego quiets death anxiety: Humility as an existential anxiety buffer. *Journal of Personality and Social Psychology, 106*(4), 610–623.

61. Wayment & Bauer, *Transcending self-interest.*

62. Kaufman, The pressing need for everyone to quiet their egos.

63. Wayment & Bauer, *Transcending self-interest.*

64. Wayment, H. A., & Bauer, J. J. (2017). The quiet ego: Motives for self-other balance and growth in relation to well-being. *Journal of Happiness Studies, 19*(3), 881–896.

65. Grant, A. (2016, June 4). Unless you're Oprah, "Be yourself " is terrible advice. 出自 https://www.nytimes.com/2016/06/05/opinion/sunday/unless-youre-oprah-be-youerself-is-terrible-advice.html.

66. Ibarra, H., (2017, July 18). The authenticity paradox. 出自 https://hbr.org/2015/01/the-authenticity-paradox.

67. Kaufman, S. B. (2019, June 14). Authenticity under fire. 出自 https://blogs.scientificamerican.com/beautiful-minds/authenticity-under-fire/.

68. Horney, K. (1959). *Neurosis and human growth*. New York: W. W. Norton, p. 155.

69. 波蘭精神病學家卡齊米日‧東布羅夫斯基也滔滔不絕地談論本真的健康發展，指出個人可以建構渴望實現的理想人格並以此作為指引。東布羅夫斯基稱之為「人格理想」，並認為這個過程的關鍵在於持續多層面的觀點檢視個人的價值觀——即檢視我們在日常行為中可追求的價值觀與目標屬於哪些層次。他相信，有了這個藍圖，個人便能追求獨特與真實的自我。參見：Tillier, W. (2018). *Personality development through positive disintegration: The work of Kazimierz Dabrowski*. Anna Maria, FL: Maurice Bassett.

70. Kernis, M. H., & Goldman, B. M. (2005). From thought and experience to behavior and interpersonal relationships: A multicomponent conceptualization of authenticity. In A. Tesser, J. V. Wood, & D. A. Stapel (Eds.), *On building, defending, and regulating the self: A psychological perspective* (pp. 31–52). New York: Psychology Press; Wood, A. M., Linley, P. A., Maltby, J., Baliousis, M., & Joseph, S. (2008). The authentic personality: A theoretical and empirical conceptualization and the development of the Authenticity Scale. *Journal of Counseling Psychology, 55*(3), 385–399.

71. de Botton, A. (2016). Why you will marry the wrong person. *The New York Times*. 出自 https://www.nytimes.com/2016/05/29/opinion/sunday/why-you-will-marry-the-wrong-person.html.

72. Aron, A., & Aron, E. N. (1986). *Love and the expansion of self: Understanding attraction and satisfaction*. New York: Hemisphere Publishing Corp./Harper & Row.

73. Maslow, *Motivation and personality*, p. 188.

74. Maslow, *Motivation and personality*, p. 199.

75. Adler, P. (1991). *Backboards & blackboards: College athletics and role engulfment*. New York: Columbia University Press; Carbonneau, N., Vallerand, R. J., Lavigne, G. L., & Paquet, Y. (2015). "I'm not the same person since I met you": The role of romantic passion in how people change when they get involved in a romantic relationship. *Motivation and Emotion, 40*(1), 101–17.

76. Carbonneau, Vallerand, Lavigne, & Paquet, "I'm not the same person since I met you."

77. Maslow, *Motivation and personality*, p. 199.

78. Maslow, *Motivation and personality*, p. 199.

79. Maslow, *Motivation and personality*, p. 199.

80. Sahdra, B. K., & Shaver, P. R. (2013). Comparing attachment theory and Buddhist psychology. *International Journal for the Psychology of Religion, 23*(4), 282–293.

81. Sahdra, B. K., Shaver, P. R., & Brown, K. W. (2009). A scale to measure nonattachment: A Buddhist complement to Western research on attachment and adaptive functioning. *Journal of Personality Assessment, 92*(2), 116–127.

82. Maslow, Acceptance of the beloved in being-love. In Hoffman, *Future visions*, p. 37.

83. Maslow, *Motivation and personality*, p. 200.

84. Aron, A., Aron, E. N., Tudor, M., & Nelson, G. (1991). Close

relationships as including other in the self. *Journal of Personality and Social Psychology, 60*(2), 241–253.

85. Perel, E. (2016). *Mating in captivity: Unlocking erotic intelligence*. New York: Harper, p. 5.

86. Aron, A., Norman, C. C., Aron, E. N., McKenna, C., & Heyman, R. E. (2000). Couples' shared participation in novel and arousing activities and experienced relationship quality. *Journal of Personality and Social Psychology, 78*(2), 273–284; Reissman, C., Aron, A., & Bergen, M. R. (1993). Shared activities and marital satisfaction: Causal direction and self-expansion versus boredom. *Journal of Social and Personal Relationships, 10*(2), 243–254.

87. Kaufman, S. B. (2017). Real love with Sharon Salzberg. *The Psychology Podcast*. 出自 https://scottbarrykaufman.com/podcast/real-love-sharon-salzberg.

88. Berridge, K. C. (1995). Food reward: Brain substrates of wanting and liking. *Neuroscience and Biobehavioral Reviews, 20*(1), 1–25.

89. Perel, *Mating in captivity*.

90. Selterman, D., Gesselman, A. N., & Moors, A. C. (2019). Sexuality through the lens of secure base dynamics: Individual differences in sexploration. *Personality and Individual Differences, 147*, 229–236.

91. Manson, M. (2013). Sex and our psychological needs. *Mark Manson*. 出自 https://markmanson.net/sex-and-our-psychological-needs.

92. Meston, C. M., & Buss, D. M. (2007). Why humans have sex.

Archives of Sexual Behavior, 36(4), 477–507.

93. Péloquin, K., Brassard, A., Delisle, G., & Bédard, M-M. (2013). Integrating the attachment, caregiving, and sexual systems into the understanding of sexual satisfaction. *Canadian Journal of Behavioral Science, 45*(3), 185–195.

94. Selterman, Gesselman, & Moors, Sexuality through the lens of secure base dynamics.

95. Impett, E. A., Gordon, A. M., & Strachman, A. (2008). Attachment and daily goals: A study of dating couples. *Personal Relationships, 15*(3), 375–390; Schachner, D. A., & Shaver, P. R. (2004). Attachment dimensions and sexual motives. *Personal Relationships, 11*(2), 179–195.

96. Péloquin, Brassard, Delisle, & Bédard, Integrating the attachment, caregiving, and sexual systems into the understanding of sexual satisfaction, p. 191.

97. Kashdan, T. B., et al. (2011). Effects of social anxiety and depressive symptoms on the frequency and quality of sexual activity: A daily process approach. *Behaviour Research and Therapy, 49*(5), 352–360.

98. Kaufman, S. B. (2017). The science of passionate sex. *Scientific American Blogs*. 出自 https://blogs.scientificamerican.com/beautiful-minds/the-science-of-passionate-sex; Philippe, F. L., Vallerand, R. J., Bernard- esrosiers, L., Guilbault, V., & Rajotte, G. (2017). Understanding the cognitive and motivational underpinnings of sexual passion from a dualistic model. *Journal of Personality and Social Psychology, 113*(5), 769–785.

99. May, R. (1969). *Love & will.* New York: W. W. Norton, p. 74.

100. Maslow, *Motivation and personality*, p. 188.

101. Debrot, A., Meuwly, N., Muise, A., Impett, E. A., & Schoebi, D. (2017). More than just sex: Affection mediates the association between sexual activity and well-being. *Personality and Social Psychology Bulletin, 43*(3), 287–299.

102. Kashdan, T. B., Goodman, F. R., Stiksma, M., Milius, C. R., & McKnight, P. E. (2018). Sexuality leads to boosts in mood and meaning in life with no evidence for the reverse direction: A daily diary investigation. *Emotion, 18*(4), 563–576.

103. Rollo May *Love & Will*, pp. 96, 278.

104. Helgeson & Fritz, Unmitigated agency and unmitigated communion.

第六章　目的

1. Hoffman, *The right to be human*, p. 219.

2. Hoffman, *The right to be human*, p. 220.

3. Hoffman, *The right to be human*, p. 219.

4. Burrows, L. (2013). Memory of Abraham Maslow faded, not forgotten. *Brandeis Now.* 出自 http://www.brandeis.edu now/2013/may/maslow.html.

5. Lowry, *The journals of A. H. Maslow*, p. 93.

6. Maslow, A. H. (1965). *Eupsychian management: A journal.* Homewood, IL: Richard D. Irwin, Inc., and the Dorsey Press, p. 6.

7. Maslow. *Eupsychian management.*

8. Maslow, *Eupsychian management*, p. x.

9. 露絲・潘乃德於一九四一年在布林莫爾學院（Bryn Mawr College）的一系列演講中提出了協力文化的概念，但她從未發表自己論述這個主題的手稿。馬斯洛「驚恐地」發現，她給他的手稿是世界上唯一的一份。「我很怕她不會發表研究，」馬斯洛寫道：「她好像不怎麼在乎會不會出版。我也擔心這份手稿會遺失。」結果證明，他的擔憂是有道理的。潘乃德去世後，人類學家瑪格莉特・米德翻遍了她留下的檔案與論文，就是找不到關於協力概念的文章。因此，馬斯洛自認有義務盡可能分享這份手稿的內容，致力幫助協力概念開花結果。然而值得一提的是，並非所有學者都認為潘乃德會贊同馬斯洛所推動的方向。事實上，芮妮・安妮・史密斯（Rene Anne Smith）與肯尼斯・費根鮑姆（Kenneth Feigenbaum）主張，馬斯洛的「後期研究顯示，他並不瞭解潘乃德所闡述的協同人類學方法，而是將協力概念誤用於提倡大多缺乏文化背景的人本心理化約論」。無論如何，馬斯洛顯然推崇潘乃德的貢獻，而且十分認同協力在個人與所處文化之間扮演重要角色的理念。參見：Maslow, *The farther reaches of human nature* (1993/ 1971, Chapter 14); Smith, R. A., & Feigenbaum, K. D. (2013). Maslow's intellectual betrayal of Ruth Benedict? *Journal of Humanistic Psychology, 53*(3), 307–321.

10. Smith & Feigenbaum, Maslow's intellectual betrayal of Ruth Benedict?

11. Maslow, *Eupsychian management*, p. 7.

12. Maslow, *Eupsychian management*, p. 103; Maslow, *The farther*

reaches of human nature (1993/1971), chapter 14.

13. Maslow, *Eupsychian management*, p. 7.

14. Maslow, *Eupsychian Management*, p. 7.

15. Maslow, A. H., with Stephens, D. C., & Heil, G. (1998). *Maslow on management*. New York, NY: John Wiley & Sons, p. 6.

16. Maslow, *Eupsychian management*, p. 6.

17. Maslow, *Eupsychian management*, p. 6.

18. https://twitter.com/GretaThunberg/status/1167916944520908800? s= 20.

19. Edge. (2016). The mattering instinct: A conversation with Rebecca Newberger Goldstein. *Edge.* 出自 https://www.edge.org/ conversation/rebecca_newberger_goldstein-the-mattering-instinct.

20. Bugental, J. F. T. (1965). *The search for authenticity: An existential-analytic approach to psychotherapy.* New York: Holt, Rinehart and Winston, pp. 267–272.

21. Bugental, *The search for authenticity: An existential-analytic approach to psychotherapy*, pp. 267–272.

22. Maslow, The psychology of happiness. In Hoffman, *Future visions* (pp. 21–25).

23. Frankl, V. E. (1969). *The will to meaning: Foundations and applications of logotherapy.* Cleveland: World Publishing Co.

24. Frankl, V. E. (1966). Self-transcendence as a human phenomenon. *Journal of Humanistic Psychology, 6*(2), 97–106.

25. Marseille, J. (1997). The spiritual dimension in logotherapy: Viktor Frankl's contribution to transpersonal psychology. *The Journal of Transpersonal Psychology, 29*, 1–12.

26. Frankl, V. E. (2006; originally published in 1946). *Man's search for meaning*. Boston: Beacon Press, p. 112.

27. 維克多・弗蘭克深深影響了五、六〇年代新興的人本心理學，或許還影響了馬斯洛對於自我實現的思考。據馬斯洛傳記作者艾德華・霍夫曼指出，馬斯洛曾於六〇年代向紐約市一群頂尖的存在人本心理治療師闡述研究主張。其中也包含了弗蘭克與羅洛・梅。他們兩人都提出了實用的建議，但馬斯洛認為弗蘭克的評論特別受用。弗蘭克指出，自我實現並非在真空中運作，而是始終與個體周遭的人們和環境有關聯。馬斯洛認同自我實現的核心面向除了內在的動力之外，也包含外在的天職召喚。由於這次的會面恰巧發生在馬斯洛於一九六二年夏天造訪電子儀表製造廠之前，因此我只能猜測，這也許是天職的概念在馬斯洛的夏日筆記中頻繁出現的原因之一。

28. Yaden, D. B., McCall, T. D., & Ellens, J. H. (Eds.). (2015). *Being called: Scientific, secular, and sacred perspectives*. Santa Barbara, CA: Praeger; Seligman, M. E. P. (2018). *The hope circuit: A psychologist's journey from helplessness to optimism*. New York: PublicAffairs.

29. Wrzesniewkski, A., McCauley, C., Rozin, P., & Schwartz, B. (1997). Jobs, careers, and callings: People's relations to their work. *Journal of Research in Personality, 31*(1), 21–33.

30. Damon, W., & Bronk, K. C. (2007). Taking ultimate

responsibility. In H. Gardner (Ed.), *Responsibility at work: How leading professionals act (or don't act) responsibly* (pp. 21–42). San Francisco: Jossey-Bass.

31. Kaufman, S. B. (2018). The path to purpose with William Damon. *The Psychology Podcast.* 出 自 https://www.scottbarrykaufman.com/podcast/path-purpose-william-damon.

32. Fromm, E. (1955). *The sane society.* New York: Henry Holt.

33. Maslow, *Toward a psychology of being*, p. 9.

34. Emmons, R. A. (1986). Personal strivings: An approach to personality and subjective well-being. *Journal of Personality and Social Psychology, 51*(5), 1058–1068.

35. Hektner, J. M., Schmidt, J. A., & Csikszentmihalyi, M. (2007). *Experience sampling method: Measuring the quality of everyday life.* Thousand Oaks, CA: Sage Publications.

36. Sheldon, K. M. (2014). Becoming oneself: The central role of self-concordant goal selection. *Personality and Social Psychology Review, 18*(4), 349–365.

37. Tillich, P. (1957). *Dynamics of faith.* New York: Harper & Row.

38. Carver, C. S., & Scheier, M. F. (2001). *On the self-regulation of behavior.* New York: Cambridge University Press.

39. Sheldon, Becoming oneself.

40. Baer, J., Kaufman, J. C., & Baumeister, R. F. (2008). *Are we free? Psychology and free will.* New York: Oxford University Press; Harris, S. (2012). *Free will.* New York: Free Press.

41. Gollwitzer, P. M. (2012). Mindset theory of action phases. In P. A. M. Van Lange, A. W. Kruglanski, & T. T. Higgins (Eds.), *The handbook of theories of social psychology* (Vol. 1, pp. 526–45). Thousand Oaks, CA: Sage Publications; Sheldon, Becoming oneself.

42. Hyland, M. E. (1988). Motivational control theory: An integrative framework. *Journal of Personality and Social Psychology, 55*(4), 642 651; Markus, H., & Ruvolo, A. (1989). Possible selves: Personalized representation of goals. In L. A. Pervin (Ed.), *Goal concepts in personality and social psychology* (pp. 211–241). Hillsdale, NJ: Lawrence Erlbaum.

43. Torrance, E. P. (1983). The importance of falling in love with "something." *Creative Child & Adult Quarterly, 8*(2), 72–78.

44. Torrance, The importance of falling in love with "something."

45. Sheldon, K. M., & Kasser, T. (1995). Coherence and congruence: Two aspects of personality integration. *Journal of Personality and Social Psychology, 68*(3), 531–543.

46. Ryan, R. M., & Deci, E. L. (2000). Self-determination theory and the facilitation of intrinsic motivation, social development, and well-being. *American Psychologist, 55*(1), 68–78.

47. Rigby, C. S., & Ryan, R. R. (2018). Self-determination theory in human resource development: New directions and practical considerations. *Advances in Developing Human Resources, 20*(2), 133–147; Rogers, Client-centered therapy: Its current practice, implications, and theory.

48. Sheldon, Becoming oneself.

49. Sheldon, Becoming oneself.

50. Grant, A. M. (2008). Does intrinsic motivation fuel the prosocial fire? Motivational synergy in predicting persistence, performance, and productivity. *Journal of Applied Psychology, 93*(1), 48–58.

51. Epstein, S. (2014). *Cognitive-experiential theory: An integrative theory of personality.* New York: Oxford University Press.

52. What the research says about character strengths. VIA Institute on Character. 出自 https://www.viacharacter.org/research/findings.

53. Kaufman, S. B. (2013). What is talent—and can science spot what we will be best at? *The Guardian.* 出自 https://www.theguardian. com/science/2013/jul/07/can-science-spot-talent-kaufman; Kaufman, Ungifted; Niemiec & McGrath, The power of character strengths.

54. Kruglanski, A., Katarzyna, J., Webber, D., Chernikova, M., & Molinario, E. (2018). The making of violent extremists. *Review of General Psychology, 22*(1), 107–120.

55. Frimer, J. A., Walker, L. J., Lee, B. H., Riches, A., & Dunlop, W. L. (2012). Hierarchical integration of agency and communion: A study of influential moral figures. *Journal of Personality, 80*(4), 1117–1145; Walker, L. J., & Frimer, J. A. (2007). Moral personality of brave and caring exemplars. *Journal of Personality and Social Psychology, 93*(5), 845–860.

56. Colby, A., & Damon, W. (1994). *Some do care: Contemporary lives of moral commitment.* New York: Free Press.

57. Frimer, J. A., Biesanz, J. C., Walker, L. J., & MacKinlay, C.

W. (2013). Liberals and conservatives rely on common moral foundations when making moral judgments about influential people. *Journal of Personality and Social Psychology, 104*(6), 1040–1059; Haidt, J. (2012). *The righteous mind: Why good people are divided by politics and religion.* London: Allen Lane.

58. Kuszewski, A. (2011). Walking the line between good and evil: The common thread of heroes and villains. *Scientific American Blogs* 出自 https://blogs.scientificamerican.com/guest-log/walking-the-line-between-good-and-evil-the-common-thread-of-heroes-and-villains.

59. Frimer, J. A., Walker, L. J., Dunlop, W. L., Lee, B. H., & Riches, A. (2011). The integration of agency and communion in moral personality: Evidence of enlightened self-interest. *Journal of Personality and Social Psychology, 101*(1), 149–163.

60. 引言出自 pp. 1139–1140 of Frimer, J. A., Walker, L. J., Lee, B. H., Riches, A., & Dunlop, W. L. (2012). Hierarchical integration of agency and communion: A study of influential moral figures. *Journal of Personality, 80*, 1117–1145.

61. Frimer, Walker, Lee, Riches, & Dunlop, Hierarchical integration of agency and communion.

62. Grant, Does intrinsic motivation fuel the prosocial fire?

63. Kaufman, S. B. (2018). How to be an optimal human with Kennon Sheldon. *The Psychology Podcast.* 出自 https://scottbarrykaufman.com/podcast/optimal-human-kennon-sheldon.

64. Nasby, W., & Read, N. W. (1997). The life voyage of a solo circumnavigator: Integrating theoretical and methodological

perspectives. *Journal of Personality, 65*(4), 785–1068, p. 976.

65. Doran, G. T. (1981). There's a S.M.A.R.T. way to write management's goals and objectives. *Management Review, 70,* 35–36.

66. 感謝喬丁・法因戈爾德（Jordyn feingold）闡述這些例子。

67. Duffy, R. D., Allan, B. A., Autin, K. L., & Douglass, R. P. (2014). Living a calling and work well-being: A longitudinal study. *Journal of Counseling Psychology, 61*(4), 605–615; Hall, D. T., & Chandler, D. E. (2005). Psychological success: When the career is a calling. *Journal of Organizational Behavior, 26*(2), 155–176; Vianello, M., Galliani, E. M., Rosa, A. D., & Anselmi, P. (2019). The developmental trajectories of calling: Predictors and outcomes. *Journal of Career Assessment.* https://doi.org/10.1177/1069072719831276.

68. Vianello, Galliani, Rosa, & Anselmi, The developmental trajectories of calling.

69. Kaufman, Ungifted.

70. O'Keefe, P. A., Dweck, C. S., & Walton, G. M. (2018). Implicit theories of interest: Finding your passion or developing it? *Psychological Science, 29*(10), 1653–1664.

71. Duckworth, A. (2018). *Grit: The power of passion and perseverance.* New York: Scribner; Miller, C. A. (2017). *Getting grit: The evidence-based approach to cultivating passion, perseverance, and purpose.* Boulder, CO: Sounds True.

72. Q& A. Angela Duckworth. 出自 https://angeladuckworth.com/qa.

73. Duckworth, A. L., Peterson, C., Matthews, M. D., & Kelly, D. R. (2007). Grit: Perseverance and passion for long-term goals. *Journal of Personality and Social Psychology, 92*(6), 1087–1101.

74. Kaufman, S. B. (2016). Review of Grit: The power of passion and perseverance. *Scientific American Blogs.* 出自 https://blogs.scientificamerican.com/beautiful-minds/review-of-grit-the-power-of-passion-and-perseverance.

75. 相關論述由史考特・巴瑞・考夫曼、瑞伯・瑞貝爾與路克・斯米利撰寫中。

76. Epstein, D. (2019). *Range: Why generalists triumph in a specialized world.* New York: Riverhead Books.

77. Equanimity. Insight Meditation Center. 出自 https://www.insightmeditationcenter.org/ books-articles/articles/equanimity.

78. Antonovsky, A. (1993). The structure and properties of the sense of coherence scale. *Social Science & Medicine, 36*(6), 725–33; Kaufman, S. B. (2016). Grit and authenticity. *Scientific American Blogs.* 出自 https://blogs.scientificamerican.com/ beautiful-minds/grit-and-authenticity; Vainio, M. M., & Daukantaité, D. (2015). Grit and different aspects of well-being: Direct and indirect relationships via sense of coherence and authenticity. *Journal of Happiness Studies, 17*(5), 2119–1147.

79. Maslow, *Toward a psychology of being,* p. 131.

80. Vallerand, R. J., et al. (2003). Les passions de l'ame: On obsessive and harmonious passion. *Journal of Personality and Social Psychology, 85*(4), 756–767.

81. Vallerand, R. J., & Rapaport, M. (2017). The role of passion in adult self-growth and development. In M. L. Wehmeyer, K. A. Shogren, T. D. Little, & S. J. Lopez (Eds.), *Development of self-determination through the life-course* (pp. 125–143). New York: Springer.

82. Schellenberg, B. J. I., et al. (2018). Testing the dualistic model of passion using a novel quadripartite approach: A look at physical and psychological well-being. *Journal of Personality, 87*(2), 163–180.

83. Vallerand, R. J. (2017). On the two faces of passion: The harmonious and the obsessive. In P. A. O'Keefe & J. M. Harackiewicz (Eds.), *The science of interest* (pp. 149–173). New York: Springer.

84. Carpentier, J., Mageau, G. A., & Vallerand, R. J. (2012). Ruminations and flow: Why do people with a more harmonious passion experience higher well-being? *Journal of Happiness Studies, 13*(3), 501–518.

85. Schellenberg et al. (2018). Testing the dualistic model of passion using a novel quadripartite approach; Vallerand & Rapaport, The role of passion in adult self-growth and development. In Wehmeyer, Shogren, Little, & Lopez, *Development of self-determination through the life-course.*

86. Niemiec & McGrath, The power of character strengths.

87. Proyer, R. T., Ruch, W., and Buschor, C. (2013). Testing strengths-based interventions: A preliminary study on the effectiveness of a program targeting curiosity, gratitude, hope, humor, and zest for

enhancing life satisfaction. *Journal of Happiness Studies, 14*(1), 275–292, doi: 10.1007/s10902- 12- 331-9; Proyer, R. T., Gander, F., Wellenzohn, S., & Ruch, W. (2015). Strengths-based positive psychology interventions: A randomized placebo-controlled online trial on long-term effects for a signature strengths-vs. a lesser strengths-intervention. *Frontiers in Psychology, 6,* https:// doi.org/10.3389/fpsyg .2015.00456; What the research says about character strengths. VIA Institute on Character; Jessie. (2016). Is there anything special about using character strengths? *Mindful Psych.* 出自 http://mindfulpsych.blogspot.com/2016/03/is-there-anything-special-about-using_ 14.html.

88. Kaufman, S. B. (2015). Which character strengths are most predictive of well-being? *Scientific American Blogs.* 出自 from https://blogs.scientificamerican.com/beautiful-minds/which-character-strengths-are-most-predictive-of-well-being.

89. Bryant, F. B., & Cvengros, J. A. (2004). Distinguishing hope and optimism: Two sides of a coin, or two separate coins? *Journal of Social and Clinical Psychology, 23*(2), 273–302.

90. Lopez, S. J. (2014). *Making hope happen: Create the future you want for yourself and others*. New York: Atria Books; Snyder, C. R. (1995). Conceptualizing, measuring, and nurturing hope. *Journal of Counseling & Development 73*(3), 355– 0, https://doi. org/10.1002/j.1556- 676.1995.tb01764.x; Kaufman, S. B. (2011). The will and ways of hope. *Psychology Today.* 出自 https://www. psychologytoday.com/us/blog/beautiful -minds/201112/the-will-and-ways-hope. 另見 https://blogs.scientificamerican.com/beautiful-minds/2-beautiful-minds-we-lost-in-2016/.

91. Snyder, Conceptualizing, measuring, and nurturing hope.

92. Kashdan, T. B., & Rottenberg, J. (2010). Psychological flexibility as a fundamental aspect of health. *Clinical Psychology Review, 30*, 865–878.

93. Kashdan & Rottenberg. Psychological flexibility as a fundamental aspect of health, 865– 878; Visser, P. L., Loess, P. Jeglic, E. L., & Hirsch, J. K. (2013). Hope as a moderator of negative life events and depressive symptoms in a diverse sample. *Stress and Health, 29*(1), 82–88.

94. Goodman, F. R., Disabato, D. J., Kashdan, T. B., & Machell, K. A. (2016). Personality strengths as resilience: A one-year multiwave study. *Journal of Personality, 85*(3), 423–434.

95. Arnold, J. A., Arad, S., Rhoades, J. A., & Drasgow, F. (2000). The empowering leadership questionnaire: The construction and validation of a new scale for measuring leader behaviors. *Journal of Organizational Behavior, 21*(3), 249–269; Bono, J. E., & Judge, T. A. (2018). Self-concordance at work: Toward understanding the motivational effects of transformational leaders. *Academy of Management, 46*(5), 554–571; Hon, A. H. Y. (2011). Enhancing employee creativity in the Chinese context: The mediating role of employee self-concordance. *International Journal of Hospitality Management, 30*(2), 375–384.

96. Deci, E. L., & Ryan, R. M. (2000). The "what" and "why" of goal pursuits: Human needs and the self-determination of behavior. *Psychological Inquiry, 11*(4), 227–268.

97. Sheldon, K. M., et al. (2018). Freedom and responsibility go

together: Personality, experimental, and cultural demonstrations. *Journal of Research in Personality, 73*, 63–74.

98. Hon, Enhancing employee creativity in the Chinese context.

99. Rigby & Ryan, Self-determination theory in human resource development.

100. Grant, Does intrinsic motivation fuel the prosocial fire?; Rigby & Ryan, Self-determination theory in human resource development.

101. Woodman, R. W., Sawyer, J. E., & Griffin, R. W. (1993). Toward a theory of organizational creativity. *Academy of Management Review, 18*(2), 293–321.

102. George, J. M. (2007). Creativity in organizations. *Academy of Management Annals, 1,* 439–477; Hon, Enhancing employee creativity in the Chinese context; Wong, S., & Pang, L. (2003). Motivators to creativity in the hotel industry: Perspectives of managers and supervisors. *Tourism Management, 24*(5), 551–559; Woodman, Sawyer, & Griffin, Toward a theory of organizational creativity; Zhou, J., & Shalley, C. E. (2003). Research on employee creativity: A critical review and directions for future research. *Research in Personnel and Human Resources Management, 22*, 165–217.

103. Berg, J. M., Dutton, J. E., & Wrzesniewski, A. (2007). What is job crafting and why does it matter? Michigan Ross School of Business, Center for Positive Organizational Scholarship; Berg, J. M., Dutton, J. E., & Wrzesniewski, A. (2013). Job crafting and meaningful work. In B. J. Dik, Z. S. Byrne, & M. F. Steger (Eds.), *Purpose and meaning in the workplace* (pp.

81– 04). Washington, DC: American Psychological Association; Wrzesniewski, A., & Dutton, J. E. (2001). Crafting a job: Revisioning employees as active crafters of their work. *Academy of Management Review, 26*(2), 179–201.

104. Berg, Dutton, & Wrzesniewski, What is job crafting and why does it matter?

105. Berg, J. M., Grant, A. M., & Johnson, V. (2010). When callings are calling: Crafting work and leisure in pursuit of unanswered occupational callings. *Organization Science, 21*(5), 973–994.

106. Maslow, Toward a psychology of being, p. 10.

107. Wrosch, C., Miller, G. E., Scheier, M. F., & de Pontet, S. B. (2007). Giving up on unattainable goals: Benefits for health? *Personality and Social Psychology Bulletin, 33*(2), 251–265.

108. Brandtstädter, J., & Renner, G. (1990). Tenacious goal pursuit and flexible goal adjustment: Explication and age- elated analysis of assimilative and accommodative strategies of coping. *Psychology and Aging, 5*(1), 58–67; Carver, C. S., & Scheier, M. F. (1990). Origins and functions of positive and negative affect: A control-process view. *Psychological Review, 97*(1), 19–35; Carver & Scheier, On the self-regulation of behavior; Heckhausen, J., & Schulz, R. (1995). A life- pan theory of control. *Psychological Review, 102*(2), 284–304; Klinger, E. (1975). Consequences of commitment to and disengagement from incentives. *Psychological Review, 82*(1), 1–25; Nesse, R. M. (2000). Is depression an adaptation? *Archives of General Psychiatry, 57*(1), 14–20.

109. Wrosch, C., Scheier, M. F., Miller, G. E., Schulz, R., & Carver, C. S. (2003). Adaptive self-regulation of unattainable goals: Goal disengagement, goal reengagement, and subjective well-being. *Personality and Social Psychology Bulletin, 29*(12), 1494–1508.

110. Grogan, J. (2012). *Encountering America: Humanistic psychology, sixties culture, and the shaping of the modern self.* New York: Harper Perennial.

111. 麥可‧墨菲，私人通信，二○一八年五月十日。

112. 馮本身是一個有趣的案例。他在新開的溫泉會館裡擔任會計（靠算盤管帳）、「浴池管理員」及「瘋狂的道士」。馮出身中國一戶富裕的佛教人家（父親是中國銀行〔Bank of China〕的創辦人之一），之後來到了美國，取得賓州大學沃頓商學院（Wharton School）國際金融碩士學位。從賓州大學畢業後，馮在美國四處遊走，布朗訴托皮卡教育局（Brown v. Board of Education of Topeka）一案審判期間，他曾加入基督教貴格會（Quaker），並住在喬治亞州某區。五○年代中期，馮搬離西部，與教授道教哲學的傑克‧凱魯亞克（Jack Kerouac）成為好友，還替哲學家艾倫‧瓦茲（Alan Watts）翻譯中國經典著作。瓦茲認為馮「有兩把刷子」，引薦他認識抱負遠大、身為躁動的一代（The Beat Generation）的領銜作家與嬉皮道教人士。

馮開始對當時在北加州萌芽後迅速席捲全球的靈性運動產生了興趣。瓦茲表示，「在一九五八到一九七○年的這段期間，一波以詩歌、音樂、哲學、繪畫、宗教、無線電通訊、電視與電影、舞蹈、戲劇與大眾生活的形式所呈現的巨大精神能量浪潮，席捲了舊金山及周邊地區，進而影響全美與全

世界」。 六〇年代早期，馮與大蘇爾溫泉（不久後改為伊莎蘭學院）創辦人理查・普萊斯及麥可・墨菲結為好友。他受到日益發展的「人性潛力運動」所吸引，這項運動深受人本心理學的啟發。當時馬斯洛所著的《邁向存在心理學》剛出版不久，而新成立的伊莎蘭社群對馬斯洛提出的自我實現與高峰經驗產生強烈共鳴，這些概念與他們正在發展有關人性潛力與靈性的想法非常一致。馬斯洛的著作也認可了他們的理念在學術上的正統性。傑佛瑞・克里帕爾（Jeffrey Kripal）也印證了這樣的合法性，他在著作《伊莎蘭：美國人與無宗教的信仰》（Esalen: American and the Religion of No Religion）中表示，「亞伯拉罕・馬斯洛與這本書彷彿正是為了他們才出現在文化領域」。

113. Hoffman, *The right to be human.*

114. Hoffman, *The right to be human.*

115. Grogan, *Encountering America*, p. 158.

116. Hoffman, *The right to be human,* p. 276.

117. 墨菲，私人通信，二〇一八年五月十日。在一九七〇年四月三十日的日記中，馬斯洛以「坦承以對」、「親密的回饋」與真誠相待來描述自己與墨菲的情誼。另一篇日記中，馬斯洛形容墨菲「思想出眾，但仍保持開放的心胸與強烈的好奇心，不受體制束縛」──這段描述無疑呼應了深植於馬斯洛內心的精神（一九六七年九月十九日）。

第三部　健康的超越

1. Lowry, *A. H. Maslow: An intellectual portrait*, p. 10.

2. Lowry, *A. H. Maslow: An intellectual portrait*, p. 11.

3. Lowry, *A. H. Maslow: An intellectual portrait*, p. 12.

4. Lowry, *A. H. Maslow: An intellectual portrait*, pp. 14–15.

5. Lowry, *A. H. Maslow: An intellectual portrait*, p. 16.

6. 理查・洛瑞對馬斯洛寫作風格的見解是：「無論好壞，馬斯洛自認有許多真相要說給這個世界聽，他深知人生苦短，沒有時間享受一貫的閒適生活。不論馬斯洛有哪些美德與缺點，他始終懷抱熱忱與正直。有時，或許熱情讓他顯得傲慢自大，正直讓他顯得天真，但他一向坦誠地認真看待自己、自己的研究與周遭的世界。他早期評論艾默森的文章是只是眾多例子中的第一個，在其中，他毫無保留地憎惡、熱愛、研究或追尋某種理念。」參見：See: Lowry, *A. H. Maslow: An intellectual portrait*, p. 16.

第七章　高峰經驗

1. Hoffman, *The right to be human*.

2. Be You Fully. (2016, May 24). Abraham Maslow on Peak Experiences [Video file]. 出自 https://www.youtube.com/watch?v=zcOHMGe7lYg.

3. Be You Fully. Abraham Maslow on Peak Experiences.

4. James, W. (1902). *The varieties of religious experience*. Cambridge, MA: Harvard University Press.

5. Hoffman, *The right to be human*, p. 224.

6. Hoffman, *The right to be human*, p. 224.

7. Maslow, A. H. (1957). Cognition of being in the peak experience.

The Journal of Genetic Psychology, 94, 43–66.

8. Maslow, Cognition of being in the peak experience, p. 43.

9. Maslow, Cognition of being in the peak experience, p. 52.

10. Maslow, Cognition of being in the peak experience, p. 64.

11. 這個論點經常遭到忽略的事實令馬斯洛感到非常沮喪。在一九六七年十二月二日的日記中，馬斯洛寫道：「今天〔在探討超越的研討會上〕我對哲學家提出一個大哉問：你們要如何證明高峰經驗中感知的『現實』是有效的？我強烈認為，未來有必要透過科學、邏輯與推理等方式，來確認與證實哪些啟示正確、哪些不正確。然而他們似乎不明白這種必要。這也牽涉到一個問題：為什麼納粹得到的『啟示』一定不可信？他們似乎認為我在美化經驗且聲稱這必然具有說服力。不管我怎麼解釋，他們就是聽不懂。最好再琢磨看看該如何解決這個問題。許多研究案例的確證實了這些啟發，有些則否。」

12. Maslow, Cognition of being in the peak experience, p. 65.

13. Maslow, Cognition of being in the peak experience, p. 65.

14. Maslow, Cognition of being in the peak experience, p. 62.

15. 馬斯洛深受啟發，重新詮釋自我實現定義的概念：「〔自我實現〕可以定義為一段插曲或一種突然爆發的感受，個體的所有力量以一種效率極高且令人陶醉的方式相互融合，而在這當中，個體變得更完整、更樂於接受新的經驗、更獨特、更完美展現表達力與自發性，或者達到了充分運作，具有更多的創造力、幽默感，更加超越自我、更不受低層需求所限制等等。他在這些插曲中變得更像自己，更完美實現了自己的

可能性，更貼近自我存在的核心。」

16. Maslow, Cognition of being in the peak experience, p. 62.

17. 查閱馬斯洛在這段期間私底下與同事們的書信時，我無意間發現知名人格心理學家戈登‧奧爾波特寄給他的一封信，信中提到馬斯洛在一九五七年四月十二日針對高峰經驗、題為「兩種認知與其整合」（Two Kinds of Cognition and Their Integration）的演講。有鑑於他們在人格研究上方向一致（奧爾波特著重於全人發展與成熟的虔誠），奧爾波特對馬斯洛關於高峰經驗的演講反應熱烈，是意料中的事。他在信中寫道：「你的論文深深激勵了我！讓我從許多不同的角度重新思考。謝謝你的研究。」反過來，他也建議馬斯洛可嘗試牽起高峰經驗概念與「神祕主義文獻」之間的關聯。目前並不清楚奧爾波特的建議對馬斯洛後續思考與論述高峰經驗與宗教間的關係造成了多大的影響，但奧爾波特在馬斯洛的研究中或許扮演了關鍵卻不為人知的角色。

18. Maslow, A. H. (1964). *Religions, values, and peak experiences*. Columbus, OH: Ohio State University Press.

19. Maslow, *Religions, values, and peak experiences*, p. 19.

20. 大衛‧雅登，私人通信。

21. 大衛‧雅登，私人通信。

22. Newberg, A., et al. (2001). The measurement of regional cerebral blood flow during the complex cognitive task of mediation: A preliminary SPECT study. *Psychiatry Research: Neuroimaging, 106*(2), 113–122; Newberg, A. B., & Iversen, J. (2003). The neural basis of the complex mental task of meditation: Neurotransmitter and neurochemical considerations. *Medical Hypotheses, 61*(2),

282–291.

23. Yaden, D. B., Haidt, J., Hood, R. W., Vago, D. R., & Newberg, A. B. (2017). The varieties of self-transcendent experience. *Review of General Psychology, 21*(2), 143–160.

24. 清單改編自 Levin, J., & Steele, L. (2005). The transcendent experience: Conceptual, theoretical, and epidemiologic perspectives. *Explore, 1*(2), 89–101.

25. Azari, N. P., et al. (2001). Neural correlates of religious experience. *The European Journal of Neuroscience, 13*(8), 1649–1652; Beauregard, M., & Paquette, V. (2006). Neural correlates of a mystical experience in Carmelite nuns. *Neuroscience Letters, 405*(3), 186–190; Farrer, C., & Frith, C. D. (2002). Experiencing oneself vs. another person as being the cause of an action: The neural correlates of the experience of agency. *NeuroImage, 15*(3), 596–603; Johnstone, B., Bodling, A., Cohen, D., Christ, S. E., & Wegrzyn, A. (2012). Right parietal lobe-related "selflessness" as the neuropsychological basis of spiritual transcendence. *International Journal for the Psychology of Religion, 22*(4), 267–284.

26. d'Aquili, E., & Newberg, A. B. (1999). *The mystical mind: Probing the biology of religious experience*. Minneapolis: Fortress Press.

27. Sagan, C. (2011). *Pale blue dot: A vision of the human future in space*. New York: Ballantine Books.

28. Newberg, A. B., & d'Aquili, E. G. (2000). The neuropsychology of religious and spiritual experience. *Journal of Consciousness*

Studies, 7(11– 2), 251–266.

29. Csikszentmihalyi, M., & LeFevre, J. (1989). Optimal experience in work and leisure. *Journal of Personality and Social Psychology, 56*(5), 815–822; Csikszentmihalyi, M. (1990). *Flow: The psychology of optimal experience.* New York: Harper & Row; Kotler, S. (2014). *The rise of Superman: Decoding the science of ultimate human performance.* New York: Houghton Mifflin Harcourt; Kowal, J., & Fortier, M. S. (1999). Motivational determinants of flow: Contributions from self-determination theory. *The Journal of Social Psychology, 139*(3), 355–368; Walker, C. J. (2008). Experiencing flow: Is doing it together better than doing it alone? *The Journal of Positive Psychology, 5,* 3–11.

30. Goleman, D., & Davidson, R. J. (2017). *Altered traits: Science reveals how meditation changes your mind, brain, and body.* New York: Avery.

31. Watkins, P. C. (2013). *Gratitude and the good life: Toward a psychology of appreciation.* New York: Springer; Emmons, R. A. (2013). *Gratitude works!: A 21-day program for creating emotional prosperity.* San Francisco: Jossey-Bass; Emmons, R. A., & McCullough, M. E. (Eds.). (2004). *The psychology of gratitude.* New York: Oxford University Press.

32. Fredrickson, *Love 2.0*; Sternberg, R. J., & Sternberg, K. (Eds.). (2019). *The new psychology of love* (2nd ed.). New York: Cambridge University Press.

33. Schneider, K. (2004). *Rediscovery of awe: Splendor, mystery and the fluid center of life.* St. Paul: Paragon House; Yaden, D.

B., et al. (2018). The development of the Awe Experience Scale (AWE-S): A multifactorial measure for a complex emotion. *The Journal of Positive Psychology, 14*(4), 474–488.

34. Belzak, W. C. M., Thrash, T. M., Sim, Y. Y., & Wadsworth, L. M. (2017). Beyond hedonic and eudaimonic well-being: Inspiration and the self-transcendence tradition. In M. D. Robinson & M. Eid (Eds.), *The happy mind: Cognitive contributions to well-being* (pp. 117–138). New York: Springer; Erickson, T., & Abelson, J. L. (2012). Even the downhearted may be uplifted: Moral elevation in the daily life of clinically depressed and anxious adults. *Journal of Social and Clinical Psychology, 31*(7), 707–728; Haidt, J. (2000). The positive emotion of elevation. *Prevention & Treatment, 3*(1); Shiota, M. N., Thrash, T. M., Danvers, A. F., & Dombrowski, J. T. (2014). Transcending the self: Awe, elevation, and inspiration. In M. M. Tugade, M. N. Shiota, & L. D. Kirby (Eds.), *Handbook of positive emotions* (pp. 362–377). New York: Guilford Press.

35. Kotler, S., & Wheal, J. (2018). *Stealing fire: How Silicon Valley, the Navy SEALs, and maverick scientists are revolutionizing the way we live and work.* New York: Dey Street; Newberg, A., & Waldman, M. R. (2017). *How enlightenment changes your brain: The new science of transformation.* New York: Avery.

36. Koenig, H., King, D. E., & Carson, V. B. (2012). *Handbook of religion and health* (2nd ed.). New York: Oxford University Press; Yaden, D. B. et al. (2017). The noetic quality: A multimethod exploratory study. *Psychology of Consciousness: Theory, Research, and Practice, 4*(1), 54–62; Yaden, Haidt, Hood, Vago, & Newberg, The varieties of self-transcendent experience.

37. Yaden et al., The noetic quality.

38. James, *The varieties of religious experience*.

39. Yaden, D. B., et al. (2016). The language of ineffability: Linguistic analysis of mystical experiences. *Psychology of Religion and Spirituality, 8*(3), 244–252; Yaden et al., The noetic quality.

40. Leary, M. R., Diebels, K. J., Jongman- ereno, K. P., & Hawkins, A. (2016). Perspectives on hypo-egoic phenomena from social and personality psychology. In K. W. Brown & M. R. Leary (Eds.), *The Oxford handbook of hypo-egoic phenomena* (pp. 47–62). New York: Oxford University Press.

41. Leary, Diebels, Jongman-Sereno, & Hawkins, Perspectives on hypo-egoic phenomena from social and personality psychology. In Brown & Leary, *The Oxford handbook of hypo-egoic phenomena*.

42. Engler, J. (1984). Therapeutic aims in psychotherapy and meditation: Developmental stages in the representation of self. *Journal of Transpersonal Psychology, 16*(1), 25–61; Shaheen, J. (2004). Just as it is. *Tricycle.* 出自 https://tricycle.org/magazine/just-as-it-is.

43. Maslow, Peak experiences as acute identity experiences, p. 255.

44. Maslow, Peak experiences as acute identity experiences, p. 255.

45. 我也對這項悖論感到好奇,因而從自己蒐集的資料中尋求指引。編寫自我實現特質量表時,我發現有研究證明,自我實現者往往在日常生活中比一般人更頻繁地經歷高峰經驗。之後,我研究了自我實現量表與雅登為了測度個人在日常生活中體驗超越的傾向所開發的量表有何關聯。雅登的量表包含

了兩個超越面向：與萬物融為一體（如「我經常感覺與人性合而為一」），以及自我喪失（如「我經常感覺在某個時刻失去了自我意識」）。我請受試者評估他們在日常生活中經歷這些面向的程度，結果發現，個體與萬物融為一體及自我喪失的感覺越強烈，在日常生活中經歷高峰經驗的頻率就越高。然而，儘管感受一體經驗的傾向與自我實現的其他特質具有正相關（包括在更大程度上展現本真、目的性與人道考量），但自我喪失的傾向本身卻與大多數的自我實現特質（如本真）呈負相關。參見：Kaufman, S. B. (2018). Self-actualizing people in the 21st century: Integration with contemporary theory and research on personality and well-being. *Journal of Humanistic Psychology,* https:/doi.org/10.1177/0022167818809187.

46. Maslow, *Toward a psychology of being,* p. 85.

47. Keltner, D., & Haidt, J. (2003). Approaching awe, a moral spiritual, and aesthetic emotion. *Cognition and Emotion, 17*(2), 297–314.

48. Piff, P. K., Dietze, P., Feinberg, M., Stancato, D. M., & Keltner, D. (2015). Awe, the small self, and prosocial behavior. *Journal of Personality and Social Psychology, 108*(6), 883–899; Gordon, A. M., et al. (2016). The dark side of the sublime: Distinguishing a threat- based variant of awe. *Journal of Social Psychology, 113*(12), 310–328; Bonner, E. T., & Friedman, H. L. (2011). A conceptual clarification of the experience of awe: An interpretative phenomenological analysis. *The Humanistic Psychologist, 39*(3), 222–235; Chirico, A., Yaden, D. B., Riva, G., & Gaggioli, A. (2016). The potential of virtual reality for the investigation of awe. *Frontiers in Psychology, 7,* Article ID 1766; Shiota, M. N.,

Keltner, D., & Mossman, A. (2007). The nature of awe: Elicitors, appraisals, and effects on self-concept. *Cognition and Emotion, 21*(5), 944–963.

49. Rudd, M., Vohs, K. D., & Aaker, J. (2012). Awe expands people's perception of time, alters decision making, and enhances well-being. *Psychological Science, 23*(10), 1130– 1136; Krause, N., & Hayward, R. D. (2015). Assessing whether practical wisdom and awe of God are associated with life satisfaction. *Psychology of Religion and Spirituality, 7*(1), 51–59.

50. Rudd, Vohs, & Aaker, Awe expands people's perception of time, alters decision making, and enhances well-being.

51. Piff, Dietze, Feinberg, Stancato, & Keltner, Awe, the small self, and prosocial behavior; Prade, C., & Saroglou, V. (2016). Awe's effects on generosity and helping. *The Journal of Positive Psychology, 11*(5), 522–530.

52. Yang, Y., Yang, Z., Bao, T., Liu, Y., & Passmore, H-A. (2016). Elicited awe decreases aggression. *Journal of Pacific Rim Psychology, 10,* e11.

53. van Elk, M., Karinen, A., Specker, E., Stamkou, E., & Baas, M. (2016). "Standing in awe": The effects of awe on body perception and the relation with absorption. *Collabra, 2*(1), 4.

54. Van Cappellen, P., & Saroglou, V. (2012). Awe activates religious and spiritual feelings and behavioral intentions. *Psychology of Religion and Spirituality, 4*(3), 223–236.

55. Valdesolo, P., & Graham, J. (2014). Awe, uncertainty, and agency detection. *Psychological Science, 25*(1), 170–178.

56. Yaden et al., The development of the Awe Experience Scale (AWE-S).

57. Yaden et al., The development of the Awe Experience Scale (AWE-S).

58. Harrison, I. B. (1975). On the maternal origins of awe. *The Psychoanalytic Study of the Child,* 30, 181–195.

59. Graham, J., & Haidt, J. (2010). Beyond beliefs: Religions bind individuals into moral communities. *Personality and Social Psychology Review, 14*(1), 140– 50.

60. de Botton, A. (2013). *Religion for atheists: A non-believer's guide to the uses of religion.* New York: Vintage.

61. TEDx Talks. (2016, June 20). "Open Wide and Say Awe," Katherine Maclean, TEDxOrcasIsland [Video file]. 出自 https://www.youtube.com/watch?v=ZljALxpt3iU.

62. MacLean, K. A., Johnson, M. W., & Griffiths, R. R. (2011). Mystical experience occasioned by the hallucinogen psilocybin lead to increases in the personality domain of openness. *Journal of Psychopharmacology, 25*(11), 1453–1461.

63. Pollan, M. (2018). *How to change your mind: What the new science of psychedelics teaches us about consciousness, dying, addiction, depression, and transcendence.* New York: Penguin Press.

64. Yaden, D. B., et al. (2016). Of roots and fruits: A comparison of psychedelic and nonpsychedelic mystical experiences. *Journal of Humanistic Psychology, 57*(4), 338–353.

65. Griffiths, R. R., Richards, W. A., McCann, U., & Jesse, R. (2006). Psilocybin can occasion mystical-type experiences having substantial and sustained personal meaning and spiritual significance. *Psychopharmacology, 187*(3), 268–283; Griffiths, R., Richards, W., Johnson, M., McCann, U., & Jesse, R. (2008). Mystical-type experiences occasioned by psilocybin mediate the attribution of personal meaning and spiritual significance 14 months later. *Journal of Psychopharmacology, 22*(6), 621–632.

66. Griffiths, R. R., et al. (2016). Psilocybin produces substantial and sustained decreases in depression and anxiety in patients with life-threatening cancer: A randomized double- blind trial. *Journal of Psychopharmacology, 30*(12), 1181–1197; Grob, C. S., et al. (2011). Pilot study of psilocybin treatment for anxiety in patients with advanced-stage cancer. *Archives of General Psychiatry, 68*(1), 71–78.

67. Danforth, A. L., Struble, C. M., Yazar-Klosinski, B., & Grob, C. S. (2016). MDMA-assisted therapy: A new treatment model for social anxiety in autistic adults. *Progress in Neuro-Psychopharmacology and Biological Psychiatry, 64*, 237–249.

68. Errizoe, D., et al. (2018). Effects of psilocybin therapy on personality structure. *Acta Psychiatrica Scandinavica, 138*(1), 368–378.

69. 凱瑟琳・麥克林恩，私人通信，二〇一八年六月十四日。

70. Cosimano, M. (2014). Love: The nature of our true self. MAPS Bulletin Annual Report, 39–41. https://pdfs.semanticscholar.org/8 2bd/2468ba88d088146f4065658b02 b7785b3603.pdf .

71. Hood, R. W. (1975). The construction and preliminary validation of a measure of reported mystical experience. *Journal for the Scientific Study of Religion, 14*(1), 29–41; Newberg, et al., The measurement of regional cerebral blood flow during the complex cognitive task of meditation; Zanesco, A. P., King, B. G., MacLean, K. A., & Saron, C. D. (2018). Cognitive aging and long-term maintenance of attentional improvements following meditation training. *Journal of Cognitive Enhancement, 2*(3), 259–275.

72. Griffiths, R. R., et al. (2018). Psilocybin-occasioned mystical-type experience in combination with meditation and other spiritual practices produces enduring positive changes in psychological functioning and in trait measure of prosocial attitudes and behaviors. *Journal of Psychopharmacology, 32*(1), 49–69.

73. Shiota, Keltner, & Mossman, The nature of awe.

74. Harari, Y. N. (2017). *Homo deus: A brief history of tomorrow.* New York: HarperCollins.

75. Yaden, D. B., et al. (2016). The overview effect: Awe and self-transcendent experience in space flight. *Psychology of Consciousness: Theory, Research, and Practice, 3*(1), 1–11.

76. Harari, Homo deus.

77. 哲學家大衛‧查爾默斯（David Chalmers）也提出了類似的論點。參見：Kaufman, S. B. (2017). Philosopher David Chalmers thinks we might be living in a simulated reality. *The Psychology Podcast.* 出自 https://scottbarrykaufman.com/podcast/ philosopher-david-chalmers-thinks-we-might-be-living-in-a-simul

ated-reality.

78. Yaden, D. B., Eichstaedt, J. C., & Medaglia, J. D. (2018). The future of technology in positive psychology: Methodological advances in the science of well-being. *Frontiers in Psychology, 9,* https://doi.org/10.3389/fpsyg.2018.00962.

79. Chirico, Yaden, Riva, & Gaggioli, The potential of virtual reality for the investigation of awe; Chirico, A., et al. (2017). Effectiveness of immersive videos in inducing awe: An experimental study. *Scientific Reports, 7*(1); Chirico, A. & Yaden, D. B. (2018). Awe: A self-transcendent and sometimes transformative emotion. In H. C. Lench (Ed.), *The function of emotions: When and why emotions help us* (pp. 221–233): New York: Springer; Chirico, A., Glaveanu, V. P., Cipresso, P., Riva, G., & Gaggioli, A. (2018). Awe enhances creative thinking: An experimental study. *Creativity Research Journal, 30*(2), 123–31.

80. Hallett, M. (2000). Transcranial magnetic stimulation and the human brain. *Nature, 406*(6792), 147–150.

81. Fregni, F., & Pascual-Leone, A. (2007). Technology insight: Noninvasive brain stimulation in neurology—perspectives on the therapeutic potential of rTMS and tDSC. *Nature Clinical Practice Neurology, 3,* 383– 93.

82. Hamilton, R., Messing, S., and Chatterjee, A. (2011). Rethinking the thinking cap: Ethics of neural enhancement using noninvasive brain stimulation. *Neurology, 76*(2), 187–193; O'Reardon, J. P., et al. (2007). Efficacy and safety of transcranial magnetic stimulation in the acute treatment of major depression: A multisite

randomized controlled trial. *Biological Psychiatry, 62*(11), 1208–1216; Smith, K. S., Mahler, S. V., Peciña, S., & Berridge, K. C. (2010). Hedonic hotspots: Generating sensory pleasure in the brain. In M. L. Kringelbach, & K. C. Berridge (Eds.), *Pleasures of the Brain* (pp. 27–39). New York: Oxford University Press; Medaglia, J. D., Zurn, P., Sinnott-Armstrong, W., & Bassett, D. S. (2017). Mind control as a guide for the mind. *Nature Human Behaviour, 1,* Article ID 0119, doi: 10.1038/s41562-017-0119; Medaglia, J. D., Yaden, D. B., Helion, C., & Haslam, M. (2019). Moral attitudes and willingness to enhance and repair cognition with brain stimulation. *Brain Stimulation, 12*(1), 44–53.

83. Berger, M. W. (2018). Brain stimulation decreases intent to commit assault. *Penn Today.* 出自 https://penntoday.upenn.edu/news/brain-stimulation-decreases-intent-commit-physical-sexual-assault.

84. Yaden, Eichstaedt, & Medaglia, The future of technology in positive psychology.

85. Nozick, R. (1974). *Anarchy, state, and utopia.* New York: Basic Books.

86. Maslow, *The farther reaches of human nature,* p. 271.

87. Kaufman, S. B. (2017). Your brain on enlightenment with Dr. Andrew Newberg. *The Psychology Podcast.* 出自 https://scottbarrykaufman.com/podcast/your-brain-on-enlightenment-with-dr-andrew-newberg.

88. Kaufman, S. B. (2018). Open wide and say awe with Katherine MacLean. *The Psychology Podcast.* 出自 https://

scottbarrykaufman.com/podcast/open-wide-say-awe-katherine-maclean.

89. Maslow, A. H. (1966, November 22). Drugs—Critique. Maslow Papers, Box M 4448, Archives of the History of American Psychology, Cummings Center for the History of Psychology, University of Akron, Akron, OH.

90. Maslow, A. H. (1966, May 11). Letter to Mrs. Paula Gordon from Maslow, 5/11/1966, discussing peak experiences and the use of psychaedelic [*sic*] drugs in research. Maslow Papers, Box M 4471, Archives of the History of American Psychology, Cummings Center for the History of Psychology, University of Akron, Akron, OH.

91. 艾德華‧霍夫曼指出，提摩西‧利里（Timothy Leary）於一九六〇年來到哈佛大學時，馬斯洛與他「交情甚篤，經常交流彼此對於創造力、優越心理運作與高峰經驗的共同興趣」。一九六二年，馬斯洛甚至與利里合作組成藥物引致高峰經驗的研究小組，他的女兒艾倫（Ellen）則擔任利里的研究助理。理論上，馬斯洛支持對迷幻藥進行嚴謹研究，但他不願意親身試驗任何迷幻藥，日益擔心藥物會淪為快速達到自我實現的工具，並警告迷幻藥的濫用有可能導致智力衰退、生活漫無目的與人際關係斷絕，而不是自我實現。有次馬斯洛在午餐期間對利里說，「沒有那麼容易的事。想經歷高峰經驗，你必須付出一些代價（you have to sweat）。」而利里開玩笑地說，「好，你想流汗是吧？那你打算從哈佛廣場（Harvard Square）走回布蘭戴斯，還是開車？你之前說你下個月要去加州，那你計劃徒步走到那裡，還是搭飛機？你不是想流汗嗎？」參見：Hoffman, *The right to be human* (pp. 265-266).

Maslow, A. H. (1963, October 24). Z. M. Schachter and Maslow, 1963, discussing various research implication of LSD and peak experiences. Maslow Papers, Folder LSD—Drugs, Box M 4471, Archives of the History of American Psychology, Cummings Center for the History of Psychology, University of Akron, Akron, OH.; Maslow, A. H. (1963, October 24). Letter to Rabbi Zalman Schachter. Maslow Papers, Folder LSD—Drugs, Box M 449.7, Archives of the History of American Psychology, Cummings Center for the History of Psychology, University of Akron, Akron, OH.

92. Grogan, *Encountering America.*

93. Foreword by Warren Bennis to the new edition of Maslow, A. H. (1998). *Maslow on management.* New York: Wiley, pp. x–xi.

第八章　Z 理論：邁向更高層次的人性

1. Lowry, *The journals of A. H. Maslow*, p. 794.

2. Lowry, *The journals of A. H. Maslow*, pp. 798–799.

3. Koltko-Rivera, M. E. (2006). Rediscovering the later version of Maslow's hierarchy of needs: Self-transcendence and opportunities for theory, research, and unification. *Review of General Psychology, 10*(4), 302–317.

4. Frick, W. B. (2000). Remembering Maslow: Reflections on a 1968 interview. *Journal of Humanistic Psychology, 40*(2), 128–147, p. 142.

5. Maslow, *The farther reaches of human nature*, p. 271.

6. Maslow, *The farther reaches of human nature*, p. 271.

7. 改編自 Maslow, *The farther reaches of human nature*, pp. 273-285.

8. 馬斯洛進一步提出有趣的建議：「若想避免軟弱、弱勢、無能或需要幫助的人因為嫉妒而心生怨恨，應該減少給他們的金錢，提供『更高的薪水』與『超越性報酬』。依據目前為止所論述的原則，這麼做將同時滿足自我實現者與心理上發展程度較低的人們，而且將阻礙始終存在於人類史上、互相排斥與敵對的社會階級或地位之發展。我們只需要實現這種後馬克思主義、後歷史的可能性，學著不為金錢付出過多代價，意即重視較高層次的人性，而不是低層次的需求。此外，也必須弭除金錢的象徵意義，換言之，不能以金錢象徵成功，而要尊重價值或愛的價值。理論上這些改變應該相當容易達成，因為它們早已與自我實現者的前意識價值觀形成一致。這個世界觀是否在更大程度上代表超越者的特質，仍有待探究。因此，這或許有助於打造一個世界，讓最有能力、最深刻覺醒、最理想的人們受到推舉與愛戴，作為領袖、教師或善良與無私的當權者。」支持此觀點的研究發現，人們其實願意為了更有意義的工作而接受較低的薪水。因此，以「美德」——或至少意義——之名給予報酬的作法是可行的。參見：Hu, J., and Hirsch, J. B. (2017). Accepting lower salaries for meaningful work. *Frontiers in Psychology*, 29, 1649.

9. Maslow, *Toward a psychology of being*.

10. 近年來，亞倫‧魏德曼（Aaron Weidman）與同事們發現，人們對於謙遜有兩種截然不同的理解。說到謙遜，一些人會想到羞辱與自卑（匱乏的謙遜）。具有強烈的自卑謙遜傾向的人會輕視自己、感到懦弱與無足輕重、逃避他人的評價，而

且極度厭惡自身缺點。這樣的人往往更容易表現出羞愧、困窘、順從、不安的自尊與自戀傾向。人們看待謙遜的另一種方式——謙遜學者佩林・凱瑟比爾（Pelin Kesebir）認為這更貼近謙遜的真正意義——為精確評估與接受自己的長處和極限、不以自我為中心，並懂得欣賞周遭的世界。充分展現感激性謙卑（存有謙遜）的人們通常在較大程度上展現真實的自豪、崇高的聲望、自主性、穩定的自尊，願意為他人的成就感到開心，擁有較高的經驗開放性與更持久的幸福。雖然這個論點尚未經過驗證，但我認為這種人也往往能在日常生活中體會更多的超越經驗。參見：Weidman, A. C., Cheng, J. T., & Tracy, J. L. (2016). The psychological structure of humility. *Journal of Personality and Social Psychology, 114*(1), 153–178.

11. 在《邁向存在心理學》中，馬斯洛如此描述存有樂趣：「很難形容存有樂趣，因為英文無法準確表達這個概念（一般而言，英文裡沒有合適的詞彙可充分描述「更高層次」的主觀經驗）。這種經驗具有無限或莊嚴而宜人的特質，無疑超越了任何類型的敵意。它顯然可稱為幸福的喜悅或豐盈的快樂或愉悅，有如財富或盈餘般洋溢豐足（不是基於匱乏而尋求）。它以一種娛樂或喜悅的形式存在於世上，兼具人類的渺小（弱點）與偉大（長處），超越了不是支配、就是順從的兩極性。它具有某種勝利的特質，有時也牽涉了痛苦的解除。它既成熟又純真。」(p. 123)

12. Loevinger, J. (1976). *Ego development: Conceptions and theories*. San Francisco: Jossey-Bass; Erikson, E. H. (1982). *The life cycle completed.* New York: W. W. Norton; McAdams, D. P., & de St. Aubin, E. (1992). A theory of generativity and its assessment through self- report, behavioral acts, and narrative

themes in autobiography. *Journal of Personality and Social Psychology, 62*(6), 1003–1015; Kegan, R. (1982). *The evolving self.* Cambridge, MA: Harvard University Press; Eriksen, K. (2006). The constructive developmental theory of Robert Kegan. *The Family Journal: Counseling and Therapy for Couples and Families, 14*(3), 290–298; Melvin, E., & Cook-Greuter, S. (Eds.). (2000). *Creativity, spirituality, and transcendence: Paths to integrity and wisdom in the mature self.* Stamford, CT: Ablex Publication Corporation; Pfaffenberger, A. H., Marko, P. W., & Combs, A. (2011). *The postconventional personality.* Albany: State University of New York Press; Wilber, K. (2000). *Integral psychology: Consciousness, spirit, psychology, therapy.* Boston: Shambhala Publications; Cowan, C. C., & Todorovic, N. (Eds.). (2005). *The never ending quest: Dr. Clare W. Graves explores human nature.* Santa Barbara, CA: ECLET Publishing.

13. Kramer, D. A. (2000). Wisdom as a classical source of human strength: Conceptualization and empirical inquiry. *Journal of Social and Clinical Psychology, 19*(1), 83–101; Staudinger, U. M., Lopez, D. F., & Baltes, P. B. (1997). The psychometric location of wisdom-related performance: Intelligence, personality, and more? *Personality and Social Bulletin, 23*(11), 1200–1214.

14. 參見：Loevinger, J. (1976). *Ego development: Conceptions and theories.* San Francisco: Jossey-Bass; Erikson, E. H. (1982). *The life cycle completed.* New York: W. W. Norton; McAdams, D. P., & de St. Aubin, E. (1992). A theory of generativity and its assessment through self-report, behavioral acts, and narrative themes in autobiography. *Journal of Personality and Social*

Psychology, 62(6), 1003–1015; Kegan, R. (1982). *The evolving self.* Cambridge, MA: Harvard University Press; Eriksen, K. (2006). The constructive developmental theory of Robert Kegan. *The Family Journal: Counseling and Therapy for Couples and Families, 14*(3), 290–298; Melvin, E., & Cook-Greuter, S. (Eds.). (2000). *Creativity, spirituality, and transcendence: Paths to integrity and wisdom in the mature self.* Stamford, CT: Ablex Publishing; Pfaffenberger, A. H., Marko, P. W., & Combs, A. (2011). *The postconventional personality.* Albany: State University of New York Press; Wilbur, K. (2000). *Integral psychology: Consciousness, spirit, psychology, therapy.* Boston: Shambhala Publications; Cowan, C. C., & Todorovic, N. (Eds.). (2005). *The never ending quest: Dr. Clare W. Graves explores human nature.* Santa Barbara, CA: ECLET Publishing.

15. Kramer, Wisdom as a classical source of human strength.

16. Kramer, Wisdom as a classical source of human strength.

17. Beaumont, S. L. (2009). Identity processing and personal wisdom: An information- oriented identity style predicts self-actualization and self-transcendence. *Identity: An International Journal of Theory and Research, 9*(2), 95–115; Berzonsky, M. D. (1992). Identity style and coping strategies. *Journal of Personality, 60*(4), 771–788; Berzonsky, M. D., & Sullivan, C. (1992). Social-cognitive aspects of identity style: Need for cognition, experiential openness, and introspection. *Journal of Adolescent Research, 7*(2), 140–155; Kramer, Wisdom as a classical source of human strength; Kunzmann, U., & Baltes, P. B. (2003). Wisdom-related knowledge: Affective, motivational, and interpersonal correlates.

Personality and Social Psychology Bulletin, 29(9), 1104–1119; Staudinger, Lopez, & Baltes, The psychometric location of wisdom-related performance; Sternberg, R. J. (1998). A balance theory of wisdom. *Review of General Psychology, 2*(4), 347–365.

18. Beaumont, Identity processing and personal wisdom.

19. Maslow, A. H. (1957). Alfred Korzybski memorial lecture: Two kinds of cognition and their integration. General Semantic Bulletin, 20 & 21, 17–22, p. 22.

20. Maslow, The farther reaches of human nature. *The Journal of Transpersonal Psychology,* p. 5.

21. Christakis, N. A. (2019). *Blueprint: The evolutionary origins of a good society.* New York: Little, Brown Spark; Fredrickson, *Love 2.0*; Friedman, H. L., & Hartelius, G. (Eds.). (2015). *The WileyB lackwell handbook of transpersonal psychology.* Hoboken, NJ: Wiley-Blackwell; Goleman & Davidson, Altered traits; Harari, Homo deus; Keltner, D. (2009). *Born to be good: The science of a meaningful life.* New York: W. W. Norton; Vaillant, Spiritual evolution. Harmony; Kotler & Wheal, Stealing fire; Newberg & Waldman, How enlightenment changes your brain.

22. Maslow, The farther reaches of human nature. *The Journal of Transpersonal Psychology,* p. 6.

23. Kaufman, Ungifted.

24. Maslow, The farther reaches of human nature (1969), p. 8.

25. Maslow, *The farther reaches of human nature* (1993/ 1971), p. 317.

26. Ericson & Abelson, Even the downhearted may be uplifted.

27. Maslow, The farther reaches of human nature. *The Journal of Transpersonal Psychology,* p. 6.

28. Maslow, The farther reaches of human nature. *The Journal of Transpersonal Psychology,* p. 8.

29. Maslow, Building a new politics based on humanistic psychology. In Hoffman, *Future visions* (pp. 147–152), p. 148.

30. Hirsh, J. B., DeYoung, C. G., Xiaowen, X., & Peterson, J. B. (2010). Compassionate liberals and polite conservatives: Associations of agreeableness with political ideology and moral values. *Personality and Social Psychology Bulletin, 36*(5), 655–664; Waytz, A., Iyer, R., Young, L., and Haidt, J. (2019). Ideological differences in the expanse of the moral circle. *Nature Communications, 10*, doi: 10.1038/s41467-019-12227-0.

31. Hirsh, DeYoung, Xiaowen, & Peterson, Compassionate liberals and polite conservatives.

32. Mudde, C. (2004). The populist zeitgeist. *Government and Opposition*, 39, 541–563.

33. Judis, J. B., & Teixeira, R. (2004). *The emerging democratic majority.* New York: Scribner; Mudde, The populist zeitgeist; Taggart, P. (2000). *Populism.* Buckingham, UK: Open University Press.

34. Caprara, G. V., & Zimbardo, P. G. (2004). Personalizing politics: A congruency model of political preference. *American Psychologist, 59*(7), 581–594; Valkenburg, P. M., & Jochen, P.

(2013). The differential susceptibility to media effects model. *Journal of Communication, 63*(2), 221–243; Kaufman, S. B. (2016). Donald Trump's real ambition. *Scientific American Blogs.* 出自 https://blogs.scientificamerican.com/beautiful-minds/donald-trump-s-real-ambition.

35. Dunn, K. (2013). Preference for radical right-wing populist parties among exclusive- nationalists and authoritarians. *Party Politics, 21*(3), 367–380; Kaufman, S. B. (2018). The personality trait that is ripping America (and the world) apart. *Scientific American Blogs.* 出自 https://blogs.scientificamerican.com/beautiful-minds/the-personality-trait-that-is-ripping-america-and-the-world-apart; Rooduijn, M. (2018). Populist appeal: Personality and anti-establishment communication. 出自 https://www.mzes.uni-mannheim.de/d7/en/events/populist-appeal-personality-and-anti-establishment-communication.

36. Maslow, Building a new politics based on humanistic psychology. In Hoffman, *Future visions* (pp. 147–152), p. 151.

37. Becker, E. (1997; originally published in 1973). *Denial of death.* New York: Free Press, p. 87.

38. Solomon, S., Greenberg, J., & Pyszczynski, T. (2004). The cultural animal: Twenty years of terror management theory and research. In J. Greenberg, S. L. Koole, & T. Pyszczynski (Eds.), *Handbook of experimental existential psychology* (pp. 13–34). New York: Guilford Press.

39. Solomon, S., Greenberg, J., & Pyszczynski, T. (1986). A terror management theory of social behavior: The psychological

functions of self-esteem. *Advances in Experimental Social Psychology, 24*, 93–159.

40. Feifel, H., & Nagy, V. T. (1981). Another look at fear of death. *Journal of Consulting and Clinical Psychology, 49*(2), 278–286.

41. 此外，近期一些預先注冊的研究發現，已發表文獻所提出的死亡凸顯性效應（mortality salience effect）可能比想像中還難以重現。參見：Sætrevik, B. & Sjåstad, H. (2019). A pre-registered attempt to replicate the mortality salience effect in traditional and novel measures, https://psyarxiv .com/dkg53.

42. Leary, M. R., & Schreindorfer, L. S. (1997). Unresolved issues with terror management theory. *Psychological Inquiry, 8*(1), 26–29.

43. Yalom, *Existential psychotherapy*, p. 40.

44. Yalom, *Existential psychotherapy*, p. 31.

45. Yalom, *Existential psychotherapy*.

46. Yalom, *Existential psychotherapy*, p. 34.

47. Weiner, E. (2015). Bhutan's dark secret of happiness. *BBC Travel*. 出 自 http://www.bbc.com/travel/story/20150408-bhutans-dark-secret-to-happiness.

48. Weiner, Bhutan's dark secret of happiness.

49. Cozzolino, P. J., Blackie, L. E. R., & Meyers, L. S. (2014). Self-elated consequences of death fear and death denial. *Death Studies, 38*(6), 418–422; Lykins, E. L., Segerstrom, S. C., Averill, A. J., Evans, D. R., & Kemeny, M. E. (2007). Goal shifts following re-

minders of mortality: Reconciling posttraumatic growth and terror management theory. *Personality and Social Psychology Bulletin, 33*(8), 1088–1099.

50. Kesebir, A quiet ego quiets death anxiety; Moon, H. G. (2019). Mindfulness of death as a tool for mortality salience induction with reference to terror management theory. *Religions, 10,* doi: 10.3390/rel10060353; Niemiec, C. P., Brown, K. W., Kashdan, T. B., Cozzolino, P. J., and Ryan, R. M. (2010). Being present in the face of existential threat: The role of trait mindfulness in reducing defensive responses to mortality salience. *Journal of Personality and Social Psychology, 99,* 344–365. Prentice, M., Kasser, T., & Sheldon, K. M. (2018). Openness to experience predicts intrinsic value shifts after deliberating one's own death. *Death Studies, 42*(4), 205–215.

51. Yalom, *Existential psychotherapy,* p. 45.

52. Yalom, *Existential psychotherapy,* p. 45.

53. 大衛・布魯克斯（David Brooks）稱之為「第二座山」（Second Mountain）：Brooks, D. (2019). *The second mountain: The quest for a moral life.* New York: Random House.

54. Krippner, *The plateau experience*, p. 119.

55. Lowry, *The journals of A. H. Maslow,* p. 1306.

56. Becker, *Denial of death*; Solomon, S., Greenberg, J., & Pyszczynski, T. (2015). *The worm at the core: On the role of death in life.* New York: Random House.

57. Lowry, *The journals of A. H. Maslow,* p. 998.

58. 馬斯洛在兒時特別痛恨母親的迷信思想。他在一九六九年四月十六日寫作的一篇日記清楚表明了這一點：「早餐時的談話讓我頓悟了一件事。柏莎說她的潔癖是兒時生活的髒亂環境所致。我突然想到我對母親（還有父親）也是一樣的道理。我強烈抗拒、討厭與排斥的不只是她的外表，還有她的價值觀與世界觀、她的吝嗇、自私、對自己以外的任何人──甚至包括丈夫與小孩──都缺乏愛，以及她的自戀……我一直在想，我的烏托邦主義、道德壓力、人道主義、注重良善、愛與友好等人性的傾向由來為何。我非常清楚缺乏母愛的直接後果，但我的人生哲學與所有研究理論的要點，也根植於我對母親的憎恨與反感，而這樣的嫌惡從我年幼時就存在，以致我從來都不尋求、渴望或期待她的關愛。我活到了六十一歲，才如此輕而易舉地發現這一點！在完成了那麼多的心理分析與自我分析，與柏莎多次談到她在許多方面的世界觀與養父母有多麼不同之後，我才意識到這一點！人活在世上，洞察永無止息的一天。」

59. Heitzman, A. L. (2003). The plateau experience in context: An intensive in-depth psychobiographical case study of Abraham Maslow's "post-mortem life" (Doctoral dissertation). Saybrook Graduate School and Research Center.

60. Heitzman, The plateau experience in context, p. 251.

61. 理查・洛瑞對馬斯洛矛盾的自我概念也有同感：「他內心有一部分始終反對多愁善感、持懷疑態度、『務實』且『講求科學證據』……而另一部分的他始終秉持神祕主義，像是一個詩人、狂熱的創作者、「美好願景」的先知，容易因為美麗、喜悅與悲劇而毫不掩飾地感動落淚。同時具有兩種如此極端性格的人面臨的最大風險是，他會投入一種極端傾向，然後開

始抑制改過向善的所有徵兆。」參見：Lowry, *A. H. Maslow: An intellectual portrait*, p. 15.

62. Heitzman, The plateau experience in context, p. 292.

63. Lowry, *The journals of A. H. Maslow*, p. 1284–1285.

64. Heitzman, The plateau experience in context, p. 301.

65. Lowry, *The journals of A. H. Maslow*, p. 1256.

66. 在一九六七年五月五日寫給阿斯拉尼的信中，馬斯洛寫道：「你提議的高原經驗一詞很棒，今後我會用它來描述之前所謂的『寧靜的存有認知』。顯然，這種狀態會隨年齡增長而來，至少我個人的經驗是如此。深刻而高潮的高峰經驗似乎變少了，而『覺醒』的認知或統合的感知似乎有所增加，甚至可受到刻意控制。這麼一來，幸福往往溫和而持久，而非濃烈與深刻。」欲深入瞭解馬斯洛論述高原經驗的起源，請見：Gruel, N. (2015). The plateau experience: An exploration of its origins, characteristics, and potential. *The Journal of Transpersonal Psychology, 47*(1), 44–63.

67. Heitzman, The plateau experience in context.

68. Krippner, *The plateau experience*, p. 113.

69. Maslow, A. H. (1970). *Religions, values, and peak experiences*. New York: Viking, p. xiv.（一九六四年重新發行平裝版；一九七〇年新增前言。）

70. Krippner, *The plateau experience*, p. 114.

71. 關於凱倫・荷妮的生平及困境（包含對異性情感的強烈需求與矛盾的自我形象），心理分析師哈諾德・凱爾曼（Harold

Kelman，私底下他很清楚荷妮的痛苦掙扎）寫道：「儘管生活遭遇許多難關，她仍持續憑藉這些困境帶來的動力從事研究。」馬斯洛也可謂如此，而我說，每個人都是這樣。參　見：Kelman, H. (1977). *Helping people: Karen Horney's psychoanalytic approach*. Lanham, MD: Rowman & Littlefield.

72. Heitzman, The plateau experience in context, p. 296.

73. *Psychology Today* (August 1970); International Study Project. (1972). Abraham H. Maslow: A memorial volume. Brooks/Cole, p. 29.

追求更深刻的存有境界

1. 改編自 "Living in the World of Higher Values" and "Regaining Our Sense of Gratitude" in Hoffman, *Future visions*.

後記　再述「不可思議的可能性與深不可測的奧祕」

1. 我會如此肯定，是因為唐‧布洛霍亞克非常好心地協助指引文件的館藏位置。

2. Maslow, A. H. (1969– 970). Chapter 2—*The possibilities for human nature*. Maslow Papers, Folder: Mostly Tapes "Rough"— Prop, Box M 4483, Archives of the History of American Psychology, Cummings Center for the History of Psychology, University of Akron, Akron, OH.

3. International Study Project, Abraham H. Maslow, p. 21.

4. Maslow, Chapter 2—*The possibilities for human nature*.

附錄 I　成為全人的七個原則

1. Buhler, C. (1971). Basic theoretical concepts of humanistic psychology. *American Psychologist, 26*(4), 378–386.

2. 本節部分內容改編自此篇部落格文章：Kaufman, S. B. (2019). Authenticity under fire. *Scientific American Blogs.* 出自 https://blogs.scientificamerican.com/beautiful-minds/authenticity-under-fire.

3. Rogers C. R., *On becoming a person*, p. 108.

4. Jongman-Sereno, K. P., & Leary, M. R. (2018). The enigma of being yourself: A critical examination of the concept of authenticity. *Review of General Psychology*, http://dx .doi.org/10.1037/gpr0000157; Kaufman, *Authenticity under fire*; Kenrick, D. T., & Griskevicius, V. (2013). *The rational animal: How evolution made us smarter than we think.* New York: Basic Books; Kurzban, R. (2012). *Why everyone (else) is a hypocrite: Evolution and the modular mind.* Princeton, NJ: Princeton University Press.

5. Strohminger, N., Knobe, J., & Newman, G. (2017). The true self: A psychological concept distinct from the self. *Perspectives on Psychological Science, 12*(4), 551–560.

6. Jongman-Sereno, K., & Leary, M. R. (2016). Self-perceived authenticity is contaminated by the valence of one's behavior. *Self and Identity, 15*(3), 283–301.

7. Strohminger, Knobe, & Newman, The true self.

8. Debats, D. L., Drost, J., & Hansen, P. (1995). Experiences of

meaning in life: A combined qualitative and quantitative approach. *British Journal of Psychology, 86*(part 3), 359–375; Fleeson, W., & Wilt, J. (2010). The relevance of Big Five trait content in behavior to subjective authenticity: Do high levels of within-person behavioral variability undermine or enable authenticity achievement? *Journal of Personality, 78*(4), 1353–1382; Garcia, D., Nima, A. A., & Kjell, O. N. E. (2014). The affective profiles, psychological well-being, and harmony: environmental mastery and self-acceptance predict the sense of a harmonious life. *PeerJ*, doi: 10.7717/peerj.259; Lenton, A. P., Bruder, M., Slabu, L., & Sedikides, C. (2013). How does "being real" feel? The experience of state authenticity. *Journal of Personality, 81*(3), 276–289; Rivera, G. N., et al. (2019). Understanding the relationship between perceived authenticity and well-being. *Review of General Psychology, 23*(1), 113–126; Ryan & Deci, Self-determination theory and the facilitation of intrinsic motivation, social development, and well-being; Sedikides, C., Lenton, A. P., Slabu, L., & Thomaes, S. (2019). Sketching the contours of state authenticity. *Review of General Psychology, 23*(1), 73–88; Vess, M. (2019). Varieties of conscious experience and the subjective awareness of one's "true" self. *Review of General Psychology, 23*(1), 89–98.

9. McAdams, D. P. (1996). Personality, modernity, and the storied self: A contemporary framework for studying persons. *Psychological Inquiry, 7*(4), 295–321; Ryan & Deci, Self-determination theory and the facilitation of intrinsic motivation, social development, and well-being; Vess, Varieties of conscious experience and the subjective awareness of one's "true" self;

Sheldon, K. M., Ryan, R. M., Rawsthorne, L. J., & Ilardi, B. (1997). Trait self and true self: Cross-role variation in the big-five personality traits and its relation with psychological authenticity and subjective well-being. *Journal of Personality and Social Psychology, 73*(6), 1380–1393.

10. Baumeister, R. F., Ainsworth, S. E., & Vohs, K. D. (2016). Are groups more or less than the sum of their members? The moderating role of individual identification. *Behavioral and Brain Sciences, 39*, e137.

11. Baker, Z. G., Tou, R. Y. W., Bryan, J. L., & Knee, C. R. (2017). Authenticity and well-being: Exploring positivity and negativity in interactions as a mediator. *Personality and Individual Differences, 113*, 235–39; Baumeister, R. F. (2019). Stalking the truth self through the jungles of authenticity: Problems, contradictions, inconsistencies, disturbing findings—and a possible way forward. *Review of General Psychology, 23*(1), 143–154; Jongman-Sereno & Leary, Self-perceived authenticity is contaminated by the valence of one's behavior; Rivera et al., Understanding the relationship between perceived authenticity and well-being; Ryan & Deci, Self-determination theory and the facilitation of intrinsic motivation, social development, and well-being; Schmader, T., & Sedikides, C. (2018). State authenticity as fit to environment: The implications of social identity for fit, authenticity, and self-segregation. *Personality and Social Psychology Review, 22*(3), 228–259.

12. Baker, Tou, Bryan, & Knee, Authenticity and well-being; Kernis, M. H., & Goldman, B. M. (2006). A multicomponent

conceptualization of authenticity: Research and theory. *Advances in Experimental Psychology, 38*, 284–357; Sedikides, Lenton, Slabu, & Thomaes, Sketching the contours of state authenticity.

13. Baumeister, Stalking the truth self through the jungles of authenticity.

14. Baumeister, R. F. (1982). A self-presentational view of social phenomena. *Psychological Bulletin, 91*(1), 3–26.

15. Baumeister, Stalking the truth self through the jungles of authenticity, p. 150.

16. Christy, A. G., Seto, E., Schlegel, R. J., Vess, M., & Hicks, J. A. (2016). Straying from the righteous path and from ourselves: The interplay between perceptions of morality and self-knowledge. *Personality and Social Psychology Bulletin, 42*(11), 1538–1550; Jongman-Sereno & Leary, The enigma of being yourself; Strohminger, Knobe, & Newman, The true self.

17. Jongman-Sereno & Leary, The enigma of being yourself.

18. Goldman, B. M., & Kernis, M. H. (2002). The role of authenticity in healthy psychological functioning and subjective well-being. *Annals of the American Psychotherapy Association, 5*(6), 18–20; Heppner, W. L., et al. (2008). Within-person relationships among daily self-esteem, need satisfaction, and authenticity. *Psychological Science, 19*(11), 1140–1145; Kernis & Goldman, A multicomponent conceptualization of authenticity; Liu, Y., & Perrewe, P. L. (2006). Are they for real? The interpersonal and intrapersonal outcomes of perceived authenticity. *International Journal of Work Organisation and Emotion, 1*(3), 204–214,

doi:10.1504/IJWOE.2006.010788; Wood, Linley, Maltby, Baliousis, & Joseph, The authentic personality.

19. Rivera et al., Understanding the relationship between perceived authenticity and well-being.

20. Tiberius, V. (2015). Well-being, values, and improving lives. In S. Rangan (Ed.), *Performance and progress: Essays on capitalism, business, and society* (pp. 339–357). New York: Oxford University Press.

21. Yalom, I. (2005). *The theory and practice of group psychotherapy* (5th ed., pp. 77–98). New York: Basic Books; Yalom, *Existential psychotherapy*, pp. 265, 354.

22. Morgan, M. (2015). A glazed donut stack topped with melted cheese, a triple-meat combo and fried chicken hot dogs: The 10 most calorific burgers from around the world revealed. *Daily Mail.* 出自 https://www.dailymail.co.uk/femail/article-998330/The-10-calorific-burgers-world-revealed.html.

23. Rogers, *On becoming a person*.

24. Vess, Varieties of conscious experience and the subjective awareness of one's "true" self.

25. Rogers, *On becoming a person*; Rogers, C. R. (1980). *A way of being*. New York: Houghton Mifflin Company.

26. Kierkegaard, S. (2013). *The sickness unto death*. Belmont, NC: Wiseblood Books, p. 19.

27. Rogers, *On becoming a person*.

28. Rogers, C. R. (1964). Toward a modern approach to values: The valuing process in the mature person. *The Journal of Abnormal and Social Psychology,* 68(2), 160–167.

29. Govindji, R., & Linley, P. A. (2007). Strengths use, self-concordance and well-being: Implications for strengths coaching and coaching psychologists. *International Coaching Psychology Review,* 2(2), 143–153.

30. Sheldon, K. M., Arnt, J., & Houser-Marko, L. (2003). In search of the organismic valuing process: The tendency to move towards beneficial goal choices. *Journal of Personality, 71*(5), 835–869.

31. Sheldon, Arnt, & Houser-Marko, In search of the organismic valuing process.

32. Kaufman, *Ungifted*; Kaufman, S. B. (2018). *Twice exceptional: Supporting and educating bright and creative students with learning difficulties.* New York: Oxford University Press; Ryan, W. S., & Ryan, R. M. (2019). Toward a social psychology of authenticity: Exploring within-person variation in autonomy, congruence, and genuineness using self-determination theory. *Review of General Psychology, 23*(1), 99–112; Schmader & Sedikides, State authenticity as fit to environment.

33. Schmader & Sedikides, State authenticity as fit to environment.

34. Sheldon, K. M., & Krieger, L. S. (2004). Does legal education have undermining effects on law students?: Evaluating changes in motivation, values, and well-being. *Behavioral Sciences and the Law, 22*(2), 261–286.

35. Jongman-Sereno & Leary, The enigma of being yourself.

36. Kenrick & Griskevicius, The rational animal; Kurzban, Why everyone (else) is a hypocrite.

37. Carver & Scheier, On the self- egulation of behavior; DeYoung, C. G. (2015). Cybernetic Big Five Theory. *Journal of Research in Personality, 56*, 33–58; DeYoung, C. G., & Weisberg, Y. J. (2018). Cybernetic approaches to personality and social behavior. In K. Deaux & M. Snyder (Eds.), *The Oxford handbook of personality and social psychology* (2nd ed.) (pp. 387–413). New York: Oxford University Press; Weiner, N. (1961). *Cybernetics or control and communication in the animal and the machine* (Vol. 25). Cambridge, MA: MIT Press.

38. Maslow, A. H. (1943). A theory of human motivation. *Psychological Review, 50*(4), 370–396.

39. Kenrick & Griskevicius, The rational animal; Kurzban, Why everyone (else) is a hypocrite.

40. Griffiths, J. (2018). Swede dreams: Model, 25, wants world's biggest bum after having three Brazilian butt lifts in four years. *The Sun.* 出 自 https://www.thesun .co.uk/fabulous/7978425/model-three-brazilian-butt-lifts-worlds-biggest-bum.

41. Reuben, A. (2017). Mental illness is far more common than we knew. *Scientific American Blogs.* 出 自 https://blogs.scientificamerican.com/observations/mental-illness-is-far-more-common-than-we-knew.

42. Sheldon, K. M., & King, L. (2001). Why positive psychology is necessary. *American Psychologist, 56*(3), 216–217.

43. Walsh, F. (2016). *Strengthening family resilience* (3rd ed.). New

York: Guilford Press, p. 5.

44. Sternberg, R. J., & Weiss, K. (Eds.). (2008). *The new psychology of love* (1st ed.). New York: Cambridge University Press.

45. Fisher, H. The drive to love: The neural mechanism for mate selection. In Sternberg & Weiss, *The new psychology of love* (pp. 87–115). New York: Cambridge University Press, p. 106.

46. Fisher, The drive to love. In Sternberg & Weiss, *The new psychology of love,* p. 106.

47. Diamond, What does sexual orientation orient? A biobehavioral model distinguishing romantic love and sexual desire. *Psychological Review, 110*(1): 173–192.

48. 柏拉圖在著作中呼應了這個想法，他表示，「一切都是如此誕生的，與對立形成對立」。

49. Horney, K. (1945). *Our inner conflicts: A constructive theory of neurosis.* New York: W. W. Norton.

50. Horney, K. (1942). *Self-analysis.* New York: W. W. Norton, p. 57.

51. Horney, *Self-analysis.*

52. Vaillant, G. E. (1993). *The wisdom of the ego.* Cambridge, MA: Harvard University Press, pp. 1, 7.

53. Horney, *Our inner conflicts,* p. 242.

54. 其概念類似布芮妮‧布朗在近年出版的著作中提及的全心投入狀態：Brown, B. (2010). *The gifts of imperfection: Let go of who you think you're supposed to be and embrace who you are.* Center City, MN: Hazelden Publishing.

55. Horney, *Self-analysis*.

56. Maslow, *Toward a psychology of being,* p. 65.

57. Aaron Beck, personal communication.

58. Beck, A. Schizophrenia and depression. Aaron T. Beck Center for Recovery- riented Cognitive Therapy Research and Practice. 出自 https://aaronbeckcenter.org/ projects/schizophrenia.

59. Pinker, S. (2002). *The blank slate: The modern denial of human nature.* New York: Penguin Books.

60. Kaufman, *Ungifted*; Zimmer, C. (2018). *She has her mother's laugh: The powers, perversions, and potential of heredity.* New York: Dutton.

61. 人本心理學的創始者深受歐洲存在主義哲學家的影響,其中包含阿爾伯特・卡謬(Albert Camus)、西蒙・德・波娃(Simone de Beauvoir)、馬丁・海德格爾(Martin Heidegger)、卡爾・雅士培(Karl Jaspers)、索倫・齊克果、加布里埃爾・馬塞爾(Gabriel Marcel)莫里斯・梅洛龐蒂(Maurice Merleau-Ponty)、弗里德里希・尼采、尚–保羅・沙特(Jean-Paul Sartre)及保羅・田立克(Paul Tillich)。實際上,一些人本心理學實踐者自稱「存在人文主義」心理學家,將存在主義哲學與意義和自我建構等存在議題融入臨床工作中。

雖然人本心理學的創始者認同個人成長包含了自我建構的主動過程,以及我們通常擁有遠多於普遍假設的自由可塑造自我,但他們大多不苟同沙特強烈主張的「存在先於本質」。馬斯洛與羅洛・梅等人本心理學家承認,其他形式的「命運」(如個人的文化、語言、環境與生物組成)會限制我們

決定自我存在的自由；參見：May, R. (1981). *Freedom and destiny.* New York: W. W. Norton. 馬斯洛公然反對「沙特的存在主義」，他在生前一份未公開的手稿中寫道：「亞里斯多德、史賓諾莎與阿奎那等學者一直以來都強調一個存在基本法則，那就是萬物皆傾向、而且有權利堅持自己的本性。人類具有一項特殊的『物種特性』，即『堅持本性』是一段**發展**自我本性的緩慢過程。發展完整的人性需要一輩子的時間，換言之，嬰兒需要一輩子的時間才能堅持與發展自身本性……本質具有潛力，因此必須被實現。」參見：van Deurzen et al., *The Wiley world handbook of existential therapy*; Maslow, A. H. (1969–1970). Axioms. Maslow Papers, Folder 6, Publications-Drafts, Box M 4431, Archives of the History of American Psychology, Cummings Center for the History of Psychology, University of Akron, Akron, OH; Schneider & Krug, Existential-humanistic therapy.

62. Hounkpatin, H. O., Wood, A. M., Boyce, C. J., & Dunn, G. (2015). An existential- humanistic view of personality change: Co-occurring changes with psychological well-being in a 10 year cohort study, *Social Indicators Research, 121*(2), 455–470; Kaufman, S. B. (2016). Can personality be changed? *The Atlantic.* 出自 https://www.theatlantic.com/health/archive/2016/07/can-personality-be-changed/492956; Kaufman, S. B. (2016). Would you be happier with a different personality? *The Atlantic.* 出自 https://www.theatlantic.com/health/archive/2016/08/would-you-be-happier-with-a-different-personality/494720; Roberts, B. W., et al. (2017). A systematic review of personality trait change through intervention. *Psychological Bulletin, 143*(2), 117–141.

63. Kaufman, Can personality be changed?

64. Fleeson, W. (2001). Toward a structure-and process-integrated view of personality: Traits as density distributions of states. *Journal of Personality and Social Psychology, 80*(6), 1011–1027; Kaufman, *Ungifted;* Kaufman, S. B. (2019). Toward a new frontier in human intelligence: The person-centered approach. *Scientific American Blogs.* 出　自 https://blogs.scientificamerican.com/ beautiful-minds/toward-a-new-frontier-in-human-intelligence-the-person-centered-approach.

65. Little, B. R. (2014). *Me, myself, and us: The science of personality and the art of well-being.* New York: PublicAffairs.

66. Meindl, P., Jayawickreme, E., Furr, R. M. & Fleeson, W. (2015). A foundation beam for studying morality from a personological point of view: Are individual differences in moral behaviors and thoughts consistent? *Journal of Research in Personality, 59,* 81–92; Berger, D. M., & McGrath, R. E. (2018). Are there virtuous types? Finite mixture modeling of the VIA Inventory of Strengths. *The Journal of Positive Psychology, 14*(1), 77–85; Helzer, E. G., Fleeson, W., Furr, R. M., Meindl, P., & Barranti, M. (2016). Once a utilitarian, consistently a utilitarian? Examining principleness in moral judgment via the robustness of individual differences, *Journal of Personality, 85*(4), 505–517; Jayawickreme, E. & Fleeson, W. (2017). Does whole trait theory work for the virtues? In W. Sinnott-Armstrong & C. B. Miller (Eds.), *Moral psychology: Virtue and character* (5th ed.). (pp. 75–104). Cambridge, MA: MIT Press.

67. Berger & McGrath, Are there virtuous types?

68. Fleeson, W. (2004). Moving personality beyond the person-

situation debate: The challenge and the opportunity of within-person variability. *Current Directions in Psychological Science, 13*(2), 83–87; Fleeson, W. (2017). The production mechanisms of traits: Reflections on two amazing decades. *Journal of Research in Personality, 69*, 4–12; Baumert, A., et al. (2017). Integrating personality structure, personality process, and personality development. *European Journal of Personality, 31*(5), 503–528.

69. Roberts, B. W., & Jackson, J. J. (2009). Sociogenomic personality psychology. *Journal of Personality, 76*(6), 1523–1544; Little, *Me, myself, and us*.

70. Kaufman, S. B. (2018). What happens when people are intentionally more open to new experiences? *Scientific American Blogs.* 出自 https://blogs.scientificamerican.com/beautiful-minds/what-happens-when-peopl-are-instructed-to-be-more-open-to-new-experiences; Kaufman, S. B. (2018). Can introverts be happy in a world that can't stop talking? Scientific American Blogs. 出自 https://blogs.scientificamerican.com/beautiful-minds/can-introverts-be-happy-in-a-world-that-cant-stop-talking.

71. Cain, S. (2013). *Quiet: The power of introverts in a world that can't stop talking.* New York: Broadway Books.

72. Lawn, R. B., Slemp, G. R., Vella-Brodrick, D. A. (2018). Quiet flourishing: The authenticity and well-being of trait introverts living in the West depend on extroversion-deficit beliefs. *Journal of Happiness Studies, 20*, 2055–2075.

73. Hudson, N. W., Briley, D. A., Chopik, W. J., & Derringer, J. (2018). You have to follow through: Attaining behavioral

change goals predicts volitional personality change. *Journal of Personality and Social Psychology*, http://dx.doi.org/10.1037/pspp0000221; Kaufman, Can personality be changed?

74. McCabe, K. O., & Fleeson, W. (2012). What is extroversion for? Integrating trait and motivational perspectives and identifying the purpose of extroversion. *Psychological Science, 23*(12), 1498–1505; McCabe, K. O., & Fleeson, W. (2016). Are traits useful? Explaining trait manifestations as tools in the pursuit of goals. *Journal of Personality and Social Psychology, 110*(2), 287–301.

75. David, S. (2016). *Emotional agility: Get unstuck, embrace change, and thrive in work and life.* New York: Avery; Ivtzan, I., Lomas, T., Hefferon, K., & Worth, P. (2016). *Second wave positive psychology: Embracing the dark side of life.* New York: Routledge; Kashdan, T., & Biswas-Diener, R. (2014). *The upside of your dark side: Why being your whole self—not just your "good" self—drives success and fulfillment.* New York: Plume; Wong, What is existential positive psychology?; Wong, Positive psychology 2.0.

76. McNulty, J. K., & Fincham, F. D. (2011). Beyond positive psychology? Toward a contextual view of psychological processes and well-being. *American Psychologist, 67*(2), 101–110; Shiota, M. N., et al. (2017). Beyond happiness: Building a science of discrete positive emotions. *American Psychologist, 72*(7), 617–643.

77. Rogers, C. R. (1962). Toward becoming a fully functioning person. In A. W. Combs (Ed.), *Perceiving, behaving, becoming: A new focus for education.* Washington, DC: National Education

Association.

78. Goodman, F. R., Disabato, D. J., Kashdan, T. B., & Kaufman, S. B. (2018). Measuring well-being: A comparison of subjective well-being and PERMA. *The Journal of Positive Psychology, 13*(4), 321–332.

79. The dark horse project. Laboratory for the Science of Individuality. 出自 https://lsi.gse.harvard.edu/dark-horse.

80. Rose, T., & Ogas, O. (2018). *Dark horse: Achieving success through the pursuit of fulfillment.* New York: HarperOne; Stulberg, B. (2018). The dark horse path to happiness. Outside Online. 出自 https://www.outsideonline.com/2373876/three-steps-happiness.

81. Rogers, *On becoming a person,* p. 105.

82. Rogers, *On becoming a person,* p. 106.

83. Bohart, A. C., Held, B. S., Mendelowitz, E., & Schneider, K. J. (Eds.). (2013). *Humanity's dark side: Evil, destructive experience, and psychotherapy.* Washington, DC: American Psychological Association; May, R. (1982). The problem of evil: An open letter to Carl Rogers. *Journal of Humanistic Psychology, 22*(3), 10–21, p. 15.

84. May, The problem of evil, p. 15.

85. May, *Love & will,* p. 123.

86. May, *Love & will*, p. 123.

87. 梅在《愛與意志》中寫道,「人們如此難以接受原魔的概念,似乎與心理因素無關,而是因為我們努力否認它代表的意

義。它沉重打擊了我們的自戀。我們自認是『好』人,而且就跟蘇格拉底時代修養良好的雅典公民一樣不喜歡他人的公然提醒,無論我們內心是否承認自己的行為動機出自於對權力、憤怒與報復的渴望,甚至連愛也是如此。雖然原魔本身不邪惡,但它讓我們面臨棘手的困境,考驗我們能否基於意識、責任感與生命意義來運用它,抑或盲目而衝動地行事。原魔如果受到了抑制,往往會以某種形式**爆發**,其中最極端的一種是人格暗殺,這是沼澤殺人案與本世紀駭人聽聞的謀殺案中,兇手在精神病理上飽受的一種折磨。英國精神病學家安東尼・史托爾(Anthony Storr)在著作中寫道:『雖然我們會因恐懼而畏縮不前,』但是當我們在報紙或歷史書上讀到人類對同類犯下的暴行時,我們會明白,每個人的內心都懷有相同的原始衝動,那種欲望會導致謀殺、酷刑與戰爭。」見 May, Love & will, pp. 129–130.

88. Maslow, *Toward a psychology of being.*

89. Vaillant, *The wisdom of the ego.*

90. Vaillant, *The wisdom of the ego,* p. 11.

91. Maslow, A. H. Yea and nay: On being an optimistic realist. In Hoffman, *Future visions* (pp. 61–63).

附錄 II　成長挑戰

1. Maslow, *The psychology of science: A reconnaissance*, p. 22.

2. 這些成長挑戰中有幾項是因應本書討論內容而專門設計的練習。另外有一些成長挑戰之前已發表於其他著作。本附錄有部分內容改編自 Feingold, J. H. (2016). *Toward a Positive Medicine: Healing Our Healers, from Burnout to Flourish-*

ing. Master of Applied Positive Psychology (MAPP) Capstone Projects. 107. http://respository.upenn.edu/mapp_capstone/107.

3. Bland, A. M., & DeRobertis, E. M. (2017). Maslow's unacknowledged contributions to developmental psychology. *Journal of Humanistic Psychology,* doi: 10.1177/0022167817739732.

4. 這些敘述改寫自 Horney-Coolidge Type Inventory (HCTI): Coolidge, F. L., Moor, C. J., Yamazaki, T. G., Stewart, S. E., Segal, D. L. (2001). On the relationship between Karen Horney's tripartite neurotic type theory and personality disorder features. *Personality and Individual Differences,* 30, 7-1400.

5. Horney, K. (1945). *Our inner conflicts: A constructive theory of neurosis.* New York: W. W. Norton.

6. David, S. (2016). *Emotional agility: Get unstuck, embrace change, and thrive in work and life.* New York: Avery; Ivtzan, I., Lomas, T., Hefferon, K., & Worth, P. (2016). *Second wave positive psychology: Embracing the dark side of life.* New York: Routledge; Kashdan, T., & Biswas-Diener, R. (2014). *The upside of your dark side: Why being your whole self—not just your "good" self-drives success and fulfillment.* New York: Plume.

7. Schönbrodt, F. D., & Gerstenberg, F. X. R. (2012). An IRT analysis of motive questionnaires: The unified motive scales. *Journal of Research in Personality,* 46(6), 725–742.

8. Dutton, J. E. (2003). *Energize your workplace: How to create and sustain high-quality connections at work.* San Francisco: Jossey-Bass.

9. Rogers, C. R., & Farson, R. E. (2015). *Active listening.* Mansfield Center, CT: Martino Publishing.

10. Gable, S. L., Reis, H. T., Impett, E. A., & Asher, E. R. (2004). What do you do when things go right? The intrapersonal and interpersonal benefits of sharing positive events. *Journal of Personality and Social Psychology*, *87*(2), 228–245; Gable, S. L., & Gosnell, C. L. (2011). The positive side of close relationships. In K. M. Sheldon, T. B. Kashdan, & M. F. Steger (Eds.), *Designing positive psychology: Taking stock and moving forward* (pp. 266–279). New York: Oxford University Press.

11. Patterson, R. J. (2000). *The assertiveness workbook: How to express your ideas and stand up for yourself at work and in relationships.* Oakland, CA: New Harbinger Publications.

12. Barker, E. (2016). This is how to be more assertive: 3 powerful secrets from research. 出自 https://www.bakadesuyo.com/2016/09/how-to-be-more-assertive.

13. Ratey, J. J., & Manning, R. (2014). *Go wild: Free your body and mind from the afflictions of civilization.* New York: Little, Brown.

14. Beck, A. T., Davis, D. D., & Freeman, A. (Eds.)(2015). *Cognitive therapy of personality disorders* (3rd ed.). New York: Guilford Press; Gillihan, S. J. (2018). *Cognitive behavioral therapy made simple: 10 strategies for managing anxiety, depression, anger, panic, and worry.* Emeryville, CA: Althea Press; Gillihan, S. J. (2016). *Retrain your brain: Cognitive behavioral therapy in 7 weeks: A workbook for managing depression and anxiety.* Emeryville, CA: Althea Press.

15. Gillihan, S. J., *Cognitive behavioral therapy made simple.*

16. Burns, D. (1989). *The feeling good handbook.* New York: Morrow; Gillihan, S. J., *Cognitive behavioral therapy made simple.*

17. Gillihan, S. J., *Cognitive behavioral therapy made simple.*

18. Gillihan, S. J., *Cognitive behavioral therapy made simple.*

19. Fredrickson, B. L. (2013). *Love 2.0: Finding happiness and health in moments of connection.* New York: Plume.

20. 請至 http:/self-compassion.com，參見 Guided Meditations, Exercise 1: How would you treat a friend?

21. Seligman, M. E. P. (2015). Chris Peterson's unfinished masterwork: The real mental illnesses. *The Journal of Positive Psychology, 10,* 3–6.

22. Biswas-Diener, R., Kashdan, T. B., & Minhas, G. (2011). A dynamic approach to psychological strength development and intervention. *Journal of Positive Psychology, 6*(2), 106–118.

23. Maslow, A. H. (1964). *Religions, values, and peak experiences.* London: Penguin Books.

24. Csikszentmihalyi, M. (1990). *Flow: The psychology of optimal experience.* New York: Harper & Row; Kotler, S. (2014). *The rise of superman: Decoding the science of ultimate human performance.* New York: Houghton Mifflin Harcourt. Lyubomirsky, S. (2008). *The how of happiness: A scientific approach to getting the life you want.* New York: Penguin Press.

25. Lyubomirsky, *The how of happiness.*

26. Kaufman, S. B. (2018). Can you quantify awe? *Scientific American Blogs.* 出自 https://blogs.scientificamerican.com/beautiful-minds/can-you-quantify-awe.

27. Bryant, F. B., & Veroff, J. (2007). *Savoring: A new model of positive experience.* Mahwah, NJ: Lawrence Erlbaum Associates, Publishers.

28. Bryant, F. B., Smart, C. M., & King, S. P. (2005). Using the past to enhance the present: Boosting happiness through positive reminiscence. *Journal of Happiness Studies, 6,* 227–260.

顛峰心態：需求層次理論的全新演繹，
掌握自我實現的致勝關鍵

作　　　　者❖ 史考特・巴瑞・考夫曼（Scott Barry Kaufman）
譯　　　　者❖ 張馨方
美 術 設 計❖ 陳文德
內 頁 排 版❖ 極翔企業有限公司
總　編　輯❖ 郭寶秀
責 任 編 輯❖ 黃怡寧
行 銷 業 務❖ 許芷瑀

發　行　人❖ 凃玉雲
出　　　版❖ 馬可孛羅文化
　　　　　　104臺北市中山區民生東路二段141號5樓
　　　　　　電話：(886)2-25007696
發　　　行❖ 英屬蓋曼群島商家庭傳媒股份有限公司城邦分公司
　　　　　　臺北市中山區民生東路二段141號11樓
　　　　　　客服服務專線：(886)2-25007718；25007719
　　　　　　24小時傳真專線：(886)2-25001990；25001991
　　　　　　服務時間：週一至週五9:00～12:00；13:00～17:00
　　　　　　劃撥帳號：19863813　戶名：書虫股份有限公司
　　　　　　讀者服務信箱：service@readingclub.com.tw
香港發行所❖ 城邦（香港）出版集團有限公司
　　　　　　香港灣仔駱克道193號東超商業中心1樓
　　　　　　電話：(852)25086231　傳真：(852)25789337
　　　　　　E-mail：hkcite@biznetvigator.com
馬新發行所❖ 城邦（馬新）出版集團
　　　　　　Cite (M) Sdn. Bhd.(458372U)
　　　　　　41, Jalan Radin Anum, Bandar Baru Seri Petaling,
　　　　　　57000 Kuala Lumpur, Malaysia
　　　　　　電話：(603)90578822　傳真：(603)90576622
　　　　　　E-mail：services@cite.com.my
輸 出 印 刷❖ 中原造像股份有限公司
初 版 一 刷❖ 2021年 5 月
初 版 四 刷❖ 2023年10月
定　　　價❖ 650元 （如有缺頁或破損請寄回更換）

TRANSCEND: The New Science of Self-Actualization
by Scott Barry Kaufman
Complex Chinese translation copyright © 2021 by Marco Polo Press, A Division of Cité Publishing Ltd.
Published by arrangement with author c/o Levine Greenberg Rostan Literary Agency through Bardon-Chinese Media Agency
ALL RIGHTS RESERVED.

國家圖書館出版品預行編目資料

顛峰心態：需求層次理論的全新演繹，掌握自我
　實現的致勝關鍵 / 史考特．巴瑞．考夫曼 (Scott
　Barry Kaufman) 著；張馨方譯. -- 初版. -- 臺北
市：馬可孛羅文化出版：英屬蓋曼群島商家庭傳
媒股份有限公司城邦分公司發行, 2021.05
　　面；　公分
譯自：Transcend : the new science of self-
　　actualization.
ISBN 978-986-5509-74-3(平裝)

1. 人本主義 2. 自我實現

175.7　　　　　　　　　　　　　　110003526

城邦讀書花園
www.cite.com.tw

ISBN：978-986-5509-74-3（平裝）